2016年度
种植业标准体系研究报告

农业农村部农产品质量安全中心　组编

中国农业出版社

北　京

图书在版编目（CIP）数据

2016年度种植业标准体系研究报告／农业农村部农产品质量安全中心组编 . —北京：中国农业出版社，2021.9

ISBN 978-7-109-28419-7

Ⅰ.①2… Ⅱ.①农… Ⅲ.①种植业－标准体系－研究报告－中国－2016 Ⅳ.①F326.1-65

中国版本图书馆 CIP 数据核字（2021）第 122754 号

中国农业出版社出版

地址：北京市朝阳区麦子店街 18 号楼

邮编：100125

责任编辑：廖　宁　文字编辑：李　辉

版式设计：杜　然　责任校对：吴丽婷

印刷：中农印务有限公司

版次：2021 年 9 月第 1 版

印次：2021 年 9 月北京第 1 次印刷

发行：新华书店北京发行所

开本：889mm×1194mm　1/16

印张：17.25

字数：560 千字

定价：98.00 元

前　言

标准是经济活动和社会发展的技术支撑，是国家治理体系和治理能力现代化的基础性制度。为贯彻落实国务院深化标准化工作改革精神，按照《国家标准化体系建设发展规划（2016—2020年）》工作部署要求，要加快完善标准化体系，全面提升我国标准化水平。

种植业作为农业科学中的一个重要学科分支，种植业标准体系的建立和完善是保障种植业农产品质量安全的基础支撑。种植业标准体系的构建为种植业的发展提供了良好的技术支撑。但是，作为种植业标准体系的基础，目前种植业标准还存在着制定滞后、标龄过长、种类不全、覆盖范围小和与市场需求脱节等问题，标准体系建设仍存在较大发展空间。

当前，我国正处于加快发展现代农业、深入推进农产品质量安全监管、全面提升农产品质量安全水平的关键时期。加快构建和完善种植业标准体系建设，是保障种植业农产品质量安全，增加种植业农产品有效供给，强化种植业农产品质量安全监管和支撑发展现代农业的坚实基础。此外，在全球商品与服务贸易的国际流通大背景下，提升中国农业标准水平，突破国外农产品技术性贸易壁垒，提高中国农产品市场竞争力，有效维护国内农产品生产者和消费者权益，是当前我国农业标准和标准化工作面临的紧迫任务。

因此，进一步促进种植业标准体系建设工作的重要性日益凸显。完善的种植业标准体系有利于了解种植业领域内标准的全貌，从而有利于指导种植业标准化工作，有利于提高种植业标准化工作的科学性、系统性和预见性。

本研究围绕粮食、棉花、油料、麻类、蚕桑、糖类、蔬菜、果品、茶叶、花卉十大种植业领域主要农产品的标准发展情况，分领域介绍了

2016 年度种植业产品标准发展研究现状情况、发展方向等，以期进一步完善我国种植业领域标准体系建设，为现代农业生产发展和农产品质量水平提高起到促进作用。

由于本书作者水平有限，书中难免有疏漏和不足之处，敬请广大读者批评指正。

编　者
2021 年 3 月

目录

前言

第一章　2016年度种植业产品标准体系基本情况

一、2016年度种植业产品标准体系概况和基本原则

2016年，种植业领域共发布农业行业标准［包括农业（NY）和水产（SC）］373项，涉及粮食、棉花、油料、麻类、蚕桑、糖类、蔬菜、果品、茶叶、花卉等主要种植业领域。种植业标准和种植业标准体系建设不仅是农业科学中的重要组成部分，其发展态势可大致反映出一个国家种植业系统的发展现状；同时，标准化作为一项管理技术，要依照体系管理对种植业产品实施全面的质量控制与监督。因此，构建种植业标准体系应遵循以下3点基本原则。

一是以产业、产品为主线构建种植业标准体系。种植业标准体系是农业和农村经济发展的重要支撑体系，是种植业产业健康发展的重要技术保障。在种植业标准体系中，要符合我国种植业的生产实际，既要考虑消费安全，也要尊重目前的农业投入品市场情况和使用技术的可行性。因此，应围绕种植业产业发展需要分类制定，以产业、产品为主线构建体系，如粮食类、果品类等构建种植业标准体系。

二是以环节、过程为构架划分种植业标准体系。种植业农产品生产流通过程，分为产前、产中和产后这3个环节。种植业农产品技术层面，分为基础通用、环境安全、种质资源、方法、产品、物流和生产管理等关键环节。在构建种植业技术标准时，应以技术层面的几个关键环节为构架划分种植业标准体系，这样既符合种植业标准现状，又是种植业标准体系未来发展方向。

三是以发布主体、法律法规为基础划分种植业标准体系。标准作为规范性、约束性的技术规范，应当有明确的实施属性。因此，种植业标准应明确划分为强制性技术标准和推荐性技术标准。强制性技术标准是法律法规在实施层面的细化，而推荐性技术标准是政府机构、行业协会等组织或个人根据需要制定、供有关方面参考和推荐使用的技术规范。

二、2016年度种植业产品标准体系研究总体思路

为进一步加强种植业标准理论基础研究，强化标准工作技术支撑，加强标准研究储备，推动标准成果转化，根据标准化工作原理和当前种植业标准化需求，在分析提出种植业标准体系框架的基础上，对种植业领域标准进行了全面梳理分析。

在此基础上，结合种植业标准体系框架，分析了粮食、棉花、油料、麻类、蚕桑、糖类、蔬菜、果品、茶叶、花卉等各领域主要农产品标准制修订进展情况，详细分析了各类现行标准存在的主要问题，包括标准的系统性、针对性、实用性、时效性等，并列出了具体实例。

此外，根据《国家标准体系建设规划（2016—2020）》的相关部署，结合种植业生产发展、行业管理，分析提出种植业领域国家、行业、地方、企业标准的制修订工作的重点发展方向，以及相关工作措施和建议。通过研究，为我国种植业标准体系构建起到引导和促进作用，并为完善我国种植业标准体系提供技术支撑。

第二章 2016年度种植业产品标准体系研究报告——粮食

第一节 2016年度种植业产品标准体系研究报告
——小麦、玉米、杂粮和食用豆

一、小麦、玉米和杂粮产品类标准发展现状

1. 产品类标准总体情况和现状 截至2016年8月，我国关于小麦、玉米、杂粮和食用豆相关产品类标准（包括等级规格、品质安全），主要涉及国家、农业行业、其他行业和地方标准，以推荐性标准为主，相关产品类标准210个，其中强制性国标23个、推荐性国标61个、强制性农业标准1个、推荐性农业行业标准37个、推荐性其他行业标准43个、地方标准45个。按类别分，含等级规格类182个、术语定义类7个、品质安全类21个。强制国标主要包括小麦、玉米等主粮和粮食作物种子，以及卫生和食品安全要求标准；推荐性国标主要是基础粮食产品的初级制品、地理标志产品、制粉大宗粮油相关术语，推荐性农业标准主要是专业玉米、小麦及小宗粮豆、饲料、绿色食品、杂粮粮食术语等，推荐性其他行业标准主要是部分杂粮、专用小麦粉、粮食加工食品、大豆及面条加工品术语等；地方标准主要包括专用小麦、玉米等品种，地理标准产品，特有加工产品和卫生安全标准。

从表2-1可以看出，按产品类型分，我国玉米标准30个、小麦标准60个、杂粮标准31个、食用豆标准83个、综合性品质安全标准6个，各类作物涉及专用产品、加工品等多种产品。根据我国粮食生产、加工和市场需求，每类作物又主要分为主类、专用品种、绿色食品、种子、加工品和副产品，共涉小麦、玉米、杂粮和食用豆相关155种产品，相关标准185个（表2-2）。我国小麦、玉米、杂粮和食用豆等粮食和加工制品种类丰富，主类产品主要包括收储、食用、饲用产品，杂粮杂豆产品和标准比例较高；小麦、玉米和杂粮专用需求大，专用品种标准也较多；小麦和食用豆加工和产业链较长，加工品种类和标准数量有明显优势；随着我国粮食深加工的不断增加，副产品标准比例也不断提高；绿色食品和种子标准多为综合类标准，其中品种标准主要集中在地方标准中。

表2-1 不同作物产品质量标准（含术语定义类）分布情况表

| 分类 | 国家标准 | | 行业标准 | | | | | | 地方标准 | 总计 |
| | 强制性国标 | 推荐性国标 | 强制性行标 | 推荐性行标 | | | | | | |
				农业	粮食	商业	轻工业	进出口		
玉米	2	10	0	11	1	0	1	0	5	30
小麦	7	14	0	10	14	4	0	0	11	60
杂粮	2	13	0	6	4	0	0	0	6	31
食用豆	7	24	0	10	4	12	3	0	23	83
综合安全	5	0	1	0	0	0	0	0	0	6
合计	23	61	1	37	23	16	4	0	45	210

目前，我国粮食产品质量标准中强制国标比例较低，主要包括小麦、小麦粉、玉米、大豆等主粮

和粮食作物种子；行业标准仍是标准的主力，主要涉及各类专用玉米、小麦、小宗粮豆、饲料、专用小麦粉、粮食加工食品、副产品、绿色食品以及相关术语等；地方标准主要集中在种子、地方特色专用品种和加工品上。从表 2-1 和表 2-2 可以看出，我国各作物产品质量标准基本平衡，小麦和食用豆的加工品种类较多，玉米的专用品种种类略多，其他作物产品标准数量基本一致。

这些年随着粮食产业不断优化升级，国家投入和支持力度不断加大，我国粮食产品质量标准数量充足，结构基本趋于合理，各类粮食作物发展较为均衡，已形成了以主类、专用品种、种子、加工品、绿色食品和副产品为主的粮食产品标准体系主框架，覆盖到了整个产业链，有效保障了国家粮食和种业安全，一定程度上指导了粮食生产加工，以及市场流通和消费，促进了粮食产业全面发展。

表 2-2　各类作物产品标准涉及产品情况

分类（产品/标准数量）	玉米（25/29）	小麦（44/46）	杂粮（20/28）	食用豆（65/79）
主类（34 个）	玉米（GB） 食用玉米 饲料用玉米	小麦（GB）	大麦（2 个） 燕麦（莜麦）（3 个） 荞麦 高粱（2 个） 粟（3 个） 黍（2 个） 稷（2 个）	豆类 大豆（GB） 饲料用大豆 绿豆（2 个） 小豆 红小豆 豇豆 菜豆（芸豆） 精米豆（竹豆、榄豆） 扁豆 木豆 蚕豆 豌豆
专用品种（26 个）	糯玉米（2 个） 高油玉米（2 个） 高淀粉玉米 淀粉发酵工业用玉米 甜玉米/甜玉米鲜苞（2 个） 优质蛋白玉米 爆裂玉米 笋玉米	优质小麦强筋小麦 优质小麦弱筋小麦 东北地区硬红春小麦 黄淮海地区强筋白硬冬小麦 强筋、中筋、弱筋小麦	啤酒大麦 啤酒大麦扬农啤4 号 地理标志产品 蔚州贡米（蔚州小米） 地理标志产品武安小米 地理标志产品浦城薏米	豆浆用大豆 小粒黄豆 地理标志产品宝清红小豆 地理标志产品郫县豆瓣
种子（9 个）	玉米品种 杂交玉米组合皖单4 号	春小麦宁春 39 号 春小麦青春 40 号 皖麦 38 号	粮食作物种子　第 3部分：荞麦（GB） 粮食作物种子　第 4部分：燕麦（GB）	粮食作物种子第 2 部分：豆类（GB） 绿豆品种明绿 1 号 大豆品种皖豆 10 号 大豆品种皖豆 12 号 大豆品种皖豆 13 号 大豆品种吉育 101 蚕豆戴韦 毛豆品种新六青

（续）

分类（产品/标准数量）	玉米（25/29）	小麦（44/46）	杂粮（20/28）	食用豆（65/79）
加工品（66 个）	玉米粉 玉米糁 方便玉米粉 玉米笋罐头 甜玉米罐头	小麦粉（GB） 高筋小麦粉 低筋小麦粉 面包用小麦粉 面条用小麦粉 饺子用小麦粉 馒头用小麦粉 发酵饼干用小麦粉 酥性饼干用小麦粉 蛋糕用小麦粉 糕点用小麦粉 自发小麦粉 营养强化小麦粉 裱花蛋糕（2 个） 挂面 花色挂面 手工面 面包 法式面包 小麦粉馒头 速冻饺子（2 个） 速冻面米食品 方便面 调味面制食品 热干面 方便湿面 湿面	方便杂粮粉	豆制品（2 个） 非发酵豆制品 膨化豆制品 大豆蛋白制品（3 个） 熟制豆类 豆粕（5 个） 豆芽（2 个） 豆浆类/豆浆（2 个） 纳豆 豆沙馅料 黄豆酱（2 个） 黄豆复合调味酱 盐水红豆罐头 绿豆芽罐头 蚕豆罐头 青刀豆罐头 青豌豆罐头 豆浆晶 豆腐干（2 个） 卤制豆腐干（2 个） 长汀豆腐干 方便豆腐花 绿豆粉皮 腊八豆 豆制品水豆腐 豆腐、半脱水豆制品、豆腐再加工制品 地理标志产品八公山豆腐千张 地理标志产品八公山豆腐豆腐干 地理标志产品八公山豆腐水豆腐 豆制品油炸豆泡 豆制品腐皮 豆制品白页（千张）
绿色食品（16 个）	玉米及玉米粉	小麦及小麦粉 生面食、米粉制品 熟粉及熟米制糕点 速冻预包装面米食品 蒸制类糕点	大麦及大麦粉 燕麦及燕麦粉 荞麦及荞麦粉 高粱 粟米及粟米粉	绿色食品豆类 绿色食品豆制品
副产品（23 个）	玉米干全酒糟（2 个） 饲料用玉米蛋白粉 工业玉米淀粉（GB） 食用玉米淀粉 食用玉米变性淀粉 青贮玉米品质分级	食用小麦淀粉 小麦胚（胚片、胚粉） 饲料用小麦麸		大豆肽粉（2 个） 大豆低聚糖 可溶性大豆多糖 大豆膳食纤维粉 大豆皂苷 大豆异黄酮

2. 标准体系建设框架 根据我国玉米、小麦、杂粮和食用豆现有标准情况，本着主类、专用品种、种子、加工品、绿色食品和副产品为主要框架，给出了相关标准体系建设框架，对缺失环节用"灰色"标出，需强制性国家标准的用"GB"标出，其他不作标注。

（1）玉米产品类标准体系框架 见图 2-1。

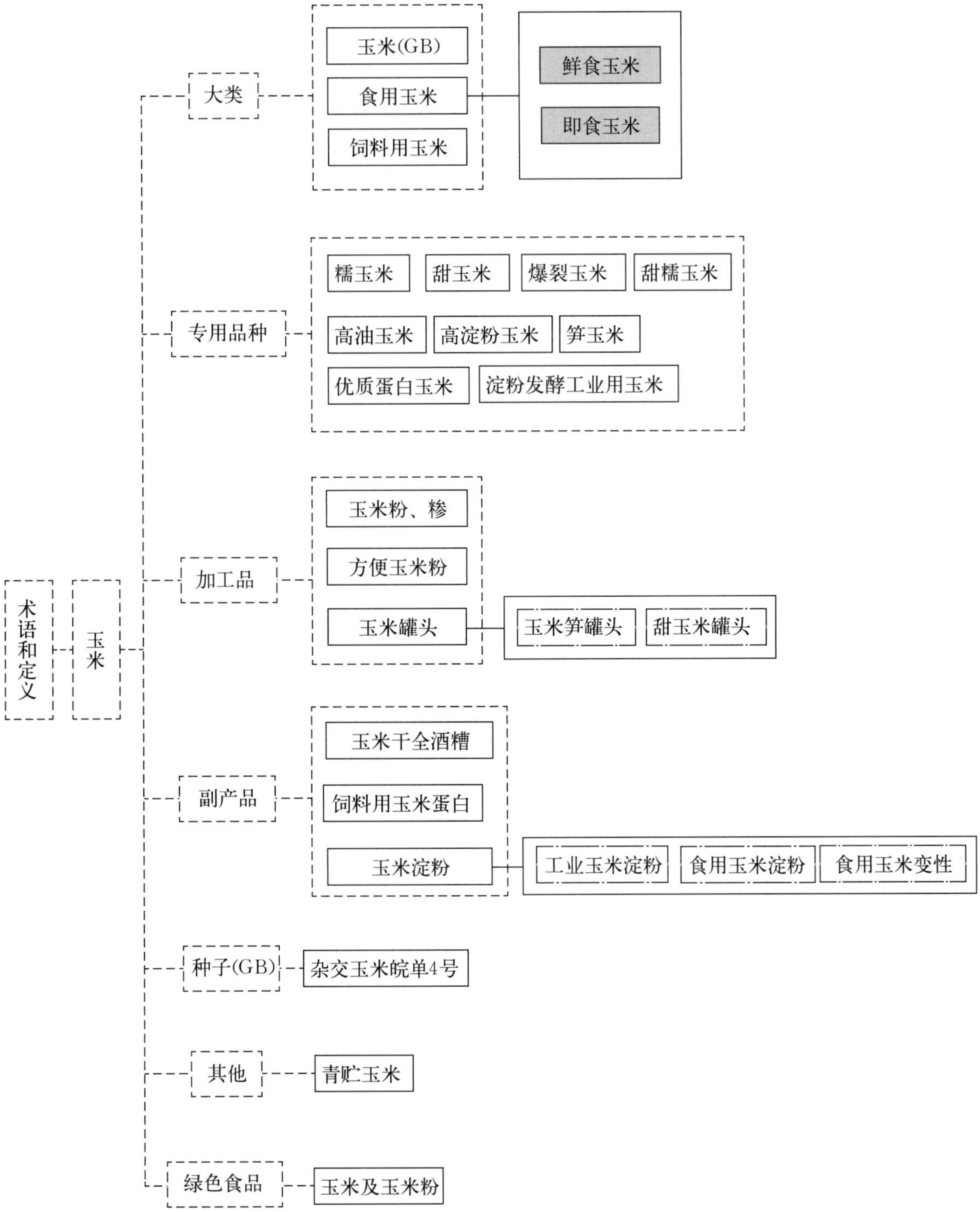

图 2-1 玉米产品类标准体系框架

（2）小麦产品类标准体系框架　见图 2-2。

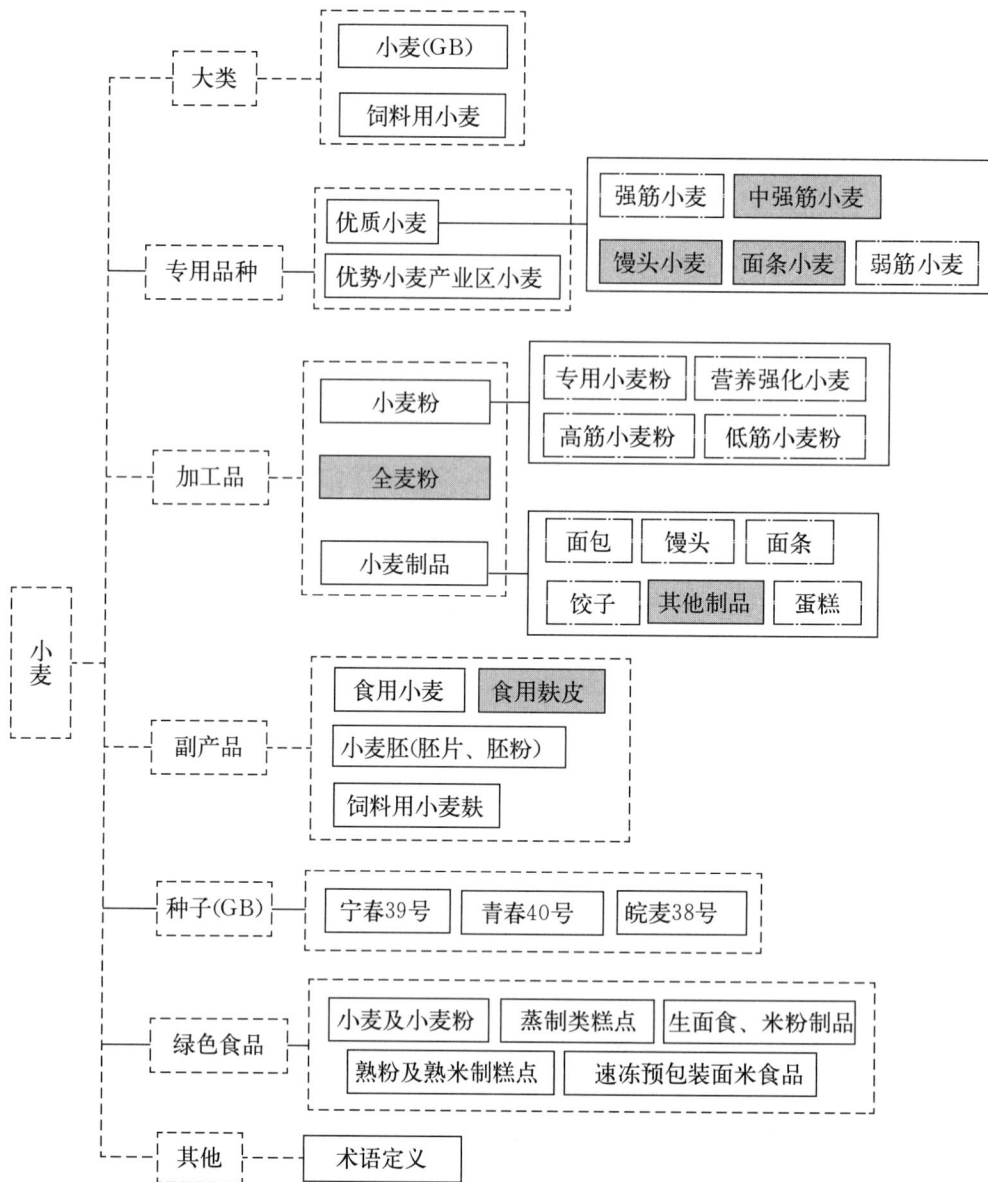

```
                    ┌─────┐   ┌──────────────┐
                ┌───┤ 大类 ├───┤   小麦(GB)    │
                │   └─────┘   ├──────────────┤
                │             │  饲料用小麦    │
                │             └──────────────┘
                │                                ┌──────────┬────────────┐
                │   ┌──────┐  ┌──────────────┐   │ 强筋小麦  │ 中强筋小麦  │
                ├───┤专用品种├──┤   优质小麦    ├───├──────┬───┴──┬────────┤
                │   └──────┘  ├──────────────┤   │馒头小麦│面条小麦│弱筋小麦 │
                │             │优势小麦产业区小麦│   └──────┴──────┴────────┘
                │             └──────────────┘
                │                            ┌──────────┬────────────┐
                │                            │专用小麦粉 │营养强化小麦  │
                │   ┌──────┐  ┌────────┐     ├──────────┼────────────┤
                │   │      ├──┤ 小麦粉  ├─────│高筋小麦粉 │低筋小麦粉    │
                ├───┤加工品 │  ├────────┤     └──────────┴────────────┘
                │   │      │  │ 全麦粉  │
                │   └──────┘  ├────────┤     ┌────┬────┬────┐
                │             │小麦制品 ├─────│面包│馒头│面条│
                │             └────────┘     ├────┼────┼────┤
                │                            │饺子│其他制品│蛋糕│
                │                            └────┴────┴────┘
    ┌────┐      │   ┌──────┐  ┌──────────────┐
    │小麦├──────┤   │      │  │ 食用小麦│食用麸皮│
    └────┘      ├───┤副产品 ├──┤小麦胚(胚片、胚粉)│
                │   └──────┘  ├──────────────┤
                │             │ 饲料用小麦麸   │
                │             └──────────────┘
                │                      ┌──────┬──────┬──────┐
                │   ┌────────┐         │宁春39号│青春40号│皖麦38号│
                ├───┤ 种子(GB)├─────────└──────┴──────┴──────┘
                │   └────────┘
                │                     ┌──────────┬────────┬──────────┐
                │   ┌──────┐          │小麦及小麦粉│蒸制类糕点│生面食、米粉制品│
                ├───┤绿色食品├──────────├──────────┴────────┴──────────┤
                │   └──────┘          │熟粉及熟米制糕点│速冻预包装面米食品│
                │                     └──────────────────────────────┘
                │   ┌────┐   ┌────────┐
                └───┤ 其他 ├───┤ 术语定义 │
                    └────┘   └────────┘
```

图 2-2　小麦产品类标准体系框架

（3）杂粮产品类标准体系框架　见图 2-3。

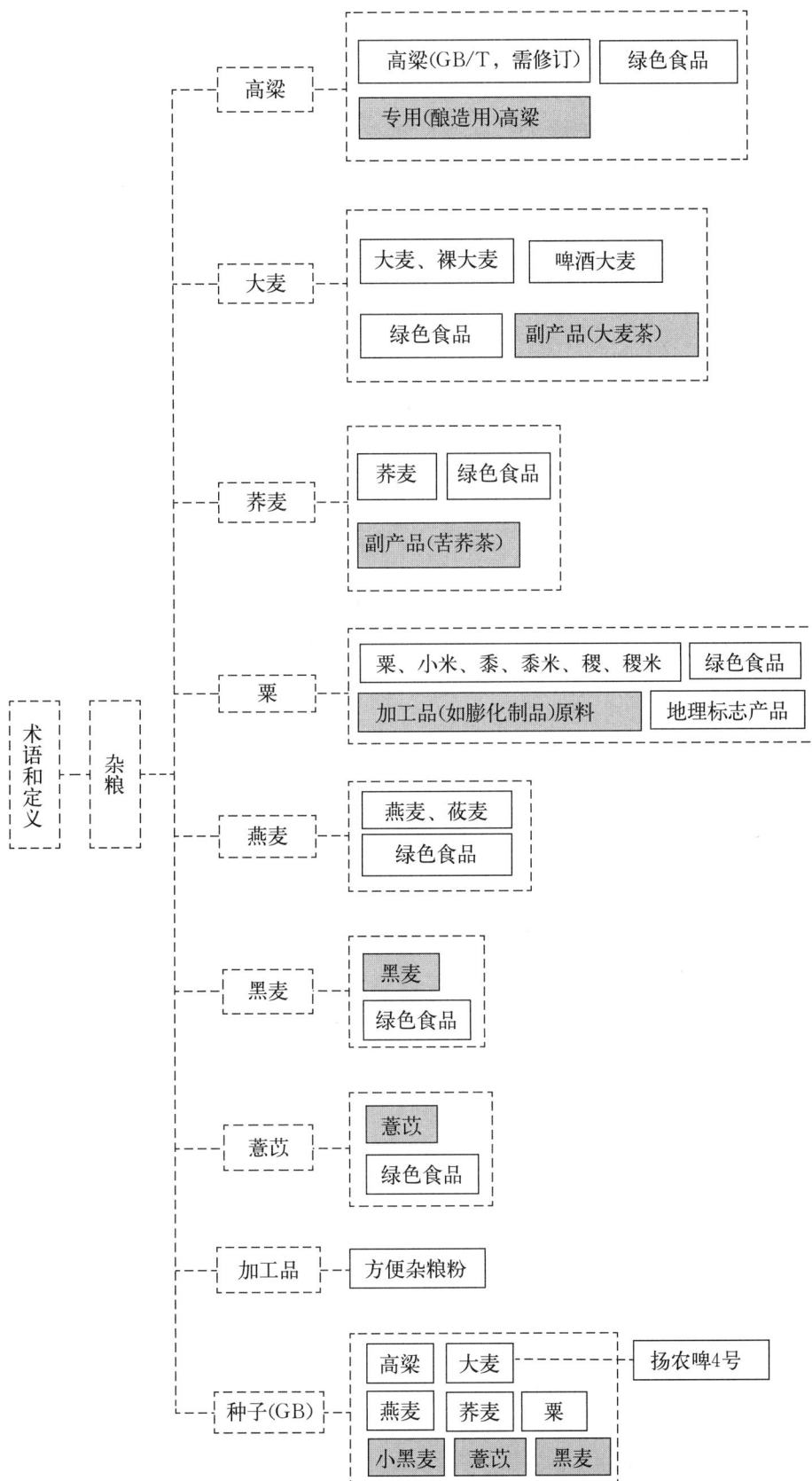

```
                              ┌─────────────────────────────────────────┐
                  ┌─ 高粱 ─── │ 高粱(GB/T，需修订)   绿色食品            │
                  │           │ 专用(酿造用)高粱                         │
                  │           └─────────────────────────────────────────┘
                  │           ┌─────────────────────────────────────────┐
                  ├─ 大麦 ─── │ 大麦、裸大麦    啤酒大麦                 │
                  │           │ 绿色食品    副产品(大麦茶)               │
                  │           └─────────────────────────────────────────┘
                  │           ┌─────────────────────────────────────────┐
                  ├─ 荞麦 ─── │ 荞麦   绿色食品                          │
                  │           │ 副产品(苦荞茶)                           │
                  │           └─────────────────────────────────────────┘
         术        │           ┌─────────────────────────────────────────┐
         语  杂    ├─ 粟 ───── │ 粟、小米、黍、黍米、稷、稷米  绿色食品   │
         和  粮    │           │ 加工品(如膨化制品)原料   地理标志产品    │
         定        │           └─────────────────────────────────────────┘
         义        │           ┌─────────────────────────────────────────┐
                  ├─ 燕麦 ─── │ 燕麦、莜麦                               │
                  │           │ 绿色食品                                 │
                  │           └─────────────────────────────────────────┘
                  ├─ 黑麦 ─── │ 黑麦                                     │
                  │           │ 绿色食品                                 │
                  │           ┌──────────┐
                  ├─ 薏苡 ─── │ 薏苡      │
                  │           │ 绿色食品  │
                  ├─ 加工品 ─ │ 方便杂粮粉 │
                  │           ┌─────────────────────────────┐
                  └─ 种子(GB)─ │ 高粱  大麦 ── 扬农啤4号      │
                              │ 燕麦  荞麦  粟               │
                              │ 小黑麦  薏苡  黑麦           │
                              └─────────────────────────────┘
```

图 2-3　杂粮产品类标准体系框架

（4）食用豆产品类标准体系框架　图 2-4。

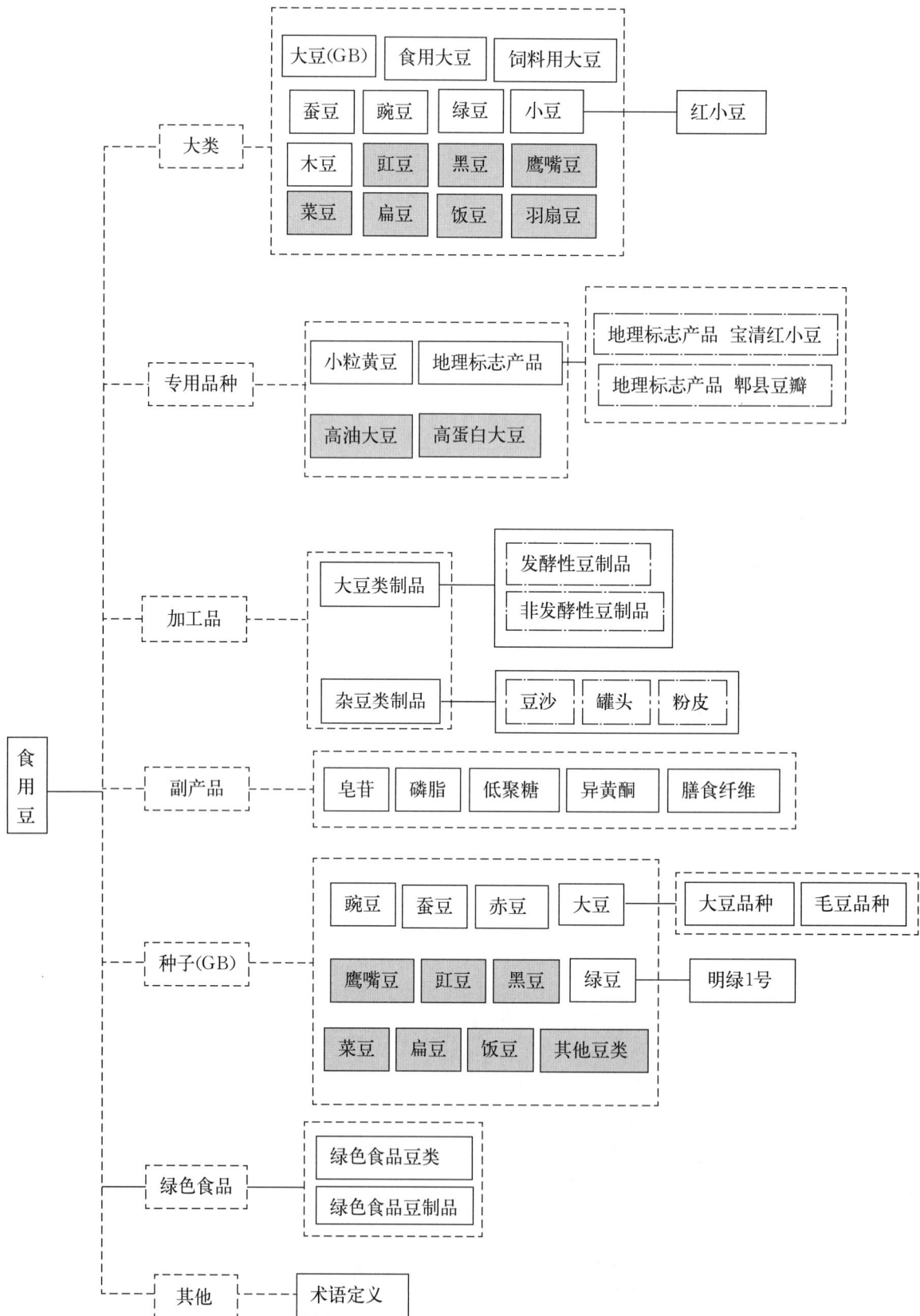

图 2-4　食品豆产品类标准体系框架

3. 产品标准存在的主要问题　在粮食产业发展初期，我国粮油专业人员短缺、资金匮乏、技术设备落后，政府相关部门支持力度有限，导致该领域许多标准未能得到及时更新，造成了标准内容过时、先进程度低、实用性较差等问题。进入"十一五"后，我国粮油标准数量不断增加，但整体结构仍不合理，国家和行业标准重复交叉制定严重。从表 2-1 可以看出，仍有 20% 左右的产品存在多标并存问题，产品分类和等级规格较为混乱，标准内容和参数设置重复、不协调，造成整个标准体系混乱、不清晰，影响了标准的使用和制定。

针对这一现状，对粮食产品质量标准整体梳理后发现，问题主要存在以下五方面问题：一是标准重复多，主要集中在标准重要定义、适用范围、参数检测依据等关键内容重复，影响标准参考使用；二是协调性差不统一，主要是同类产品标准特别是术语定义标准和产品质量标准间参数设置不一致、定义不准确有矛盾；三是标准分散不系统，大宗粮食和小宗粮豆中都存在分类过细，标准带有检测方法附录，与检测方法标准易冲突，影响标准整体系统性；四是内容格式陈旧需更新，部分国标、农业行业、粮食行业等标准引用标准更新不及时，标准标龄在 15 年以上标准钱多，格式陈旧未及时修订；五是覆盖面仍不足，新型主粮加工品、小宗粮豆标准仍有缺失。

（1）部门间标准重复多　粮食生产加工涉及农业农村部、商务部、轻工业部等多个部门，部门间标准重复问题比较突出，内容完全一致标准 2 个、关键内容重复标准 19 个，近 1/10 的标准存在标准重复的问题，主要涉及粮食术语、专用玉米、小麦和大豆制品等。多数标准存在新老标准不一致，或多部门同时制定类似标准问题。

① 内容完全一致。经过多年的标准清理工作，现所有标准中仍有内容完全一致的 2 个标准，是 2010 年制定的《玉米干全酒糟》标准，起草单位、归口单位、主要内容和范围，完全一致，只有标准编号不同，具体情况见表 2-3。

表 2-3　内容完全一致标准列表

标准编号	标准名称	标准类别	标准主要内容及范围	起草单位	归口单位
NY/T 1968—2010	玉米干全酒糟（玉米 DDGS）	农业行业标准	本标准规定了饲料用玉米干全酒糟（玉米 DDGS）的定义、要求、试验方法、检验规则、标签、包装、运输和储存；本标准适用于采用玉米为原料通过干法酒精生产、半干法酒精生产和湿法酒精生产得到的干酒精糟及可溶物	中国农业大学动物科技学院	全国饲料工业标准化技术委员会
GB/T 25866—2010	玉米干全酒糟（玉米 DDGS）	国家标准	本标准规定了饲料用玉米干全酒糟（玉米 DDGS）的定义、要求、试验方法、检验规则、标签、包装、运输和储存；本标准适用于采用玉米为原料通过干法酒精生产、半干法酒精生产和湿法酒精生产得到的干酒精糟及可溶物	中国农业大学动物科技学院	全国饲料工业标准化技术委员会

② 关键内容重复。粮食涉及部分多，不同部门都有相应标准，针对同类产品出现了多个标准，主要是国家标准和其他行业标准间重复，涉及粮食大豆术语、专用玉米、小麦和大豆制品等标准。标准间主要内容、适用范围、重要定义、主要参数和重要参照方法基本一致，个别参数设置略有不同，部分实例情况见表 2-4。同类产品标准归口不同，标准的重复出现造成了资源浪费，参照标准不统一，容易引起混乱。

表 2-4　关键内容重复标准列表

标准	标准主要内容及范围	归口单位	涉及重复内容			备注
			重要定义	主要参数	重要试验方法	
糯玉米（GB/T 2326—2008）	规定了糯玉米的相关术语和定义、分类、质量要求和卫生要求、检验方法、检验规则、标签标识以及包装、储存和运输要求；本标准适用于收购、储存、加工和贸易的商品糯玉米	全国粮油标准化技术委员会	黏性较强的玉米。自理不透明，无光泽，呈蜡质状，胚乳淀粉主要是支链淀粉，直链淀粉含量较低	定等：直链淀粉含量；其他：容重、不完善粒、杂质、水分	直链淀粉含量检测（NY/T 55）	
糯玉米（NY/T 524—2002）	规定了干籽粒糯玉米及鲜糯玉米的术语和定义、要求、试验方法和标志、标签、包装、储运等要求；本标准适用于生产、加工、销售等过程中对干籽粒糯玉米和鲜糯玉米质量的检测、评价和鉴定	农业农村部种植司提出	又称蜡质玉米，是玉米的一种类型。其干基自理粗淀粉中直链淀粉含量≤5%	定等：直链淀粉含量；其他：无容重、不完善粒、杂质、水分、玉米穗品质评分	直链淀粉含量检测（NY/T 55）	
高油玉米（GB/T 22503—2008）	规定了高油玉米的术语和定义、质量要求和卫生要求、检验方法、检验规则、标签标识以及包装、储存和运输的要求；本标准适用于收购、储存、加工和销售的商品高油玉米	全国粮油标准化技术委员会	干基粗脂肪含量不低于本标准规定最低指标（6.0%）的玉米	定等：粗脂肪；其他：不完善粒、杂质、水分	粗脂肪测定（GB/T 5512）	
高油玉米（NY/T 521—2002）	规定了高油玉米的术语和定义、要求、试验方法和标志、标签、包装、储运等要求；适用于生产、加工、销售等中对高油玉米质量的检测、评价和鉴定	农业农村部种植司提出	籽粒粗脂肪含量≥6.0%的玉米	定等：粗脂肪；其他：不完善粒、杂质、水分、脂肪酸值	粗脂肪测定（NY/T 4）	
玉米粉（GB/T 10463—2008）	规定了玉米粉的相关术语和定义、分类、质量要求和卫生要求、检验方法、检验规则、标签和标识、包装以及运输和储存的要求；本标准适用于供人类直接食用或用作食品原料的玉米粉	全国粮油标准化技术委员会	脱胚玉米粉：经除杂、去皮、脱胚、研磨等工序加工而成的产品，也可由玉米糁研磨加工而成。全玉米粉：经清理除杂后直接研磨而成	分类：脂肪酸值、灰分；其他：粗脂肪、粗细度、含砂量、磁性金属物、水分	1. 脂肪酸值测定（GB/T 20570—2006 附录 A）2. 粗细度（GB/T 5507）	
玉米糁（GB/T 22496—2008）	规定了玉米糁的相关术语和定义、分类、质量要求、检验方法、检验规则、标签标识，以及包装、储存和运输的要求；本标准适用于食用或作为食品原料的脱胚玉米糁	全国粮油标准化技术委员会	玉米糁：经除杂、脱胚、研磨和筛分等系列工序加工而成的颗粒状产品	分类：粗细度；其他：粗脂肪、脂肪酸值、灰分、含砂量、磁性金属物、水分；	1. 脂肪酸值测定（GB/T 15684）2. 粗细度（GB/T 5507）	粗细度分类定义筛网与引用检测标准不同

玉米

（续）

标准	标准主要内容及范围	归口单位	涉及重复内容			备注
			重要定义	主要参数	重要试验方法	
裱花蛋糕（SB/T 10329—2000）	规定了裱花蛋糕的产品分类、技术要求、试验方法、检验规则和标志、标签、包装、运输、储存要求；适用于在蛋糕表面裱花的各类蛋糕	国家国内贸易局消费品流通司	蛋白装饰料、蛋白膏、蛋白裱酱；奶油装饰料、奶油膏、奶油裱酱；人造奶油装饰料、麦淇淋裱酱；植脂奶油装饰料人造搅奶油、装饰料；清蛋糕、混合蛋糕、戚风蛋糕、裱花蛋糕	水分、脂肪、蛋白质、酸价、过氧化值；砷、铅、食品添加剂、黄曲霉毒素 B1、微生物指标；装饰料比率	水分测定（GB/T 14769—1993,GB/T 14771）；脂肪测定（GB/T 14772）；	两标准安全指标检测标准一致
裱花蛋糕（GB/T 31059—2014）	规定了裱花蛋糕的术语和定义、产品分类、技术要求、加工过程控制、检验方法、标签标识、包装、运输、储存、销售等的内容；适用于 3.4 定义的产品的生产、销售及检验	全国焙烤制品标准化技术委员会糕点分技术委员会	食用装饰料；非食用装饰料；裱花；蛋糕坯；清蛋糕坯；海绵蛋糕坯；戚风蛋糕坯；慕斯蛋糕坯；乳酪（奶酪/干酪）蛋糕坯；裱花蛋糕；	干燥失重、蛋白质、脂肪、总糖、酸价、过氧化值；砷、铅、黄曲霉毒素 B1、微生物指标	干燥失重、蛋白质、脂肪、总糖测定（GB/T 23780）	
速冻饺子（SB/T 10422—2007）	规定了速冻饺子产品的术语和定义、分类、要求、检验方法、检验规则、标志、包装、运输、储存、销售、召回等要求；本标准适用于以 3.2 定义产品的生产和销售	中华人民共和国商务部	速冻：产品迅速通过其最大冰晶区域，当平均温度达到—18℃；速冻饺子：以小麦或其他富含淀粉的原料加工的粉制皮，以肉、水产、蛋、蔬菜、食用油、食用盐、调味料等作馅料，经成型、熟制或不熟制、速冻产品中心温度低于—18℃的饺子	水分、脂肪、蛋白质、酸价、过氧化值、铅、总砷、挥发性盐基氮、黄曲霉毒素 B₁、菌落总数、致病菌、大肠菌群、霉菌计数、馅含量	水分（GB/T 5009.3）、脂肪（GB/T 5009.6）、酸价和过氧化值（GB/T 5009.56）、微生物指标测定（GB/T 4789.33）；馅含量测定（SB/T 10422 的 7.4）	
速冻饺子（GB/T 23786—2009）	规定了速冻饺子产品的术语和定义、分类、要求、检验方法、检验规则、判定规则、生产加工过程的卫生要求、标签、标志、包装、运输、储存、销售、召回等要求。本标准适用于以 3.2 定义产品的生产、检验和销售	中国商业联合会		水分、脂肪、蛋白质、酸价、过氧化值、铅、总砷、挥发性盐基氮、黄曲霉毒素 B₁、菌落总数、大肠菌群、沙门氏菌、金黄色葡萄球菌、志贺氏菌、霉菌、馅含量	水分（GB/T 5009.3）、脂肪（GB/T 5009.6）、酸价和过氧化值（GB/T 5009.56）、微生物检测采用（GB/T 4789.2）、（GB/T 4789.3）、（GB/T 4789.4）、（GB/T 4789.10）、（GB/T 4789.5）、（GB/T 4789.15）；馅含量测定按（GB/T 23786 附录 A）	

注：小麦（左侧纵向栏目标识）

（续）

标准	标准主要内容及范围	归口单位	涉及重复内容			备注
			重要定义	主要参数	重要试验方法	
黄豆酱（GB/T 24399—2009）	规定了黄豆酱的技术要求、试验方法、检验规则及标签、包装、运输、储存的要求	全国调味品标准化技术委员会	黄豆为主要原料，经微生物发酵酿制的酱类	氨基酸态氮、水分	氨基酸态氮（GB/T 5009.40）水分（GB/T 5009.3）	
黄豆酱（SB/T 10309—1999）	适用于以黄豆、小麦粉为原料的酿造豆酱	商务部	黄豆、小麦粉为原料的酿制豆酱		全按（SB/T 10310—1999）执行	
大豆肽粉（GB/T 22492—2008）	规定了大豆肽粉的术语和定义、质量要求和卫生要求、检验方法、检验规则、标签标识以及包装、储存好运输的要求	全国粮油标准化技术委员会	以大豆粕或大豆蛋白等为主要原料，用酶解或微生物发酵法生产的，相对分子量在5000以下，主要成分为肽的粉状物质	粗蛋白、肽含量、大于80％肽段相对分子量、灰分、水分、粗脂肪、脲酶活性	粗蛋白（GB/T 5009.5，大豆肽分子量见附录A）脲酶（GB/T 5009.117）	
大豆肽粉 QB/T 2653—2004	规定了大豆肽粉的术语和定义、产品分类、要求、试验方法、检验规则和标签本标准适用于以大豆、豆粕或人豆蛋白为主要原料，用酶解法或微生物发酵法生产的，主要成分为肽的产品	全国食品发酵标准化中心	以大豆、豆粕或大豆蛋白为主要原料，用酶解法或微生物发酵生产的，主要成分为肽，且分子量分布在10000以下的粉末状产品	总蛋白、肽含量、大于90％肽段相对分子量、pH、灰分、脲酶活性	总蛋白（GB/T 14771，大豆肽分子量见附录A）脲酶（GB/T 5413.31）	
豆浆类（SB/T 10633—2011）	规定了豆浆的术语和定义，技术要求，生产加工过程，检验方法，包装，标识和流通过程要求；适用于豆浆、调制豆浆及豆浆饮料	商务部	豆浆、调制豆浆、豆浆饮料	外观色泽、气味、滋味、组织状态、蛋白质、总固形物、脲酶定性	GB 2760、GB 5009.6、GB/T 5009.183	
豆浆（DB 52/520—2007）	规定了豆浆的产品分类、原辅料要求、技术要求、试验方法、检验规则、标志、包装、运输和储存；适用于以大豆为原料制成的各类豆浆	贵州省产品质量检验检测院	豆浆、调制豆浆	滋味、气味、组织形态、杂质、可溶性固形物、蛋白质、脂肪、脲酶试验	GB 2760、GB 5009.5、GB 5009.6、GB/T 5009.183	
调味品名词术语 豆制品（SB/T 10325—1999）	本标准规定的名词术语适用于以大豆或大豆饼粕为主要原料，经加工制成的豆类副食品	商务部				
大豆食品工业术语（SB/T 10686—2012）	规定了大豆食品加工中常用的术语与定义；适用于大豆食品生产、加工、贸易、管理和科研、教学工作	商务部	豆浆、豆腐、南豆腐、北豆腐、油炸豆制品、豆腐干、腐竹、豆粉、全脂豆粉、脱脂豆粉、低脂豆粉等定义重复			
大豆食品分类（SB/T 10687—2012）	规定了大豆食品的分类、定义；本标准适用于大豆食品的管理、生产、检验、科研、教学及其他有关领域	商务部				

（左侧纵向标题）食用豆

（2）标准间协调性差、不统一　标准间协调性差、不统一是粮食产品质量标准的主要问题，其中近半标准同时伴有参数设置不统一、定义矛盾不准确两个问题。水稻、玉米、小麦、食用豆和薯类产品标准都有参数设置和定义矛盾问题，而杂粮突出问题是作物学术名不统一。国家标准之间、国家标准和行业标准、不同行业标准之间都存在该类问题，参数和定义是产品质量定等定级的主要参数，粮食生产流通又涉及多个部门，虽然不同部门负责产业链环节不同、需求也不同，但对粮食产品质量的基本要求是一致的，国家和行业标准间不一致，其规定的产品就很难在产业链中有效流通，不利于整个产业链发展，以及质量追溯。下面分别对不同作物存在问题的情况进行比较，主要是水分、蛋白质和部分定等参数设置不统一。

① 参数设置不一致。

a. 玉米。表 2-5 和表 2-6 给出了玉米、专用玉米、玉米粉等产品的主要参数情况，其中参数设置不一致主要集中在专用玉米糯玉米、高油玉米、高淀粉玉米的不完善粒、生霉粒、粗淀粉含量，其中粗淀粉含量是高淀粉玉米的定等指标；玉米粉的水分含量和脂肪酸值。

表 2-5　玉米粉产品分级定等主要参数汇总表

标准编号	标准名称	水分含量（%）	灰分含量（干基）（%）	粗脂肪（干基）（%）	含砂量（%）	磁性金属物含量（g/kg）	脂肪酸值（KOH）（mg/100g）	粒度大小
GB/T 10463—2008	玉米粉：脱胚玉米粉	≤14.5	≤1.0	≤2.0	≤0.02	≤0.003	≤60	全部通过 CQ10 号网
	全玉米粉		≤3.0	≤5.0			≤80	
GB/T 22496—2008	玉米糁	≤14.5	≤1.0	≤2.0	≤0.02	≤0.003	≤70	分：大、中、粗、细玉米糁，通过不同 W 型号筛网留存情况判定
NY/T 418—2014	绿色食品玉米及玉米粉：玉米碴子	≤14.0	杂质% ≤1.0				≤80	无
	脱胚玉米粉	≤14.0			≤0.02	≤0.003	≤60	
	全玉米粉						≤80	

b. 小麦。表 2-7 和表 2-8 给出了专用小麦和小麦粉的主要参数。其中专用小麦和小麦粉的参数设置不一致主要集中在粗蛋白质、湿面筋、稳定时间、最大拉伸阻力等质量参数。不同标准中对强筋小麦、中强筋小麦、中筋小麦、弱筋小麦的指标要求差异较大。

c. 杂粮。表 2-9、2-10、2-11 给出了杂粮中高粱、粟和大麦主要参数的情况。杂粮涉及品种繁杂，不同品种以及其初级加工的质量要求各有不同，目前没有参数设置不一致的问题。

d. 食用豆。表 2-12 至表 2-15 给出了食用豆、大豆肽粉、卤制豆腐干、黄豆酱等产品的主要参数情况，其中参数设置不一致主要集中在红小豆的水分含量；卤制豆腐干的水分与蛋白质；黄豆酱的水分与氨基酸态氮；大豆肽粉的粗蛋白含量、肽段分子量设置。

② 作物学术名不统一。不同作物学术名称不统一问题主要集中在杂粮和食用豆中。比较粮食名词术语主要标准，可以看出，问题主要集中在名称叫法有歧义的作物中，燕麦和莜麦、粟和谷子、黍和稷、赤豆和红小豆等，中文和英文叫法都有差异，如无学术拉丁名标注，很难准确区分。具体标准和涉及作物见表 2-16。

表 2-6 玉米产品分级定等主要参数汇总表

标准编号	标准名称	容重 (g/L)	不完善粒总量 (%)	其中生霉粒 (%)	杂质含量 (%)	水分含量 (%)	直链淀粉含量 (%)	玉米穗品质分 (分)	粗脂肪 (干基) (%)	脂肪酸值 (KOH) (mg/100g)	可溶性糖含量 (%)	粗淀粉 (干基) (%)	粗蛋白 (干基) (%)	赖氨酸 (干基) (%)	膨化倍数	爆花率 (%)
GB 1353—2009	玉米	3等≥650 5等≥590	3等≤8.0 5等≤15.0	≤2.0	≤1.0	≤14.0										
NY/T 519—2002	食用玉米	无	≤5.0	0	≤1.0	≤14.0			3等≥3.0	≤40			3等≥9.0	3等≥0.25		
GB/T 17890—2008	饲料用玉米	三级≥660	三级≤8.0	≤2.0	≤1.0	≤14.0				≤60			≥8.0			
GB/T 22326—2008	糯玉米	≥660	≤6.0	≤0.5	≤1.0	≤14.0	3等≤5.0*									
NY/T 524—2002	糯玉米		≤5.0	≤0	≤1.0	≤14.0	3等≤5.0*	3等≥60								
NY/T 523—2002	甜玉米							3等≥60*			≥8					
GB/T 22503—2008	高油玉米		≤6.0	≤0.5	≤1.0	≤14.0			3等≥6.0*							
NY/T 521—2002	高油玉米		≤5.0	≤0	≤1.0	≤14.0			3等≥6.0*	≤40.0						
GB/T 8613—1999	淀粉发酵工业用玉米		≤5.0	≤1.0	≤1.0	≤14.0						2等≥72* 3等≥69*				
NY/T 597—2002	高淀粉玉米		≤5.0	≤0	≤1.0	≤14.0						3等≥72*				
NY/T 520—2002	优质蛋白玉米	≥685	≤5.0	≤0	≤1.0	≤14.0							3等≥9.0*	3等≥0.40*		
NY/T 522—2002	爆裂玉米		≤1.0	≤0	≤0.5	11.0~14.0									3等≥20*	3等≥92*

注：*表示专用玉米定等指标。

表 2－7　专用小麦产品分级定等主要参数汇总表

标准编号	标准名称	等级/分类	容重 (g/L)	不完善粒 (%)	硬度指数	降落数值 (s)	粗蛋白质 (%)	湿面筋 (%)	稳定时间 (min)	吸水率 (%)	烘焙体积 (cm³)	最大拉伸阻力 (EU)	延伸性 (mm)	能量 (cm²)
GB 1351—2008	小麦	一等	≥790	≤6.0										
		二等	≥770											
		三等	≥750	≤8.0										
		四等	≥730											
		五等	≥710	≤10.0										
GB/T 17892—1999	优质小麦强筋小麦	一等	≥770	≤6.0		≥300	≥15	≥35	≥10.0					
		二等	≥770				≥14	≥32	≥7.0					
GB/T 17893—1999	优质小麦弱筋小麦		≥750	≤6.0		≥300	≤11.5	≤22	≤2.5					
NY/T 2121—2012	东北地区硬红春小麦	强筋一等				≥300	≥15.0	≥32.0	≥10.0			≥450	≥180	
		强筋二等				≥250	≥14.0	≥30.0	≥8.0			≥350	≥170	
		中强筋				≥250	≥13.0	≥28.0	≥6.0			≥300	≥160	
		中筋				≥250	≥12.0	≥26.0	≥3.0			—	—	
NY/T 1218—2006	黄淮海地区强筋白硬冬小麦	一等	≥770	≤6.0		≥250	≥14.50	≥33.0	≥12.0	≥60.0	≥800			≥110
		二等	≥750				≥13.50	≥30.0	≥7.0	≥58.0	≥750			≥80
GB/T 17320—2013	小麦品种品质分类	强筋			≥60	≥300	≥14.0	≥30	≥8.0	≥60		≥350		≥90
		中强筋			≥60		≥13.0	≥28	≥6.0	≥58		≥300		≥65
		中筋			≥50		≥12.5	≥26	≥3.0	≥56		≥200		≥50
		弱筋			≤50		≤12.5	≤26	≤3.0	≤56		—		—
DB 11/T 169—2002	强筋、中筋、弱筋小麦（商品小麦）	强筋 一等	≥770				≥15.0	≥35	≥12.0	≥61		≥500	≥180	
		强筋 二等	≥790				≥14.0	≥32	≥8	≥59		≥450		
		中筋 一等	≥770				≥13.0	≥30	≥4.5	≥57		≥350	≥180	
		中筋 二等	≥750				≥12.0	28	≥3.5	≥55		≥300		
		弱筋 一等					≥10.0	≥22	≤2.0	≥52		≤150	150～200	
		弱筋 二等					≤11.0	≤24		≤54		≤200		

表2-8 小麦粉产品分级定等主要参数汇总表

标准编号	标准名称		水分(%)	降落数值(s)	粗蛋白质(%)	湿面筋(%)	稳定时间(min)	灰分(%)	含砂量(%)	粗细度(%)
GB 1355—1986	小麦粉	特制一等	≤14.0					<0.70	<0.02	全部通过 CB36 号筛、留存在 CB42 号筛的不超过 10.0%
		特制二等	≤14.0					<0.85	<0.02	全部通过 CB30 号筛、留存在 CB36 号筛的不超过 10.0%
		标准粉	≤13.5					<1.10	<0.02	全部通过 CQ20 号筛、留存在 CB30 号筛的不超过 10.0%
		普通	≤13.5					<1.40	<0.02	全部通过 CQ20 号筛
GB/T 8607—1988	高筋小麦粉	一等	≤14.5		≥12.2	≥30.0		≤0.70	≤0.02	全部通过 CB36 号筛、留存在 CB30 号筛的不超过 10.0%
		二等	≤14.0					≤0.85		全部通过 CB30 号筛、留存在 CB36 号筛的不超过 10.0%
GB/T 8608—1988	低筋小麦粉	一等	≤14.0		≤10.0	≤24.0		≤0.60	≤0.02	全部通过 CB36 号筛、留存在 CB42 号筛的不超过 10.0%
		二等						≤0.80		全部通过 CB30 号筛、留存在 CB36 号筛的不超过 10.0%
LS/T 3201—1993	面包用小麦粉	精制级	≤14.5	250~350		≥33	≥10	≤0.60	≤0.02	CB30 号筛全部通过、CB36 号筛留存量不超过 15.0%
		普通级				≥30	≥7	≤0.75		
LS/T 3202—1993	面条用小麦粉	精制级	≤14.5	≥200		≥28	≥4.0	≤0.55	≤0.02	CB36 号筛全部通过、CB42 号筛留存量不超过 10.0%
		普通级				≥26	≥3.0	≤0.70		
LS/T 3203—1993	饺子用小麦粉	精制级	≤14.5	≥200		28~32	≥3.5	≤0.55	≤0.02	CB36 号筛全部通过、CB42 号筛留存量不超过 10.0%
		普通级						≤0.70		
LS/T 3204—1993	馒头用小麦粉	精制级	≤14.0	≥250		25.0~30.0	≥3.0	≤0.55	≤0.02	全部通过 CB36 号筛
		普通级						≤0.70		
LS/T 3205—1993	发酵饼干用小麦粉	精制级	≤14.0	250~350		24~30	≤3.5	≤0.55	≤0.02	CB36 号筛全部通过、CB42 号筛留存量不超过 10.0%
		普通级						≤0.70		
LS/T 3206—1993	酥性饼干用小麦粉	精制级	≤14.0	≥150		22~26	≤2.5	≤0.55	0.02	CB36 号筛全部通过、CB42 号筛留存量不超过 10.0%
		普通级					≤3.5	≤0.70		
LS/T 3207—1993	蛋糕用小麦粉	精制级	≤14.0	≥250		≤22	≤1.5	≤0.53	≤0.02	全部通过 CB42 号筛
		普通级				≤24	≤2.0	≤0.65		
LS/T 3208—1993	糕点用小麦粉	精制级	≤14.0	≥160		≤22	≤1.5	≤0.55	≤0.02	CB36 号筛全部通过、CB42 号筛留存量不超过 10.0%
		普通级				≤24	≤2.0	≤0.70		

表 2－9　高粱产品分级定等主要参数汇总表

标准编号	标准名称	等	容重（g/L）	不完善粒（%）	带壳粒（%）	杂质总量（%）	水分含量（%）	加工精度（%）	碎米（%）	单宁（%）
GB/T 8231—2007	高粱	1等	≥740	≤3.0	≤5	≤1.0	≤14.0	无	无	≤0.5
		2等	≥720							
		3等	≥700							
LS/T 3215—1985	高粱米	1等	无	2.0	高粱壳含量≤0.03	≤0.30	≤14.5	75.0	≤3.0	无
		2等		3.0				65.0		
		3等		4.0				55.0		

表 2－10　栗（小米、稷、黍）产品分级定等主要参数汇总表

标准编号	标准名称	等	容重（g/L）	不完善粒（%）	杂质总量（%）	矿物质（%）	水分含量（%）	加工精度（%）	碎米（%）	互混限度（%）
GB/T 8232—2008	栗	1等	≥670	≤1.5	≤2.0	≤0.5	≤13.5	无	无	无
		2等	≥650							
		3等	≥630							
GB/T 11766—2008	小米	1等	无	≤1.0	≤0.5	≤0.02	≤13.0	≥95	≤4.0	无
		2等		≤2.0	≤0.7			≥90		
		3等		≤3.0	≤1.0			≥85		
GB/T 13355—2008	黍	1等	≥690	≤2.0	≤2.0	≤0.5	≤14.0	无	无	无
		2等	≥670							
		3等	≥650							
GB/T 13356—2008	黍米	1等	无	≤2.0	≤0.5	≤0.02	≤14.0	≥80	≤6.0	≤5
		2等		≤3.0	≤0.7			≥70		
		3等		≤4.0	≤1.0			≥60		
GB/T 13357—2008	稷	1等	≥760	≤3.0	≤2.0	≤0.5	≤14.0	无	无	无
		2等	≥740							
		3等	≥720							
GB/T 13358—2008	稷米	1等	无	≤2.0	≤0.5	≤0.02	≤14.0	≥75	≤6.0	≤5
		2等		≤3.0	≤0.7			≥65		
		3等		≤4.0	≤1.0			≥55		

表 2 - 11 大麦产品分级定等主要参数汇总表

标准编号	标准名称	等级	容重（g/L）	不完善粒（%）	杂质总量（%）	矿物质（%）	水分含量（%）	纯粮率（%）
GB/T 11760—2008	裸大麦	1等	≥790		≤1.0	≤0.5	≤13.0	无
		2等	≥770					
		3等	≥750	≤6.0				
		4等	≥730	≤8.0				
		5等	≥710	≤10.0				
LS/T 3101—1985	大麦	1等	无	无	≤1.5	无	≤13.5	≥97.0
		2等						≥95.0
		3等						≥93.0

表 2 - 12 食用豆产品分级定等主要参数汇总表

标准编号	标准名称	等级	水分（%）	不完善粒（%）	霉变粒（%）	纯粮率（%）	异色粒（%）	粒径均匀度（%）	百粒重（g）	粗蛋白（%）	淀粉（%）	豆沙（%）
GB/T 10462—2008	绿豆	1等	≤13.5	杂质≤1.0		≥97.0						
		2等				≥94.0						
		3等				≥91.0						
		等外				<91.0						
NY/T 598—2002	食用绿豆	一等	≤13.5	≤3.0	≤0.1		≤1.0	整齐		≥25.0	≥54.0	
		二等		≤3.0	≤0.1		≤3.0	整齐		≥23.0	≥52.0	
		三等		≤3.0	≤0.1		≤3.0	较整齐		≥21.0	≥50.0	
NY/T 599—2002	红小豆	一等	≤14.5	≤3.0			≤1	≥75				
		二等		≤5.0			≤2	≥70				
		三等		≤7.0			≤3	≥65				
GB/T 20442—2006	地理标志产品 宝清红小豆	一等	≤14.5	≤2.0			≤1		≥16	≥20.0	≥50.0	≥70.0
		二等		≤4.0			≤2		≥16	≥20.0	≥50.0	≥70.0
		三等		≤6.0			≤3		≥16	≥20.0	≥50.0	≥70.0
GB/T 10461—2008	小豆：红小豆	1等	≤14.0			≥98.0						
		2等				≥95.0						
		3等				≥92.0						
		等外				<92.0						

表 2 - 13 卤制豆腐干产品分级定等主要参数汇总表

标准编号	标准名称	水分（%）	蛋白质（g/100g）	过氧化值（g/100g）	食盐（以 NaCl 计）（g/100g）
SB/T 10632—2011	卤制豆腐干	≤65.0	≥15.0	≤0.25	
GB/T 23494—2009	豆腐干：卤制豆腐干	≤75.0	≥14.0		≤4.0
	臭豆腐干	≤85.0	≥7.0		≤4.0

表 2 - 14 黄豆酱产品分级定等主要参数汇总表

标准编号	标准名称	水分（%）	氨基酸态氮（以氮计）（g/100g）	铵盐（以氮计）
GB/T 24399—2009	黄豆酱	≤65.0	≥0.50	不得超过氨基酸态氮（以氮计）含量的 30%
B/T 10309—1999	黄豆酱	≤60.00	≥0.60（以干基计为 1.50%）	

表 2 - 15 大豆肽粉产品分级定等主要参数汇总表

标准编号	标准名称		水分（%）	干燥失重（%）	灰分（干基）（%）	粗蛋白质（干基）（%）	肽含量（干基）（%）	≥80%肽段的相对分子量	90%以上的大豆肽分子量分布	粗脂肪（干基）（%）	尿酶（尿素酶）活性	pH（10%水溶液）
GB/T 22492—2008	大豆肽粉	一级	≤7.0		≤6.5	≥90.0	≥80.0	≤2000		≤1.0		
		二级	≤7.0		≤8.0	≥85.0	≥70.0	≤5000		≤1.0		
		三级	≤7.0		≤8.0	≥80.0	≥55.0	≤5000		≤1.0		
QB/T 2653—2004	大豆肽粉	Ⅰ型		≤7.0	≤6.5	≥90.0	≥80.0		≤10 000		阴性	7.0±0.5
		Ⅱ型		≤7.0	≤8.0	≥88.0	≥70.0					7.0±0.5
		Ⅲ型		≤7.0	≤8.0	≥85.0	≥55.0					7.0±0.5

表 2 - 16 标准中各作物名称汇总表

标准编号	标准名称	涉及不统一内容				
		燕麦	莜麦	粟	黍	稷
GB/T 22515—2008	粮油名词术语 粮食、油料及其加工产品	燕麦 common oats 定义为分为皮燕麦和裸燕麦	莜麦，即裸燕麦 hulless oats naked oats	粟 foxtail millet 又称谷子	黍 broomcorn millet (glutinous)	稷 broomcorn millet（non - glutinous）
NY/T 1961—2010	粮食作物名词术语	燕麦 oats 定义为包括皮燕麦、裸燕麦	裸燕麦 oats 拉丁名： Avena nuda L.	谷子 foxtail millet 又称小米、粟米 拉丁名：Setaria italica（L.）P. Beauv.	黍稷 common millet 定义为糯性称黍 拉丁名：Panicum miliaceum L.	黍稷 common millet 定义为粳性称稷 拉丁名：Panicum miliaceum L.
NY/T 1294—2007	禾谷类杂粮作物分类与术语	燕麦 oats 定义为包括皮燕麦、裸燕麦	裸燕麦 oats 拉丁名： Avena nuda L.	谷子 foxtail millet 定义为粟 拉丁名：Setaria italica （L.） P. Beauv.	黍稷 common millet broomcorn millet 拉丁名：Panicum miliaceum L.	黍稷 common millet broomcorn millet 拉丁名：Panicum miliaceum L.
GB 4404.1—2008	粮食作物种子 第 1 部分：禾谷类（杂粮）	—	—	粟 拉丁名：Setaris italica	黍 拉丁名：Panicum miliaceum L.	—
GB 4404.4—2010	粮食作物种子 第 4 部分：燕麦	燕麦 拉丁名：Avena sativa L.	—	—	—	—

标准编号	标准名称	涉及不统一内容					
		大豆	赤豆（红小豆）	绿豆	蚕豆	豌豆	芸豆
GB/T 22515—2008	粮油名词术语 粮食、油料及其加工产品	大豆，分为黄大豆、青大豆、黑大豆、褐大豆、赤大豆、茶色大豆、花斑大豆等，soybean、soyabean、soya	小豆，根据种皮颜色分红小豆、白小豆、绿小豆等 small bean	绿豆，根据种皮颜色分为明绿豆、黄绿豆、灰绿豆 green beans	蚕豆，又称胡豆、罗汉豆、佛豆 broad bean	豌豆，又称麦豆、毕豆、小寒豆、淮豆 peas	菜豆，又称芸豆 kidney beans
NY/T 1961—2010	粮食作物名词术语	大豆，又称黄豆 soybean 拉丁名：Glycine max（L.）Merr	小豆，又称红豆、红小豆、赤豆、赤小豆 adzuki bean 拉丁名：Vigna angularis（Willd.）Ohashi	绿豆，又称菉、植豆、文豆 mung bean 拉丁名：Vigna radiata（L.）Wilczek	蚕豆，又称胡豆、罗汉豆、佛豆 faba bean 拉丁名：Vicia faba L.	豌豆，又称麦豆、麦豆、寒豆、荷兰豆、软荚豌豆 pea 拉丁名：Pisum sativum L.	普通菜豆，又称芸豆、四季豆、唐豆 common bean 拉丁名：Phaseolus vulgaris

（续）

标准编号	标准名称	涉及不统一内容					
		大豆	赤豆（红小豆）	绿豆	蚕豆	豌豆	芸豆
GB 4404.2—2010	粮食作物种子 第 2 部分：豆类	大豆 拉丁名：*Glycine max*（L.）Merr	赤豆 拉丁名：*Vigna angularis*（Willd.）Ohwi & Ohashi	绿豆 拉丁名：*Vigna radiata*（L.）Wilczek	蚕豆 拉丁名：*Vicia faba* L.	—	—
GB/T 10461—2008	小豆	—	小豆，分红小豆、白小豆、绿小豆、杂小豆 small bean	—	—	—	—
GB/T 10459—2008	蚕豆	—	—	—	蚕豆 broad bean	—	—
GB/T 10460—2008	豌豆	—	—	—	—	豌豆 peas	—

③ 定义不准确、有矛盾。不同标准隶属于各直属标准委员会，标准间术语定义不准确、存在差异，术语定义标准和产品质量标准中产品定义不一致、有冲突，玉米、小麦和大豆等主粮同时涉及类似问题。国家粮食标准主要归口粮油标准委员会，其对粮食的定义与农业行业、进出口行业标准表述差异较大，其中农业行业标准从农学角度定义粮食，表述涵盖面最广、定义最全面；国家标准定义过于笼统可参考性差；进出口标准粮食定义描述较全面，但未包括薯类等块状粮食。粮食作为国家的重要经济生活命脉，不同领域定义差异较大，没有统一完整定义，影响粮食生产的整体布局和发展。

玉米、小麦、大豆等作物定义中，主要是文字描述有差异、定义的重要参数要求不同，如大豆未熟粒、生霉粒、冻伤粒、完整粒描述不一致，专用玉米定义和粮食术语标准表述不统一，强筋、中筋、弱筋小麦品质定义要求不同，都在标准执行和使用中，容易造成混乱，不利于管理，具体见表 2-17 至表 2-19。

表 2-17 小麦不同标准定义术语不准确、有矛盾情况表

标准	强筋小麦	次强筋小麦	中筋小麦	弱筋小麦
GB/T 22515—2008 粮油名词术语 粮食、油料及其加工产品	strong gluten wheat 面筋含量高、面团揉和性能、延伸性能好，硬度指数不低于 60，适于生产面包粉以及搭配生产其他专用粉的硬质小麦	medium gluten wheat 面筋含量略低于强筋小麦，高于一般小麦，面团揉和性能、延伸性能较好，适于制作面条或馒头的硬质小麦		Weak gluten wheat 胚乳呈粉状，面筋含量低，面团耐揉性、弹性弱、硬度指数不高于 45，适于制作饼干、糕点的软质小麦
NY/T 1961—2010 粮食作物名词术语	high gluten wheat 籽粒为硬质、面筋含量高、面团揉和性及延展性好，适于制作优质面包的小麦		medium gluten wheat 籽粒为硬质、半硬质或软质、面筋含量中等、面团揉和性及延展性较好，适于制作面条或馒头的小麦	Low gluten wheat 籽粒为软质、面筋含量低、面团揉和性及弹性较差、适于制作饼干、糕点的小麦
GB/T 17892—1999 优质小麦 强筋小麦	角质率不低于 70%，加工成的小麦粉筋力强，适合于制作面包等食品			
GB/T 17893—1999 优质小麦 弱筋小麦				粉质率不低于 70%，加工成的小麦粉筋力弱，适合制作蛋糕和酥性饼干等食品

表 2-18 玉米不同标准定义术语不准确、有矛盾情况表

标准	糯玉米	甜玉米	高油玉米	高淀粉玉米	高赖氨酸玉米	玉米粉	玉米糁
GB/T 22515—2008 粮油名词术语 粮食、油料及其加工产品	Waxy corn，亦称蜡质玉米。籽粒不透明，无光泽，外观呈蜡质状，胚乳中支链淀粉含量较高，富有黏性的玉米	Sweet corn，籽粒中可溶性糖含量较高的玉米	High - oil corn，籽粒中脂肪含量较高的玉米	High - starch corn，籽粒中淀粉含量较高的玉米	High - lysine maize，籽粒中赖氨酸含量较一般玉米高的硬质或半硬质	Corn flour，亦称包米粉、棒子面。玉米加工而成的整粉状产品	Corn grits，亦称玉米碴。玉米加工而成的颗粒状产品
GB/T 22326—2008 糯玉米	Waxy corn，黏性较强的玉米。籽粒不透明，无光泽，呈蜡质状，胚乳淀粉主要是支链淀粉，直链淀粉含量较低。（直链淀粉大于 5.% 为等外）						
NY/T 524—2002 糯玉米	又称蜡质玉米，是玉米的一种类型。其干基籽粒粗淀粉中直链淀粉含量≤5.0%						
NY/T 523—2002 甜玉米		玉米籽粒在最佳收获期可溶性糖含量≥8%					
GB/T 22503—2008 高油玉米			High oil corn，干基粗脂肪含量不低于本标准所规定最低指标的玉米				
NY/T 521—2002 高油玉米			籽粒粗脂肪含量≥6.0%的玉米				
NY/T 597—2002 高淀粉玉米				籽粒中粗淀粉含量≥72%的玉米			

（续）

标准	糯玉米	甜玉米	高油玉米	高淀粉玉米	高赖氨酸玉米	玉米粉	玉米糁
NY/T 520—2002 优质蛋白玉米					优质蛋白玉米：籽粒赖氨酸含量 ≥0.40%的硬质或半硬质胚乳		
GB/T 10463—2008 玉米粉						脱胚玉米粉 degermed maize flour，经除杂、去皮、脱胚、研磨等工序加工而成的产品，也可由玉米糁研磨加工而成；全玉米粉 whole maize flour，经清理除杂后直接研磨而成的产品	
GB/T 22496—2008 玉米糁							Maize（corn）grits，经除杂、脱胚、研磨和筛分等系列工序加工而成的颗粒状产品

表 2-19　大豆不同标准定义术语不准确、有矛盾情况表

标准	高油大豆	高蛋白质大豆	未熟粒	生霉粒	冻伤粒	完整粒
NY/T 1933—2010 大豆等级规格	高油大豆：粗脂肪含量（干基）不低于 20.0%的大豆	高蛋白大豆：粗蛋白质含量（干基）不低于 40.0%的大豆				
GB 1352—2009 大豆	粗脂肪含量不低于 20.0%的大豆	高蛋白质大豆：粗蛋白质含量不低于 40.0%的大豆	籽粒不饱满，瘪缩达粒面1/2及以上或子叶青色部分达1/2及以上（青仁大豆除外）的，与正常粒显著不同的颗粒	粒面生霉的颗粒	因受冰冻伤害籽粒透明或子叶僵硬呈暗绿色的颗粒	籽粒完好正常的颗粒

（续）

标准	高油大豆	高蛋白质大豆	未熟粒	生霉粒	冻伤粒	完整粒
GB/T 20411—2006 饲料用大豆			未成熟籽粒不饱满，瘪缩达粒面 1/2 以上或子叶绿色达 1/2 以上（绿仁大豆除外）与正常粒显著不同的大豆粒	粒面或子叶生霉的大豆粒	籽粒透明或子叶僵硬呈暗绿色的大豆粒	
LS/T 3241—2012 豆浆用大豆						籽粒完整或虽有破损但破损部分小于 1/4 的颗粒

（3）标准分散不系统 粮食产品种类众多，相关标准数量仅次于检测方法，但类似产品制定多个标准问题仍比较突出，产品类标准中部分标准制定分散，未能将类似产品汇总归类制定，造成使用者参照标准分散、不系统，也容易在标准制定过程中引起参数设置不合理、不统一；国家和行业产品类标准中带有附录标准，产品质量标准附带检测方法，是产品所需检测方法缺失时，对应的解决办法，经过对标准逐一清理后，发现近半数附录方法已不再具有唯一性，或已有现行检测标准，但仍在使用，容易引起检测标准参照混乱，导致产品标准执行不畅，影响标准体系的系统性。

① 产品标准过于细分。目前有粮食产品质量标准（含术语定义）210 个，共涉小麦、玉米和杂粮杂豆相关 155 种产品，相关标准 185 个，涵盖了原料、初加工品、副产品和种子，其中食用豆、小麦产品种类较多，具体情况见表 2-2。从表 2—20 中可以看出，玉米、小麦、杂粮、食用豆都有该问题存在，其中小麦最为突出。各种专用玉米、专用小麦粉、杂粮和杂粮米等相关参数设置基本一致，只是个别参数要求不同，或是同类产品差异很少，就分为多个产品标准。

表 2-20 各作物产品分类情况表（只填写细分不合理的标准情况）

种类	涉及数量（项）	涉及标准		标准涉及主要参数
专用玉米	9	GB/T 22326—2008	糯玉米	直链淀粉；其他：容重、不完善粒、杂质、水分
		NY/T 524—2002	糯玉米	直链淀粉；不完善粒、杂质、水分、玉米穗品质评分
		GB/T 22503—2008	高油玉米	粗脂肪；不完善粒、杂质、水分
		NY/T 521—2002	高油玉米	粗脂肪；不完善粒、杂质、水分、脂肪酸值
		NY/T 597—2002	高淀粉玉米	粗淀粉；杂质、水分、不完善粒
		GB/T 8613—1999	淀粉发酵工业用玉米	粗淀粉；杂质、水分、不完善粒
		NY/T 523—2002	甜玉米	可溶性糖、品质
		NY/T 520—2002	优质蛋白玉米	粗蛋白、赖氨酸；容重、杂质、水分、不完善粒
		NY/T 522—2002	爆裂玉米	膨化倍数、爆花率；杂质、水分、不完善粒
玉米粉	2	GB/T 10463—2008	玉米粉	脂肪酸值、灰分；粗脂肪、粗细度、含砂量、磁性金属物、水分
		GB/T 22496—2008	玉米糁	粗细度；粗脂肪、脂肪酸值、灰分、含砂量、磁性金属物、水分

（续）

种类	涉及数量（项）	涉及标准		标准涉及主要参数
小麦	2	GB/T 17892—1999	优质小麦 强筋小麦	容重、不完善粒、杂质、水分、色泽，气味、降落数值、粗蛋白质、湿面筋、面团稳定时间
		GB/T 17893—1999	优质小麦 弱筋小麦	容重、不完善粒、杂质、水分、色泽，气味、降落数值、粗蛋白质、湿面筋、面团稳定时间
	2	NY/T 2121—2012	东北地区硬红春小麦	降落数值、蛋白质、湿面筋、粉质曲线稳定时间、拉伸特性
		NY/T 1218—2006	黄淮海地区强筋白硬冬小麦	降落数值、蛋白质、湿面筋、粉质曲线稳定时间、拉伸特性
小麦粉	2	GB/T 8607—1988	高筋小麦粉	湿面筋、蛋白质、灰分、粉色、含砂量、粗细度、磁性金属物、脂肪酸值
		GB/T 8608—1988	低筋小麦粉	湿面筋、蛋白质、灰分、粉色、含砂量、粗细度、磁性金属物、脂肪酸值
	8	LS/T 3201—1993	面包用小麦粉	降落数值、湿面筋、稳定时间、灰分、含砂量、粗细度、磁性金属物
		LS/T 3202—1993	面条用小麦粉	降落数值、湿面筋、稳定时间、灰分、含砂量、粗细度、磁性金属物
		LS/T 3203—1993	饺子用小麦粉	降落数值、湿面筋、稳定时间、灰分、含砂量、粗细度、磁性金属物
		LS/T 3204—1993	馒头用小麦粉	降落数值、湿面筋、稳定时间、灰分、含砂量、粗细度、磁性金属物
		LS/T 3205—1993	发酵饼干用小麦粉	降落数值、湿面筋、稳定时间、灰分、含砂量、粗细度、磁性金属物
		LS/T 3206—1993	酥性饼干用小麦粉	降落数值、湿面筋、稳定时间、灰分、含砂量、粗细度、磁性金属物
		LS/T 3207—1993	蛋糕用小麦粉	降落数值、湿面筋、稳定时间、灰分、含砂量、粗细度、磁性金属物
		LS/T 3208—1993	糕点用小麦粉	降落数值、湿面筋、稳定时间、灰分、含砂量、粗细度、磁性金属物
粟、黍稷	6	GB/T 8232—2008	粟	容重、不完善粒、杂质总量、矿物质、水分含量
		GB/T 11766—2008	小米	加工精度、碎米、不完善粒、杂质总量、矿物质、水分含量
		GB/T 13355—2008	黍	容重、不完善粒、杂质总量、矿物质、水分含量
		GB/T 13356—2008	黍米	加工精度、碎米、互混限度、不完善粒、杂质总量、矿物质、水分含量
		GB/T 13357—2008	稷	容重、不完善粒、杂质总量、矿物质、水分含量
		GB/T 13358—2008	稷米	加工精度、碎米、互混限度、不完善粒、杂质总量、矿物质、水分含量
高粱	2	GB/T 8231—2007	高粱	容重、单宁、不完善粒、杂质总量、水分含量、带壳粒
		LS/T 3215—1985	高粱米	加工精度、碎米、不完善粒、杂质总量、水分含量、带壳粒
绿豆	2	GB/T 10462—2008	绿豆	水分、杂质、矿物质、纯粮率
		NY/T 598—2002	食用绿豆	水分、杂质、矿物质、不完善粒、霉变粒、异色粒、整齐度、粗蛋白、粗淀粉

（续）

种类	涉及数量（项）	涉及标准		标准涉及主要参数
红小豆	2	NY/T 599—2002	红小豆	水分、不完善粒、异色粒、杂质、矿物质、粒径规格分类、粒径均匀度
		GB/T 20442—2006	地理标志产品宝清红小豆	水分、不完善粒、异色粒、杂质、矿物质、百粒重、粗蛋白、淀粉、豆沙含量
黄豆酱	3	GB/T 24399—2009	黄豆酱	水分、氨基酸态氮
		SB/T 10309—1999	黄豆酱	水分、氨基酸态氮、铵盐
		SB/T 10612—2011	黄豆复合调味酱	水分、氨基酸态氮、食盐、总酸
大豆肽粉	2	GB/T 22492—2008	大豆肽粉	水分、灰分、粗蛋白质、肽含量、≥80%肽段的相对分子量、粗脂肪、尿酶活性
		QB/T 2653—2004	大豆肽粉	干燥失重、灰分、总蛋白质、肽含量、90%以上的大豆肽的分子量分布、粗脂肪、尿酶、pH（10%水溶液）
大豆粕	2	GB/T 13382—2008	食用大豆粕	水分、杂质、粗蛋白质、粗纤维素、粗脂肪、灰分、含砂量
		GB/T 21494—2008	低温食用豆粕	水分、杂质、粗蛋白质、粗纤维素、粗脂肪、灰分、含砂量、氮溶解指数
豆腐干	2	GB/T 23494—2009	豆腐干	水分、蛋白质、食盐
		SB/T 10632—2011	卤制豆腐干	水分、蛋白质、过氧化值

② 附带检测方法。主要集中梳理了国标和行业标准，其中，48 个带有检测方法的附录（见表 2-21）。多数标准所需检测标准出现时间相差 5 年以上，但制定检测方法标准时，未对产品质量标准进行清理，附录和检测方法重复或冲突，导致产品质量执行无固定标准，参数可参照性下降。

表 2-21　产品质量标准附录汇总表

标准编号	标准名称	附录内容	对应已有检测标准	备注
GB 1353—2009	玉米	附录 A　玉米容重的测定方法	GB/T 5498—2013	附录和标准中方法、设备一致
		附录 B　玉米快速干燥降水设备技术条件及操作方法	无	保留附录
NY/T 524—2002	糯玉米	附录 A　蒸煮品质试验方法	无	需制定
NY/T 523—2002	甜玉米	附录 A　甜玉米蒸煮品质试验方法	无	需制定
NY/T 522—2002	爆裂玉米	附录 A　爆花率、膨化倍数检验方法	无	保留附录
GB 12309—1990	工业玉米淀粉	全文附有水分、细度、斑点、酸度、等检测方法	淀粉水分测定（GB/T 12087—2008）；淀粉细度测定（GB/T 22427.5—2008）；淀粉斑点测定（GB/T 22427.4—2008）	需修订标准，保留部分附录
GB/T 17320—2013	小麦品种品质分类	附录 A　实验室馒头制作与评价方法	LS/T 3204—1993 馒头用小麦粉附录 A	直接发酵法，加工方法不同，评分标准比例不一样，需统一后，制定馒头实验室制作评价方法
		附录 B　实验面条室制作与评价方法	无鲜切面相关方法	需制定，面条实验室制作和评价方法

（续）

标准编号	标准名称	附录内容	对应已有检测标准	备注
NY/T 967—2006	农作物品种审定规范 小麦	附录A 小麦品种抗性评分	无	保留附录
GB/T 20571—2006	小麦储存品质判定规则	附录A 小麦蒸煮品质评定试验方法	无	保留附录，主要通过馒头气味和食味判断小麦储存品质
NY/T 421—2012	绿色食品 小麦及小麦粉	附录A 绿色食品 小麦、小麦粉和全麦粉产品认证检验项目	无	保留附录
LS/T 3201—1993	面包用小麦粉	附录A 制品（面包）评分	有，GB/T 14611—2008	不需保留
LS/T 3202—1993	面条用小麦粉	附录A 制品（面条）评分	无制作评价干面条方法	需制定，面条实验室制作和评价方法
LS/T 3203—1993	饺子用小麦粉	附录A 饺子用小麦粉制品品质评分	无	暂时保留，再进一步制定相关标准
LS/T 3204—1993	馒头用小麦粉	附录A 制品（馒头）制作与评分	GB/T 17320—2013 小麦品种品质分类附录A	直接发酵法，加工方法不同，评分标准比例不一样，需统一后，制定馒头实验室制作评价方法
LS/T 3205—1993	发酵饼干用小麦粉	附录A 发酵饼干的制作、试验方法	无	暂时保留，再进一步制定检测标准
LS/T 3206—1993	酥性饼干用小麦粉	附录A 酥性饼干的制作、试验方法	无	暂时保留，再进一步制定检测标准
LS/T 3207—1993	蛋糕用小麦粉	附录A 制品（蛋糕）试验方法与评分标准	GB/T 24303—2009 粮油检验小麦粉蛋糕烘焙品质试验 海绵蛋糕法	制作配方、评分标准不同，需比对后，形成统一标准
LS/T 3208—1993	糕点用小麦粉	附录A 制品（苏式杏仁酥）试验方法与评分标准	无	保留附录
LS/T 3209—1993	自发小麦粉	附录A 拉伸仪结构示意图	GB/T 14615—2006 小麦粉面团的物理特性流变学特性的测定拉伸仪法	不需保留
LS/T 3212—2014	挂面	附录A 口感检测 附录B 自然断条率的测定 附录C 熟断条率及烹调损失率测定	无	保留附录
GB/T 21122—2007	营养强化小麦粉	附录A 营养强化小麦铁含量及混合均匀度的测定方法	无	保留附录
GB/T 31059—2014	裱花蛋糕	附录A 裱花蛋糕按装饰材料分类	无	保留附录
GB/T 20977—2007	糕点通则	附录A 总糖含量的测定（斐林氏容量法）	无	保留附录
GB/T 30645—2014	糕点分类	附录A 糕点按产品区域特色分类 附录B 糕点产品示例	无	保留附录
GB/T 23786—2009	速冻饺子	附录A 馅含量	无	保留附录

（续）

标准编号	标准名称	附录内容	对应已有检测标准	备注
GB/T 21118—2007	小麦粉馒头	附录 A 小麦粉馒头比容测定	无	保留附录
		附录 B 小麦粉馒头 pH 的测定		
		附录 C 小麦粉馒头水分测定		
NY/T 1512—2014	绿色食品 生面食、米粉制品	附录 A 绿色食品生面食、米粉制品产品申报检验项目	无	保留附录
GB 1352—2009	大豆	附录 A 完整粒率、损伤粒率、热损伤粒率检验方法	GB/T 5494 粮食油料杂质、不完善粒检验	虽有标准，但定义不明确，指导性差，需修订相关标准
LS/T 3241—2012	豆浆用大豆	附录 A 豆浆用大豆食味品质评价方法	无	暂时保留，再进一步制定检测标准
GB/T 10462—2008	绿豆	附录 A 绿豆硬实粒的检验方法	无	保留附录
NY/T 598—2002	食用绿豆	附录 A 食用豆类粗淀粉测定方法	GB/T 5514—2008 粮油检验 粮食、油料中淀粉含量测定；GB/T 5009.9—2008 食品中淀粉的测定方法	不需保留
GB/T 20442—2006	地理标志产品 宝清红小豆	附录 B 豆沙含量测定方法	无	保留附录
NY/T 1269—2007	木豆	附录 A 豆象的安全防控方法	无	需制定
GB/T 22491—2008	大豆低聚糖	附录 A 大豆低聚糖含量的测定	无	需制定
LS/T 3301—2005	可溶性大豆多糖	附录 A 可溶性多糖含量的测定	无	需制定
		附录 B 可溶性大豆多糖黏度、成胶性、pH 及透明度的测定方法	无	保留附录
		附录 C 可溶性大豆多糖的鉴定——主要组成分子质量分布范围的测定	无	
GB/T 22492—2008	大豆肽粉	附录 A 肽相对分子质量分布的测定方法	无	需制定
		附录 B 肽含量的测定方法	无	保留附录
QB/T 2653—2004	大豆肽粉（废止）	附录 A 肽分子量分布的测定方法（高效凝胶过滤色谱法）	无	需制定
GB/T 20371—2006	食品工业用大豆蛋白	附录 A 蛋白质消化率校正后的氨基酸指数（PDCAAS）评分法	无	保留附录
GB/T 22464—2008	大豆皂苷	附录 A 大豆皂苷含量测定	NY/T 1842 人参中皂苷的测定	修订相关标准适用于大豆皂苷的测定

（续）

标准编号	标准名称	附录内容	对应已有检测标准	备注
GB/T 13382—2008	食用大豆粕	附录 A 大豆粕中杂质的测定	GB/T 5494—2008	附录和标准中方法、设备一致
		附录 B 大豆粕中掺杂物的检验	无	保留附录
GB/T 21494—2008	低温食用豆粕	附录 A 低温食用豆粕中杂质的测定方法	GB/T 5494—2008	附录和标准中方法、设备一致
NY/T 2218—2012	饲料原料发酵豆粕	附录 A 发酵豆粕水苏糖含量测定方法	QB/T 4260 中 6.3 水苏糖含量测定	暂时保留，再进一步制定检测标准
GB 30607—2014	食品安全国家标准食品添加剂酶解大豆磷脂	附录 A 检验方法	无	检验方法表述不明确，保留附录，给出明确说明
GB/T 23878—2009	饲料添加剂 大豆磷脂	4.5 己烷不溶物的测定	SN/T 0802.2—1999	4.5 和标准中方法、设备一致，有机试剂使用是己烷或石油醚不同
		4.6 丙酮不溶物的测定	SN/T 0802.2—1999	4.6 和标准中方法、设备一致，有机试剂使用是己烷或石油醚不同
		4.8 酸价的测定	SN/T 0801.19—1999	4.8 和标准中方法、设备一致
NY/T 1252—2006	大豆异黄酮	附录 A 大豆异黄酮苷的检测方法（高效液相色谱法）	NY/T 1740—2009	附录和标准中方法、设备一致
		附录 B 大豆异黄酮苷元的检测方法（高效液相色谱法）	NY/T 1740—2009	附录和标准中方法、设备一致
		附录 C 大豆皂苷的检测方法（减差法）	NY/T 1842 人参中皂苷的测定	修订相关标准适用于大豆皂苷的测定
GB/T 23782—2009	方便豆腐花（脑）	6.2.2 总糖（测定）	无	保留附录
		附录 A 凝结度检验方法	无	保留附录
GB/T 11766—2008	小米	附录 A （规范性附录） 小米加工精度检验（EMB）方法	GB/T 5502—2008 粮油检验米类精度加工检验	GB/T 5502 也适用于小米、黍米、稷米，附录和标准染色剂不同
GB/T 13356—2008	黍米	附录 A （规范性附录） 黍米加工精度检验（EMB）方法		
GB/T 13358—2008	稷米	附录 A （规范性附录） 稷米加工精度检验（EMB）方法		

（4）内容格式陈旧需更新　随着国家安全法规不断完善，检测方法标准不断更新，部分产品质量标准制定较早，其引用标准未及时更新，经过对所有标准梳理，发现 35 个标准存在更新不及时的问题。粮食生产结构布局优化、加工工艺提高，标准制修订要求提高，产品质量标准标龄过久，格式已不符合要求，其中，标龄 15～19 年 9 个，20 年及以上 40 个，格式不符需修订标准41 个。

①引用标准更新不及时。从表 2-22 可以看出，产品质量标准引用标准未及时修订，主要集中在整精米、杂质、不完善粒、毒素、微生物等检测方法上；玉米、大豆相关标准中杂质和不完善粒引用八十年代的旧标准，标准更新后，对玉米类产品影响不大，但大豆相关引用参数已删除，导致标准无法执行；理化指标、毒素、微生物等限量标准修订或变更后，小麦、小宗粮豆等产品质量标准未能

及时变更。产品质量标准在执行过程中，无明确指标限量参考，影响标准执行、产品流通。随着国家标准化工作的不断深入，食品安全标准系统制定，现有的粮食卫生标准《方便面卫生标准》（GB 17400—2003）、《糕点、面包卫生标准》（GB 7099—2003）、《粮食卫生标准》（GB 2715—2005）都与现有 GB 2761、GB 2762、GB 2763 标准有矛盾，安全限量未能及时更新调整，建议修订。

表 2－22　产品质量标准引用未更新情况汇总表

标准编号	标准名称	未更新内容	对应新标准	未修订影响
NY/T 519—2002	食用玉米	引用玉米（GB 1353—1999）	玉米（GB 1353—2009）	杂质、不完善粒定义无影响
		3.5　杂质见 GB 1353—1999 中 3.3 3.6　不完善粒见 GB 1353—1999 中 3.2；		
		引用粮油检验　粮食、油料的杂质、不完善粒检验（GB/T 5494—1985）	GB/T 5494—2008	无
		引用谷物制品脂肪酸值测定法（GB/T 15684—1955）	谷物研磨制品脂肪酸值的测定（GB/T 15684—2015）	检测条件变化，需比对确认
GB/T 22326—2008	糯玉米	引用玉米（GB 1353—1999）	玉米（GB 1353—2009）	GB/T 5498 容重检测都允许
		6.5　容重检验：按用 GHCS—1000 型谷物容重器（GB 1353—1999）附录 A 执行	玉米用 GHCS—1000 型或 HGT—1000 型谷物容重器（GB 1353—2009）	
NY/T 524—2002	糯玉米	引用玉米（GB 1353—1999）		
		引用粮油检验 粮食、油料的杂质、不完善粒检验（GB/T 5494—1985）	GB/T 5494—2008	无
		引用粮油检验　淀粉测定法（GB/T 5514—1985）	GB/T 5514—2008	需比对确认
		引用稻米蒸煮试验品质评定（GB/T 15682—1995）	GB/T 15682—2008	品评人员、时间等要求不同
		3.6　杂质、不完善粒见 GB 1353—1999 中 3.2/3.3	玉米（GB 1353—2009）	无
NY/T 521—2002	高油玉米	引用玉米（GB 1353—1999）	玉米（GB 1353—2009）	
		引用粮油检验　粮食、油料的杂质、不完善粒检验（GB/T 5494—1985）	GB/T 5494—2008	无
		引用粮油检验　脂肪酸值测定法（GB/T 5510—1985）	GB/T 5510—2011	添加石油醚法、精密度
		3.3　不完善粒见 GB 1353—1999 中 3.2； 3.4　杂质见 GB 1353—1999 中 3.3	玉米（GB 1353—2009）	无
NY/T 597—2002	高淀粉玉米	引用玉米（GB 1353—1999）	玉米（GB 1353—2009）	
		引用粮油检验 粮食、油料的杂质、不完善粒检验（GB/T 5494—1985）	GB/T 5494—2008	无
		引用粮油检验 淀粉测定法（GB/T 5514—1985）	GB/T 5514—2008	需比对确认
		3.3　不完善粒、杂质按 GB 1353—1999 中 3.2/3.3 执行	玉米（GB 1353—2009）	无

（续）

标准编号	标准名称	未更新内容	对应新标准	未修订影响
GB/T 8613—1999	淀粉发酵工业用玉米	引用粮油检验 淀粉测定法（GB/T 5514—1985）	GB/T 5514—2008	需比对确认
		3.1 不完善粒、杂质、色泽、气味见 GB 1353—1999 中 3.2、3.3、3.4； 5.1 检验的一般原则按 GB 1353—1999 中执行	玉米（GB 1353—2009）	GB 1353 中检测标准已修订
NY/T 523—2002	甜玉米	引用粮油检验 还原糖和非还原糖测定法（GB/T 5513—1985）	GB/T 5513—2008	需比对确认
		引用水果、蔬菜可溶性糖测定法（GB/T 6194—1986）	已废止	
NY/T 520—2002	优质蛋白玉米	引用玉米（GB 1353—1999）	玉米（GB 1353—2009）	
		引用粮油检验 粮食、油料的杂质、不完善粒检验（GB/T 5494—1985）	GB/T 5494—2008	无
		3.3、3.4、3.5 中引用仍为 GB 1353—1999； 5.3 容重检验按 GB 1353—1999 中附录 A 执行 用 GHCS—1000 型谷物容重器	GB 1353—2009 玉米用 GHCS—1000 型或 HGT—1000 型谷物容重器	GB/T 5498 容重检测都允许
NY/T 522—2002	爆裂玉米	引用玉米（GB 1353—1999）	玉米（GB 1353—2009）	
		引用粮油检验 粮食、油料的杂质、不完善粒检验（GB/T 5494—1985）	GB/T 5494—2008	无
		3.4、3.5 杂质、不完善粒见 GB 1353—1999 3.3、3.2	玉米（GB 1353—2009）	无
GB/T 10463—2008	玉米粉	引用玉米储存品质判定规则（GB/T 20570—2006）	GB/T 20570—2015	指标有变动
GB 12309—1990	工业玉米淀粉	引用 GB191、GB601、GB602、GB603、GB604	GB/T 191—2008、GB/T 601—2002、GB/T 602—2002、GB/T 603—2002、GB/T 604—2002	
GB/T 8885—2008	食用玉米淀粉	淀粉灰分测定方法（GB/T 12086）	GB/T 22427.1—2008	需比对确认
		淀粉斑点测定方法（GB/T 12086）	GB/T 22427.4—2008	需比对确认
		淀粉细度测定方法（GB/T 12086）	GB/T 22427.5—2008	需比对确认
		淀粉白度测定方法（GB/T 12086）	GB/T 22427.6—2008	需比对确认
		工业玉米淀粉（GB 12309—1990）	仍是现行标准，但已建议修订	应将引用年份去掉
GB/T 22369—2008	甜玉米罐头	QB/T3600 罐头食品包装、标志、运输和储运	QB/T04631—2014	标准号已变更
NY/T 1407—2007	绿色食品速冻预包装面米食品	致病菌为不得检出，未给出了采样方案	标准的涉及的主要标准 GB 19295—2011 食品安全国家标准速冻面米制品已修订，给出了微生物采样方案	卫生指标与国家标准不一致

（续）

标准编号	标准名称	未更新内容	对应新标准	未修订影响
SB/T 10412—2007	速冻面米食品	铅、酸价、过氧化值、黄曲霉毒素 B_1、挥发性盐基氮、总砷按 GB 19295—2011 执行	GB 19295—2011 在修订时取消了黄曲霉毒素 B_1、挥发性盐基氮、酸价、总砷的限量，修改了微生物限量	卫生指标与国家标准不一致，标准中规定的黄曲霉毒素 B_1、挥发性盐基氮、酸价、总砷的指标要求不明确
GB/T 23786—2009	速冻饺子	标准与 GB 19295 的衔接存在问题。该标准理化指标中黄曲霉毒素 B_1、挥发性盐基氮、酸价、总砷的指标要求规定按 GB 19295 规定执行	GB 19295—2011 在修订时取消了黄曲霉毒素 B_1、挥发性盐基氮、酸价、总砷的限量	卫生指标与国家标准不一致，标准中规定的黄曲霉毒素 B_1、挥发性盐基氮、酸价、总砷的指标要求不明确
GB/T 21122—2007	营养强化小麦粉	判定规则按 GB 1355—1986 的 6.4 进行判定	GB 1355—1986 标准中不含该条款	无法执行
GB/T 8608—1988	低筋小麦粉	卫生指标按 GB 2715—81	标准更新为 GB 2715—2005	不更新，无法执行
		GB 2761—81	GB 2761—2011	
		GB 2762—81	GB 2762—2012	
		GB 2763—81	GB 2763—2014	
		GB 4809—84	GB 4809—84 已废止	
GB/T 8607—1988	高筋小麦粉	卫生指标按 GB 2715—81	标准更新为 GB 2715—2005	不更新，无法执行
		GB 2761—81	GB 2761—2011	
		GB 2762—81	GB 2762—2012	
		GB 2763—81	GB 2763—2014	
		GB 4809—84	GB 4809—84 已废止	
GB/T 8231—2007	高粱	"5.2 卫生指标按 GB 2715 和国家有关标准和规定执行"	食品安全国家标准食品中真菌毒素限量（GB 2761—2011）；食品安全国家标准食品中污染物限量（GB 2762—2012）；食品安全国家标准食品中农药最大残留限量（GB 2763—2014）	GB 2715 大部分内容已被 GB 2761、GB 2762、GB 2763 替代卫生要求已变化
GB/T 11760—2008	裸大麦	"4.2.1 食用裸大麦按 GB 2715 及国家有关规定执行"		
GB/T 7416—2008	啤酒大麦	"5.3 卫生要求参照 GB 2715 和相关标准执行"		
GB/T 20411—2006	饲料用大豆	5 抽样：按照 GB/T 1352 执行 6.1 色泽、气味、杂质、不完善粒测定按照 GB/T 1352 执行	大豆（GB 1352—2009）	GB1352—2009 中已经删除了抽样、色泽、气味、杂质、不完善粒测定相关内容
NY/T 954—2006	小粒黄豆	3.2 纯粮率、不完善粒见 GB 1352	大豆（GB 1352—2009）	GB1352—2009 中已经删除了纯粮率、不完善粒测定相关内容

（续）

标准编号	标准名称	未更新内容	对应新标准	未修订影响
GB 14891.8—1997	辐照豆类、谷类及其制品卫生标准	3.1 剂量限制与辐射要求 5 检验方法：按 GB 5009.36 执行	GB/T 5009.36—2003 粮食卫生标准的分析方法	引用标准性质已变更，该标准中没有辐照剂量相关检测方法内容
SB/T 10948—2012	熟制豆类	5.5 中表 3：无机砷、氟应符合 GB 2762 的规定	GB 2762—2012 食品安全国家标准 食品中污染物限量	GB 2762—2012 中对熟制豆类中无机砷、氟无规定
SB/T 10453—2007	膨化豆制品	4.2.2 中表 2：铜≤20（按 GB 15199 的规定执行）	GB 15199—1994 食品中铜限量卫生标准 已废止	无法参看
		4.2.3 卫生指标：应符合 GB 2711 的要求	GB 2711—2014 食品安全国家标准 面筋制品 GB 2712—2014 食品安全国家标准 豆制品	GB 2711 是面筋制品安全标准不包括豆制品内容，已经更新为 GB 2712—2014 食品安全国家标准 豆制品
SB/T 10562—2010	豆沙馅料	5.4.1 铜、挥发性盐基氮应符合 GB 7099 的指标要求	GB 7099—2003 糕点、面包卫生标准	GB 7099—2003 中无铜、挥发性盐基氮限量规定
		5.4.2 酸价、过氧化值、黄曲霉毒素 B_1、挥发性盐基氮应符合 GB 2759.1 的指标要求	GB 2759.1—2003 冷冻饮品卫生标准	GB 2759.1—2003 中没有酸价、过氧化值、黄曲霉毒素 B_1、挥发性盐基氮限量规定
		5.4.3 酸价、过氧化值、砷、黄曲霉毒素 B_1、铜、挥发性盐基氮应符合 GB 19295 的指标要求	GB 19295—2011 食品安全国家标准 速冻面米制品	GB 19295—2011 中无酸价、过氧化值、砷、黄曲霉毒素 B_1、铜、挥发性盐基氮限量规定
SB/T 10649—2012	大豆蛋白制品	6.3.2 蒸煮大豆蛋白：菌落菌数、大肠菌群、沙门氏菌、金黄色葡萄球菌、志贺氏菌、总砷和铅的指标应符合 GB 2711 的相关规定	GB 2711—2014 食品安全国家标准 面筋制品 GB 2712—2014 食品安全国家标准 豆制品	GB 2711 是面筋制品安全标准不包括豆制品内容，已经更新为 GB 2712—2014 食品安全国家标准豆制品

（续）

标准编号	标准名称	未更新内容	对应新标准	未修订影响
DB 11/T 169—2002	强筋、中筋、弱筋小麦	引用粮油检验 淀粉测定法（GB/T 5514—1985）	GB/T 5514—2008	需比对确认
		引用小麦粉吸水量面团糅合性能测定法 粉质仪法（GB/T 14614—93）	GB/T 14614—2006	需比对确认
DB 34/T338—2003	豆制品 油炸豆泡	食品添加剂使用卫生标准（GB 2760—1996）	GB 2760—2014	参数要求已变更
		食品标签通用标准（GB 7718—1994）	GB 7718—2011	
		生活饮用水卫生标准（GB 5749—1985）	GB 5749—2006	
		粮食卫生标准（GB 2715—1981）	GB 2715—2005	
DB 34/T342—2003	豆制品 腐皮	食品添加剂使用卫生标准（GB 2760—1996）	GB 2760—2014	参数要求已变更
		食品标签通用标准（GB 7718—1994）	GB 7718—2011	
		生活饮用水卫生标准（GB 5749—1985）	GB 5749—2006	
		粮食卫生标准（GB 2715—1981）	GB 2715—2005	
		GB 5009—29	GB/T 5009.29	
DB 34/T341—2003	豆制品 卤制豆腐干	食品添加剂使用卫生标准（GB 2760—1996）	GB 2760—2014	参数要求已变更
		食品标签通用标准（GB 7718—1994）	GB 7718—2011	
		生活饮用水卫生标准（GB 5749—1985）	GB 5749—2006	
		粮食卫生标准（GB 2715—1981）	GB 2715—2005	
		白糖卫生标准（GB 13104—1991）	GB 13104—2014	
DB 34/T340—2003	豆制品 豆腐干	食品添加剂使用卫生标准（GB 2760—1996）	GB 2760—2014	参数要求已变更
		食品标签通用标准（GB 7718—1994）	GB 7718—2011	
		生活饮用水卫生标准（GB 5749—1985）	GB 5749—2006	
		粮食卫生标准（GB 2715—1981）	GB 2715—2005	
DB 34/T343—2003	豆制品 白页（千张）	食品添加剂使用卫生标准（GB 2760—1996）	GB 2760—2014	参数要求已变更
		食品标签通用标准（GB 7718—1994）	GB 7718—2011	
		生活饮用水卫生标准（GB 5749—1985）	GB 5749—2006	
		粮食卫生标准（GB 2715—1981）	GB 2715—2005	

② 文本陈旧需修订。产品类标准中标龄 10 年以上的共计有 76 个，其中 20 年以上 32 个，主要是涉及饲料类标准《饲料用小麦》《饲料用小麦麸》等，以及《小麦粉》《高筋小麦粉》《低筋小麦粉》《自发小麦粉》和系类专用小麦粉，以及部分地方品种标准，经过梳理有多数标准，主要是小麦等标

准，格式不符合要求，需进一步修订。标龄过长、格式不符要求。限量标准虽然制定起步较晚，但最早制定负责辐照卫生标准《辐照豆类、谷类及其制品卫生标准》（GB 14891.8—1997），标龄已超 15 年，格式不符合要求需修订。

（5）其他问题 粮食产品质量标准除了上述几大问题外，还有标准自身矛盾、表述不清等问题，具体涉及标准见表 2-23。

表 2-23 产品质量标准自身矛盾情况汇总表

标准编号	标准名称	标准正文内容	问题点	备注
GB/T 22496—2008	玉米糁	定义中大、中、粗、细玉米糁，通过不同 W 型号筛网留存情况判定	引用文件 GB/T 5507 粮食检验分类粗细度测定中，筛网只有 CQ10、CQ16、CQ20 等型号	自身矛盾
GB/T 8608—1988	低筋小麦粉	技术要求规定以面筋含量和灰分分等	等级指标中面筋含量并未划分不同的等级	自身矛盾
GB/T 8607—1988	高筋小麦粉	技术要求规定以面筋含量和灰分分等	等级指标中面筋含量并未划分不同的等级	自身矛盾
GB/T 20371—2006	食品工业用大豆蛋白	标准中 4.4 理化指标与 4.7 卫生	要求的内容表述不清晰、不直观，如果改为以表格形式表述，则更为清晰直观	表述不清
GB 30607—2014	食品安全国家标准食品添加剂酶解大豆磷脂	标准中缺少规范性引用文件，只有附录 A "检验方法"	附录 A "检验方法" 名称应具体化	表述不清
NY/T 1252—2006	大豆异黄酮	标准中 "3 术语定义" 中有 "大豆异黄酮苷、大豆异黄酮 [苷]、大豆异黄酮苷元、大豆异黄酮 [苷元]" 叫法相近	四个词应给出英文名称，以避免混淆	表述不清

（6）覆盖面仍不足 粮食产品种类多、加工工序长，专用品质、初级加工品、副产品等种类众多，在水稻、杂粮和食用豆方面产品标准仍然不足，在青贮饲料品质分级、发芽糙米、蒸谷米、即食玉米、鲜食玉米、黑麦、薏苡、各种杂粮豆，以及种质资源、水稻种质、薯类及加工品术语等标准方面仍有缺失，具体情况见附表 8，其中青贮饲料和地理标志产品建议在现有标准基础上，通过修订的方式并入新的产品标准。涵盖范围有待扩宽。粮食产品及其加工产品数量、种类不断增加，而现有《食品安全国家标准 食品中真菌毒素限量》（GB 2761—2011）、《食品安全国家标准 食品中污染物限量》（GB 2762—2012）未能适应市场发展需求，比如薯类及其制品、谷物副产品米糠、麦麸等都无相关限量，建议修订。

二、小麦、玉米、杂粮标准发展方向

根据构建的粮食标准框架，十三五重点在以下几个方面发展。产品质量类标准，重点补充缺失产品质量和定义术语标准，主要制定玉米、小麦生产加工中新出现的产品种类、种植范围扩大的杂粮杂豆、水稻薯类等种子资源相关术语定义、地理标志类产品总则。安全限量标准，重点扩充参数和适用范围，应增加谷物副产品，米糠、麦麸等。

三、标准制定、实施措施和政策建议

（一）严把标准制定申报关

严把标准申报关，对重复比例过大的标准不予以审批、对少部分重复的标准在已有标准基础上修订、对现有标准矛盾易引起产业混乱的标准不予以审批。针对产品质量标准名称、定义、分等分级、分类、参数设置不统一、不协调、衔接差等问题，按照统一分类要求、统一相关内容、引入作物拉丁名，避免该类问题发生。加强与民间（协会）、地方和企业之间的交流协作，以满足市场需求为导向，科学合理制定标准，规定相关参数，为粮食全产业服务。

（二）明确分工加强协调

建议对粮食产品类标准制定工作，明确具体主抓部门、配合部门，制定标准过程中采用部门联动机制，成立包括现有相关标准制定单位在内的协调小组，即明确了分工，又避免部门间沟通差、存在矛盾的问题。比如粮食类农产品和初级加工产品标准由农业农村部或国家粮食和物资储备局牵头，农业农村部、国家粮食和物资储备局、商务部、检验检疫部门配合，参照已有强制性国标制定。

（三）实行标准制修订终身负责制

建立标准制定单位对所制定标准实行终身负责的制度，标准制定单位按照国家规定对标准修订废止，实行定时上报、按需上报的原则，对发现问题的标准及时修订废止；上级管理部门根据下级使用部门和全国专业标准化技术委员会申请，下达标准修订废止提案，标准制定单位给出相关答复和修订意见。

（四）提升生产过程控制执行力度

我国食品安全主要问题是，重后期抽查检验，轻前期管理控制，建议对关系国家粮食安全的主要粮食作物的生产过程控制规范制定为强制性国家标准，增强其执行力度，从生产源头上改善食品安全问题。不同粮食作物对其耕地、环境、水源、植保、储运条件、加工等要素给出明确限定，指出不能碰触的最低限，制定强制性国标，逐步减少由生产种植源头产生的食品安全隐患。

（五）建立信息共享查新平台

依托农业标准数据库和相关网站，建立高效、准确的标准信息发布、交流、反馈平台；建立标准查新系统，对新制定和已制定的标准进行系统查新，避免重复或矛盾标准出现；与国际标准组织建立数据共享机制，并及时更新、收集、整理、发布，国内外粮食质量、安全以及标准等信息；在粮食类农产品集中生产、加工的地区、无公害、绿色生产基地和标准化示范区设立信息网点，委派专职或兼职人员收集、整理实施中出现的问题，以及相关标准需求。

（六）加强标准基础性研究

开展粮食类标准基础理论研究，分析标准制定与粮食产业发展的关系，标准制定的合理周期和模式；深入分析参数设置对粮食从种到收、到加工流通销售，整个产业的影响；加快检测方法准确度和精密度研究，提高我国检测方法标准的水平；积极与国际组织沟通交流，分析国际标准对我国标准体系的影响，合理科学的借鉴国外标准。

（七）加大标准宣传贯彻实施力度

充分利用现有的教育和宣传媒介，加强粮食产品类标准的普及和培训，提高社会对粮食标准的认知度和生产者贯彻标准的自觉性；采用政府推动、龙头企业带动、认证认可促动、行业自律连动、市场准入拉动等多种形式，扩大标准实施推广覆盖面，主动与生产者、企业家互动，了解他们的需求，解决他们的困难，更好地制定实施标准。

第二节　2016 年度种植业产品标准体系研究报告

——水稻

一、水稻产品标准及标准体系发展现状

1. 标准体系建设进展情况

（1）水稻标准体系基本框架　水稻是我国最重要的粮食作物，水稻生产处于国际领先地位，全国约有 60％以上的人口以大米为主食。水稻标准体系建设，实施水稻标准化生产、加工对确保市场稳定、粮食安全具有重要意义。

在 2000 年左右，我国水稻标准体系已初成体系。经过十几年的补充和发展，水稻标准体系已逐步健全。我国水稻标准体系按国家标准、行业标准和地方标准进行构架，共制定了水稻相关的标准 652 个，包括国家标准 202 个、行业标准 326 个、地方标准 124 个。形成以基础通用类标准（11 个）、方法类标准（400 个）、环境安全类标准（2 个）、种质资源类标准（30 个）、生产管理类标准（105个）、产品类标准（30 个）、物流类标准（9 个）、机械配套类标准（65 个）8 个模块为主要内容的水稻标准体系框架（如图 2-5 和 2-6）。现有的水稻相关标准覆盖了水稻生产过程中涉及的种子生产、

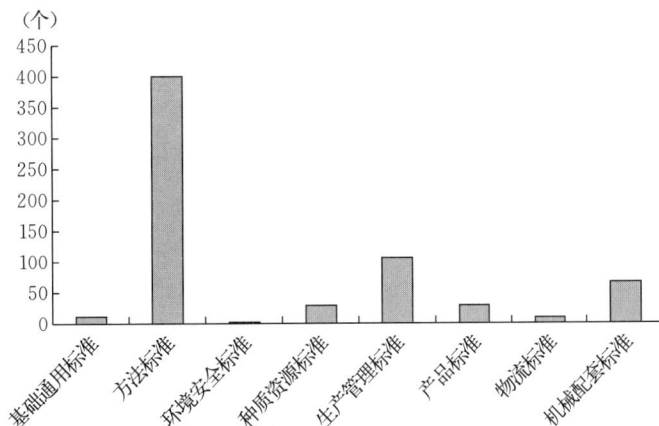

图 2-5　各模块制定标准情况

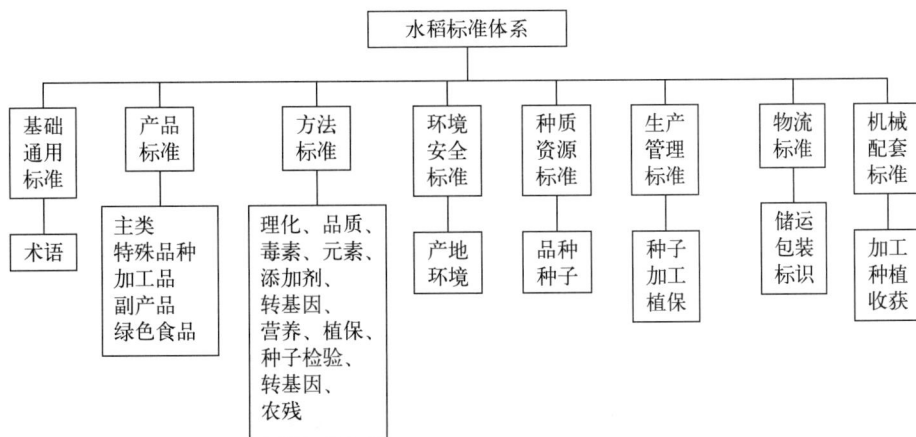

图 2-6　水稻标准体系基本框架

栽培、收获、加工、储运、产品质量等产前、产中、产后的各个环节，同时也覆盖生产过程中涉及的机械配套及各类检测方法。因此，我们国家现有的水稻标准体系框架覆盖比较全面，分类细致，基本满足各级政府对水稻产品管理的需要。

（2）水稻标准分布情况 从国家标准、行业标准、地方标准的数量分布来看（图 2-7a），行业标准占水稻相关标准的比例最大，达 50%，其中农业行业标准 16.6%、其他行业标准 33.4%。从其他行业标准的分布（图 2-7b）可以看出，大部分的其他行业标准为商检行业标准（主要为农残检测技术），占所有其他行业标准的 87.2%，其次分别为粮食行业标准、机械行业标准、气象行业标准和轻工行业标准。

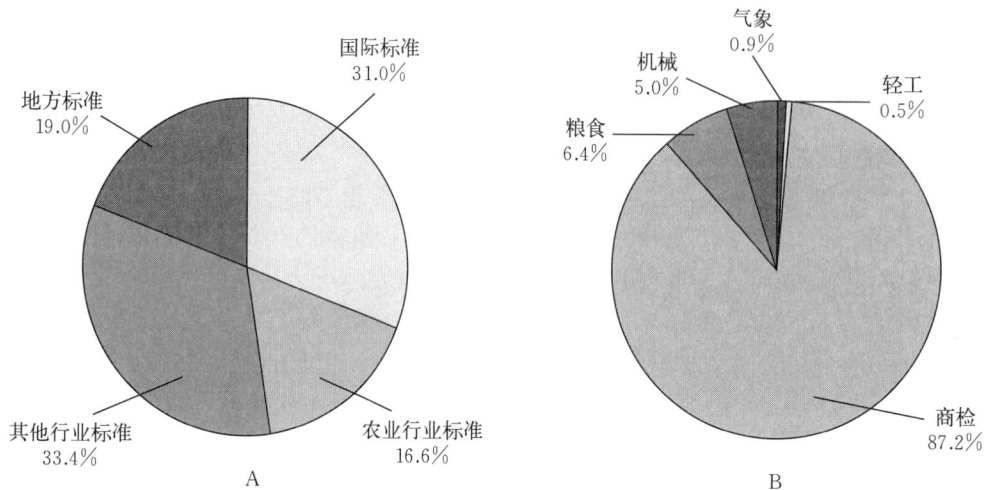

图 2-7 水稻类标准分布情况（按标准性质）

A. 水稻标准在国家标准、农业行业标准和其他行业标准中的分布情况 B. 水稻其他行业标准的分布情况

按模块，可将水稻标准分为基础通用类标准（11 个）、产品类标准（30 个）、方法类标准（400 个）、环境安全类标准（2 个）、种质资源类标准（30 个）、生产管理类标准（105 个）、产品类标准（30 个）、物流类标准（9 个）、机械配套（65 个）9 个模块。从标准数量分布来看，水稻标准中方法标准比重最大，约占 61.3%；其次是生产管理标准，占 16.1%；机械配套标准占 10%，产品标准和种质资源标准均为 4.6%；物流标准和环境安全最少，只占 1.4% 和 0.3%。可以看出方法标准比重非常大，如仅农残类检测技术标准就有 170 个，且基本为商检标准。这与近年来对食品质量安全越来越重视，相关检测标准制定及时有重要关系。

此外，从各模块标准在国家标准、行业标准和地方标准中的分布可以看出，国家标准和行业标准均偏重于方法标准，分别占总数的 73.1% 和 74.5%（图 2-8a 和 b）。而地方标准则偏重于生产管理标准，占总数的 58%（图 2-8c）。

通过分析通用型标准与水稻专属标准分布（通用型标准是指适用于水稻但并不是针对水稻而制定的标准，如适用于粮食的标准；水稻专属标准是指专门为水稻或者水稻产品而制定的标准，只适用于水稻或水稻产品）可以看出（图 2-9），基础通用标准、方法标准、物流标准等标准中通用型标准占较大比重，而环境安全标准、种质资源标准、生产管理标准、产品标准基本为水稻专属标准。这与实际需求基本一致。

2. 存在的主要问题（需举具体实例说明）

（1）标准体系有待进一步完善 目前水稻标准数量较多，已有六百余项，涉及内容众多。但有些实际需求的标准仍存在"有待补充"的问题。比如，本次研究中并未搜索到水稻质量追溯相关的标准。除质量追溯这一大模块外，其他各模块中的标准体系也有待进一步推敲完善。

以环境安全标准模块为例，共搜索到水稻相关标准 2 个。水稻生产过程中的灌溉用水、土壤、大

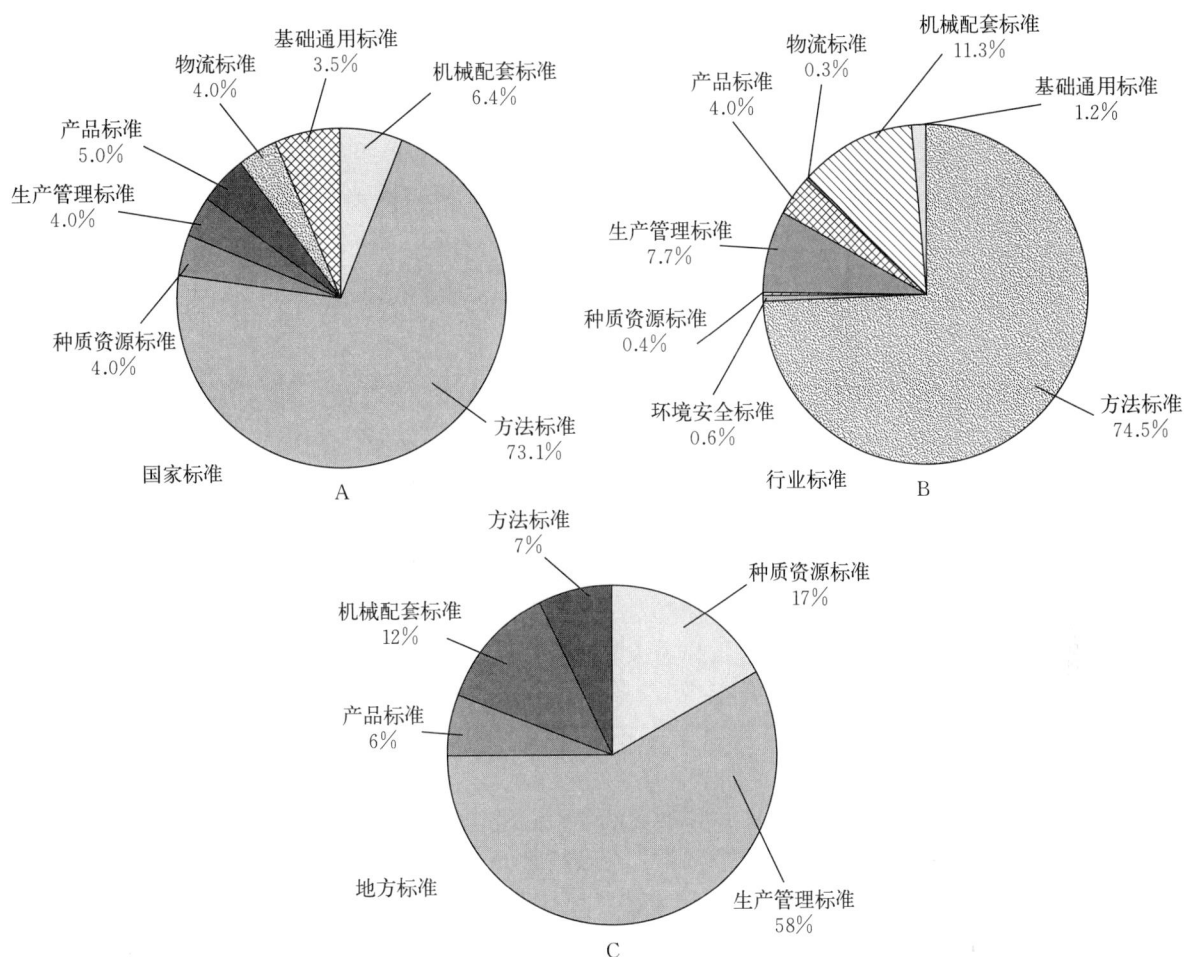

图 2-8　各模块标准的分布

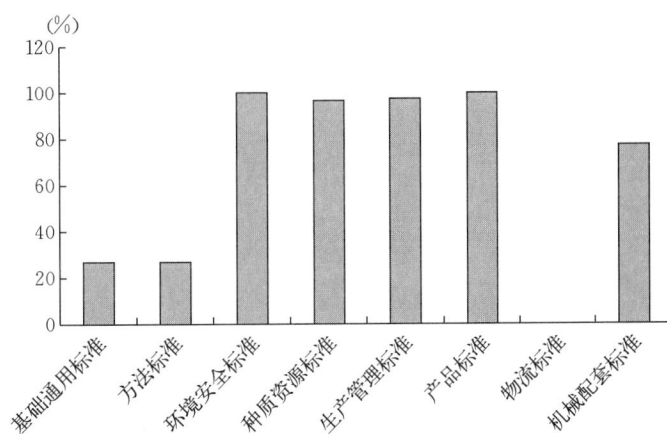

图 2-9　水稻专属标准占水稻标准总数的比例

气等环境对水稻生产有着至关重要的作用，此类环境监测类标准缺乏，严重制约了水稻标准化生产。

以产品标准模块为例，从现有的产品标准来看，水稻产品标准基本覆盖了稻谷、糙米、大米等一系列常规的稻米产品，同时也涉及部分初级加工品及副产品。对稻米产品的评价及市场流通提供了很好的保障。但对于市场上越来越受到重视的特殊专用稻和特殊稻米产品的覆盖还不够，有待补充。如市场已出现了较多的紫黑米、红米、蒸谷米、发芽糙米等具有特殊营养功能的稻米产品，已越来越受到消费者的喜爱和关注，市场需求和关注度也会越来越高。而目前标准体系中，只有富硒稻谷、富硒大米及黑米等少数几个标准。为合理评价此类功能性稻米产品，规范市场流通，保证产品质量，对此类特殊稻米产品的标准进行补充和完善是非常必要的。米制品在市场上也占有一定的份额，如米粉、米线、汤圆、年糕等。而这些米制品对稻米品种及品质均有一定的要求，因此，制定米制品专用稻的标准对保证米制品的质量也非常有必要。而对于大米粉这种市场上非常常见的初级加工品，也需要制定相应的标准来保证市场大米粉的品质评价及流通。

（2）标准分类太过细致、交叉重复，需精炼整合　标准分类太过细致，不利于使用。比如涉及稻谷的标准包括稻谷（GB 1350—2009）、《饲料用稻谷》（NY/T 116—1989）和《优质稻谷》（《优质稻谷》第 1 号修改单）GB/T 17891—1999 [GB/T 17891—1999（XG1—2000）]、《富硒稻谷》（GB/T 22499—2008）4 个标准。涉及大米的标准包含《大米》（GB 1354—2009）、《食用籼米》（NY/T 595—2013）、《食用粳米》NY/T 594—2013、《绿色食品　稻米》（NY/T 419—2014）、《香稻米》（NY/T 596—2002）等。这些标准涉及的主要参数基本类似，对参数的限值稍有差异。分别制定固然可以更加清晰明确地将各类标准分开，但不利于实际使用。此外，容易出现一个标准中的定义或者指标修改后，其他引用标准未及时更新的情况，造成指标冲突的问题。国际标准 ISO 7301—2002 rice - specification，国际食品法典标准 CODEX stand198—1995 CODEX Standard for Rice（CAC），一个标准规定了稻米产品的所有指标。使用过程只需关注一个标准即可，使用方便。当然，国内水稻产品丰富，仅制定一个标准不切实际。建议可以借鉴 ISO 及 CODEX 标准，将几个同类水稻产品且评价指标相似的标准合并为一个标准。如将《大米》（GB 1354—2009）、《食用籼米》（NY/T 595—2013）、《食用粳米》（NY/T 594—2013）等标准整合修订为一个大米标准，标准规定其一般性参数指标及特殊参数指标。一般性参数是指所有大米均应达到的参数。特殊参数是指对某类大米（食用籼米、食用粳米）有要求而对其他普通大米没做规定的指标参数或是要求有差异的指标参数，如食用籼米和食用粳米的蒸煮食用品质。这样整合可以使标准体系更加简洁明了，更加有利于标准的使用及后续的修订，不会造成某个标准修订不及时造成指标参数冲突的问题。

标准交叉重复的现象在方法标准表现较为突出。相同的检测方法有多个标准，如原《水稻、玉米、谷子籽粒直链淀粉测定法》（GB 7648—1987），1993 年标准清理时降为行业标准，但 1995 年又颁布了国标《稻米直链淀粉含量的测定》，其技术方法与《水稻、玉米、谷子籽粒直链淀粉测定法》基本一致。标准之间重复交叉的问题在农药残留检测技术标准方面表现较为严重。农药种类繁多，标准制定者随意制定，导致了标准之间（国家标准和行业标准，或者国家标准之间，或者行业标准之间）重复制定类似的检测技术，或者涉及的农药种类交叉。如《植物性产品中草甘膦残留量的测定　气相色谱-质谱法》（GB/T 23750—2009）与《食品中草甘膦残留量测定》（Y/T 1096—2006）均为气相色谱-质谱联用法测定草甘膦的。此外《进出口食品中草甘膦残留量的检测方法　液相色谱-质谱/质谱法》（SN/T 1923—2007）也是草甘膦检测方法的标准。草甘膦的测定在国家标准、农业行业标准和商检行业标准中都各有标准，难免会让使用标准的人员困惑。

（3）标准定位不合理　生产管理标准中包括种植标准、植保标准及产品加工标准，其中种植标准和植保标准占多数。此类标准方面，由于缺乏对农作物生长生理的研究，缺少农作物生长环境基础数据资料，生产技术规程仅简单地将科技成果转化为标准文本，没有在不同环境下的操作方法，不能适应中国面积很大、地域气候条件复杂的国情，基层的农技人员很难应用，更说不上农民使用。因此，种植和植保相关的标准应定位农技人员和农民的需求，按地域特色开展深入的、接地气的研究，制定合乎需求的标准，确实将标准化落实到农业生产中。

此外，标准的文本一般较为简单凝练，不利于农民的阅读。据此，标准的形式可以多样化，根据地方特色，将水稻种植相关的标准整合为水稻标准化生产指南，将所有的病虫害相关的标准整合为水稻病虫害防治标准，作为地方标准。为便于农技人员及农民的使用，标准的形式可以不局限于现有标准的文本，而是制作为内容丰富易懂的小册子形式。

（4）标准间、标准体系间的衔接有待进一步完善。产品标准间存在定义不一致、指标有差异的问题。稻米的糙米量有出糙率和糙米率说法，容易造成混乱。在定等分级方面，部分标准对整精米和碎米的定义不一致。《糙米》（GB 18810—2002）中定义整精米为长度大于完整米粒长度的五分之四以上的米粒。《碎米检验法》（GB 5503）于 2009 年修订时将整精米定义从整米粒平均长度的 2/3 修改为 3/4，与国际 ISO 和 CAC 接轨。《大米》（GB 1354）于 2009 年修订时将碎米的定义从"留存在直径 2.0 毫米圆孔筛上，不足本批正常整米 2/3 的碎粒"修改为"长度小于同批试样米粒平均长度3/4，留存 1.0 毫米圆孔筛上不完整米粒"，并按此进行分级。这几个标准中对整精米和碎米界定存在差异，造成相应的指标之间没有可比性。而引用这些标准的标准并未对整精米率或者碎米指标作出及时修订。如现行标准《地理标准产品五常大米》（GB/T 19266—2008）等中的碎米检测按《粮食、油料检验碎米检验法》（GB 5503—1985）执行，碎米指标偏高。因此，完善标准间的衔接，尤其是指标的衔接，对水稻标准体系的建设具有重要意义。

水稻作为粮食的一部分，其标准于其他粮食标准肯定会存在交叉的问题。通用型标准可以较好解决衔接问题。环境安全标准、种质资源标准、生产管理标准、产品标准等标准基本是与产品特性有关，因此，制定的标准为水稻专属标准，如图 2-5 所示。而水稻术语、检测指标等与其他粮食作物存在交叉，基础通用标准和方法标准因此既有较多专属标准也有较多通用型标准。方法标准中，存在同一指标，在不同粮食产品中均有涉及。如涉及稻谷、玉米、小麦等粮食的水分测定方法的标准就有9 个。对于此类标准，建议统一的整合，利于各产品标准之间的衔接，简练和完善标准体系。

二、发展方向（包括国家、行业、地方标准等）

1. 合理布局标准分布　标准的目的是指导和保障水稻标准化生产。水稻作为我国第一大粮食作物，涉及行业和部门较多。因此要加强标准体系建设，需突破行业、部门限制，从产业需求和发展角度出发，系统、合理布局标准分布，并在此基础上按需制定、修改或废止标准。构建以国家标准、行业标准为主，地方标准为辅的标准体系。基础通用标准以国家标准为主。产品类标准以国家标准和行业标准为主。种质资源、方法标准以行业标准为主。生产管理标准则以地方标准和农业标准为主。

2. 完善专用标准引导稻米生产结构平衡　稻米除了直接食用的普通精米外，还有特色功能性食品、酿造、味精、饲料、功能营养等用途，丰富稻米的产品结构有利于调整产量丰缺，稳定水稻生产，提高农民效率，保障粮食安全。稻米产品标准目前主要在普通精米的直接食用上，其他方面尚缺。在名特优新产品方面也缺乏统一的规范，难于对这些产品进行有效评价。

3. 规范生产过程质量控制的关键点　生产过程的质量控制是水稻产品质量的重要保障手段。国家建立了病虫害测报、植物保护、有害生物综合防治、耕地地力评价和土肥服务体系，颁布了禁止使用农药和限制使用农药。但生产服务应用过程，应加以规范，统一操作方式，统一评价体系，强化各系统之间的协调性，提高效率，降低国家运行成本，有效地保障产品和生产环境的安全，维护种植业生产的可持续性发展。

4. 建立水稻生产专业化服务的标准　随着农业集约化、专业化的推进，水稻生产方式正在进行转变，专业的育秧、插秧、施肥、病虫草害防治、收割、烘干等专业服务队伍不断在壮大，标准缺乏，服务质量纠纷处理没有依据，不利于水稻生产的创新发展。因此，这些标准应当是今后重点之一。

5. 推进标准的推广，使标准落到实处　目前水稻标准数量较多，涉及内容众多。但真正应用于实际操作中的较少，标准利用率不高，目前有些标准为了制定而定制，存在"重制定，轻实施"的问题，造成资源浪费。部分标准因农技人员不会使用、操作性不强，成为摆设。如何推广标准的应用，使标准落到实处，提高标准的使用率，使标准真正发挥其作用，使水稻生产得以标准化是今后标准发展的一个重要方向。

三、标准体系建设主要措施

1. 发挥标委会作用，保证体系的科学性　发挥专业标准化技术委员会的作用，逐步建立和完善水稻标准化技术委员会，实现标准的专业化管理。在现有条件基础上逐步完善水稻产品标准体系框架，从技术上完善技术标准制修订、清理程序，保障标准的代表性、科学性、先进性、适用性和简明性。

2. 各部门分工协作，逐步完善体系　中国水稻种植面积广，品种繁杂，特色稻米多，光靠国家投入难以建立健全的水稻产品类标准体系。通过国家、民间（协会）、地方和企业之间的相互交流协作，充分了解品种选育者、生产者、消费者、管理者的需求，分工协作，与时俱进，逐步完善符合国情的水稻产品类标准体系，满足对水稻产品的管理、提高产品竞争力。

3. 建立反馈机制，完善标准体系　标准的制定与使用之间可能存在一定错位。因此，建立良好的标准反馈机制是保证标准的科学性、合理性和实用性的关键。充分征集和收集标准评价及反馈意见，及时梳理、评估反馈意见和标准实施效果，制修订计划，定期开展标准清理和修订，优化标准结构，提高标准体系对产业发展的服务指导作用。

四、标准体系汇总表

1. 标准体系表汇总（包括国家标准、行业标准和地方标准）　见表 2-24～表 2-26。

表 2-24　水稻（产品）国家标准体系表

序号	标准编号	标准分类	标准名称
1	GB/T 29371.1—2012	基础/通用类	两系杂交水稻种子生产体系技术规范　第 1 部分：术语
2	GB 4404.1—2008	基础/通用类	粮食作物种子　第 1 部分：禾谷类
3	GB/T 22515—2008	基础/通用类	粮油名词术语　粮食、油料及其加工产品
4	GB/T 26631—2011	基础/通用类	粮油名词术语　理化特性和质量
5	GB/T 8875—2008	基础/通用类	粮油术语　碾米工业
6	GB/T 26632—2011	基础/通用类	粮油名词术语　粮油仓储设备与设施
7	GB/T 8874—2008	基础/通用类	粮油通用技术、设备名词术语
8	GB/T 17891—1999 [GB/T 17891—1999 （XG 1—2000）]	产品类	优质稻谷 （《优质稻谷》第 1 号修改单）
9	GB/T 18810—2002	产品类	糙米
10	GB 1354—2009	产品类	大米
11	GB 1350—2009	产品类	稻谷
12	GB/T 20040—2005	产品类	地理标志产品　方正大米
13	GB/T 18824—2008	产品类	地理标志产品　盘锦大米
14	GB/T 19266—2008	产品类	地理标志产品　五常大米
15	GB/T 22438—2008	产品类	地理标志产品　原阳大米
16	GB/T 31323—2014	产品类	方便米饭
17	GB/T 22499—2008	产品类	富硒稻谷
18	GB 5491—1985	方法类	粮食、油料检验扦样、分样法

（续）

序号	标准编号	标准分类	标准名称
19	GB/T 30642—2014	方法类	食品抽样检验通用导则
20	GB/T 5490—2010	方法类	粮油检验　一般规则
21	GB/T 5492—2008	方法类	粮油检验　粮食、油料的色泽、气味、口味鉴定
22	GB/T 5494—2008	方法类	粮油检验　粮食、油料的杂质、不完善粒检验
23	GB/T 22725—2008	方法类	粮油检验　粮食、油料纯粮（质）率检验
24	GB 5496—1985	方法类	粮食、油料检验黄粒米及裂纹粒检验法
25	GB/T 5493—2008	方法类	粮油检验　类型及互混检验
26	GB/T 5498—2013	方法类	粮油检验　容重测定
27	GB/T 5519—2008	方法类	谷物与豆类　千粒重的测定
28	GB/T 5507—2008	方法类	粮油检验　粉类粗细度测定
29	GB/T 5508—2011	方法类	粮油检验　粉类粮食含砂量测定
30	GB/T 5509—2008	方法类	粮油检验　粉类磁性金属物测定
31	GB/T 5518—2008	方法类	粮油检验　粮食、油料相对密度的测定
32	GB/T 21719—2008	方法类	稻谷整精米率检验法
33	GB/T 24535—2009	方法类	粮油检验　稻谷粒型检验方法
34	GB/T 21499—2008	方法类	大米　稻谷和糙米潜在出米率的测定
35	GB/T 5495—2008	方法类	粮油检验　稻谷出糙率检验
36	GB/T 22184—2008	方法类	谷物和豆类　散存粮食温度测定指南
37	GB/T 5497—1985	方法类	粮食、油料检验　水分测定法
38	GB/T 20264—2006	方法类	粮食、油料水分两次烘干测定法
39	GB/T 21305—2007	方法类	谷物及谷物制品水分的测定　常规法
40	GB/T 24896—2010	方法类	粮油检验　稻谷水分含量测定　近红外法
41	GB/T 5517—2010	方法类	粮油检验　粮食及制品酸度测定
42	GB/T 22427.9—2008	方法类	淀粉及其衍生物酸度测定
43	GB/T 15683—2008	方法类	大米　直链淀粉含量的测定
44	GB/T 5511—2008	方法类	谷物和豆类　氮含量测定和粗蛋白质含量计算 凯氏法
45	GB 5009.5—2010	方法类	食品安全国家标准　食品中蛋白质的测定
46	GB/T 24897—2010	方法类	粮油检验　稻谷粗蛋白质含量测定　近红外法
47	GB/T 5009.9—2008	方法类	食品中淀粉的测定方法
48	GB/T 5514—2008	方法类	粮油检验　粮食、油料中淀粉含量测定
49	GB/T 5512—2008	方法类	粮油检验　粮食中粗脂肪含量测定
50	GB/T 5009.6—2003	方法类	食品中脂肪的测定
51	GB/T 5510—2011	方法类	粮油检验　粮食、油料脂肪酸值测定
52	GB/T 15684—2015	方法类	谷物研磨制品　脂肪酸值测定法
53	GB/T 29405—2012	方法类	粮油检验　谷物及制品脂肪酸值测定　仪器法
54	GB/T 18105—2000	方法类	米类加工精度异色相差分染色检验法（IDS法）
55	GB/T 5502—2008	方法类	粮油检验　米类加工精度检验
56	GB/T 24302—2009	方法类	粮油检验　大米颜色黄度指数测定
57	GB/T 5503—2009	方法类	粮油检验　碎米检验法

(续)

序号	标准编号	标准分类	标准名称
58	GB/T 22294—2008	方法类	粮油检验　大米胶稠度的测定
59	GB/T 24852—2010	方法类	大米及米粉糊化特性测定　快速黏度仪法
60	GB/T 25226—2010	方法类	大米　蒸煮过程中米粒糊化时间的评价
61	GB/T 14490—2008	方法类	粮油检验　谷物及淀粉糊化特性测定　黏度仪法
62	GB/T 5516—2011	方法类	粮油检验　粮食运动粘度测定　毛细管黏度计法
63	GB/T 15682—2008	方法类	粮油检验　稻谷、大米蒸煮食用品质感官评价方法
64	GB/T 26629—2011	方法类	粮食收获质量调查和品质测报技术规范
65	GB/T 20569—2006	方法类	稻谷储存品质判定规则
66	GB/T 5009.25—2003	方法类	植物性食品中杂色曲霉素的测定
67	GB/T 25221—2010	方法类	粮油检验　粮食中麦角甾醇的测定　正相高效液相色谱法
68	GB/T 5009.111—2003	方法类	谷物及其制品中脱氧雪腐镰刀菌烯醇的测定
69	GB/T 23503—2009	方法类	食品中脱氧腐镰刀菌烯醇的测定　免疫亲和层析净化高效液相色谱法
70	GB/T 5009.22—2003	方法类	食品中黄曲霉毒素 B_1 的测定
71	GB/T 5009.23—2006	方法类	食品中黄曲霉毒素 B_1、B_2、G_1、G_2 的测定
72	GB/T 18979—2003	方法类	食品中黄曲霉毒素的测定　免疫亲和层析净化高效液相色谱法和荧光光度法
73	GB/T 5009.209—2008	方法类	谷物中玉米赤霉烯酮的测定
74	GB/T 23504—2009	方法类	食品中玉米赤霉烯酮的测定　免疫亲和层析净化高效液相色谱法
75	GB/T 5009.96—2003	方法类	谷物和大豆中赭曲霉毒素 A 的测定
76	GB/T 25220—2010	方法类	粮油检验　粮食中赭曲霉毒素 A 的测定　高效液相色谱法和荧光光度法
77	GB/T 23502—2009	方法类	食品中赭曲霉毒素 A 的测定　免疫亲和层析净化高效液相色谱法
78	GB 5009.12—2010	方法类	食品安全国家标准　食品中铅的测定
79	GB 5009.15—2014	方法类	食品安全国家标准　食品中镉的测定
80	GB 5009.123—2014	方法类	食品安全国家标准　食品中铬的测定
81	GB 5009.93—2010	方法类	食品安全国家标准　食品中硒的测定
82	GB 5009.94—2012	方法类	食品安全国家标准　植物性食品中稀土元素的测定
83	GB/T 5009.90—2003	方法类	食品中铁、镁、锰的测定
84	GB/T 14609—2008	方法类	粮油检验　谷物及其制品中铜、铁、锰、锌、钙、镁的测定　火焰原子吸收光谱法
85	GB/T 5009.13—2003	方法类	食品中铜的测定
86	GB/T 5009.14—2003	方法类	食品中锌的测定
87	GB/T 14610—2008	方法类	粮油检验　谷物及制品中钙的测定
88	GB/T 5009.92—2003	方法类	食品中钙的测定
89	GB/T 23374—2009	方法类	食品中铝的测定　电感耦合等离子体质谱法
90	GB/T 5009.11—2003	方法类	食品中总砷及无机砷的测定
91	GB/T 5009.17—2003	方法类	食品中总汞及有机汞的测定
92	GB/T 5009.18—2003	方法类	食品中氟的测定
93	GB/T 5009.91—2003	方法类	食品中钾、钠的测定

(续)

（续）

序号	标准编号	标准分类	标准名称
94	GB/T 5009.138—2003	方法类	食品中镍的测定
95	GB/T 21126—2007	方法类	小麦粉与大米粉及其制品中甲醛次硫酸氢钠含量的测定
96	GB/T 22288—2008	方法类	植物源产品中三聚氰胺、三聚氰酸一酰胺、三聚氰酸二酰胺和三聚氰酸的测定　气相色谱-质谱法
97	GB/T 5513—2008	方法类	粮油检验　粮食中还原糖和非还原糖测定
98	GB/T 5009.10—2003	方法类	植物类食品中粗纤维的测定
99	GB/T 5515—2008	方法类	粮油检验　粮食中粗纤维素含量测定　介质过滤法
100	GB/T 9822—2008	方法类	粮油检验　谷物不溶性膳食纤维的测定
101	GB/T 7628—2008	方法类	谷物中维生素 B_1 测定
102	GB/T 5009.84—2003	方法类	食品中硫胺素（维生素 B_1）的测定
103	GB/T 7629—2008	方法类	谷物中维生素 B_2 测定
104	GB/T 5009.85—2003	方法类	食品中核黄素的测定
105	GB/T 5009.124—2003	方法类	食品中氨基酸的测定
106	GB/T 5521—2008	方法类	粮油检验　谷物及其制品中 α-淀粉酶活性的测定　比色法
107	GB/T 5522—2008	方法类	粮油检验　粮食、油料的过氧化氢酶活动度的测定
108	GB/T 5523—2008	方法类	粮油检验　粮食、油料的脂肪酶活动度的测定
109	GB/T 28099—2011	方法类	水稻细菌性条斑病菌的检疫鉴定方法
110	GB/T 28078—2011	方法类	水稻白叶枯病菌、水稻细菌性条斑病菌检疫鉴定方法
111	GB/T 28079—2011	方法类	水稻稻粒黑粉病菌检疫鉴定方法
112	GB/T 29396—2012	方法类	水稻细菌性谷枯病菌检疫鉴定方法
113	GB/T 24534.1—2009	方法类	谷物与豆类隐蔽性昆虫感染的测定　第 1 部分：总则
114	GB/T 24534.2—2009	方法类	谷物与豆类隐蔽性昆虫感染的测定　第 2 部分：取样
115	GB/T 24534.3—2009	方法类	谷物与豆类隐蔽性昆虫感染的测定　第 3 部分：基准方法
116	GB/T 24534.4—2009	方法类	谷物与豆类隐蔽性昆虫感染的测定　第 4 部分：快速方法
117	GB/T 3543.1—1995	方法类	农作物种子检验规程　总则
118	GB/T 3543.2—1995	方法类	农作物种子检验规程　扦样
119	GB/T 3543.6—1995	方法类	农作物种子检验规程水分测定
120	GB/T 3543.3—1995	方法类	农作物种子检验规程　净度分析
121	GB/T 3543.5—1995	方法类	农作物种子检验规程　真实性和纯度鉴定
122	GB/T 3543.4—1995	方法类	农作物种子检验规程　发芽试验
123	GB/T 3543.7—1995	方法类	农作物种子检验规程其他项目检验
124	GB/T 20396—2006	方法类	三系杂交水稻及亲本　真实性和品种纯度鉴定　DNA 分析方法
125	GB/T 19557.7—2004	方法类	植物新品种特异性、一致性和稳定性测试指南　水稻
126	GB/T 5009.113—2003	方法类	大米中杀虫环残留量的测定
127	GB/T 5009.114—2003	方法类	大米中杀虫双残留量的测定
128	GB/T 5009.115—2003	方法类	稻谷中三环唑残留量的测定
129	GB/T 5009.134—2003	方法类	大米中禾草敌残留量的测定
130	GB/T 5009.155—2003	方法类	大米中稻瘟灵残留量的测定
131	GB/T 5009.164—2003	方法类	大米中丁草胺残留量的测定

（续）

序号	标准编号	标准分类	标准名称
132	GB/T 5009.177—2003	方法类	大米中敌稗残留量的测定
133	GB/T 5009.207—2008	方法类	糙米中 50 种有机磷农药残留量的测定
134	GB/T 5009.20—2003	方法类	食品中有机磷农药残留量的测定
135	GB/T 14553—2003	方法类	粮食、水果和蔬菜中有机磷农药测定的气相色谱法
136	GB/T 19649—2006	方法类	粮谷中 475 种农药及相关化学品残留量的测定　气相色谱-质谱法
137	GB/T 20770—2008	方法类	粮谷中 486 种农药及相关化学品残留量的测定　液相色谱-串联质谱法
138	GB/T 22243—2008	方法类	大米、蔬菜、水果中氯氟吡氧乙酸残留量的测定
139	GB/T 23750—2009	方法类	植物性产品中草甘膦残留量的测定　气相色谱-质谱法
140	GB/T 5009.102—2003	方法类	植物性食品中辛硫磷农药残留量的测定
141	GB/T 5009.103—2003	方法类	植物性食品中甲胺磷和乙酰甲胺磷农药残留量的测定
142	GB/T 5009.104—2003	方法类	植物性食品中氨基甲酸酯类农药残留量的测定
143	GB/T 5009.106—2003	方法类	植物性食品中二氯苯醚菊酯残留量的测定
144	GB/T 5009.107—2003	方法类	植物性食品中二嗪磷残留量的测定
145	GB/T 5009.110—2003	方法类	植物性食品中氯氰菊酯、氰戊菊酯和溴氰菊酯残留量的测定
146	GB/T 5009.112—2003	方法类	大米和柑橘中喹硫磷残留量的测定
147	GB/T 5009.126—2003	方法类	植物性食品中三唑酮残留量的测定
148	GB/T 5009.130—2003	方法类	大豆及谷物中氟磺胺草醚残留量的测定
149	GB/T 5009.131—2003	方法类	植物性食品中亚胺硫磷残留量的测定
150	GB/T 5009.133—2003	方法类	粮食中绿麦隆残留量的测定
151	GB/T 5009.135—2003	方法类	植物性食品中灭幼脲残留量测定
152	GB/T 5009.136—2003	方法类	植物性食品中五氯硝基苯残留量的测定
153	GB/T 5009.144—2003	方法类	植物性食品中甲基异柳磷残留量的测定
154	GB/T 5009.145—2003	方法类	植物性食品中有机磷和氨基甲酸酯类农药多残留的测定
155	GB/T 5009.146—2008	方法类	植物性食品中有机氯和拟除虫菊酯类农药多种残留量的测定
156	GB/T 5009.147—2003	方法类	植物性食品中除虫脲残留量的测定
157	GB/T 5009.165—2003	方法类	粮食中 2，4-滴丁酯残留量的测定
158	GB/T 5009.175—2003	方法类	粮食和蔬菜中 2，4-滴残留量的测定
159	GB/T 5009.180—2003	方法类	稻谷、花生仁中恶草酮残留量的测定
160	GB/T 5009.184—2003	方法类	粮食、蔬菜中噻嗪酮残留量的测定
161	GB/T 5009.19—2008	方法类	食品中有机氯农药多组分残留量的测定
162	GB/T 5009.21—2003	方法类	粮、油、菜中甲萘威残留量的测定
163	GB/T 5009.220—2008	方法类	粮谷中敌菌灵残留量的测定
164	GB/T 5009.36—2003	方法类	粮食卫生标准的分析方法
165	GB/T 5009.73—2003	方法类	粮食中二溴乙烷残留量的测定
166	GB/T 17316—2011	种质资源类	水稻原种生产技术操作规程
167	GB/T 17314—2011	种质资源类	籼型杂交水稻三系原种生产技术操作规程
168	GB/T 29371.2—2012	种质资源类	两系杂交水稻种子生产体系技术规范　第 2 部分：不育系原种生产技术规范
169	GB/T 29371.3—2012	种质资源类	两系杂交水稻种子生产体系技术规范　第 3 部分：不育系大田用种繁殖技术规范

（续）

序号	标准编号	标准分类	标准名称
170	GB/T 29371.4—2012	种质资源类	两系杂交水稻种子生产体系技术规范　第 4 部分：杂交制种技术规范
171	GB 8371—2009	种质资源类	水稻种子产地检疫规程
172	GB/T 29371.5—2012	种质资源类	两系杂交水稻种子生产体系技术规范　第 5 部分：种子纯度鉴定和不育系育性监测技术规范
173	GB/T 15671—2009	种质资源类	农作物薄膜包衣种子技术条件
174	GB/T 21015—2007	生产管理类	稻谷干燥技术规范
175	GB/T 26630—2011	生产管理类	大米加工企业良好操作规范
176	GB/T 21985—2008	生产管理类	主要农作物高温危害温度指标
177	GB/T 15790—2009	生产管理类	稻瘟病测报调查规范
178	GB/T 15791—2011	生产管理类	稻纹枯病测报技术规范
179	GB/T 15792—2009	生产管理类	水稻二化螟测报调查规范
180	GB/T 15793—2011	生产管理类	稻纵卷叶螟测报技术规范
181	GB/T 15794—2009	生产管理类	稻飞虱测报调查规范
182	GB/T 29402.1—2012	物流类	谷物和豆类储存　第 1 部分：谷物储存的一般建议
183	GB/T 29402.2—2012	物流类	谷物和豆类储存　第 2 部分：实用建议
184	GB/T 29402.3—2012	物流类	谷物和豆类储存　第 3 部分：有害生物的控制
185	GB/T 25227—2010	物流类	粮食加工、储运设备现场监测装置技术规范
186	GB 7718—2011	物流类	食品安全国家标准　预包装食品标签通则
187	GB 28050—2011	物流类	食品安全国家标准　预包装食品营养标签通则
188	GB/T 17109—2008	物流类	粮食销售包装
189	GB/T 24904—2010	物流类	粮食包装　麻袋
190	GB/T 16714—2007	机械配套类	连续式粮食干燥机
191	GB/T 30466—2013	机械配套类	粮食干燥系统安全操作规范
192	GB/T 6970—2007	机械配套类	粮食干燥机试验方法
193	GB/T 24686—2009	机械配套类	水稻割捆机
194	GB/T 25418—2010	机械配套类	水稻覆土直播机
195	GB/T 26591—2011	机械配套类	粮油机械　糙米精选机
196	GB/T 26896—2011	机械配套类	粮油机械　砻碾组合米机
197	GB/T 29004—2012	机械配套类	水稻插秧机　燃油消耗量指标及测量方法
198	GB/T 20864—2007	机械配套类	水稻插秧机　技术条件
199	GB/T 6243—2003	机械配套类	水稻插秧机　试验方法
200	GB/T 29884—2013	机械配套类	粮油机械　大米色选机
201	GB/T 31056—2014	机械配套类	大米去石筛板
202	GB/T 26897—2011	机械配套类	粮油机械　铁辊碾米机

表 2－25　水稻（产品）行业标准体系表

序号	标准编号	标准分类	标准名称
1	JB/T 9817—1999	基础/通用类	稻谷加工机械　术语
2	NY/T 1961—2010	基础/通用类	粮食作物名词术语
3	LS/T 1102—1988	基础/通用类	粮食、油料及其加工产品性质和质量的名词术语
4	SN/T 0798—1999	基础/通用类	进出口粮油、饲料检验　检验名词术语
5	NY/T 593—2013	产品类	食用稻品种品质
6	NY/T 1580—2007	产品类	饲料稻
7	NY/T 116—1989	产品类	饲料用稻谷
8	NY/T 832—2004	产品类	黑米
9	NY/T 595—2013	产品类	食用籼米
10	NY/T 594—2013	产品类	食用粳米
11	NY/T 596—2002	产品类	香稻米
12	NY/T 1268—2007	产品类	天津小站米
13	NY/T 419—2014	产品类	绿色食品　稻米
14	LS/T3240—2012	产品类	汤圆用水磨白糯米粉
15	NY/T 122—1989	产品类	饲料用米糠
16	NY/T 123—1989	产品类	饲料用米糠饼
17	NY/T 124—1989	产品类	饲料用米糠粕
18	NY/T 5344.2—2006	方法类	无公害食品　产品抽样规范　第2部分：粮油
19	NY/T896—2004	方法类	绿色食品　产品抽样准则
20	SN/T 0800.1—1999	方法类	进出口粮油、饲料检验抽样和制样方法
21	SN/T 0800.18—1999	方法类	进出口粮食、饲料杂质检验方法
22	SN/T 0800.7—1999	方法类	进出口粮食、饲料不完善粒检验方法
23	SN/T 0800.15—1999	方法类	进出口粮食、饲料粒度检验方法
24	LS/T 6104—2012	方法类	粮油检验　稻谷整精米率测定　图像分析法
25	NY/T 2334—2013	方法类	稻米整精米率、粒型、垩白粒率、垩白度及透明度的测定　图像法
26	NY/T 2638—2014	方法类	稻米及制品中抗性淀粉的测定　分光光度法
27	LS/T 6103—2010	方法类	粮油检验　粮食水分测定　水浸悬浮法
28	SN/T 0800.19—1999	方法类	进出口粮食、饲料水分及挥发物检验方法
29	NY/T 55—1987	方法类	水稻、玉米、谷子籽粒直链淀粉测定法
30	NY/T 2639—2014	方法类	稻米直链淀粉的测定　分光光度法
31	NY/T 3—1982	方法类	谷物、豆类作物种子粗蛋白测定法（半微量凯氏法）
32	SN/T　0800.3—1999	方法类	进出口粮食、饲料粗蛋白质检验方法
33	NY/T 2007—2011	方法类	谷类、豆类粗蛋白质含量的测定　杜马斯燃烧法
34	SN/T 0800.5—1999	方法类	进出口粮食、饲料淀粉含量检验方法
35	NY/T 4—1982	方法类	谷物、油料作物种子粗脂肪测定方法
36	SN/T 0800.2—1999	方法类	进出口粮食、饲料粗脂肪检验方法
37	NY/T 2333—2013	方法类	粮食、油料检验 脂肪酸值测定
38	SN/T 0800.11—1999	方法类	进出口粮食、饲料含盐量检验方法
39	SN/T 1801—2006	方法类	进出口糙米检验规程

（续）

序号	标准编号	标准分类	标准名称
40	SN/T 0800.12—1999	方法类	进出口粮食、饲料整碎组成检验方法
41	NY/T 1753—2009	方法类	水稻米粉糊化特性测定　快速黏度分析仪法
42	SN/T 0800.16—1999	方法类	进出口粮食、饲料黏度检验方法
43	NY/T 83—1988	方法类	米质测定方法
44	SN/T 2483—2010	方法类	进出口粮谷中柄曲霉素含量检测方法　液相色谱法
45	SN/T 2387—2009	方法类	进出口食品中井冈霉素残留量的测定　液相色谱-质谱/质谱法
46	SN/T 1571—2005	方法类	进出口粮谷中呕吐毒素检验方法　液相色谱法
47	LS/T 6110—2014	方法类	粮油检验　谷物中脱氧雪腐镰刀菌烯醇测定　胶体金快速测试卡法
48	SN/T 3137—2012	方法类	出口食品中脱氧雪腐镰刀菌烯醇、3-乙酰脱氧雪腐镰刀菌烯醇、15-乙酰脱氧雪腐镰刀菌烯醇及其代谢物的测定　液相色谱-质谱/质谱法
49	LS/T 6108—2014	方法类	粮油检验　谷物中黄曲霉毒素 B_1 的快速测定　免疫层析法
50	SN/T 3263—2012	方法类	出口食品中黄曲霉毒素残留量的测定
51	SN 0277—1993	方法类	出口粮谷中黄曲霉毒素 B_1、B_2、G_1、G_2 检验方法液相色谱法
52	SN/T 1572—2005	方法类	进出口粮谷、饲料中伏马毒素检验方法　液相色谱法
53	SN/T 1958—2007	方法类	进出口食品中伏马毒素 B_1 残留量检测方法　酶联免疫吸附法
54	SN/T 1772—2006	方法类	进出口粮谷中玉米赤霉烯酮的测定　免疫亲和柱-液相色谱法
55	LS/T 6109—2014	方法类	粮油检验　谷物中玉米赤霉烯酮测定　胶体金快速测试卡法
56	SN 0595—1996	方法类	出口粮谷中赤霉烯酮检验方法
57	SN/T 1940—2007	方法类	进出口食品中赭曲霉毒素 A 的测定方法
58	SN 0211—1993	方法类	出口粮谷中棕曲霉毒素 A 的检验方法
59	SN/T 1771—2006	方法类	进出口粮谷中 T-2 毒素的测定　免疫亲和柱-液相色谱法
60	SN/T 2676—2010	方法类	进出口粮谷中 T-2 毒素的检测方法　酶联免疫吸附法
61	SN/T 3136—2012	方法类	出口花生、谷类及其制品中黄曲霉毒素、赭曲霉毒素、伏马毒素 B_1、脱氧雪腐镰刀菌烯醇、T-2 毒素、HT-2 毒素的测定
62	SN/T 2916—2011	方法类	出口食品中桔霉素的测定方法　免疫亲和柱净化-高效液相色谱法
63	SN/T 2426—2010	方法类	进出口粮谷中桔霉素含量检测方法　液相色谱法
64	NY/T 1100—2006	方法类	稻米中铅、镉的测定　石墨炉原子吸收光谱法
65	SN/T 0778—1999	方法类	出口大米中铜、锌、铅、镉的测定方法　原子吸收分光光度法
66	NY/T 1099—2006	方法类	稻米中总砷的测定　原子荧光光谱法
67	SN/T 0448—2011	方法类	进出口食品中砷、汞、铅、镉的检测方法　电感耦合等离子体质谱（ICP-MS）法
68	SN/T 3148—2012	方法类	出口食品中过氧化苯甲酰含量的测定　高效液相色谱法
69	NY/T 13—1986	方法类	谷物籽粒粗纤维测定法
70	SN/T 0800.8—1999	方法类	进出口粮食、饲料粗纤维含量检验方法
71	NY/T 2335—2013	方法类	谷物中戊聚糖含量的测定　分光光度法
72	NY/T 56—1987	方法类	谷物籽粒氨基酸测定的前处理方法
73	NY/T 9—1984	方法类	谷类籽粒赖氨酸测定法　染料结合赖氨酸（DBL）法
74	NY/T 57—1987	方法类	谷物籽粒色氨酸测定法
75	SN/T 3767.20—2014	方法类	出口食品中转基因成分环介导等温扩增（LAMP）检测方法　第20部分：水稻 Bt-63 品系

（续）

序号	标准编号	标准分类	标准名称
76	SN/T 3767.21—2014	方法类	出口食品中转基因成分环介导等温扩增（LAMP）检测方法　第 21 部分：水稻 KF6 品系
77	SN/T 3767.22—2014	方法类	出口食品中转基因成分环介导等温扩增（LAMP）检测方法　第 22 部分：水稻 KF8 品系
78	SN/T 3767.23—2014	方法类	出口食品中转基因成分环介导等温扩增（LAMP）检测方法　第 23 部分：水稻 KMD 品系
79	SN/T 3767.24—2014	方法类	出口食品中转基因成分环介导等温扩增（LAMP）检测方法　第 24 部分：水稻 LLrice62 品系
80	SN/T 3767.25—2014	方法类	出口食品中转基因成分环介导等温扩增（LAMP）检测方法　第 25 部分：水稻 M12 品系
81	SN/T 3767.26—2014	方法类	出口食品中转基因成分环介导等温扩增（LAMP）检测方法　第 26 部分：水稻 T1C - 19 品系
82	SN/T 3767.27—2014	方法类	出口食品中转基因成分环介导等温扩增（LAMP）检测方法　第 27 部分：水稻 T2A - 1 品系
83	SN/T 2584—2010	方法类	水稻及其产品中转基因成分实时荧光 PCR 检测方法
84	SN/T 3690—2013	方法类	转基因大米 PCR - DHPLC 检测方法
85	农业部 2259 号公告 - 11—2015	方法类	转基因植物及其产品成分检测　抗虫耐除草剂水稻 G6H1 及其衍生品种定性 PCR 方法
86	农业部 1193 号公告 - 3—2009	方法类	转基因植物及其产品成分检测　抗虫水稻 TT51 - 1 及其衍生品种定性 PCR 方法
87	农业部 953 号公告 - 6—2007	方法类	转基因植物及其产品成分检测　抗虫转 Bt 基因水稻定性 PCR 方法
88	农业部 1861 号公告 - 1—2012	方法类	转基因植物及其产品成分检测　水稻内标准基因定性 PCR 方法
89	农业部 1485 号公告 - 5—2010	方法类	转基因植物及其产品成分检测　抗病水稻 M12 及其衍生品种定性 PCR 方法
90	农业部 2031 号公告 - 7—2013	方法类	转基因植物及其产品成分检测　抗虫水稻科丰 2 号及其衍生品种定性 PCR 方法
91	农业部 2122 号公告 - 8—2014	方法类	转基因植物及其产品成分检测　抗虫水稻 TT51 - 1 及其衍生品种定量 PCR 方法
92	农业部 953 号公告 - 9.1—2007	方法类	转基因植物及其产品环境安全检测　抗病水稻　第 1 部分：对靶标病害的抗性
93	农业部 953 号公告 - 9.2—2007	方法类	转基因植物及其产品环境安全检测　抗病水稻　第 2 部分：生存竞争能力
94	农业部 953 号公告 - 9.3—2007	方法类	转基因植物及其产品环境安全检测　抗病水稻　第 3 部分：外源基因漂移
95	农业部 953 号公告 - 9.4—2007	方法类	转基因植物及其产品环境安全检测　抗病水稻　第 4 部分：生物多样性影响
96	农业部 953 号公告 - 8.1—2007	方法类	转基因植物及其产品环境安全检测　抗虫水稻　第 1 部分：抗虫性

（续）

序号	标准编号	标准分类	标准名称
97	农业部 953 号 公告- 8.2—2007	方法类	转基因植物及其产品环境安全检测　抗虫水稻　第 2 部分：生存竞争能力
98	农业部 953 号 公告- 8.3—2007	方法类	转基因植物及其产品环境安全检测　抗虫水稻　第 3 部分：外源基因漂移
99	农业部 953 号 公告- 8.4—2007	方法类	转基因植物及其产品环境安全检测　抗虫水稻　第 4 部分：生物多样性影响
100	农业部 2259 号 公告- 15—2015	方法类	转基因植物及其产品环境安全检测　抗除草剂水稻　第 1 部分：除草剂耐受性
101	农业部 2259 号 公告- 16—2015	方法类	转基因植物及其产品环境安全检测　抗除草剂水稻　第 2 部分：生存竞争能力
102	SN/T 2372—2009	方法类	水稻白叶枯病菌、水稻细菌性条斑病菌的检测方法
103	NY/T 2287—2012	方法类	水稻细菌性条斑病菌检疫检测与鉴定方法
104	SN/T 3065—2011	方法类	水稻细菌性谷枯病菌检测方法
105	SN/T 4075—2014	方法类	水稻细菌性条斑病菌、柑橘溃疡病菌、甘蓝黑腐病菌的基因芯片筛查方法
106	NY/T 2059—2011	方法类	灰飞虱携带水稻条纹病毒检测技术免疫斑点法
107	SN/T 1666—2005	方法类	水稻条纹病毒、水稻矮缩病毒、水稻黑条矮缩病毒的检测方法普通 RT - PCR 方法和实时荧光 RT - PCR 方法
108	SN/T 1438—2004	方法类	稻水象甲检疫鉴定方法
109	NY/T 1482—2007	方法类	稻水象甲检疫鉴定方法
110	SN/T 2505—2010	方法类	水稻干尖线虫检疫鉴定方法
111	SN/T 1136—2002	方法类	水稻茎线虫检疫鉴定方法
112	NY/T 2055—2011	方法类	水稻品种抗条纹叶枯病鉴定技术规范
113	NY/T 2646—2014	方法类	水稻品种试验稻瘟病抗性鉴定与评价技术规程
114	NY/T 2058—2014	方法类	水稻二化螟抗药性监测技术规程
115	SN/T 0800.17—1999	方法类	进出口粮食、饲料类型纯度及互混检验方法
116	SN/T 0800.14—1999	方法类	进出口粮食、饲料发芽势、发芽率检验方法
117	NY/T 2175—2012	方法类	农作物优异种质资源评价规范　野生稻
118	NY/T 1316—2007	方法类	农作物种质资源鉴定技术规程　野生稻
119	SN/T 2612—2010	方法类	植物种质资源鉴定方法　稻属植物的鉴定
120	SN/T 2869.1—2011	方法类	植物种质资源鉴定方法　第 1 部分：斑点野生稻的鉴定
121	NY/T 1090—2006	方法类	农作物品种审定规范　稻
122	NY/T 1433—2014	方法类	水稻品种鉴定技术规程　SSR 标记法
123	SN/T 2643—2010	方法类	泰国茉莉香米品种鉴定及纯度检验方法
124	SN/T 3402—2012	方法类	两系水稻品种真实性与纯度鉴定　DNA 分析法
125	SN/T 2669—2010	方法类	三系杂交水稻种子真伪分子鉴定方法
126	NY/T 1215—2006	方法类	水稻光、温敏雄性核不育系育性鉴定规程
127	SN/T 2019—2007	方法类	出入境杂交水稻种子检验检疫规程
128	SN/T 2512—2010	方法类	出口杂交水稻种子检疫管理规范
129	SN/T 1809—2006	方法类	进出境植物种子检疫规程

（续）

序号	标准编号	标准分类	标准名称
130	NY/T 1727—2009	方法类	稻米中吡虫啉残留量的测定　高效液相色谱法
131	SN/T 2213—2008	方法类	进出口植物源性食品中取代脲类农药残留量的测定　液相色谱-质谱/质谱法
132	SN/T 2324—2009	方法类	进出口食品中抑草磷、毒死蜱、甲基毒死蜱等33种有机磷农药的残留量检测方法
133	NY/T 1096—2006	方法类	食品中草甘膦残留量测定
134	SN/T 1923—2007	方法类	进出口食品中草甘膦残留量的检测方法　液相色谱-质谱/质谱法
135	SN/T 2560—2010	方法类	进出口食品中氨基甲酸酯类农药残留量的测定　液相色谱-质谱/质谱法
136	SN/T 2085—2008	方法类	进出口粮谷中多种氨基甲酸酯类农药残留量检测方法　液相色谱串联质谱法
137	SN/T 1017.7—2014	方法类	出口粮谷中涕灭威、甲萘威、杀线威、恶虫威、抗蚜威残留量的测定
138	SN/T 0134—2010	方法类	进出口食品中杀线威等12种氨基甲酸酯类农药残留量的检测方法　液相色谱-质谱/质谱法
139	SN/T 1972—2007	方法类	进出口食品中莠去津残留量的检测方法　气相色谱-质谱法
140	SN/T 0528—2012	方法类	出口食品中除虫脲残留量检测方法　高效液相色谱-质谱/质谱法
141	SN/T 2229—2008	方法类	进出口食品中稻瘟灵残留量的检测方法
142	SN 0600—1996	方法类	出口粮谷中氟乐灵残留量检验方法
143	SN/T 1978—2007	方法类	进出口食品中狄氏剂和异狄氏剂残留量检测方法　气相色谱-质谱法
144	SN/T 2073—2008	方法类	进出口植物性产品中吡虫啉残留量的检测方法　液相色谱串联质谱法
145	SN/T 1017.8—2004	方法类	进出口粮谷中吡虫啉残留量的检验方法　液相色谱法
146	SN 0340—1995	方法类	出口粮谷、蔬菜中百草枯残留量检验方法紫外分光光度法
147	SN 0583—1996	方法类	出口粮谷及油籽中氯苯胺灵残留量检验方法
148	SN 0584—1996	方法类	出口粮谷及油籽中烯菌酮残留量检验方法
149	SN 0660—1997	方法类	出口粮谷中克螨特残留量检验方法
150	SN 0687—1997	方法类	出口粮谷及油籽中禾草灵残留量检验方法
151	SN 0688—1997	方法类	出口粮谷及油籽中丰索磷残留量检验方法
152	SN 0701—1997	方法类	出口粮谷中磷胺残留量检验方法
153	SN/T 0125—2010	方法类	进出口食品中敌百虫残留量检测方法　液相色谱-质谱/质谱法
154	SN/T 0131—2010	方法类	进出口粮谷中马拉硫磷残留量检测方法
155	SN/T 0217—2014	方法类	出口植物源性食品中多种菊酯残留量的检测方法　气相色谱-质谱法
156	SN/T 0218—2014	方法类	出口粮谷中天然除虫菊素残留总量的检测方法　气相色谱-质谱法
157	SN/T 0278—2009	方法类	进出口食品中甲胺磷残留量检测方法
158	SN/T 0292—2010	方法类	进出口粮谷中灭草松残留量检测方法　气相色谱法
159	SN/T 0293—2014	方法类	出口植物源性食品中百草枯和敌草快残留量的测定　液相色谱-质谱/质谱法
160	SN/T 0351—2009	方法类	进出口食品中丙线磷残留量检测方法
161	SN/T 0519—2010	方法类	进出口食品中丙环唑残留量的检测方法
162	SN/T 0520—2012	方法类	出口粮谷中烯菌灵残留量测定方法　液相色谱-质谱/质谱法
163	SN/T 0527—2012	方法类	出口粮谷中甲硫威（灭虫威）及代谢物残留量的检测方法　液相色谱-质谱/质谱法

（续）

序号	标准编号	标准分类	标准名称
164	SN/T 0586—2012	方法类	出口粮谷及油籽中特普残留量检测方法
165	SN/T 0596—2012	方法类	出口粮谷及油籽中稀禾定残留量检测方法　气相色谱-质谱法
166	SN/T 0603—2013	方法类	出口植物源食品中四溴菊酯残留量检验方法　液相色谱-质谱/质谱法
167	SN/T 0605—2012	方法类	出口粮谷中双苯唑菌醇残留量检测方法　液相色谱-质谱/质谱法
168	SN/T 0655—2012	方法类	出口食品中敌麦丙残留量的检测方法
169	SN/T 0702—2011	方法类	进出口粮谷和坚果中乙酯杀螨醇残留量的检测方法　气相色谱-质谱法
170	SN/T 0707—2014	方法类	出口食品中二硝甲酚残留量的测定　液相色谱-质谱/质谱法
171	SN/T 0712—2010	方法类	进出口粮谷和大豆中 11 种除草剂残留量的测定　气相色谱-质谱法
172	SN/T 0931—2013	方法类	出口粮谷中调环酸钙残留量检测方法　液相色谱法
173	SN/T 0965—2000	方法类	进出口粮谷中噻吩甲氯残留量检验方法
174	SN/T 1017.1—2001	方法类	出口粮谷中环庚草醚残留量检验方法
175	SN/T 1017.3—2002	方法类	出口粮谷和蔬菜中戊菌隆残留量检验方法
176	SN/T 1017.4—2002	方法类	出口粮谷及油菜籽中哒菌清残留量检验方法
177	SN/T 1017.5—2002	方法类	出口粮谷及油籽中快杀稗残留量检验方法
178	SN/T 1017.6—2002	方法类	出口粮谷中叶枯酞残留量检验方法
179	SN/T 1017.9—2004	方法类	进出口粮谷中吡氟乙草灵残留量检验方法
180	SN/T 1117—2008	方法类	进出口食品中多种菊酯类农药残留量测定方法　气相色谱法
181	SN/T 1477—2012	方法类	出口食品中多效唑残留量检测方法
182	SN/T 1605—2005	方法类	进出口植物性产品中氰草津、氟草隆、莠去津、敌稗、利谷隆残留量检验方法　高效液相色谱法
183	SN/T 1606—2005	方法类	进出口植物性产品中苯氧羧酸类除草剂残留量检验方法　气相色谱法
184	SN/T 1624—2009	方法类	进出口食品中嘧霉胺、嘧菌胺、腈菌唑、嘧菌酯残留量的检测方法　气相色谱-质谱法
185	SN/T 1737.1—2006	方法类	除草剂残留量检测方法　第 1 部分：气相色谱串联质谱法测定粮谷及油籽中酰胺类除草剂残留量
186	SN/T 1737.2—2007	方法类	除草剂残留量检验方法　第 2 部分：气相色谱/质谱法测定粮谷及油籽中二苯醚类除草剂残留量
187	SN/T 3035—2011	方法类	出口植物源食品中环己烯酮类除草剂残留量的测定　液相色谱-质谱/质谱法
188	SN/T 1737.3—2010	方法类	除草剂残留量检验方法　第 3 部分：液相色谱-质谱/质谱法测定食品中环己烯酮类除草剂残留量
189	SN/T 1737.4—2010	方法类	除草剂残留量检验方法　第 4 部分：气相色谱-质谱/质谱法测定食品中芳氧苯氧丙酸酯类除草剂残留量
190	SN/T 1737.5—2010	方法类	除草剂残留量检测方法　第 5 部分：液相色谱-质谱/质谱法测定进出口食品中硫代氨基甲酸酯类除草剂残留量
191	SN/T 1737.6—2010	方法类	除草剂残留量检测方法　第 6 部分：液相色谱-质谱/质谱法测定食品中杀草强残留量
192	SN/T 1739—2006	方法类	进出口粮谷和油籽中多种有机磷农药残留量的检测方法　气相色谱串联质谱法

（续）

序号	标准编号	标准分类	标准名称
193	SN/T 1742—2006	方法类	进出口食品中燕麦枯残留量的检测方法气相色谱串联质谱法
194	SN/T 1866—2007	方法类	进出口粮谷中咪唑磺隆残留量检测方法　液相色谱法
195	SN/T 1947—2007	方法类	进出口食品中氟草定残留量的检测方法　气相色谱-质谱法
196	SN/T 1952—2007	方法类	进出口粮谷中戊唑醇残留量的检测方法　气相色谱-质谱法
197	SN/T 1967—2007	方法类	进出口食品中异稻瘟净残留量的检测方法
198	SN/T 1968—2007	方法类	进出口食品中扑草净残留量检测方法　气相色谱-质谱法
199	SN/T 1969—2007	方法类	进出口食品中联苯菊酯残留量的检测方法　气相色谱-质谱法
200	SN/T 1973—2007	方法类	进出口食品中阿维菌素残留量的检测方法　高效液相色谱-质谱/质谱法
201	SN/T 1975—2007	方法类	进出口食品中苯醚甲环唑残留量的检测方法　气相色谱-质谱法
202	SN/T 1981—2007	方法类	进出口食品中环氟菌胺残留量的检测方法　气相色谱-质谱法
203	SN/T 1983—2007	方法类	进出口食品中丙炔氟草胺残留量检测方法　气相色谱-质谱法
204	SN/T 1989—2007	方法类	进出口食品中丁酰肼残留量检测方法　气相色谱-质谱法
205	SN/T 1990—2007	方法类	进出口食品中三唑锡和三环锡残留量的检测方法　气相色谱-质谱法
206	SN/T 2147—2008	方法类	进出口食品中硫线磷残留量的检测方法
207	SN/T 2149—2008	方法类	进出口食品中解草嗪、莎稗磷、二丙烯草胺等 110 种农药残留量的检测方法　气相色谱-质谱法
208	SN/T 2150—2008	方法类	进出口食品中涕灭砜威、唑菌胺酯、腈嘧菌脂等 65 种农药残留量检测方法　液相色谱-质谱/质谱法
209	SN/T 2151—2008	方法类	进出口食品中生物苄呋菊酯、氟丙菊酯、联苯菊酯等 28 种农药残留量的检测方法　气相色谱-质谱法
210	SN/T 2152—2008	方法类	进出口食品中氟铃脲残留量检测方法　高效液相色谱-质谱/质谱法
211	SN/T 2156—2008	方法类	进出口食品中苯线磷残留量的检测方法　气相色谱-质谱法
212	SN/T 2158—2008	方法类	进出口食品中毒死蜱残留量检测方法
213	SN/T 2212—2008	方法类	进出口粮谷中苄嘧磺隆残留量的检测方法　液相色谱法
214	SN/T 2214—2008	方法类	进出口植物源性食品中氟草烟、氟硫草啶、氟吡草腙和噻草啶除草剂残留量的测定　液相色谱-质谱/质谱法
215	SN/T 2228—2008	方法类	进出口食品中 31 种酸性除草剂残留量的检测方法　气相色谱-质谱法
216	SN/T 2231—2008	方法类	进出口食品中呋虫胺残留量检测方法　液相色谱-质谱/质谱法
217	SN/T 2232—2008	方法类	进出口食品中三唑醇残留量的检测方法　气相色谱-质谱法
218	SN/T 2233—2008	方法类	进出口食品中甲氰菊酯残留量检测方法
219	SN/T 2234—2008	方法类	进出口食品中丙溴磷残留量检测方法　气相色谱法和气相色谱-质谱法
220	SN/T 2235—2008	方法类	进出口食品中嘧菌环胺残留量检测方法　气相色谱-质谱法
221	SN/T 2236—2008	方法类	进出口食品中氟硅唑残留量检测方法　气相色谱-质谱法
222	SN/T 2237—2008	方法类	进出口食品中甲氧基丙烯酸酯类杀菌剂残留量检测方法　气相色谱-质谱法
223	SN/T 2238—2008	方法类	进出口食品中 21 种熏蒸剂残留量检测方法　顶空气相色谱法
224	SN/T 2320—2009	方法类	进出口食品中百菌清、苯氟磺胺、甲抑菌灵、克菌丹、灭菌丹、敌菌丹和四溴菊酯残留量检测方法　气相色谱质谱法
225	SN/T 2321—2009	方法类	进出口食品中腈菌唑残留量检测方法　气相色谱质谱法
226	SN/T 2322—2009	方法类	进出口食品中乙草胺残留量检测方法

（续）

序号	标准编号	标准分类	标准名称
227	SN/T 2323—2009	方法类	进出口食品中蚍虫胺、呋虫胺等 20 种农药残留量检测方法　液相色谱-质谱/质谱法
228	SN/T 2325—2009	方法类	进出口食品中四唑嘧磺隆、甲基苯苏呋安、醚磺隆等 45 种农药残留量的检测方法　高效液相色谱-质谱/质谱法
229	SN/T 2385—2009	方法类	进出口食品中敌草腈残留量的测定　气相色谱-质谱法
230	SN/T 2386—2009	方法类	进出口食品中氯酯磺草胺残留量的测定　液相色谱-质谱/质谱法
231	SN/T 2441—2010	方法类	进出口食品中涕灭威、涕灭威砜、涕灭威亚砜残留量检测方法　液相色谱-质谱/质谱法
232	SN/T 2456—2010	方法类	进出口食品中苯胺灵残留量的测定　气相色谱-质谱法
233	SN/T 2514—2010	方法类	进出口食品中噻酰菌胺残留量的测定　液相色谱-质谱/质谱法
234	SN/T 2540—2010	方法类	进出口食品中苯甲酰脲类农药残留量的测定　液相色谱-质谱/质谱法
235	SN/T 2559—2010	方法类	进出口食品中苯并咪唑类农药残留量的测定　液相色谱-质谱/质谱法
236	SN/T 2561—2010	方法类	进出口食品中吡啶类农药残留量的测定　液相色谱-质谱/质谱法
237	SN/T 2623—2010	方法类	进出口食品中吡丙醚残留量的检测方法　液相色谱-质谱/质谱法
238	SN/T 3628—2013	方法类	出口植物源食品中二硝基苯胺类除草剂残留量测定　气相色谱-质谱/质谱法
239	SN/T 2795—2011	方法类	进出口食品中二硝基苯胺类农药残留量的检测方法　液相色谱-质谱/质谱法
240	SN/T 2796—2011	方法类	进出口食品中氟啶虫酰胺残留量的检测方法
241	SN/T 2806—2011	方法类	进出口蔬菜、水果、粮谷中氟草烟残留量检测方法
242	SN/T 2807—2011	方法类	进出口食品中三氟羧草醚残留量的检测　液相色质谱/质谱法
243	SN/T 2914—2011	方法类	出口食品中二缩甲酰亚胺类农药残留量的测定
244	SN/T 2915—2011	方法类	出口食品中甲草胺、乙草胺、甲基吡噁磷等 160 种农药残留量的检测方法　气相色谱-质谱法
245	SN/T 2917—2011	方法类	出口食品中烯酰吗啉残留量检测方法
246	SN/T 3139—2012	方法类	出口农产品中噻虫嗪及其代谢物噻虫胺残留量的测定　液相色谱-质谱/质谱法
247	SN/T 3149—2012	方法类	出口食品中三苯锡、苯丁锡残留量检测方法　气相色谱-质谱法
248	SN/T 3303—2012	方法类	出口食品中噁唑类杀菌剂残留量的测定
249	SN/T 3541—2013	方法类	出口食品中多种醚类除草剂残留量检测方法　气相色谱-负化学离子源-质谱法
250	SN/T 3622—2013	方法类	出口食品中 2-氯苯胺含量的测定　液相色谱-质谱/质谱法
251	SN/T 3725—2013	方法类	出口食品中对氯苯氧乙酸残留量的测定
252	SN/T 3726—2013	方法类	出口食品中烯肟菌酯残留量的测定
253	SN/T 3852—2014	方法类	出口食品中氰氟虫腙残留量的测定　液相色谱-质谱/质谱法
254	SN/T 3857—2014	方法类	出口食品中异恶唑草酮及代谢物的测定　液相色谱-质谱/质谱法
255	SN/T 3860—2014	方法类	出口食品中吡蚜酮残留量的测定　液相色谱-质谱/质谱法
256	SN/T 3861—2014	方法类	出口食品中六氯对二甲苯残留量的检测方法
257	SN/T 3862—2014	方法类	出口食品中沙蚕毒素类农药残留量的筛查测定　气相色谱法

（续）

序号	标准编号	标准分类	标准名称
258	SN/T 3935—2014	方法类	出口食品中烯效唑类植物生长调节剂残留量的测定　气相色谱-质谱法
259	SN/T 4013—2013	方法类	出口食品中异菌脲残留量的测定　气相色谱-质谱法
260	SN/T 2635—2010	方法类	水稻瘤矮病毒的检疫鉴定方法
261	NY 5116—2002	环境安全类	无公害食品　水稻产地环境条件
262	NY/T 847—2004	环境安全类	水稻产地环境技术条件
263	NY/T 1300—2007	种子资源类	农作物品种区域试验技术规范　水稻
264	NY/T 145—1990	生产管理类	东北地区移植水稻生产技术规程
265	NY/T 1532—2007	生产管理类	水稻免耕抛秧栽培技术规程
266	NY/T 1733—2009	生产管理类	有机食品　水稻生产技术规程
267	NY/T 2546—2014	生产管理类	油稻稻三熟制油菜全程机械化生产技术规程
268	NY/T 2680—2015	生产管理类	鱼塘专用稻种植技术规程
269	NY/T 1534—2007	生产管理类	水稻工厂化育秧技术要求
270	NY/T 1607—2008	生产管理类	水稻抛秧技术规程
271	NY/T 5190—2002	生产管理类	无公害食品　稻米加工技术规范
272	NY/T 1752—2009	生产管理类	稻米生产良好农业规范
273	NY/T 2285—2012	生产管理类	水稻冷害田间调查及分级技术规范
274	QX/T 182—2013	生产管理类	水稻冷害评估技术规范
275	QX/T 101—2009	生产管理类	水稻、玉米冷害等级
276	NY/T 2156—2012	生产管理类	水稻主要病害防治技术规程
277	NY/T 1609—2008	生产管理类	水稻条纹叶枯病测报技术规范
278	NY/T 2385—2013	生产管理类	水稻条纹叶枯病防治技术规程
279	NY/T 2386—2013	生产管理类	水稻黑条矮缩病防治技术规程
280	NY/T 2631—2014	生产管理类	南方水稻黑条矮缩病测报技术规范
281	NY/T 59—1987	生产管理类	水稻二化螟防治标准
282	NY/T 1708—2009	生产管理类	水稻褐飞虱抗药性监测技术规程
283	NY/T 2041—2011	生产管理类	稻瘿蚊测报技术规范
284	NY/T 2412—2013	生产管理类	稻水象甲监测技术规范
285	NY/T 796—2004	生产管理类	稻水象甲防治技术规范
286	NY/T 2410—2013	生产管理类	有机水稻生产质量控制技术规范
287	NY/T 5117—2002	生产管理类	无公害食品　水稻生产技术规程
288	NY/T 5336—2006	生产管理类	无公害食品　粮食生产管理规范
289	LS/T 3801—1987	物流类	粮食包装　麻袋
290	NY 2608—2014	机械配套类	联合收获机械　安全标志
291	NY/T 369—1999	机械配套类	种子初清机试验鉴定方法

（续）

序号	标准编号	标准分类	标准名称
292	NY/T 1014—2006	机械配套类	脱粒机　质量评价技术规范
293	JB/T 7721—2011	机械配套类	复式粮食清选机
294	NY 1410—2007	机械配套类	粮食清选机安全技术要求
295	LS/T 3519—1988	机械配套类	粮食初清筛试验方法
296	LS/T 1205—2002	机械配套类	粮食烘干机操作规程
297	NY/T 463—2001	机械配套类	粮食干燥机质量评价规范
298	LS/T 3516—1988	机械配套类	粮食干燥机技术条件
299	JB/T 9818.2—1999	机械配套类	砻碾组合米机　试验方法
300	JB/T 9818—2013	机械配套类	砻碾组合米机
301	JB/T 51222—1999	机械配套类	砻碾组合米机　产品质量分等（内部使用）
302	JB/T 51228—1999	机械配套类	曲柄摇杆式水稻插秧机　产品质量分等（内部使用）
303	NY/T 2191—2012	机械配套类	水稻插秧机适用性评价方法
304	NY/T 2192—2012	机械配套类	水稻机插秧作业技术规范
305	NY/T 2465—2013	机械配套类	水稻插秧机　修理质量
306	JB/T 11434—2013	机械配套类	分离式杂粮碾米机
307	JB/T 51195—1999	机械配套类	分离式稻谷碾米机　产品质量分等（内部使用）
308	JB/T 6286—2013	机械配套类	喷风式碾米机
309	JB/T 9792.3—1999	机械配套类	分离式碾米机　试验方法
310	LS/T 3522—1995	机械配套类	砂辊碾米机通用技术条件
311	LS/T 3523—1995	机械配套类	喷风碾米机通用技术条件
312	JB/T 7883—2014	机械配套类	稻壳膨化机
313	LS/T 3525—1995	机械配套类	平转白米分离筛通用技术条件
314	NY 526—2002	机械配套类	水稻苗床调理剂
315	NY/T 1141—2006	机械配套类	稻麦割脱机　质量评价技术规范
316	NY/T 1635—2008	机械配套类	水稻工厂化（标准化）育秧设备　试验方法
317	NY/T 2202—2012	机械配套类	碾米成套设备　质量评价技术规范
318	NY/T 2674—2015	机械配套类	水稻机插钵形毯状育秧盘
319	NY/T 378—1999	机械配套类	人力打稻机产品质量分等
320	NY/T 390—2000	机械配套类	水稻育秧塑料钵体软盘
321	NY/T 498—2013	机械配套类	水稻联合收割机　作业质量
322	NY/T 988—2006	机械配套类	稻谷干燥机械　作业质量
323	QB/T 4279—2011	机械配套类	大米粉碎调浆一体机
324	NY 642—2013	机械配套类	脱粒机安全技术要求
325	NY/T 500—2002 过渡	机械配套类	秸秆还田机作业质量
326	NY/T 509—2002 过渡	机械配套类	秸秆揉丝机

表 2-26　水稻（产品）地方标准体系表

序号	标准编号	标准分类	标准名称
1	DB 13/T 1298—2010	产品类	地理标志产品　蔚州贡米（蔚州小米）
2	DB 21/T 1597—2008	产品类	农产品质量安全　辽星 1 号大米
3	DB 34/T 313.2—2003	产品类	芜湖大米　第 2 部分：质量标准
4	DB 34/T 847—2008	产品类	富硒大米
5	DB 44/ 181—2004	产品类	广东省优质籼稻谷
6	DB 44/ 304—2006	产品类	马坝油粘米
7	DB 35/T 116—2009	产品类	浦城特等精米
8	DB 3301/T 117—2007	方法类	稻米中有机硒和无机硒含量的测定　原子荧光光谱法
9	DB 22/T 1971—2013	方法类	优质食用稻米品种鉴评方法
10	DB 51/T 632—2007	方法类	籼型"三系"杂交水稻种子田间检验规程
11	DB 34/T 196—1999	方法类	杂交水稻及其亲本种子检验规程　真实性和品种纯度的基因指纹鉴定法
12	DB 34/T 197—1999	方法类	杂交水稻及其亲本种子检验规程　真实性和品种纯度的基因指纹鉴定法
13	DB 32/T 1020—2007	方法类	水稻品种审定规范
14	DB 51/T 1056—2010	方法类	水稻抗二化螟性鉴定技术规程
15	DB 51/T 920—2009	方法类	水稻象甲监测与鉴定技术规程
16	DB 43/T 319—2006	方法类	水稻抗稻瘟病鉴定及评价方法
17	DB 31/ 1070—1999	种质资源类	水稻品种：辽粳 207
18	DB 31/ 209—1998	种质资源类	粮食作物种子杂交粳稻种子
19	DB 31/ 279—2002	种质资源类	水稻品种
20	DB 34/T 086—1993	种质资源类	水稻品种皖稻 14 号
21	DB 34/T 087—1993	种质资源类	水稻品种皖稻 16 号
22	DB 34/T 088—1993	种质资源类	水稻品种皖稻 27 号
23	DB 34/T 106.1—1995	种质资源类	水稻品种皖稻 20
24	DB 34/T 106.2—1995	种质资源类	杂交水稻组合皖稻 26
25	DB 34/T 106.3—1995	种质资源类	杂交水稻组合皖稻 29
26	DB 34/T 106.4—1995	种质资源类	水稻品种皖稻 43
27	DB 34/T 106.5—1995	种质资源类	水稻品种皖稻 45
28	DB 34/T 106.6—1995	种质资源类	杂交水稻组合皖稻 47
29	DB 34/T 106.7—1995	种质资源类	杂交水稻不育系皖稻 49
30	DB 34/T 106.8—1995	种质资源类	水稻品种皖稻 51
31	DB 34/T 106.9—1995	种质资源类	杂交水稻组合皖稻 55
32	DB 11/T 234—2004	种质资源类	粳型杂交水稻"三系"原种及杂交种生产技术操作规程
33	DB 23/T 1037—2006	种质资源类	水稻种子加工技术规范
34	DB 34/ 028—1990	种质资源类	杂交水稻繁殖制种质量检验规程
35	DB 34/T 165—1998	种质资源类	籼型杂交水稻"三系"原种生产技术操作规程
36	DB 34/T 316—2003	种质资源类	两系杂交稻华安 3 号制种规程
37	DB 34/T 895.1—2009	种质资源类	超级稻新两优 6 号制种技术规程
38	DB 34/T 163.1—1998	生产管理类	水稻作物害虫测报调查规范水稻二化螟
39	DB 34/T 163.2—1998	生产管理类	水稻害虫测报调查规范水稻三化螟

（续）

序号	标准编号	标准分类	标准名称
40	DB 33/ 690.2—2008	生产管理类	水稻条纹叶枯病测报防治　第 2 部分：水稻条纹叶枯病防治规范
41	DB 33/T 689.1—2008	生产管理类	水稻灰飞虱测报防治　第 1 部分：水稻灰飞虱测报调查规范
42	DB 33/T 689.2—2008	生产管理类	水稻灰飞虱测报防治　第 2 部分：水稻灰飞虱防治规范
43	DB 34/T 1320—2010	生产管理类	江淮中稻避灾减灾生产技术规程　第 1 部分：江淮中稻防高温热害补偿栽培技术
44	DB 34/T 1321—2010	生产管理类	江淮中稻避灾减灾生产技术规程　第 2 部分：江淮丘陵中稻避旱补偿栽培技术
45	DB 2303/T 023—2009	生产管理类	水稻隔寒增温育苗高产栽培技术规程
46	DB 34/T 1344—2011	生产管理类	沿淮单季稻优质高产病虫草害防治技术规程
47	DB 51/T 883—2009	生产管理类	水稻稻瘟病防治技术规程
48	DB 51/T 885—2009	生产管理类	水稻二化螟防治技术规程
49	DB 34/T 793—2008	生产管理类	单季水稻机插大田管理技术规范
50	DB 13/T 1505—2012	生产管理类	有机稻谷生产技术规程
51	DB 31/T 263.2—2001	生产管理类	安全卫生优质水稻米生产技术操作规范
52	DB 33/T 595.1—2005	生产管理类	稻鸭生态共育　第 1 部分：生产技术规程
53	DB 3302/T 073—2008	生产管理类	中熟晚粳"宁 88"年糕专用稻生产技术规程
54	DB 34/T 1008—2009	生产管理类	杂交中稻抛栽高产优质生产技术
55	DB 34/T 1009—2009	生产管理类	中稻直播生产技术
56	DB 34/T 1010—2009	生产管理类	双季稻高产优质生产技术
57	DB 34/T 1228—2010	生产管理类	沿淮麦茬籼稻旱直播旱管生产技术
58	DB 34/T 1229—2010	生产管理类	沿淮麦茬中粳（糯）稻旱直播水管生产技术
59	DB 34/T 1318—2010	生产管理类	皖稻 125 生产技术规程
60	DB 34/T 1579—2011	生产管理类	Ⅱ优 52 水稻高产生产技术规程
61	DB 34/T 1701—2012	生产管理类	绿色食品　水稻生产技术规程
62	DB 34/T 1702—2012	生产管理类	超级中籼杂交稻优质高产技术规程
63	DB 34/T 313.1—2003	生产管理类	芜湖大米　第 1 部分：基本准则
64	DB 34/T 313.3—2003	生产管理类	芜湖大米　第 3 部分：生产技术规范
65	DB 34/T 588—2006	生产管理类	沿淮机插水稻优质高产生产技术
66	DB 34/T 589—2006	生产管理类	沿淮单季稻优质高产生产技术
67	DB 34/T 590—2006	生产管理类	江淮地区高产优质粳稻生产技术
68	DB 34/T 846—2008	生产管理类	富硒稻种植技术规范
69	DB 34/T 910.1—2009	生产管理类	安徽省绿色食品原料（水稻）标准化生产基地管理准则
70	DB 36/T 521—2007	生产管理类	有机食品　优质中稻生产技术规程
71	DB 43/T 816—2013	生产管理类	富硒水稻生产技术规程
72	DB 440100/T 71—2005	生产管理类	糯米生产技术规程
73	DB 31/T 263.1—2001	生产管理类	安全卫生优质水稻米
74	DB 33/ 595.2—2005	生产管理类	稻鸭生态共育　第 2 部分：稻米质量安全要求
75	DB 33/T 366.4—2002	生产管理类	有机稻米　第 4 部分：质量要求
76	DB 21/T 1595—2008	生产管理类	农产品质量安全　辽星 1 号水稻栽培技术规程
77	DB 31/T 192.1—1997	生产管理类	单季晚稻栽培规范　第 1 部分：单季晚稻机械水直播栽培规范

（续）

序号	标准编号	标准分类	标准名称
78	DB 31/T 192.2—1997	生产管理类	单季晚稻栽培规范　第 2 部分：单季晚稻浅耕旱条播栽培规范
79	DB 31/T 192.3—1997	生产管理类	单季晚稻栽培规范　第 3 部分：单季晚稻抛秧栽培规范
80	DB 32/T 1031—2007	生产管理类	水稻机械水直播田间管理技术规范
81	DB 3201/T 122—2008	生产管理类	直播水稻高效栽培技术规程
82	DB 3201/T 129—2008	生产管理类	稻—虾（克氏原螯虾）共作技术操作规程
83	DB 3205/T 151—2008	生产管理类	单季晚粳稻田氮磷面源污染控制技术规范
84	DB 33/T 680—2008	生产管理类	机插水稻大田栽培技术操作规程
85	DB 3302/T 092—2010	生产管理类	水稻塑盘抛秧栽培技术规程
86	DB 34/T 1019—2009	生产管理类	中籼稻施肥技术规程
87	DB 34/T 103—1995	生产管理类	安徽早稻栽培技术规程
88	DB 34/T 104—1995	生产管理类	安徽中稻栽培技术规程
89	DB 34/T 105—1995	生产管理类	安徽双季晚稻栽培技术规程
90	DB 34/T 1067—2009	生产管理类	一季稻免耕旱育无盘抛秧生产技术规程
91	DB 34/T 1068—2009	生产管理类	一季稻免耕直播生产技术规程
92	DB 34/T 1069—2009	生产管理类	双季稻免耕旱育无盘抛秧栽培技术规程
93	DB 34/T 1226—2010	生产管理类	水稻土壤养分分区与一季中稻　推荐施肥技术
94	DB 34/T 1322—2010	生产管理类	优质双季晚籼稻新优 188 高产栽培技术规程
95	DB 34/T 1401—2011	生产管理类	江淮地区机插杂交中籼稻高产栽培技术规程
96	DB 34/T 1427—2011	生产管理类	环巢湖地区水稻氮磷减量控制栽培技术规程
97	DB 34/T 1453—2011	生产管理类	沿淮地区小麦水稻周年平衡增产技术规程
98	DB 34/T 301—2002	生产管理类	优质中籼稻旱育壮秧技术规程
99	DB 34/T 302—2002	生产管理类	优质中籼稻大田移栽技术规程
100	DB 34/T 592—2006	生产管理类	沿江双季稻直抛优质高效生产技术
101	DB 34/T 836—2008	生产管理类	稻田克氏螯虾养殖技术操作规程
102	DB 34/T 895.2—2009	生产管理类	超级稻新两优 6 号标准化栽培技术规程
103	DB 51/T 1039—2010	生产管理类	水稻免耕撬窝移栽高产栽培技术规程
104	DB 51/T 1040—2010	生产管理类	水稻优化定抛栽培技术规程
105	DB 51/T 1060—2010	生产管理类	杂交中稻洪灾后蓄留再生稻技术规程
106	DB 51/T 771—2008	生产管理类	水稻沼液浸种操作规程
107	DB 51/T 870—2009	生产管理类	水稻机械插秧配套栽培技术规程
108	DB 51/T 913—2009	生产管理类	水稻超高产强化栽培技术规程
109	DB 52/T 476—2004	生产管理类	水稻超高产栽培技术规范
110	DB 21/T 1671—2008	机械配套类	水稻机械脱粒、清选作业技术规程
111	DB 34/T 1396—2011	机械配套类	大米色选机
112	DB 21/T 1670—2008	机械配套类	水稻机械插秧作业技术规程
113	DB 32/T 1025—2007	机械配套类	半喂入联合收割机　水稻收获　作业质量
114	DB 32/T 1029—2007	机械配套类	乘坐式水稻插秧机操作规程
115	DB 32/T 1030—2007	机械配套类	水稻机械旱直播作业技术规范
116	DB 33/T 681—2008	机械配套类	机插水稻盘式育秧技术操作规程

（续）

序号	标准编号	标准分类	标准名称
117	DB 34/T 244.1—2002	机械配套类	水稻生产机械化技术规范　第 1 部分：水田耕整地机械化
118	DB 34/T 244.2—2002	机械配套类	水稻生产机械化技术规范　第 2 部分：稻种破胸催芽机械化
119	DB 34/T 244.3—2002	机械配套类	水稻生产机械化技术规范　第 3 部分：工厂化育秧机械化
120	DB 34/T 244.4—2002	机械配套类	水稻生产机械化技术规范　第 4 部分：栽植机械化
121	DB 34/T 244.5—2002	机械配套类	水稻生产机械化技术规范　第 5 部分：植保机械化
122	DB 34/T 244.6—2002	机械配套类	水稻生产机械化技术规范　第 6 部分：灌溉机械化
123	DB 34/T 244.7—2002	机械配套类	水稻生产机械化技术规范　第 7 部分：收获机械化
124	DB 64/T 487—2007	机械配套类	水稻插秧机操作技术规范

第三节　2016 年度种植业产品标准体系研究报告
——马铃薯

一、我国马铃薯标准体系建设现状分析及对策研究

马铃薯在中国已有 400 多年的栽培历史，播种面积稳定在 8 000 万亩以上，是中国非常重要的作物之一。我国马铃薯的生产面积和产量均占世界 1/4 左右，是世界上重要的马铃薯生产国。我国马铃薯主要分布在西南、东北、西北等地区。该作物适应性强，种植范围广，粮菜兼用，目前已成为营养丰富，食用方法多样的新主粮作物。

马铃薯产业的健康、有序发展离不开其标准化体系的建立和推广。马铃薯主粮化战略的实施对马铃薯产业标准化体系更是提出了新的要求和挑战。马铃薯标准化体系急需与时俱进，以确保马铃薯主粮化战略的顺利实施及粮食安全。

（一）马铃薯产业标准体系发展现状

1. 标准体系建设进展情况　在中国，涉及马铃薯的标准主要包括国家标准（GB）、农业行业标准（NY）、进出口行业标准（SN）、商业标准（SB）和地方标准（DB）。另外还有少数的轻工业标准、气象标准和粮食行业标准等，截至 2016 年 8 月，我国现行有效的标准情况见表 2 - 27。

表 2 - 27　中国马铃薯标准体系概况

标准类别	标准数量	涉及的主要领域
国家标准（GB）	29	1 个安全，3 个商品薯，5 个农药，7 种种薯，6 个检测方法，3 个储藏和运输，2 个机械等
农业行业标准（NY）	31	多为指导生产及病害检测技术规程/范，5 个种薯
进出口行业标准（SN）	22	马铃薯检疫性病虫害检疫鉴定方法
商业标准（SB）	4	马铃薯块茎及马铃薯产品的流通、产品等
地方标准（DB）	182	马铃薯生产、病害检测等技术规程/范
轻工行业标准（QB）	1	马铃薯片
气象行业标准（QX）	1	气象观测
粮食行业标准（LS）	1	调拨的商品马铃薯
总计	271	

（1）国家标准 目前，与马铃薯相关的现行有效的国家标准有 29 项，其中涉及安全的 1 项，马铃薯淀粉 1 项，机械 2 项，储藏和运输 3 项，商品薯 3 项，农药 5 项，检测方法 6 项，种薯 8 项。其中涉及种薯的是最多的，可见马铃薯种薯在马铃薯产业中的重要地位和重视程度。但是，这些标准的宣贯、实施和监管还存在一定的问题，没能充分发挥其应有的作用。

（2）行业标准 与马铃薯相关的农业行业标准主要集中在指导生产及病害检测技术规程/范上，其中有 6 项标准涉及马铃薯种薯，同时还有涉及种薯质量检测的技术规程/范等。

进出口检验检疫标准也主要集中在检验检测技术方法上，但该类标准主要针对检疫性有害生物，以确保生物安全为主要目标。

（3）地方标准 由于我国种植马铃薯的地区较多，各地的环境差异较大。因此，地方标准的数量也是巨大的，目前现行有效的地方标准达到 182 项。这些地方标准主要集中在生产技术、病虫害防治、病害检测等操作规程/范。从图 2-10 可知，我国有 24 个省份制定了马铃薯地方标准，各省份马铃薯地方标准的数量差距很大，其中陕西只有 1 项，而宁夏有 27 项。存在这种差异主要原因之一是不同的地区种植结构不同，重点关注的作物也不一样，其重视程度自然存在差异。

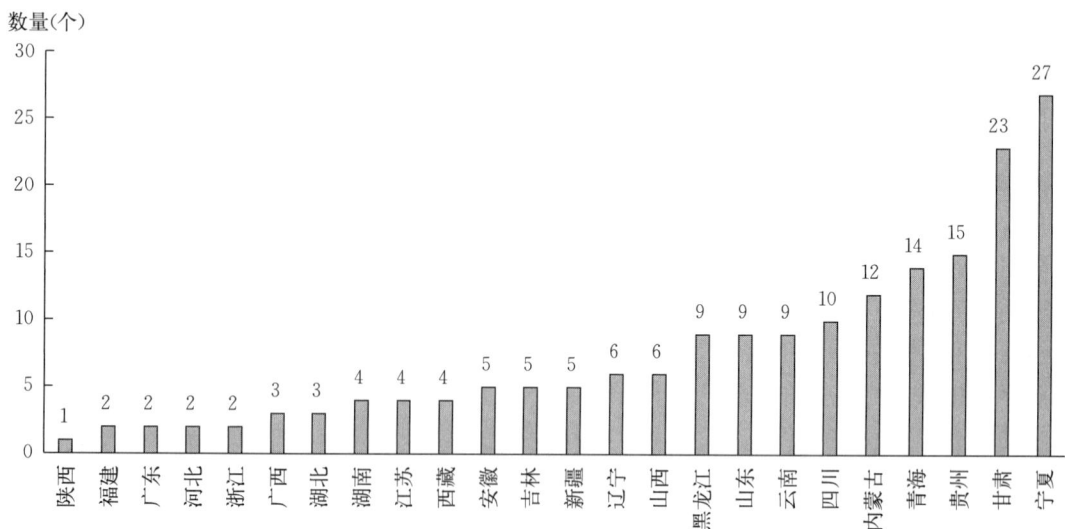

图 2-10 各省份马铃薯地方标准数量

（4）其他标准 与马铃薯相关的标准还有少量的商业标准、轻工业标准、气象行业标准和粮食行业标准等，但为数不多。

2. 存在的主要问题

（1）从标准数量上看 截至 2016 年我国关于马铃薯的标准现行有效的有 271 项，低于玉米、小麦和水稻的标准数量，高于大豆和棉花，与其在国内主要农作物中的地位相对应（小麦 460 项，水稻 410 项，玉米 715 项，大豆 249 项，棉花 238 项）。

（2）从标准类别上看 马铃薯标准基本涵盖了生产技术规程、病虫害防控、种薯质量控制、加工、储藏运输、种质资源等领域，但是，从标准数量上看，涉及加工和储藏运输的标准比较少，表现为重生产，轻产后的产业现状。尤其在主粮加工方面还是空白，急需补充进来，以推动马铃薯主粮化的健康发展。

另外，获取标准文本的途径也有待改进。发布标准的本意是让广大使用者遵照执行，规范产业发展。因此，不仅应采取行之有效的宣贯措施使之被广泛了解，更应该以有效的方式确保标准的下达和贯彻执行，使使用者能够尽快使用相关的标准，从而发挥出标准应有的作用。

（3）从标准规划实施情况看 马铃薯产业的相关标准内容基本都具备，但在推广和实施过程中仍然存在一定的问题。很多标准的宣贯力度不够，甚至很少有宣贯，导致使用单位不能够清楚地掌握标准的情况，从而阻碍了标准的正常实施。另外，标准贯彻实施的监管也不够严格，需要进一步加强。

（4）从标准化工作组织开展看　我国在马铃薯标准化建设工作中已经取得了很大的进步，目前已经基本形成了国标、行标和地标相互补充的技术体系框架。但是，由于涉及马铃薯标准的职能部门较多，而这些部门之间又缺乏有效的协调，缺乏统一性，限制了对马铃薯产业指导作用的发挥。

（二）发展方向

由于马铃薯已经被列为主要农作物且是主粮作物，其在中国种植业中的战略地位将有所上升，相应的标准数量及内容也应随之增加。尤其是将其列为主粮作物后，其加工、储藏等技术亟待提高。目前，虽然已经有部分相关标准，但并不能满足目前产业发展的需要，尤其是在马铃薯主粮加工领域更是空白。

（三）标准体系建设主要措施

首先，要了解基层对于标准的需求和掌握程度，有针对性地调整标准内容和宣贯措施。

其次，从宏观上构建马铃薯标准体系，与国际标准接轨，并引领技术创新，适应新形势的发展。

再次，由于马铃薯在我国分布较广，不同的地区有其自身的特点，因此，马铃薯标准也应与之呼应，使之具有区域代表性，更适应马铃薯产业的发展。对于通用性的内容，则应制定国家或者行业标准，并宣贯和监督实施，以利于马铃薯行业的健康发展。对于先进的新技术制定的标准则更应注重其宣贯和实施，确保标准技术的先进性得以发挥，保障我国马铃薯产业技术水平的先进性。国标、行标和地标应发挥其各自的作用，互相补充，相互协调，共同构建一个完整、先进、和谐的马铃薯标准体系。

（四）标准体系汇总表

中国现行马铃薯国家标准、农业行业标准、进出口行业标准和商业标准（截至 2016 年 8 月）如表 2-28～表 2-31 所示。

表 2-28　中国现行马铃薯国家标准（截至 2016 年 8 月）

标准编号	标准名称	实施日期	类别
GB/T 17980.52—2000	农药　田间药效试验准则（一）除草剂防治马铃薯地杂草	2000/5/1	农药
GB/T 17980.15—2000	农药　田间药效试验准则（一）杀虫剂防治马铃薯等作物蚜虫	2000/5/1	农药
GB/T 17980.34—2000	农药　田间药效试验准则（一）杀菌剂防治马铃薯晚疫病	2000/5/1	农药
GB 7331—2003	马铃薯种薯产地检疫规程	2003/11/1	种薯（产地检疫规程）
GB/T 17980.133—2004	农药　田间药效试验准则（二）第 133 部分：马铃薯脱叶干燥剂药效试验	2004/8/1	农药
GB/T 17980.137—2004	农药　田间药效试验准则（二）第 137 部分：马铃薯抑芽剂药效试验	2004/8/1	农药
GB/T 6242—2006	种植机械　马铃薯种植机 试验方法	2006/8/1	机械（试验方法）
GB/T 8884—2007	马铃薯淀粉	2007/6/1	淀粉
GB/T 23620—2009	马铃薯甲虫疫情监测规程	2009/10/1	监测/病虫害

（续）

标准编号	标准名称	实施日期	类别
GB/T 25417—2010	马铃薯种植机　技术条件	2011/3/1	机械
GB/T 25868—2010	早熟马铃薯　预冷和冷藏运输指南	2011/6/1	运输指南
GB/T 25872—2010	马铃薯　通风库储藏指南	2011/6/1	储藏库
GB/T 28093—2011	马铃薯银屑病菌检疫鉴定方法	2012/6/1	检测方法
GB/T 28660—2012	马铃薯种薯真实性和纯度鉴定　SSR 分子标记	2012/11/1	检测方法
GB 10395.16—2010	农林机械　安全　第 16 部分：马铃薯收获机	2011/10/1	安全类，全部内容强制
GB 18133—2012	马铃薯种薯	2013/12/19	种薯（部分内容强制）
GB/T 28974—2012	马铃薯 A 病毒检疫鉴定方法　纳米颗粒增敏胶体金免疫层析法	2013/6/1	检测方法
GB/T 28978—2012	马铃薯环腐病菌检疫鉴定方法	2013/6/1	检测方法
GB/T 29375—2012	马铃薯脱毒试管苗繁育技术规程	2013/6/20	种薯/苗（技术规程）
GB/T 29376—2012	马铃薯脱毒原原种繁育技术规程	2013/6/20	种薯（技术规程）
GB/T 29377—2012	马铃薯脱毒种薯级别与检验规程	2013/6/20	种薯（技术规程）
GB/T 29378—2012	马铃薯脱毒种薯生产技术规程	2013/6/20	种薯（技术规程）
GB/T 29379—2012	马铃薯脱毒种薯储藏、运输技术规程	2013/6/20	种薯，储藏运输（技术规程）
GB/T 31753—2015	马铃薯商品薯生产技术规程	2015/11/2	商品薯（技术规程）
GB/T 31784—2015	马铃薯商品薯分级与检验规程	2015/11/2	商品薯（分级与检验规程）
GB/T 31790—2015	马铃薯纺锤块茎类病毒检疫鉴定方法	2015/11/27	检测方法
GB/T 31806—2015	马铃薯 V 病毒检疫鉴定方法	2015/11/27	检测方法
GB/T 31575—2015	马铃薯商品薯质量追溯体系的建立与实施规程	2015/11/27	商品薯（质量）
GB/T 51124—2015	马铃薯储藏设施设计规范	2016/5/1	储藏（规范）

表 2-29　马铃薯农业行业标准（截至 2016 年 8 月）

标准编号	标准名称	标准类别	发布日期	实施日期
NY/T 401—2000	脱毒马铃薯种薯（苗）病毒检测技术规程	规范规程	2000/9/22	2000/12/1
NY/T 5222—2004	无公害食品　马铃薯生产技术规程	规范规程	2004/1/7	2004/3/1
NY/T 990—2006	马铃薯种植机械　作业质量	质量规格	2006/1/26	2006/4/1
NY/T 990—2006	马铃薯种植机械　作业质量	质量规格	2006/1/26	2006/4/1
NY/T 1130—2006	马铃薯收获机械	质量规格	2006/7/10	2006/10/1
NY/T 1066—2006	马铃薯等级规格	安全要求	2006/7/10	2006/10/1
NY/T 1212—2006	马铃薯脱毒种薯繁育技术规程	规范规程	2006/12/6	2007/2/1
NY/T 1303—2007	农作物种质资源鉴定技术规程　马铃薯	规范规程	2007/4/17	2007/7/1
NY/T 1415—2007	马铃薯种植质量评价技术规范	规范规程	2007/6/14	2007/9/1
NY/T 1490—2007	农作物品种审定规范　马铃薯	规范规程	2007/12/18	2008/3/1
NY/T 1489—2007	农作物品种试验技术规程　马铃薯	规范规程	2007/12/18	2008/3/1
NY/T 1606—2008	马铃薯种薯生产技术操作规程	规范规程	2008/5/16	2008/7/1
NY/T 1605—2008	加工用马铃薯　油炸	安全要求	2008/5/16	2008/7/1
NY/T 1606—2008	马铃薯种薯生产技术规程	规范规程	2008/5/16	2008/7/1

（续）

标准编号	标准名称	标准类别	发布日期	实施日期
NY/T 1783—2009	马铃薯晚疫病防治技术规范	规范规程	2009/12/22	2010/2/1
NY/T 1854—2010	马铃薯晚疫病测报技术规范	规范规程	2010/5/20	2010/9/1
NY/T 1963—2010	马铃薯品种鉴定	质量规格	2010/12/23	2011/2/1
NY/T 1962—2010	马铃薯纺锤块茎类病毒检测	疫病防控	2010/12/23	2011/2/1
NY/T 1464.42—2012	农药田间药效试验准则　第42部分：杀虫剂防治马铃薯二十八星瓢虫	规范规程	2012/2/21	2012/5/1
NY/T 2179—2012	农作物优异种质资源评价规范　马铃薯	规范规程	2012/6/6	2012/9/1
NY/T 2164—2012	马铃薯脱毒种薯繁育基地建设标准	质量规格	2012/6/6	2012/9/1
NY/T 2210—2012	马铃薯辐照抑制发芽技术规范	规范规程	2012/12/7	2013/3/1
NY/T 2462—2013	马铃薯机械化收获作业技术规范	规范规程	2013/9/10	2014/1/1
NY/T 2383—2013	马铃薯主要病虫害防治技术规程	规范规程	2013/9/10	2014/1/1
NY/T 2383—2013	马铃薯主要病虫害防治技术规程	规范规程	2013/9/10	2014/1/1
NY/T 648—2015	马铃薯收获机　质量评价技术规范	规范规程	2015/2/9	2015/5/1
NY/T 2706—2015	马铃薯打秧机　质量评价技术规范	规范规程	2015/2/9	2015/5/1
NY/T 2678—2015	马铃薯6种病毒的检测 RT-PCR 法	分析测试	2015/2/9	2015/5/1
NY/T 2744—2015	马铃薯纺锤块茎类病毒检测 核酸斑点杂交法	分析测试	2015/5/21	2015/8/1
NY/T 2716—2015	马铃薯原原种等级规格	规范规程	2015/5/21	2015/8/1
NY/T 2866—2015	旱作马铃薯全膜覆盖技术规范	规范规程	2015/12/29	2016/4/1

表 2-30　马铃薯进出口行业标准（截至 2016 年 8 月）

标准编号	标准名称	实施日期
SN/T 1135.1—2002	马铃薯癌肿病检疫鉴定方法	2003-01-01
SN/T 1178—2003	植物检疫　马铃薯甲虫检疫鉴定方法	2003-09-01
SN/T 1723.1—2006	马铃薯白线虫检疫鉴定方法	2006-08-16
SN/T 1723.2—2006	马铃薯金线虫检疫鉴定方法	2006-08-16
SN/T 1135.4—2006	马铃薯黑粉病菌检疫鉴定方法	2007-03-01
SN/T 1135.5—2007	马铃薯环腐病菌检疫鉴定方法	2008-07-01
SN/T 1135.6—2008	马铃薯绯腐病菌检疫鉴定方法	2008-11-01
SN/T 1135.7—2009	马铃薯 A 病毒检疫鉴定方法	2010-03-16
SN/T 1135.8—2009	马铃薯坏疽病菌检疫鉴定方法	2010-03-16
SN/T 2481—2010	进境马铃薯种薯检疫操作规程	2010-07-16
SN/T 2482—2010	马铃薯丛枝植原体检疫鉴定方法	2010-07-16
SN/T 2627—2010	马铃薯卷叶病毒检疫鉴定方法	2010-12-01
SN/T 1135.9—2010	马铃薯青枯病菌检疫鉴定方法	2011-05-01
SN/T 1135.9—2011	马铃薯青枯病菌检疫鉴定方法	2011-05-01
SN/T 2729—2010	马铃薯炭疽病菌检疫鉴定方法	2011-05-01
SN/T 3437—2012	马铃薯纺锤块茎类病毒检疫鉴定方法	2013-07-01
SN/T 1198—2013	转基因成分检测　马铃薯检测方法	2013-09-16
SN/T1135.10—2013	马铃薯 V 病毒检疫鉴定方法	2014-03-01
SN/T 1135.11—2013	马铃薯皮斑病菌检疫鉴定方法	2014-06-01
SN/T 4338—2015	热处理脱除马铃薯卷叶病毒技术规程	2016-04-01
SN/T 1135.12—2015	马铃薯 M 病毒检疫鉴定方法	2016-07-01
SN/T 1135.13—2015	马铃薯 Y 病毒检疫鉴定方法	2016-07-01

表 2-31　马铃薯商业标准（截至 2015 年底）

标准编号	标准名称	标准类别	发布日期	实施日期
SB/T 10577—2010	鲜食马铃薯流通规范	商业标准	2010/12/21	2011/3/1
SB/T 10631—2011	马铃薯冷冻薯条	商业标准	2011/8/10	2011/12/1
SB/T 10752—2012	马铃薯雪花全粉	商业标准	2012/8/1	2012/11/1
SB/T 10968—2013	加工用马铃薯流通规范	商业标准	2013/4/16	2013/11/1

第三章 2016年度种植业产品标准体系
研究报告——棉花

一、棉花产品标准及标准体系发展现状

（一）棉花标准体系建设进展情况（包括标准体系建设框架）

棉花是我国乃至世界人民的主要衣着原料，具有不可替代的功能。我国棉花产量与消费量均居世界首位，分别约占世界总量的1/4和1/3。近年来，我国每年种植棉花在6 000万亩左右，约占种植业的3%，而产值却高达10%。棉花是我国广大棉区4 300万户、约2亿农民的主要经济来源。棉花也是我国6 000余家纺织企业的主要原料，并为2 000万纺织和服装工人提供了就业机会。我国是世界上最大的纺织服装生产国和出口国，2015年，以棉花为主要原料的纺织品服装为国家出口创汇达2 839亿美元，是我国第三大类出口商品。因此，棉花在我国国民经济和人民生活中占有举足轻重的地位。

我国棉花标准经历了一个漫长的发展过程。1949年前的棉花标准完全依附于外国，主要是照搬美国棉花标准。新中国成立以后，国家对棉花标准工作非常重视，曾多次在全国棉花生产和检验工作会议，研究和通过了有关棉花检验工作与检验方法的文件。但我国真正以标准形式发布的棉花标准却是《棉花　细绒棉》（GB 1103—72）。此后，1982年发布了《棉花原种生产技术操作规程》（GB 3242—82），1983年发布了《农作物种子检验规程》（GB 3543—83），1984年发布了《棉花种子》（GB 4408—84）。1985年及其后，又陆续发布了棉花纤维物理特性检验方法方面的标准和棉花加工机械方面的标准。

现已收集到与棉花有关的现行国家和行业标准约300多项。按级别和行业分类，有国家标准、农业国家标准、农业行业标准、供销行业标准、纺织行业标准、进出口检验检疫行业标准、机械行业标准、计量行业标准、轻工行业标准、医药行业标准等，如图3-1所示。

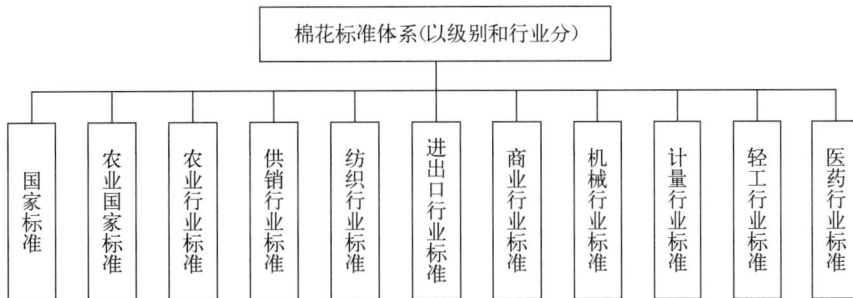

图3-1　以标准级别和行业划分的标准结构图

按标准的类别，可分为基础标准、生产标准、产品标准、设备标准、方法标准和安全标准6类，如图3-2所示。

按标准的性质和功能分类，我国棉花标准体系的构成可用图3-3表示。

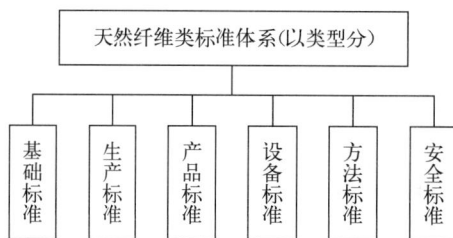

图 3-2 以标准类别划分的标准结构图

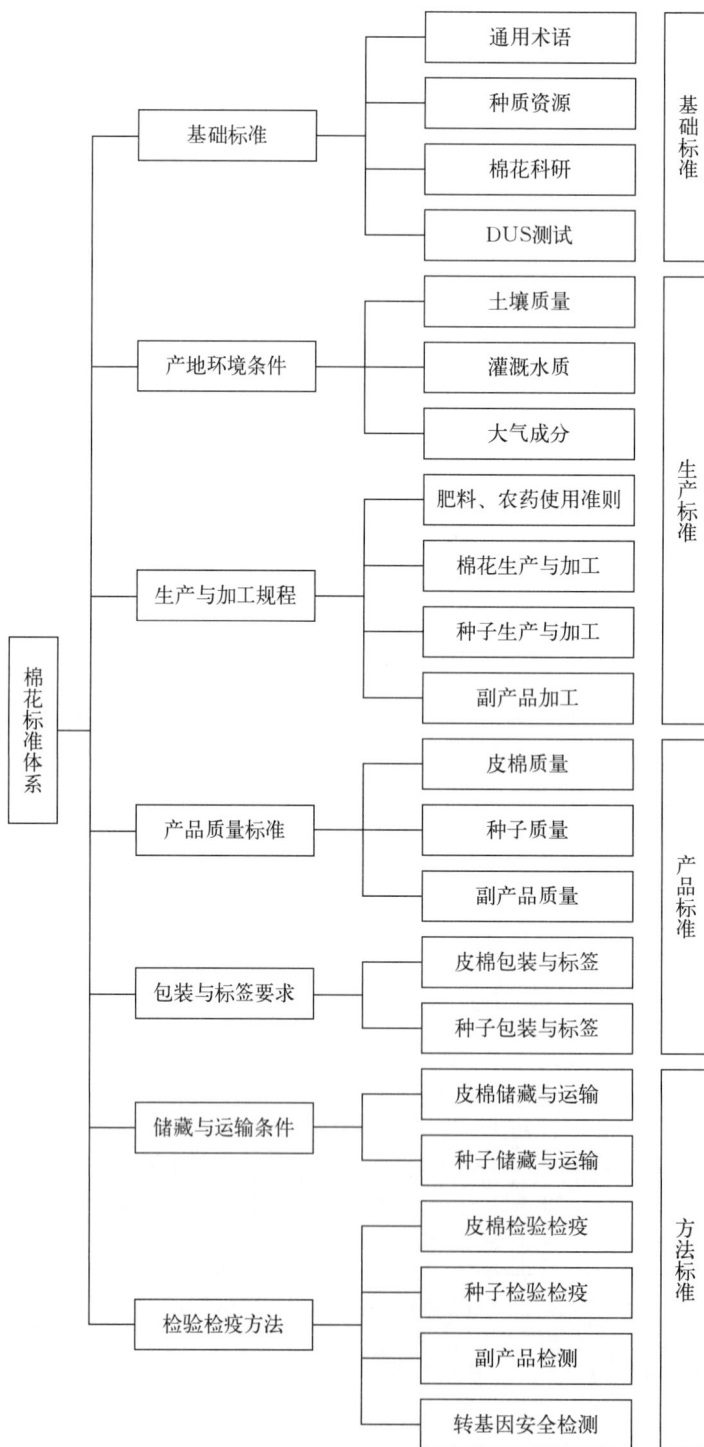

图 3-3 我国棉花标准体系的构成框架图

（二）存在的主要问题

我国的棉花标准在生产、收购、加工、检验、使用、进出口等领域发挥了重要的作用，但还存在不少的问题和缺陷。

1. 标准体系不完善 我国的棉花标准体系还很不完善，尤其在产前与产中各环节亟待加强。在现有的棉花标准中，绝大部分是对棉花纤维品质的检验方法和加工机械方面的。而产前、产中的标准，如产地环境、合理施肥、浇水、用药、密植、收获、收购、储藏等方面的标准一个也没有。多年来，我国在新疆就生产"有机棉"，但由于没有自己的标准，只能靠外国的机构来认证。种子是生产的基础，大田用种则是农业生产直接使用的种子，我国有关棉花种子良种繁育的标准只有《棉花原种生产技术操作规程》（GB 3242），但还没有大田用种的良种繁育国家或行业标准。抗逆性（盐碱、干旱）是当前棉花品种的重要特征特性，我国至今没有这方面的评价标准。另外，我国也没有棉花及纤维产业质量安全方面的标准，与其他农产品相比显然落后了许多。因此，制定棉花产前、产中环节的标准，应是今后纤维标准体系工作的重点。

2. 部分标准落后 一方面是标准落后于生产。比如《棉花原种生产技术操作规程》（GB 3242）中，1982 年版只规定了"三年三圃法"，2012 年又增加了"自交混繁法"的棉花原种生产技术，这两种技术虽然严谨，但工作量大、繁殖系数小，在实践中已很少应用。而目前在生产中应用较多的，以育种家种子为基础，连续进行繁殖，直至大田用种的"四级种子生产技术"还没有写进标准中去。

另一方面是落后于国际标准或国外先进标准。2004 年之前，我国的棉花主要以手工检验为主，2004 年实行棉花检验体制改革以来，虽然已得到了很大的改进，2006 年发布实施了《HVI 棉纤维物理性能试验方法》（GB/T 20392—2006），2013 年又实施了《棉花 第 1 部分：锯齿加工细绒棉》（GB 1103.1—2012）和《棉花 第 2 部分：皮辊加工细绒棉》（GB 1103.2—2012）两个新标准，但在基层棉花收购环节，还不具备仪器化检验的条件，主要还是依赖人工感官检验，人为因素很大，难以体现优质优价、公正科学的原则，挫伤了植棉者的积极性。而在 20 世纪 90 年代，世界上绝大部分的主产棉国几乎都使用了美国材料试验协会（ASTM）的《大容量纤维测试仪（HVI）测定棉纤维的试验方法》（ASTM D5867），该方法不但检测速度快，而且同时检测出多项品质指标，棉包上有清楚的质量标签。国际棉花市场上，美国棉花标准被视为"万国标准"。我国在标准上的落后，导致在国际贸易中的被动与吃亏。随着棉花检验体制改革的完成和检验条件的改善，目前已逐步向国际先进标准靠拢，但还难以完全接轨。

3. 标准间协调性差 在农业科研与生产领域，通常把目前在生产上种植的棉花称为"陆地棉"和"海岛棉"，是以棉花分类为依据的。而在质检和纺织行业，则将其称为"细绒棉"和"长绒棉"，是以棉花纤维长度来区分的。但随着棉花育种科研的进步，育种家现在可以通过高科技手段将陆地棉培育成具有海岛棉纤维长度的品种，因而就出现了"陆地长绒棉"这种称谓，使质检和纺织行业的人士难以理解。

在棉花纤维的检测中，不少品质指标有多个检测标准，使用的单位名称比较混乱。比如长度这一指标，就有手扯长度、分梳长度、主体长度、品质长度、光电长度、2.5%跨距长度、上半部平均长度、平均长度等；长度整齐度有国际校准棉样（ICC）整齐度和大容量纤维测试仪校准棉样（HVICC）之分；断裂比强度也有 ICC 比强度和 HVICC 比强度，而且有 gf/tex 和 cN/tex 两个单位。在不同的行业中，也因习惯不同而不一致，如纺织行业通常要检测棉纤维的细度和成熟度，农业行业主要检测棉纤维的马克隆值；农业上主要检测束纤维断裂比强度，而纺织上则更需要了解单纤维强力等。这些名称与单位的不统一，很容易造成混乱。因此，有必要规定一个既科学又便于检测的行业内使用的名称与单位，使大家在交流时统一规格，方便理解。

4. 标准的运行与维护不良 一是标准执行不力，得不到有效的运行。如 GB 1103 是棉花收购、加工、经营所必须遵守的标准，但在实践中却大打折扣。棉花丰收时压级压价、歉收时抬级抬价，级别"一脚踢"、价格"一口清"的现象在基层收购单位十分普遍。没有优质优价、难以发挥标准对生产的指导作用。

二是标准的维护不良问题在棉花标准中表现突出。比如《农作物种子检验规程》（GB/T 3543.1—3543.7）已经发布了近 30 年，至今未修订。也有的棉纤维检测方面的标准也是 1985 年左右发布的。这也是导致标准落后的一个重要原因。

标准的执行有赖于行政干预和舆论宣传的引导，更需要市场的力量，随着市场经济的发展与完善，相信会逐步走向轨道。标准的维护重点在保持先进性，应注重与国际标准的接轨。标准应至少每 5 年修订一次，对改动不大的一些基础标准，也应定期予以确认。

5. 缺乏创新性 科学技术高速发展，研究成果日新月异，新的产品不断涌现，也给标准提出了新的更高的要求。比如，转基因棉花已大面积在生产上应用，那么，对转基因棉花产品（包括纤维和种子）的检测、栽培与植保方面的标准还没有跟上。天然彩色棉、有机棉已成为消费的时尚，如何对它们的品质与真伪进行检测也成为新的课题。

至 2016 年，对棉花品种真实性与纯度的鉴定，仍需进行田间小区种植试验，时间需要 3 个多月，一般是每年冬季到海南岛进行，不但花费大量的人力物力，而且时效性差，在结果出来之前，种子基本上已卖完了，起不到应有的监督作用，难以避免给生产上带来的损失，也给行政执法带来困难。因此，急需研究新的快速鉴定技术与方法，并制定出国家或行业标准，解决对品种真实性和纯度进行鉴定难的问题。

6. 与国际接轨不足 我国的许多标准，最初是借鉴苏联的标准，已逐渐不适应全球棉花产业发展的潮流。随着改革开放的深入和国际交往的增多，我国也在不断吸收国际标准和国外先进标准的内容，但仍显不足。比如给棉花纤维定级的颜色特征、长度的档次划分、短纤维的界定、杂质的种类等等，都与国外有所不同，在国际贸易中处于不利的地位。

二、发展方向（包括国家、行业、地方标准等）

标准是经济活动和社会发展的技术支撑，是国家治理体系和治理能力现代化的基础性制度。2015年，国务院相继发布了《深化标准化工作改革方案》（国发〔2015〕13 号）、《贯彻实施〈深化标准化工作改革方案〉行动计划（2015—2016 年）》（国办发〔2015〕67 号）、《国家标准化体系建设发展规划（2016—2020 年）》（国办发〔2015〕89 号）三个文件，可见对标准工作的重视。在《深化标准化工作改革方案》中要求：通过改革，把政府单一供给的现行标准体系，转变为由政府主导制定的标准和市场自主制定的标准共同构成的新型标准体系。提出要建立高效权威的标准化统筹协调机制、整合精简强制性标准、优化完善推荐性标准、培育发展团体标准、放开搞活企业标准、提高标准国际化水平等具体措施，为今后我国标准工作的发展指明了方向。

在《国家标准化体系建设发展规划（2016—2020 年）》中，明确提出了农业标准化发展的要求，即：制定和实施高标准农田建设、现代种业发展、农业安全种植和健康养殖、农兽药残留限量及检测、农业投入品合理使用规范、产地环境评价等领域标准，以及动植物疫病预测诊治、农业转基因安全评价、农业资源合理利用、农业生态环境保护、农业废弃物综合利用等重要标准。继续完善粮食、棉花等重要农产品分级标准，以及纤维检验技术标准。推动现代农业基础设施标准化建设，继续健全和完善农产品质量安全标准体系，提高农业标准化生产普及程度。

根据国务院文件的要求，结合棉花产业的特点和棉花标准工作，尤其是农业行业的棉花标准工作的发展方向，应注重以下几个方面。

1. 以纺织（市场）需求为导向 面对棉花"国货入库，洋货入市"、国产棉花难以满足纺织需求的局面，要以供给侧结构性改革为引领，调整棉花科研、生产、收购、加工等各环节的工作思路，贴合整个产业，打破行业界限，加强交流、沟通和融合，在制修订棉花标准时以纺织工业的需求为导向，为用棉企业提供更好更多的棉花，即供给跟着需求走。目前改革的重点是提高纤维品质，优化产品结构，扩大中高端棉花的供给。

2. 对全棉花产业链的标准进行合理整合　由于棉花产业涉及的部门多，在棉花的管理上政出多门，条块分割的现象十分严重。在长期的计划经济体制下，形成了主要以农业部门管品种和生产、供销社系统管收购和加工、工商部门管市场、质检系统管检测、中储棉公司管储备、纺织工业用棉花的状况。尽管近年来纤维流通体制进行过多次改革，但以上条块分割的格局并未真正动摇，各家也都有自己的一套标准，各行业标准间的重复与冲突在所难免。因此，对全棉花产业链的标准进行合理整合，统一术语和技术指标显得十分必要与迫切。

3. 建立新型的棉花标准体系　按照《深化标准化工作改革方案》的要求，把政府单一供给的现行标准体系，转变为由政府主导制定的标准和市场自主制定的标准共同构成的新型标准体系。强化政府标准托底的公共属性，遵循棉花产业链内在逻辑和标准规律，按最终用途和打通产业链的要求，制订覆盖面广、满足消费者和用户需求的贸易型标准。鼓励棉花团体（棉花学会、棉花协会、技术联盟等）标准的发展，放开搞活企业标准，让产业链各相关方自愿广泛参与，最大限度发挥各相关方主动性、积极性和大众智慧，打造棉花团体标准品牌，弥补政府标准的空白。

4. 强化棉花标准创新　针对我国人多地少，粮棉争地矛盾突出，植棉区域向盐碱、干旱地区转移的现实，要加强对盐碱地和干旱地区植棉技术的研究，将研究成果转化为相应标准。针对棉花全程机械化发展的趋势，研制相应的系列技术标准。着力开展检测新技术新方法和快速检验方法的研究，制定简单、快捷、准确、可靠的方法标准。为更好地满足纺织工业和市场的需要，还要进一步改进棉花产品质量分级方法，更新棉花品种审定与区域试验等相关标准中对棉花品质指标的规定和要求。

5. 加强对棉花产品质量安全标准的研制工作　说到农产品质量安全，大家想到的主要是粮、油、蔬、果、蛋、奶、肉等农产品，对棉花却关注不够。其实，与其他农作物相比，棉花具有多功能的特征，他不但可以生产皮棉，还可以生产棉籽油、棉籽蛋白、棉籽壳以及棉籽糖、棉酚、天然维生素 E 等多种功能成分，是人类衣、食、住、行的重要物质基础。近年来，"生态纺织品"逐渐成为世界纺织品服装消费的新潮流，棉花生产过程中大量使用农药则构成了生态纺织品的重要隐患。其次，棉籽油、棉籽蛋白和其他功能成分可被直接食用或做动物饲料，也是人类食物链的重要环节。第三，我国主产棉区的大部分土地均实行了棉花与其他粮食、油料、蔬菜、水果等农作物间作套种，由于在棉花植株上使用农药是不受限制的。不难想象，在棉花上喷洒农药必然会对其他作物带来严重的污染。因此，棉花的质量安全不仅仅与棉花本身有关，也严重影响到食用农产品的质量安全。第四，棉花生产中过度使用农药，会不可避免地污染环境，一部分农药会挥发到空气中、降落到土壤中、进入到水体中，对人、动物、植物和微生物造成不同程度的伤害。对农业可持续发展构成不容忽视的威胁，也是棉区环境质量安全面临的严峻问题。另外，目前我国种植的棉花品种，是以转基因抗虫棉品种为主，种植面积占我国棉花面积的 70% 以上，其环境安全性问题一直备受国内、外关注。因此，对棉花产品质量安全标准的研制是农产品质量安全标准工作的重要部分，必须提到议事日程上来。

6. 加大与国际标准接轨的力度　世界进入知识经济时代以后，经常听到这样一句话："三流企业卖苦力，二流企业卖产品，一流企业卖技术（专利），超一流企业卖标准。"可以这么说，在当今社会，标准已经成为最重要的行业发展因素。标准之争其实就是市场之争，谁掌握了技术标准，谁就掌握了游戏规则的主动权，就意味着拿到了进入市场的入场券，进而从中获得巨大的经济利益，甚至有"得标准者得天下"之说。目前世界上盛行的棉花标准，是被尊为"万国标准"的美国棉花标准。近 30 年来，我国棉花既有进口，也有出口，但往往是"高价买进，低价卖出"，这固然有国产棉花质量本身的问题，而标准落后、权威性差、与国际标准脱轨，无疑也是重要因素之一。棉花产业链较长，商品化率高，国际贸易的比例也很大，我国每年与几十个国家有棉花贸易往来，标准的作用显得十分重要。因此，我们应加大国际标准跟踪、评估和转化力度，进一步提高国际标准转化率和采标标准的一致性程度。积极参与国际标准化活动，推动与主要贸易国之间的标准互认，并以我国有优势的棉花产品和技术为突破口，牵头提出和制订国际标准，推动我国棉花标准国际化，创建中国棉花标准品牌。

三、标准体系建设主要措施

棉花标准体系是农业标准体系的重要组成部分。由于棉花产业链长，涉及的部门多，需要有统一规划，协调发展。

建设棉花标准体系的主要措施，一是要加强对棉花标准体系建设工作的领导，在农业农村部和国家标准委的领导下，成立由全棉花产业链的专家组成的标准技术委员会（或分委会），对棉花标准体系的建设制定规划，给予指导。

二是建立棉花标准体系表，对现有的各级各类棉花标准进行梳理，提出保留、修订和废止的意见，并查漏补缺，使棉花标准的制修订有明确的计划性。

三是加强对棉花标准的研究与创新，将成熟的科研成果和专利转化为标准，为整个棉花产业服务。

四是加大对棉花标准的立项与经费投入，尤其是加大对棉花产品质量安全与新技术新方法标准的立项与投入。

五是强化与国际标准的接轨，既要将国际标准和国外先进标准引进来，也要把我们有优势的标准推向国际。

六是要建立一支懂标准、有技术的棉花标准体系的人才队伍，这是建设好棉花标准体系的根体保证。

为全面提高我国棉花产品质量水平，满足国内、外市场对棉花产品的需要，增强我国棉花产品的竞争力，必须建立健全我国棉花标准体系。棉花产业发展的新常态为完善其标准体系带来新机遇和挑战。从去年开始，我国棉花产业迎来市场化改革，取消临时收储政策，代之以目标价格。棉花产业新常态的特点，一是从数量扩张到质量提升，二是从部门之间到部门内部的资源重新配置，三是从政府主导转向市场主导。在种植方式上，今后也将向规模化、专业化、机械化转变。因此，相应的技术标准体系也应随之补充和完善，使之与新常态相适应。根据棉花产业的特点和现有标准状况，以需求为目标，应在以下环节加强标准制、修订工作。

（一）棉花科研需要标准

我国的棉花品种资源的数量目前略少于印度和美国，在世界排第三位，苎麻与红麻品种资源数量居世界第一位，蚕桑在我国更是一枝独秀，毛类产品在国际上也是重要的地位。这些资源在棉花遗传与育种研究中有着至关重要的作用，为了更好地保护和利用宝贵的资源，对资源材料的鉴定与编目是一项重要的基础工作。目前我国还缺少这方面的技术与方法标准。

我国棉花及纤维产业生产正向高产、优质、高效的方向发展，培育高产、优质新品种是重要途径。因此，制定高产、优质的品种标准显得十分必要，也是棉花及纤维类新品种审定与推广所急需的。

棉花及纤维产业试验田的设计、生长阶段的划分、栽培试验的方法、抗病虫试验的设施及方法、抗逆性的设施与试验方法、转基因棉花的鉴定与试验方法等等，都需要制定相应标准加以规范。

（二）棉花生产需要标准

棉花从播种到收获，整个生育期需要许多个生产管理环节，为了使棉花生产达到高产、优质、高效的目标，每一个环节都应有相关的技术规程。比如播种（目前有人工播种、机械播种和育苗移栽三种方式，有直播，也有与其他作物的间作套种）；棉花肥、水的管理方法；棉花病虫害的防治技术；

棉花的化学调控措施等。制定和推广普及标准方法，有利于棉花的集约化生产和现代化管理。

在我国，棉花收获有人工摘花和机械收花两种方式，目前我国人工摘花易混入"三丝"，机械收花杂质偏多，都会降低棉花的使用价值。国家已出台了若干文件与规定，用来加强对"三丝"的监督与管理，还应制定相应的操作性强的技术标准，以便于执行和实施。

另外，我国棉区广阔，各地生态条件不同，不仅要制定统一的国家标准和行业标准，还应因地制宜，制定符合某些区域适用的地方标准。

（三）棉花收购需要标准

目前，我国棉花收获仍以人工采摘为主，收获期较长，不同时期收获的棉花质量不同。加上我国棉花品种多乱杂现象相当严重，不同品种的棉花质量也差异很大。因此，在收购时应特别注意，将不同品种、不同收获时期的棉花分开收购。调查与研究表明，我国棉花的遗传品质在国际上属中上等水平，但商品原棉往往出现品级混杂、内在品质与外在质量不符、掺杂使假、"黑心棉"等情况，问题主要出在收购环节。收购不单是保证棉花质量的关键环节，也是体现公平交易、优质优价的重要环节。麻、毛、丝领域也没有相应标准。

（四）棉花加工需要标准

加工对棉花的质量影响很大。目前，我国已颁布了轧花设备、打包设备、甚至打包用的钢丝的国家或行业标准，但却缺少轧花操作规程的技术标准。轧花人员往往是依据轧花设备的操作说明书开展工作，这是很不规范的。另外，在棉花种子剥绒、榨油与饼粕加工等方面也没有现行国家或行业标准。

（五）棉花储藏与运输需要标准

籽棉收获和加工之后，或长或短都需经过一定时间的储藏，国家大量的储备棉更要有较长时间的储藏，长者可达数年。棉花在储藏与运输过程中，都会因条件的变化而影响到棉花的质量。《棉花细绒棉》（GB 1103）中，对棉花的储藏与运输有笼统的要求，但缺乏详细的技术规范，操作性不强，需要制定更细化的标准。麻、毛、丝领域也没有相应标准。

（六）棉花检验需要标准

棉花质量的好坏，通过检验才能获得公正的结论。我国十分重视棉花纤维物理指标检测标准的制修订工作，已颁布实施的有关棉花纤维品质指标的国家和行业检测方法标准就有 30 多项，大部分标准还实现了与国际的接轨。但我国还缺少对棉花纤维品质进行综合评价的质量标准。比如，具备什么样的物理指标才符合纺织工业的要求，什么棉花可以纺什么样的纱，纺什么样的纱需要什么品质的棉花等，尚无标准可依。麻、毛、丝领域的情况也与棉花类似。

目前，我国还没有出台涉及棉花及纤维类产品质量安全方面的标准，急需加紧研制。

（七）棉花贸易需要标准

首先，在国内贸易中，标准是以质定价的依据。棉农与收购企业之间的交易、收购企业与用棉企业之间的交易，都需要质量标准来评价棉花的优劣，并以此确定棉花的价格。

其次，在国际贸易中，我们所涉及的不仅仅是国家标准，还必须遵守国际标准或双方相互认同的标准。目前，在国际棉花市场上，美国棉花标准被尊为"万国标准"，受到世界各国的普遍承认。为了在国际上更好地开展棉花贸易，我们也要接受、研究和借鉴美国棉花标准。我国加入世界贸易组织以后，棉花及其纺织品的进出口在世界贸易组织成员之间也应该享受最惠国待遇。但美、欧、日本等发达国家为了自身的利益，还不断设置各种所谓的"绿色壁垒"，来限制我国棉花产品的出口，使我国棉花产业蒙受重大损失。因此，我们一方面要通过外交和国际法的途径来维护自己的利益，另一方面，也应直面这些"绿色壁垒"，加强质量安全意识，采取科学有效的措施，避开"绿色壁垒"的障碍，生产出符合贸易国标准要求的产品来。另外，我国也是棉花进口大国，我们还要比较分析和研究我国与主要贸易国棉花产品的优势与劣势，制定出有利于我国棉花产品的贸易技术性措施，为我国棉花产业的发展保驾护航。

四、标准体系汇总表

1. 标准体系表汇总（包括国家标准、行业标准和地方标准） 现已收集到的现行国家、行业标准307 项，其中国家标准 132 项，农业行业标准 69 项，其他行业（包括服装、供销、机械、商业、进出口商检、黑色冶金等行业）106 项；地方标准 207 项；根据近年来的调研，计划制修订的标准有112 项。见表 3-1～表 3-5。

表 3-1　棉花国家标准体系表

序号	标准编号	标准分类	标准名称
1	GB 1103.1—2012	产品类	棉花　第 1 部分：锯齿加工细绒棉
2	GB 1103.2—2012	产品类	棉花　第 2 部分：皮辊加工细绒棉
3	GB 1103.3—2005	产品类	棉花　天然彩色细绒棉
4	GB 1537—2003	产品类	棉籽油
5	GB 2716—2005	产品类	食用植物油卫生标准
6	GB 2763—2014	产品类	食品安全国家标准　食品中农药最大残留限量
7	GB/T 3242—2012	生产管理类	棉花原种生产技术操作规程
8	GB/T 3291.1—1997	基础/通用类	纺织　纺织材料性能和试验术语　第 1 部分：纤维和纱线
9	GB/T 3291.3—1997	基础/通用类	纺织　纺织材料性能和试验术语　第 3 部分通用
10	GB 4407.1—2008	种质资源类	经济作物种子　第 1 部分：纤维类
11	GB 5009.148—2014	方法类	食品安全国家标准　植物性食品中游离棉酚的测定
12	GB/T 5009.37—2003	方法类	食用植物油卫生标准的检测方法
13	GB/T 5499—2008	方法类	粮油检验　带壳油料纯仁率检验法
14	GB 5672—1985	方法类	锯齿轧花机试验方法
15	GB 5673—1985	方法类	锯齿剥绒机试验方法
16	GB 5674—1985	生产管理类	锯齿轧花机、锯齿剥绒机　锯片
17	GB 5705—1985	基础/通用类	纺织名词术语（棉部分）
18	GB/T 6097—2012	方法类	棉纤维试验取样方法
19	GB/T 6098.1—2006	方法类	棉纤维长度试验方法　第 1 部分：罗拉式分析仪法
20	GB/T 6098.2—1985	方法类	棉纤维长度试验方法光电长度仪法
21	GB/T 6099—2008	方法类	棉纤维成熟系数试验方法
22	GB/T 6099.1—1985	方法类	棉纤维成熟度试验方法中腔胞壁对比法
23	GB/T 6100—2007	方法类	棉纤维线密度试验方法　中段称重法
24	GB/T 6101—1985	方法类	棉纤维断裂强力试验方法　束纤维法
25	GB/T 6102.1—2006	方法类	原棉回潮率试验方法　烘箱法
26	GB/T 6102.2—2012	方法类	原棉回潮率试验方法　电阻法

（续）

序号	标准编号	标准分类	标准名称
27	GB/T 6103—2006	方法类	原棉疵点试验方法 手工法
28	GB/T 6498—2008	方法类	棉纤维马克隆值试验方法
29	GB/T 6499—2012	方法类	原棉含杂率试验方法
30	GB/T 6529—2008	方法类	纺织品 调湿和试验用标准大气
31	GB 6975—2013	物流类	棉花包装
32	GB 7411—2009	方法类	棉花种子产地检疫规程
33	GB 7414—1987	物流类	主要农作物种子包装
34	GB 7415—2008	物流类	农作物种子储藏
35	GB/T 9107—1999	产品类	精制棉
36	GB/T 9653—2006	生产管理类	棉花打包机系列参数
37	GB 9849.2—1988	产品类	棉籽色拉油
38	GB 9850.2—1988	产品类	棉籽高级烹调油
39	GB 9994—2008	产品类	纺织材料公定回潮率
40	GB 10163—1988	生产管理类	皮棉清理机
41	GB 10165—1988	生产管理类	液压棉花打包机技术条件
42	GB/T 10360—2008	方法类	油料饼粕 扦样
43	GB 10378—1989	产品类	饲料用棉籽饼
44	GB 10395.7—2006	生产管理类	农林拖拉机和机械 安全技术要求 第 7 部分：联合收割机、饲料和棉花收获机
45	GB/T 11763—2008	产品类	棉籽
46	GB/T 12994—2008	基础/通用类	种子加工机械 术语
47	GB/T 13086—1991	方法类	饲料中游离棉酚的测定方法
48	GB/T 13776—1992	方法类	用校准棉样校准棉纤维试验结果
49	GB/T 13777—2006	方法类	棉纤维成熟度试验方法 显微镜法
50	GB/T 13778—1992	方法类	棉纤维成熟度测定方法 气流法
51	GB/T 13779—2008	方法类	棉纤维 长度试验方法 梳片法
52	GB/T 13781—1992	方法类	棉纤维长度（跨距长度）和长度整齐度的测定
53	GB/T 13782—1992	方法类	纺织纤维长度分布参数试验方法 电容法
54	GB/T 13784—2008	方法类	棉花颜色试验方法 测色仪法
55	GB/T 13785—1992	方法类	棉纤维含糖度试验方法 比色法
56	GB/T 13786—1992	方法类	棉花分级室的模拟昼光照明
57	GB/T 13787—1992	方法类	纺织纤维鉴别试验方法 着色剂法
58	GB/T 14488.1—2008	方法类	植物油料含油量测定
59	GB/T 14488.2—1993	方法类	油料种籽杂质含量测定法
60	GB/T 14489.1—1993	方法类	油料水分及挥发物含量测定法
61	GB/T 14489.2—1993	方法类	油料粗蛋白质的测定法
62	GB/T 14489.2—2008	方法类	粮油检验 植物油料粗蛋白质的测定
63	GB/T 14489.3—1993	方法类	油料中的游离脂肪酸含量测定法
64	GB 14874—1994	方法类	稻谷和棉籽油中甲基对硫磷最大残留量标准
65	GB/T 14929.2—1994	方法类	花生仁、棉籽油、花生油中涕灭威残留量测定方法

（续）

序号	标准编号	标准分类	标准名称
66	GB/T 15671—2009	产品类	农作物薄膜包衣种子技术条件
67	GB/T 15690—1995	方法类	油籽含油量核磁共振测定法
68	GB/T 15798—1995	方法类	黏虫测报调查规范
69	GB/T 15799—2011	方法类	棉蚜测报技术规范
70	GB/T 15800—2009	方法类	棉铃虫测报调查规范
71	GB/T 15801—2011	方法类	棉红铃虫测报技术规范
72	GB/T 15802—2011	方法类	棉花叶螨测报技术规范
73	GB/T 16256—2008	方法类	纺织纤维　线密度试验方法　振动仪法
74	GB/T 16257—2008	方法类	纺织纤维　短纤维长度和长度分布的测定　单纤维测量法
75	GB/T 16258—2008	方法类	棉纤维　含糖试验方法　定量法
76	GB/T 16985—1997	方法类	棉纤维长度试验方法　中段称重法
77	GB/T 17334—1998	方法类	食品中游离棉酚的测定
78	GB/T 17597—1998	方法类	棉絮片发烟燃烧性能试验方法
79	GB/T 17644—1998	方法类	纺织纤维白度色度试验方法
80	GB/T 17686—2008	方法类	棉纤维　线密度试验方法　排列法
81	GB/T 17980.128—2004	方法类	农药　田间药效试验准则（二）第 128 部分：除草剂防治棉花地杂草试验
82	GB/T 17980.134—2004	方法类	棉花生长调节剂使用方法
83	GB/T 17980.134—2004	方法类	农药　田间药效试验准则（二）第 134 部分：棉花生长调节剂药效试验
84	GB/T 17980.5—2000	方法类	农药　田间药效试验准则（一）杀虫剂防治棉铃虫
85	GB/T 17980.73—2004	方法类	农药　田间药效试验准则（二）第 73 部分：杀虫剂防治棉花红铃虫
86	GB/T 17980.74—2004	方法类	农药　田间药效试验准则（二）第 74 部分：杀虫剂防治棉花红蜘蛛
87	GB/T 17980.75—2004	方法类	农药　田间药效试验准则（二）第 75 部分：杀虫剂防治棉花蚜虫
88	GB/T 17980.92—2004	方法类	农药　田间药效试验准则（二）第 92 部分：杀菌剂防治棉花黄、枯萎病药效试验
89	GB/T 17980.93—2004	方法类	农药　田间药效试验准则（二）第 93 部分：杀菌剂种子处理防治棉花苗期病害药效试验
90	GB/T 18353—2008	生产管理类	棉花加工企业基本技术条件
91	GB 18399—2001	生产管理类	棉花加工机械安全要求
92	GB/T 19509—2004	生产管理类	锯齿衣分试轧机
93	GB/T 19617—2007	方法类	棉花长度试验方法　手扯尺量法
94	GB 19635—2005	产品类	棉花　长绒棉
95	GB 19641—2005	产品类	植物油料卫生标准
96	GB/T 19818—2005	生产管理类	籽棉清理机

（续）

序号	标准编号	标准分类	标准名称
97	GB/T 19819—2005	生产管理类	锯齿轧花机
98	GB/T 19820—2005	生产管理类	液压棉花打包机
99	GB/T 20223—2006	产品类	棉短绒
100	GB/T 20392—2006	方法类	HVI 棉纤维物理性能试验方法
101	GB/T 20393—2006	产品类	天然彩色棉制品及含天然彩色棉制品通用技术要求
102	GB 20464—2006	产品类	农作物种子标签通则
103	GB 20817—2006	方法类	棉花检疫规程
104	GB/T 21264—2007	产品类	饲料用棉籽粕
105	GB/T 21306—2007	生产管理类	锯齿剥绒机
106	GB/T 21307—2007	生产管理类	皮辊轧花机
107	GB/T 21308—2007	生产管理类	皮棉清理机
108	GB/T 21397—2008	生产管理类	棉花收获机
109	GB/T 21530—2008	生产管理类	棉花打包用镀锌钢丝
110	GB/T 22100—2008	方法类	异形纤维形态试验方法　定量法
111	GB/T 22101.1—2008	方法类	棉花抗病虫性评价技术规范　第1部分：棉铃虫
112	GB/T 22101.2—2009	方法类	棉花抗病虫性评价技术规范　蚜虫
113	GB/T 22101.3—2009	方法类	棉花抗病虫性评价技术规范　红铃虫
114	GB/T 22101.4—2009	方法类	棉花抗病虫性评价技术规范　第4部分：枯萎病
115	GB/T 22101.5—2009	方法类	棉花抗病虫性评价技术规范　第5部分：黄萎病
116	GB/T 22282—2008	产品类	纺织纤维中有毒有害物质的限量
117	GB/T 22335—2008	生产管理类	棉花加工技术规程
118	GB/T 25413—2010	方法类	农田地膜残留量限值及测定
119	GB/T 25414—2010	方法类	棉花种植用地膜厚度限值及测定
120	GB/T 25416—2010	生产管理类	棉籽脱绒成套设备
121	GB/T 25736—2010	生产管理类	棉花加工企业生产环境及安全管理要求
122	GB/T 28084—2011	方法类	棉花黄萎病菌检疫检测与鉴定
123	GB/T 29885—2013	产品类	棉籽质量等级
124	GB/T 29886—2013	方法类	棉包回潮率试验方法　微波法
125	GB/T 29887—2013	产品类	染色棉
126	GB/T 31007.1—2014	基础/通用类	纺织面料编码　第1部分：棉
127	GB/T 30358—2013	生产管理类	棉花加工工艺系统安装及制作通用技术条件
128	GB/T 31791—2015	方法类	棉花曲叶病毒检疫鉴定方法
129	GB/T 31803	方法类	棉花皱叶病毒检疫鉴定方法
130	GB/T 31807—2015	方法类	棉花根腐病菌检疫鉴定方法
131	GB/T 32139—2015	基础/通用类	棉花加工术语
132	GB/T 324340—2015	物流类	棉花包装　聚酯捆扎带

表 3-2 棉花农业标准体系表

序号	标准编号	标准分类	标准名称
1	NY/T 129—1989	产品类	饲料用棉籽饼
2	NY/T 207—1992	生产管理类	长江中下游棉花生产技术规程
3	NY 400—2000	种质资源类	硫酸脱绒与包衣棉花种子
4	NY 480—2002	产品类	棉花 长绒棉
5	NY/T 611—2002	物流类	农作物种子定量包装
6	NY/T 751—2011	产品类	绿色食品 食用植物油
7	NY/T 879—2004	生产管理类	长绒棉生产技术规程
8	NY/T 1057—2006	生产管理类	棉种过量式稀硫酸脱绒技术规范
9	NY/T 1103.1—2006	方法类	转基因植物及其产品食用安全检测 抗营养素 第1部分 植酸、棉酚和芥酸的测定
10	NY/T 1133—2006	生产管理类	采棉机 作业质量
11	NY/T 1142—2006	生产管理类	种子加工成套设备质量评价技术规范
12	NY/T 1285—2007	方法类	油料种籽含量的测定 残余法
13	NY/T 1292—2007	生产管理类	长江流域棉花生产技术规程
14	NY/T 1297—2007	产品类	农作物品种审定规范 棉花
15	NY/T 1302—2007	生产管理类	农作物品种试验技术规程 棉花
16	NY/T 1382—2007	方法类	棉籽中棉酚旋光体的测定 高效液相色谱法
17	NY/T 1384—2007	生产管理类	棉种泡沫酸脱绒、包衣技术规程
18	NY/T 1385—2007	方法类	棉花种子快速发芽试验方法
19	NY/T 1387—2007	生产管理类	黄河流域棉花生产技术规程
20	NY/T 1426—2007	产品类	棉花纤维品质评价方法
21	NY/T 1464.26—2007	方法类	农药田间药效试验准则 第26部分：棉花催枯剂试验
22	NY/T 1464.3—2007	方法类	农药田间药效试验准则 第3部分：杀虫剂防治棉盲蝽
23	NY/T 1526—2007	方法类	植物油中棕榈油的鉴别
24	NY/T 1597—2008	方法类	动植物油脂紫外吸光值的测定
25	NY/T 1598—2008	方法类	用植物油中维生素E组分和含量的测定 高效液相色谱法
26	NY/T 1734—2009	生产管理类	杂交棉人工去雄制种技术操作规程
27	NY/T 1771—2009	生产管理类	机采棉扎花机械操作技术规程
28	NY/T 1779—2009	生产管理类	棉花南繁技术操作规程
29	NY/T 1991—2011	基础/通用类	油料作物与产品名词术语
30	NY/T 2005—2011	方法类	动植物油脂中反式脂肪酸含量的测定 气相色谱法
31	NY/T 2086—2011	生产管理类	残地膜回收机操作技术规程
32	NY/T 2162—2012	方法类	棉花抗棉铃虫性鉴定方法
33	NY/T 2163—2012	方法类	棉盲蝽测报技术规范
35	NY/T 2201—2012	生产管理类	棉花收获机 质量评价技术规范
36	NY/T 2238—2012	方法类	植物新品种特异性、一致性和稳定性测试指南 棉花
37	NY/T 2323—2013	种质资源类	农作物种质资源鉴定评价技术规范 棉花
38	NY/T 2469—2013	方法类	陆地棉品种鉴定技术规程 SSR分子标记法
39	NY/T 2633—2014	生产管理类	长江流域棉花轻简化栽培技术规程

（续）

序号	标准编号	标准分类	标准名称
40	NY/T 2634—2014	方法类	棉花品种真实性鉴定　SSR 分子标记法
41	NY/T 2673—2015	基础/通用类	棉花术语
42	NY/T 2675—2015	生产管理类	棉花良好农业规范
43	NY/T 2676—2015	方法类	棉花抗盲蝽蟓性鉴定方法
44	NY 1500.1.6—2007	产品类	农药最大残留限量　阿维菌素　棉籽
45	NY 1500.24.6—2007	产品类	农药最大残留限量　三唑酮　棉籽
46	NY 1500.28.2—2007	产品类	农药最大残留限量　水胺硫磷　棉籽
47	NY 1500.5.12—2007	产品类	农药最大残留限量　吡虫啉　棉籽
48	NY 1500.62.8—2009	产品类	农药最大残留限量　毒死蜱　棉籽
49	NY 1500.7.4—2007	产品类	农药最大残留限量　哒螨灵　棉籽
50	NY 1500.70.3—2009	产品类	农药最大残留限量　甲氨基阿维菌素苯甲酸盐　棉籽
51	NY 1500.73.2—2009	产品类	农药最大残留限量　精噁唑禾草灵　棉籽
52	NY 1500.8.8—2007	产品类	农药最大残留限量　啶虫脒　棉籽
53	NY 1500.82.1—2009	产品类	农药最大残留限量　噻螨酮　棉籽
54	NY 1500.90.5—2009	产品类	农药最大残留限量　茚虫威　棉籽
55	NYG 农业部 953 号公告-12.1—2007	方法类	转基因植物及其产品环境安全检测　抗虫棉花　第 1 部分：对靶标害虫的抗虫性
56	NYG 农业部 953 号公告-12.2—2007	方法类	转基因植物及其产品环境安全检测　抗虫棉花　第 2 部分：生存竞争能力
57	NYG 农业部 953 号公告-12.3—2007	方法类	转基因植物及其产品环境安全检测　抗虫棉花　第 3 部分：基因漂移
58	NYG 农业部 953 号公告-12.4—2007	方法类	转基因植物及其产品环境安全检测　抗虫棉花　第 4 部分：生物多样性影响
59	NYG 农业部 1485 号公告-10—2010	方法类	转基因植物及其产品成分检测耐除草剂棉花 LLcotton25 及其衍生品种定性 PCR 方法
60	NYG 农业部 1485 号公告-11—2010	方法类	转基因植物及其产品成分检测抗虫转 Bt 基因棉花定性 PCR 方法
61	NYG 农业部 1485 号公告-1—2010	方法类	转基因植物及其产品成分检测耐除草剂棉花 MON1445 及其衍生品种定性 PCR 方法
62	NYG 农业部 1485 号公告-12—2010	方法类	转基因植物及其产品成分检测耐除草剂棉花 MON88913 及其衍生品种定性 PCR 方法
63	NYG 农业部 1485 号公告-13—2010	方法类	转基因植物及其产品成分检测抗虫棉花 MON15985 及其衍生品种定性 PCR 方法
64	NYG 农业部 1485 号公告-14—2010	方法类	转基因植物及其产品成分检测抗虫转 Bt 基因棉花外源蛋白表达量检测技术规范
65	NYG 农业部 1861 号公告-6—2012	方法类	转基因植物及其产品成分检测　耐除草剂棉花 GHB614 及其衍生品种定性 PCR 方法
66	NYG 农业部 1943 号公告-1—2013	方法类	转基因植物及其产品成分检测　棉花内标准基因定性 PCR 方法

（续）

序号	标准编号	标准分类	标准名称
67	NYG 农业部 1943 号公告-2—2013	方法类	转基因植物及其产品成分检测　转 crylA 基因抗虫棉花构建特异性定性 PCR 方法
68	NYG 农业部 1943 号公告-3—2013	方法类	转基因植物及其产品环境安全检测　抗虫棉花　第 1 部分：对靶标害虫的抗虫性
69	NYG 农业部 1943 号公告-4—2013	方法类	转基因植物及其产品成分检测　抗虫转 Bt 基因棉花外源蛋白表达量检测技术规范

表 3-3　棉花其他行业标准体系表

序号	标准编号	标准分类	标准名称
1	FJ 386—1967	产品类	棉短线
2	FJ 387—1967	方法类	短绒检验方法
3	FZ/T 01012—1991	方法类	棉花品种纺纱试验方法及对棉纤维品质和成纱品质的评价
4	FZ/T 01049—1997	产品类	纯棉产品的标志
5	FZ/T 01057.10—1999	方法类	纺织纤维鉴别试验方法　双折射率测定方法
6	FZ/T 01057.1—1999	方法类	纺织纤维鉴别试验方法一般说明
7	FZ/T 01057.1—2007	方法类	纺织纤维鉴别试验方法　第 1 部分：通用说明
8	FZ/T 01057.11—1999	方法类	纺织纤维鉴别试验方法　系统鉴别方法
9	FZ/T 01057.2—2007	方法类	纺织纤维鉴别试验方法　第 2 部分：燃烧法
10	FZ/T 01057.3—2007	方法类	纺织纤维鉴别试验方法　第 3 部分：显微镜法
11	FZT 01057.4—2007	方法类	纺织纤维鉴别试验方法　第 4 部分：溶解法
12	FZ/T 01057.5—2007	方法类	纺织纤维鉴别试验方法　第 5 部分：含氯含氮呈色反应法
13	FZ/T 01057.6—2007	方法类	纺织纤维鉴别试验方法　第 6 部分：熔点法
14	FZ/T 01057.7—2007	方法类	纺织纤维鉴别试验方法　第 7 部分：密度梯度法
15	FZ/T 01057.8—2012	方法类	纺织纤维鉴别试验方法　第 8 部分：红外光谱法
16	FZ/T 01057.9—2012	方法类	纺织纤维鉴别试验方法　第 9 部分：双折射率法
17	GH/T 1002—2015	生产管理类	棉花加工机械产品型号编制方法
18	GH/T 1003—1998	生产管理类	MFCZ-400 斩齿机
19	GH/T 1004—1998	生产管理类	MFBD 型钢丝打扣机
20	GH/T 1005—1998	生产管理类	锯齿轧花机、锯齿剥绒机
21	GH/T 1006—1998	生产管理类	锯齿剥绒机　肋条
22	GH/T 1007—1998	生产管理类	棉花加工机械　齿条
23	GH/T 1008—1998	生产管理类	籽棉重杂物分离器
24	GH/T 1009—1998	生产管理类	实验室纤维混合器
25	GH/T 1010—1998	生产管理类	便携式棉纤维气流仪
26	GH/T 1016—1999	生产管理类	皮棉清理机
27	GH/T 1017—1999	生产管理类	液压棉花打包机
28	GH/T 1018—1999	生产管理类	集棉机
29	GH/T 1019—1999	基础/通用类	棉花加工术语
30	GH/T 1020—2000	产品类	梳棉胎

（续）

序号	标准编号	标准分类	标准名称
31	GH/T 1023—2000	生产管理类	棉短绒清理机
32	GH/T 1024—2000	生产管理类	风力清籽机
33	GH/T 1025—2000	方法类	轧花厂粉尘测定
34	GH/T 1026—2000	方法类	气力输送装置的测定
35	GH/T 1027—2001	生产管理类	棉花打包用镀锌钢丝
36	GH/T 1042—2007	产品类	脱酚棉籽蛋白
37	GH/T 1043—2007	生产管理类	棉花加工工艺系统安装及制作通用技术条件
38	GH/T 1052—2009	产品类	棉籽质量等级
39	GH/T 1063—2010	产品类	棉籽低聚糖
40	GH/T 1064—2010	生产管理类	籽棉异性纤维清理机
41	GH/T 1066—2010	生产管理类	棉包信息采集技术规程
42	GH/T 1067—2010	生产管理类	棉包信息管理技术规程
43	GH/T 1072—2011	生产管理类	籽棉货场安全技术规范
44	GH/T 1074—2011	生产管理类	籽棉加湿机
45	GH/T 1075—2011	生产管理类	棉花加工关键设备电气安全技术规范
46	GH/T 1085—2012	生产管理类	棉花加工企业棉包货场场地技术条件
47	GH/T 1102—2015	生产管理类	棉花包装用气动焊接机
48	JJG 845—2009	生产管理类	原棉水分测定仪
49	JB/T 6282.1—1992	生产管理类	籽棉清理机　技术条件
50	JB/T 6282.2—1992	生产管理类	籽棉清理机　试验方法
51	JB/T 7285—1994	生产管理类	棉籽泡沫酸脱绒成套设备　技术条件
52	JB/T 7286—1994	生产管理类	棉籽泡沫酸脱绒成套设备　试验方法
53	JB/T 7317—1994	生产管理类	籽棉烘干机　试验方法
54	JB/T 7724—1995	生产管理类	皮辊轧花机
55	JB/T 7884.1—1999	生产管理类	锯齿轧花机　技术条件
56	JB/T 7884.2—1999	生产管理类	锯齿轧花机　试验方法
57	JB 7884.3—1999	生产管理类	锯齿轧花机　第 3 部分：肋条
58	JB/T 7884.3—1999	生产管理类	锯齿轧花机　肋条
59	JB/T 7884.4—2013	生产管理类	锯齿轧花机　第 4 部分：阻壳肋条
60	JB/T 7885.1—1999	生产管理类	锯齿剥绒机　技术条件
61	JB/T 7885.2—1999	生产管理类	锯齿剥绒机　试验方法
62	JB/T 7885.3—1999	生产管理类	锯齿剥绒机　肋条
63	JB/T 7886.1—1999	生产管理类	锯齿轧花机、锯齿剥绒机　锯片
64	JB/T 7886.2—1999	生产管理类	锯齿轧花机、锯齿剥绒机　隔圈
65	JB/T 7886.3—1999	生产管理类	锯齿轧花机、锯齿剥绒机　毛刷
66	JB/T 51205—1999	生产管理类	锯齿轧花机　产品质量分等

（续）

序号	标准编号	标准分类	标准名称
67	JB/T 51206—1999	生产管理类	锯齿剥绒机 产品质量分等
68	JB/T 51207—1999	生产管理类	锯齿轧花机、锯齿剥绒机 锯片 产品质量分等
69	SB/T 10046—1992	生产管理类	籽棉清理机
70	SB/T 10047—1992	生产管理类	大型锯齿剥绒机 技术条件
71	SB/T 10097—1992	产品类	梳絮棉
72	SB/T 10098—1992	产品类	弹絮棉
73	SB/T 10134—1992	生产管理类	植物油生产工艺测定规程
74	SB/T 10237—1994	生产管理类	籽棉干燥机技术条件
75	SB/T 10238—1994	生产管理类	锯齿轧花机
76	SB/T 10240—1994	生产管理类	液压棉花打包机试验方法
77	SN/T 0311.1—1994	方法类	进出口棉纤维含糖检验方法 定量法
78	SN/T 0311.2—2010	方法类	进出口棉纤维含糖量检验方法 第2部分：色卡比色法
79	SN 0535—1996	方法类	出口饲料中棉酚检验方法 液相色谱法
80	SN/T 0775—2005	方法类	进出口棉花检验规程
81	SN/T 1199—2010	方法类	棉花中转基因成分定性 PCR 检验方法
82	SN/T 1201—2003	方法类	植物性饲料中中转基因成分定性 PCR 检测方法
83	SN/T 1202—2003	方法类	食品中转基因植物成分定性 PCR 检测方法
84	SN/T 1203—2003	方法类	食用油脂中转基因植物成分定性 PCR 检测方法
85	SN/T 1264—2003	方法类	墨西哥棉铃象鉴定方法
86	SN/T 1356—2004	方法类	棉花根腐病菌检疫鉴定方法
87	SN/T 1361—2004	方法类	进出境棉麻类检疫操作规程
88	SN/T 1512—2005	方法类	进出口棉花检验方法 HVI 测量法
89	SN/T 1563—2005	方法类	进出口棉短绒检验规程
90	SN/T 1808—2006	方法类	进出境油籽检疫规程
91	SN/T 1809—2006	方法类	进出境植物种子检疫规程
92	SN/T 1856—2006	方法类	进出口棉花黏性测试方法
93	SN/T 1946—2007	方法类	进出口医用脱脂棉检验规程
94	SN/T 2138.2—2010	方法类	进出口纺织原料检验规程 植物纤维 第2部分：棉花
95	SN/T 2141.1—2008	方法类	纺织原料细度试验方法 第1部分：气流仪法
96	SN/T 2331—2009	方法类	纺织原料 棉花含糖量检测方法 高效液相色谱法
97	SN/T 2462—2010	方法类	棉花曲叶病毒检疫鉴定方法
98	SN/T 2628—2010	方法类	进出口棉花短纤维指数及棉结的测定 HVI 法
99	SN/T 2671—2010	方法类	纺织原料断裂强力及伸长试验方法
100	SN/T 2757—2011	方法类	植物线虫检测规范
101	SN/T 3317.4—2013	方法类	进出口纺织品质量安全风险评估规范 第4部分：纺织原料 棉花
102	SN/T 3577—2013	方法类	转基因成分检测 棉花 PCR－DHPLC 检测方法
103	SN 33015—1987	方法类	出口棉籽中棉酚总量的测定方法
104	SN/T 3981.1—2014	产品类	进出口纺织品质量符合性评价方法 纺织原料 第1部分：棉花
105	SN/T 4184.1—2015	方法类	进出口纺织原料检验规程 第1部分：棉花
106	YY 0330—2002	产品类	医用脱脂棉

表 3 - 4　地方标准体系表

序号	省份	标准编号	标准分类	标准名称
1	安徽	DB34/T 124.1—2003	生产管理类	沿江棉花原（良）种常规繁育规程
2	安徽	DB34/T 124.2—2003	生产管理类	沿江棉花育苗移栽技术规程
3	安徽	DB34/T 124.3—2003	生产管理类	沿江棉花生产技术规程
4	安徽	DB34/T 124.4—2003	生产管理类	沿江棉花病虫害化学防治技术规程
5	安徽	DB34/T 315—2003	生产管理类	保铃棉栽培技术规范
6	安徽	DB34/T 864—2008	生产管理类	棉花基质育苗裸苗移栽技术规程
7	安徽	DB34/T 865—2008	生产管理类	杂交棉人工去雄制种质量控制规程
8	安徽	DB34/T 866—2008	生产管理类	转基因抗虫棉生产技术规程
9	安徽	DB34/T 677—2007	方法类	棉花斜蚊叶蛾测报调查规范
10	安徽	DB34/T 678—2007	方法类	棉花枯萎病测报调查规范
11	甘肃	DB62/T 509—1997	种质资源类	棉花品种　敦棉 2 号
12	甘肃	DB62/T 535—1998	种质资源类	棉花品种　陇棉 1 号
13	甘肃	DB62/T 536—1998	种质资源类	辣椒品种　陇棉 1 号
14	甘肃	DB62/T 681—2000	种质资源类	棉花品种　酒棉 1 号
15	甘肃	DB62/T 732—2001	种质资源类	棉花品种　新陆早 7 号
16	甘肃	DB62/T 733—2001	种质资源类	棉花品种　新陆早 8 号
17	甘肃	DB62/T 734—2001	种质资源类	棉花品种　陇绿棉 1 号
18	甘肃	DB62/T 1025—2003	种质资源类	农作物品种标准　棉花品种　酒棉 2 号
19	甘肃	DB62/T 1030—2003	产品类	棉胎
20	甘肃	DB62/T 1053—2003	生产管理类	农作物种子生产技术规程　杂交棉花
21	甘肃	DB62/T 1431—2006	生产管理类	棉杆铲切机
22	甘肃	DB62/T 1474—2007	生产管理类	甘肃省棉花不肥一体化膜下滴灌技术规程
23	甘肃	DB62/T 1557—2007	生产管理类	无公害农产品　酒泉棉花生产技术规程
24	河北	DB13/ 3—1991	产品类	棉籽饼酱油卫生标准
25	河北	DB13/ 405.8—1999	种质资源类	棉花品种　农大 94 - 7
26	河北	DB13/ 405.5—1999	种质资源类	棉花品种　杂 66F1
27	河北	DB13/ 405.3—1999	种质资源类	棉花品种　衡无 8930
28	河北	DB13/ 4—1991	方法类	棉籽饼酱油中游离棉酚测定方法
29	河北	DB13/ 233.1—1995	种质资源类	棉花品种　冀棉 18 号
30	河北	DB13/ 94—1991	种质资源类	棉花品种　中棉 12 号（中 381）
31	河北	DB13/ 405.2—1999	种质资源类	棉花品种　农大 32
32	河北	DB13/ 405.1—1999	种质资源类	棉花品种　资 123
33	河北	DB13/ 405.10—1999	种质资源类	棉花品种　邯 719
34	河北	DB13/ 198—1994	种质资源类	棉花品种　冀棉 17 号
35	河北	DB13/ 423.5—1999	种质资源类	棉花品种　邯 241
36	河北	DB13/ 423.3—1999	种质资源类	棉花品种　省无 538
37	河北	DB13/ 423.1—1999	种质资源类	棉花品种　石远 345
38	河北	DB13/ 197—1994	种质资源类	棉花品种　中棉 16 号
39	河北	DB13/ 405.9—1999	种质资源类	棉花品种　邯无 23

（续）

序号	省份	标准编号	标准分类	标准名称
40	河北	DB13/ 405.7—1999	种质资源类	棉花品种　93 辐 56
41	河北	DB13/ 405.4—1999	种质资源类	棉花品种　冀棉 28 号
42	河北	DB13/ 128—1991	生产管理类	棉花品种区域试验调查项目指标
43	河北	DB13/ 405.12—1999	种质资源类	棉花品种　唐 9103
44	河北	DB13/ 405.11—1999	种质资源类	棉花品种　中棉 31
45	河北	DB13/ 233.2—1995	种质资源类	棉花品种　冀棉 19 号
46	河北	DB13/ 423.6—1999	种质资源类	棉花品种　省早 441
47	河北	DB13/ 423.4—1999	种质资源类	棉花品种　保 188
48	河北	DB13/ 423.2—1999	种质资源类	棉花品种　石抗 434
49	河北	DB13/T 73.2—1996	种质资源类	棉花品种　冀棉 21 号
50	河北	DB13/T 131—1991	生产管理类	麦套夏播棉亩产籽棉 250 kg 栽培技术规程
51	河北	DB13/T 140—1992	生产管理类	亩产百公斤皮棉栽培技术规程
52	河北	DB13/T 141—1992	生产管理类	旱、薄、碱地亩产 50～75 kg 皮棉栽培技术规程
53	河北	DB13/T 223—1995	生产管理类	棉花应用缩节安全程化控技术规程
54	河北	DB13/T 255—1996	生产管理类	棉铃虫测报田间调查规程
55	河北	DB13/T 256—1996	生产管理类	棉蚜虫测报田间调查规程
56	河北	DB13/T 262.1—1996	生产管理类	棉花施肥技术规程
57	河北	DB13/T 262.2—1996	生产管理类	棉花浇水技术规程
58	河北	DB13/T 262.3—1996	生产管理类	棉花主要病害防治技术规程
59	河北	DB13/T 262.4—1996	生产管理类	棉花虫害防治技术规程
60	河北	DB13/T 262—1996	生产管理类	棉花栽培技术规程
61	河北	DB13/T 273.1—1996	种质资源类	棉花品种　冀棉 20 号
62	河北	DB13/T 273.2—1996	种质资源类	棉花品种　冀棉 21 号
63	河北	DB13/T 273.3—1996	种质资源类	棉花品种　冀棉 22 号
64	河北	DB13/T 273.4—1996	种质资源类	棉花品种　冀棉 23 号
65	河北	DB13/T 273.5—1996	种质资源类	棉花品种　中棉 20 号
66	河北	DB13/T 315.1—1997	种质资源类	棉花品种　冀棉 24 号
67	河北	DB13/T 315.2—1997	种质资源类	棉花品种　新棉 33B
68	河北	DB13/T 350—1998	生产管理类	抗虫棉新棉 33B 公顷皮棉产量 1 125～1 500 kg 栽培技术规程
69	河北	DB13/T 398.15—1999	生产管理类	旱地棉花覆膜高产栽培技术规程
70	河北	DB13/T 405.6—1999	种质资源类	棉花品种　DP20B
71	河北	DB13/T 507—2004	生产管理类	河北省中熟和中早熟棉区棉花栽培技术规程
72	河北	DB13/T 773—2006	生产管理类	棉花与洋葱套种生产技术规程
73	河北	DB13/T 917—2007	生产管理类	优质棉花生产技术规程
74	河北	DB13/T 955—2008	生产管理类	棉花-西瓜间作生产技术规程
75	河北	DB13/T 1206—2010	生产管理类	棉田套种绿豆生产栽培技术规程
76	河北	DB13/T 1281—2010	生产管理类	微咸水灌溉棉花种植技术规程
77	河北	DB13/T 1339—2010	生产管理类	棉花耐盐性鉴定评价技术规范

（续）

序号	省份	标准编号	标准分类	标准名称
78	河北	DB/1300 B21 37—1987	产品类	小麦、玉米、稻米、棉花、花生、谷子作物品质
79	河北	DB/1300 B32 1—1988	产品类	锯齿棉优质产品补充技术条件
80	河北	DB/1300 B32 2—1988	产品类	棉短绒优质产品补充技术条件
81	河北	DB/T1300 X 14 3—1988	产品类	精炼棉籽油优质产品补充技术条件
82	河南	DB41/T 293.6—2002	生产管理类	棉花四级种子生产技术操作规程
83	湖北	DB42/ 201—2003	产品类	棉胎
84	湖北	DB42/ 236—2002	生产管理类	湖北省棉花人工收获、交售、加工操作技术规程
85	湖北	DB42/T 071—2002	生产管理类	棉种精加工操作技术规程
86	湖北	DB42/T 096—2002	生产管理类	棉花良种繁育操作技术规程
87	湖北	DB42/T 097—2002	生产管理类	棉麦两熟棉田棉花地膜覆盖优质高产栽培技术规程
88	湖北	DB42/T 152—2002	生产管理类	棉铃虫测报调查资料统计规范
89	湖北	DB42/T 166—1999	生产管理类	移栽地膜棉优质高产栽培技术规程
90	湖北	DB42/T 227—2002	生产管理类	棉花营养钵育苗移栽优质高产栽培技术
91	湖北	DB42/T 285—2004	生产管理类	油后移栽棉优质高产栽培技术规程
92	湖北	DB42/T 308—2005	生产管理类	留叶枝棉花优质高产栽培技术规程
93	湖北	DB42/T 309—2005	生产管理类	抗虫棉优质高产栽培技术规程
94	湖北	DB42/T 311—2005	生产管理类	棉花品种间杂种一代人工制种生产技术操作规程
95	湖南	DB43/T 513—2010	生产管理类	棉花人工采摘操作规程
96	湖南	DB43/T 286—2006	生产管理类	棉花栽培技术规范
97	江苏	DB32/T 1284—2007	生产管理类	棉花生产全程质量控制技术规程
98	江苏	DB32/T 2268—2012	方法类	棉花品种（系）苗期耐盐性鉴定与评价技术规程
99	江苏	DB32/T 2269—2012	方法类	棉籽油份含量无损测定 近红外光谱检测法
100	江苏	DB32/T 1847—2011	生产管理类	转基因杂交棉诱导长柱头制种技术操作规程
101	江西	DB36/T 598—2010	生产管理类	转基因抗虫棉专用药肥混用技术规程
102	江西	DB36/T 599—2010	生产管理类	转基因抗虫棉病虫草害综合防治技术规程
103	辽宁	DB21/T 594—2001	产品类	毛棉籽油
104	辽宁	DB21/T 1284—2004	产品类	短季棉
105	内蒙古	DB15/T 354—2001	方法类	絮棉质量监督检验规范
106	内蒙古	DB15/T 355—2001	方法类	棉胎质量监督检验规范
107	山东	DB37/T 153—1992	产品类	棉花品种
108	山东	DB37/T 154—1992	生产管理类	棉花产量结构
109	山东	DB37/T 157—1992	生产管理类	棉花施肥技术规程
110	山东	DB37/T 158—1992	生产管理类	棉花灌溉技术规程
111	山东	DB37/T 162—1992	生产管理类	棉花地膜覆盖栽培技术规程
112	山东	DB37/T 163—1992	生产管理类	棉花营养生长苗移栽技术规程
113	山东	DB37/T 165—1992	生产管理类	棉花摘拾技术规程
114	山东	DB37/T 164—1992	生产管理类	棉花施用助长素缩节技术规程

（续）

序号	省份	标准编号	标准分类	标准名称
115	山东	DB37/T 160—1992	生产管理类	棉花麦田春套栽培技术规程
116	山东	DB37/T 159—1992	生产管理类	棉花病虫害防治技术规程
117	山东	DB37/T 156—1992	生产管理类	棉花晒种质量
118	山东	DB37/T 155—1992	生产管理类	棉花地势
119	山东	DB37/T 152—1992	生产管理类	棉花种植区划
120	山东	DB37/T 151—1992	基础/通用类	棉花生产技术术语
121	山东	DB37/T 1290—2009	生产管理类	棉花烟粉虱测报技术规范
122	山东	DB37/T 1298—2009	生产管理类	山东省棉花有害生物安全控制技术规程
123	山东	DB37/T 1291—2009	生产管理类	棉花杂交制种纯度田间检验规程
124	山东	DB37/T 1292.1—2009	生产管理类	棉花杂交种子生产技术规程　棉花人工去雄杂交制种技术规程
125	山东	DB37/T 1292.2—2009	生产管理类	棉花杂交种子生产技术规程　棉花不育系杂交制种技术规程
126	山西	DB/T 140881001—2004 现行	生产管理类	抗虫棉果枝叶枝成铃并举模式栽培技术规程
127	陕西	DB61/T—96—1992	生产管理类	商品棉基地县建设标准
128	四川	DB51/T 482—2005	生产管理类	棉花杂交种子生产技术规程
129	四川	DB51/T 716—2007	生产管理类	棉花黄萎病检验鉴定技术规程
130	四川	DB51/T 811—2008	生产管理类	抗虫杂交棉栽培技术规程
131	四川	DB51/T 1033—2010	生产管理类	常规棉良种繁育技术规程
132	四川	DB51/T 1171—2010	产品类	棉花　陆地型长绒棉
133	四川	DB51/T 1205—2011	方法类	棉花黄萎病抗性鉴定技术规程
134	台湾	CNS 3109—1998	产品类	棉子粕（饲料用）
135	台湾	CNS 4832—2003	产品类	食用棉籽油
136	台湾	CNS 7067—1981	方法类	饲料级棉子粕或棉子饼中游离棉子醇含量测定法
137	台湾	CNS 7417—1981	产品类	棉籽原油
138	台湾	CNS 7501—1981	方法类	棉纤维试样之取样法
139	天津	DB12/T 236—2005	生产管理类	棉花栽培技术规范
140	天津	DB12/T 063—1996	方法类	棉花品种观察、记载标准
141	天津	DB12/T 062—1996	方法类	棉花品种区域实验方法
142	新疆	DB65/ 2107—2004	产品类	无公害天然彩色棉花
143	新疆	DB65/ 590—2000	产品类	天然彩色细绒棉
144	新疆	DB65/T 2097—2004	基础/通用类	新疆天然彩色棉产业标准体系总则
145	新疆	DB65/T 2098—2004	种质资源类	天然彩色（棕）棉花品种新彩棉1号
146	新疆	DB65/T 2099—2004	种质资源类	天然彩色（棕）棉花品种新彩棉2号
147	新疆	DB65/T 2100—2004	种质资源类	天然彩色（绿）棉花品种新彩棉3号
148	新疆	DB65/T 2101—2004	种质资源类	天然彩色（绿）棉花品种新彩棉4号
149	新疆	DB65/T 2102—2004	生产管理类	天然彩色棉花品种区域试验方案
150	新疆	DB65/T 2103—2004	生产管理类	天然彩色棉花原种生产技术规程

（续）

（续）

序号	省份	标准编号	标准分类	标准名称
151	新疆	DB65/T 2104—2004	生产管理类	天然彩色棉花种子田繁育技术规程
152	新疆	DB65/T 2105—2004	生产管理类	天然彩色棉花种子加工技术要求
153	新疆	DB65/T 2106—2004	生产管理类	天然彩色棉花种子储藏与运输
154	新疆	DB65/T 2108—2004	生产管理类	天然彩色棉花无公害栽培技术规程
155	新疆	DB65/T 2109—2004	生产管理类	天然彩色棉花病虫害防治技术规程
156	新疆	DB65/T 2110—2004	生产管理类	天然彩色棉花耕作种植技术要求
157	新疆	DB65/T 2111—2004	物流类	天然彩色棉花仓储标准
158	新疆	DB65/T 2112—2004	产品类	天然彩色棉精梳纱线（棕色）
159	新疆	DB65/T 2113—2004	产品类	天然彩色棉 OE 纱
160	新疆	DB65/T 2114—2004	生产管理类	天然彩色棉花种子售后服务
161	新疆	DB65/T 2115—2004	生产管理类	天然彩色皮棉售后服务
162	新疆	DB65/T 2116—2004	生产管理类	天然彩色棉制品销售服务
163	新疆	DB65/T 2118—2004	种质资源类	天然彩色（棕）棉花品种新彩棉 5 号
164	新疆	DB65/T 2133—2004	生产管理类	棉花原种生产技术规程
165	新疆	DB65/T 2207—2005	基础/通用类	细绒棉标准体系总则
166	新疆	DB65/T 2208—2005	基础/通用类	长绒棉标准体系总则
167	新疆	DB65/T 2209—2005	产品类	中长绒陆地棉
168	新疆	DB65/T 2261—2005	生产管理类	细绒棉品种区域试验方案
169	新疆	DB65/T 2262—2005	环境安全类	细绒棉产地环境条件
170	新疆	DB65/T 2263—2005	生产管理类	细绒棉滴灌种植技术规程
171	新疆	DB65/T 2264—2005	生产管理类	中长细绒棉种植技术规程
172	新疆	DB65/T 2265—2005	生产管理类	长绒棉栽培技术规程
173	新疆	DB65/T 2266—2005	生产管理类	机采细绒棉种植作业技术规程
174	新疆	DB65/T 2267—2005	生产管理类	细绒棉高产优质高效栽培技术规程
175	新疆	DB65/T 2268—2005	生产管理类	棉花人工采摘、交售、收购操作技术规程
176	新疆	DB65/T 2269—2005	生产管理类	长绒棉品种区域试验方案
177	新疆	DB65/T 2270—2005	生产管理类	有机棉种植技术规程
178	新疆	DB65/T 2271—2005	生产管理类	棉花主要病虫害综合防治技术规程
179	新疆	DB65/T 2272—2005	方法类	棉花抗性鉴定方法
180	新疆	DB65/T 2273—2005	环境安全类	长绒棉产地环境条件及生产区划
181	新疆	DB65/T 2565—1996	生产管理类	棉花配方施肥技术规程
182	新疆	DB65/T 10006—2007	种质资源类	棉花品种　新彩棉 6 号
183	新疆	DB65/T 10007—2007	种质资源类	棉花品种　新彩棉 7 号
184	新疆	DB65/T 10008—2007	种质资源类	棉花品种　新彩棉 8 号
185	新疆	DB65/T 10009—2007	种质资源类	棉花品种　新海 22 号
186	新疆	DB65/T 10010—2007	种质资源类	棉花品种　新海 23 号
187	新疆	DB65/T 10011—2007	种质资源类	棉花品种　新海 24 号

（续）

序号	省份	标准编号	标准分类	标准名称
188	新疆	DB65/T 10012—2007	种质资源类	棉花品种　新海 25 号
189	新疆	DB65/T 10013—2007	种质资源类	棉花品种　新陆早 17 号
190	新疆	DB65/T 10014—2007	种质资源类	棉花品种　新陆早 18 号
191	新疆	DB65/T 10015—2007	种质资源类	棉花品种　新陆早 19 号
192	新疆	DB65/T 10016—2007	种质资源类	棉花品种　新陆早 20 号
193	新疆	DB65/T 10017—2007	种质资源类	棉花品种　新陆早 21 号
194	新疆	DB65/T 10018—2007	种质资源类	棉花品种　新陆早 22 号
195	新疆	DB65/T 10019—2007	种质资源类	棉花品种　新陆早 23 号
196	新疆	DB65/T 10020—2007	种质资源类	棉花品种　新陆早 24 号
197	新疆	DB65/T 10021—2007	种质资源类	棉花品种　新陆中 19 号
198	新疆	DB65/T 10022—2007	种质资源类	棉花品种　新陆中 20 号
199	新疆	DB65/T 10023—2007	种质资源类	棉花品种　新陆中 21 号
200	新疆	DB65/T 10024—2007	种质资源类	棉花品种　新陆中 22 号
201	新疆	DB65/T 10025—2007	种质资源类	棉花品种　新陆中 23 号
202	新疆	DB65/T 10026—2007	种质资源类	棉花品种　新棉所 43 号
203	新疆	DB65/T 10027—2007	种质资源类	棉花品种　中棉所 49 号
204	新疆	DB/6500B 32014—1989	产品类	长绒棉
205	新疆	DB65/T 2920—2008	生产管理类	甜瓜棉花复合种植栽培技术规程
206	新疆	DB65/T 2921—2008	生产管理类	甜瓜棉花复合种植主要病虫害综合防治技术规程
207	新疆	DB65/T 2945—2008	生产管理类	棉田耕前地表残膜回收机试验方法

表 2-5　棉花标准制、修订计划表

序号	标准编号	标准分类	标准名称	制定/修订
1		基础/通用类	棉花标准体系表	制定中
2		种质资源类	棉花种质资源分类方法	制定
3		种质资源类	长绒棉种子	制定
4		产品类	机采棉	制定
5		种质资源类	棉花品种标准（分品种）	制定
6		产品类	无公害棉花	制定
7		产品类	有机棉花	制定
8		方法类	成熟棉花纤维中可溶性糖的测定　蒽酮法	制定中
9		方法类	棉花纤维物理品质指标检测方法　单纤维测试法	制定
10		方法类	棉花产量与产量结构评估方法	制定
11	NYT 2469—2013	方法类	主要农作物品种真实性和纯度 SSR 分子标记检测　棉花	修订
12		方法类	棉花品种鉴定技术规程　SNP 标记法	制定
13		方法类	棉花抗病（分病害种类）性鉴定方法	制定
14		方法类	棉花抗虫（分害虫种类）性鉴定方法	制定
15		方法类	棉花抗旱性鉴定及评价方法	制定

（续）

序号	标准编号	标准分类	标准名称	制定/修订
16		方法类	棉花耐盐性鉴定及评价方法	制定
17		方法类	棉花品种描述规范	制定
18		方法类	棉花试验田及试验设施技术条件	制定
19		方法类	棉花纤维中除草剂（分品种）检测方法	制定
20		方法类	棉花纤维中激素类（分品种）检测方法	制定
21		方法类	棉花纤维中菊酯类农药（分品种）检测方法	制定
22		方法类	棉花纤维中有机磷农药（分品种）检测方法	制定
23		方法类	棉花纤维中重金属（镉、铬、汞、铅、砷等）检测方法	制定
24		方法类	棉花种质资源鉴定方法	制定
25		方法类	棉花种质资源性状描述规范	制定
26		方法类	棉子中除草剂（分品种）检测方法	制定
27		方法类	棉子中激素类（分品种）检测方法	制定
28		方法类	棉子中菊酯类农药（分品种）检测方法	制定
29		方法类	棉子中有机磷农药（分品种）检测方法	制定
30		方法类	棉花转基因成分检测方法（分基因种类）	制定
31		方法类	棉花转基因技术操作规程——农杆菌法	制定
32		方法类	棉花转基因技术操作规程——花粉管通道法	制定
33	GB/T 20392—2006	方法类	HVI 棉纤维物理性能测试方法	修订
34		方法类	亚洲棉纤维品质测试方法	制定
35		方法类	棉花转基因技术操作规程——基因枪法	制定
36		方法类	棉子中油分的测定方法	制定
37		方法类	棉子中天然维生素 E 的测定方法	制定
38		方法类	棉花纤维伴生物的测定方法	制定
39		方法类	棉花种子生活力测定方法	制定
40		生产管理类	棉花红铃虫预测预报与防治操作技术规程	制定
41		生产管理类	棉花苗期病害防治技术规范	制定
42		生产管理类	棉花品种抗病虫性（分害虫种类）评价技术规范	制定
43		生产管理类	棉花品种抗黄萎病性鉴定及防治技术规范	制定
44		生产管理类	棉花品种抗棉铃虫性鉴定及防治方法	制定
45		生产管理类	棉花品种抗蚜虫性鉴定及防治技术规范	制定
46		生产管理类	棉花生产中肥料使用准则	制定
47		生产管理类	棉花生产中农药使用准则（分杀虫剂、杀菌剂、生长调节剂）	制定
48		生产管理类	棉铃虫综合防治技术规程	制定
49		生产管理类	低酚（无毒）棉生产技术规程	制定
50		生产管理类	机采棉轧花操作技术规程	制定
51		生产管理类	毛棉子剥绒技术规程	制定
52		生产管理类	棉花"矮密早"栽培技术规程	制定
53		生产管理类	棉花采收操作技术规程	制定

（续）

序号	标准编号	标准分类	标准名称	制定/修订
54		生产管理类	棉花地膜覆盖技术规程	制定
55		生产管理类	棉花—瓜、菜（分作物）间作套种技术规范	制定
56		生产管理类	棉花机械播种技术规程	制定
57		生产管理类	棉花良种繁育技术操作规程	制定
58		生产管理类	棉花—粮食（分作物）间作套种技术规范	制定
59		生产管理类	棉花人工播种技术规程	制定
60		生产管理类	棉花优质高产栽培技术规程	制定
61		生产管理类	棉花—油料间作套种技术规范	制定
62		生产管理类	棉花育苗移栽技术规程	制定
63		生产管理类	棉花育种技术规范（分不同方法）	制定
64		生产管理类	棉花种质资源数据库管理技术规范	制定
65		生产管理类	棉花种质资源储藏、发放、更新管理技术规范	制定
66		生产管理类	棉花种子包装与标签	制定
67		生产管理类	棉花种子机械摩擦脱绒技术规程	制定
68		生产管理类	棉花种子储藏与运输技术条件	制定
69		生产管理类	棉花储藏与运输技术条件	制定
70		生产管理类	棉子饼、粕脱毒（棉酚）技术规程	制定
71		生产管理类	棉子榨油技术规程	制定
72		生产管理类	手摘棉轧花操作技术规程	制定
73		生产管理类	无公害棉花生产技术规程	制定
74		生产管理类	西北内陆棉花生产技术规范	制定
75		生产管理类	有机棉花生产技术规程	制定
76		生产管理类	棉花生产全程质量控制技术规程	制定
77		生产管理类	杂交棉种子生产技术规程	制定
78		生产管理类	转基因棉花环境安全评价技术规范	制定
79		生产管理类	转基因棉花生产技术规程	制定
80		生产管理类	良种棉收购技术规范	制定
81		生产管理类	棉花区域试验技术规范	制定
82		生产管理类	转基因抗虫棉田主要害虫防治技术规程	制定
83		生产管理类	无公害棉花产地环境（土壤、水质、空气）条件	制定
84		生产管理类	有机棉花产地环境条件	制定
85		生产管理类	拔棉秆机作业质量	制定
86		生产管理类	采棉机质量评价技术规范	制定
87		生产管理类	采棉机作业技术规范	制定
88		生产管理类	棉花播种机技术条件	制定
89		生产管理类	滨海盐碱地棉花丰产简化栽培技术规程	制定
90		生产管理类	棉花轻简化栽培技术规程	制定
91		生产管理类	棉田除草剂安全使用技术	制定

（续）

序号	标准编号	标准分类	标准名称	制定/修订
92		生产管理类	转基因抗虫杂交棉安全生产技术标准	制定
93		生产管理类	东北特早熟棉区棉花规范化栽培技术	制定
94		生产管理类	机采棉适宜品种	制定
95		生产管理类	精量点播棉花种子活力要求	制定
96		生产管理类	棉花化学脱叶剂使用技术规程	制定
97		生产管理类	棉花缓（控）释肥使用技术规程	制定
98		生产管理类	棉花抗盲蝽蟓性鉴定方法	制定
99		生产管理类	棉花轻简育苗移栽技术规程	制定
100		生产管理类	棉花生产全程质量控制技术规程	制定
101		生产管理类	棉花—小麦间作套种技术规范	制定
102		生产管理类	棉田残膜清理技术规程	制定
103		生产管理类	棉田食用间套作物栽培技术规程	制定
104		生产管理类	新疆机采棉种植技术规程	制定
105		生产管理类	新疆棉花膜下滴灌种植技术规程	制定
106		生产管理类	新疆亩产皮棉 250 kg 超高产种植技术规程	制定
107		生产管理类	优质彩棉品种生产技术规程	制定
108		生产管理类	棉花"三系"杂交制种规程	制定
109		生产管理类	棉花"两系"杂交制种规程	制定
110		生产管理类	转抗病基因棉花对黄萎病的抗性评价技术规范	制定
111	NY/T 207—1992	生产管理类	长江中下游棉花生产技术规程	修订
112		生产管理类	亚洲棉生产技术规程	制定

第四章　2016 年度种植业产品标准体系研究报告——油料

一、油料产品标准及标准体系发展现状

1. 标准体系建设进展情况（包括标准体系建设框架）　进入 21 世纪以来，我国标准化事业快速发展，标准体系初步形成，应用范围不断扩大，水平持续提升，国际影响力显著增强，全社会标准化意识普遍提高。油料是农产品中重要组成部分，油料标准体系建设在此背景下，卓有成效。我国油料标准达到 348 项，初步建成了油料产品的标准体系框架，按照标准类型可以分为：基础/通用类（术语、分类）、方法类（检验/检测）、环境安全类（产地环境、投入品）、种质资源类（种子、种苗）、生产管理类（种植、植保、加工）、产品类（等级规格、品质/安全、原产地保护）、物流类（包装、标识、储运）和质量追溯类等；按照产品种类可以分为：大豆、油菜籽、花生、芝麻、葵花籽类、亚麻籽、棉籽、木本油料及其他油料；按照标准级别可以分为：国家标准、行业标准及其他行业标准三个级别。具体分类及标准数量见表 4-1。由表 4-1 可见，我国大豆、油菜籽、花生三种主要油料作物所占比例最高，标准体系制修订力度最大。在油料标准体系中，农业行业标准是主体，国家标准和地方标准也不分伯仲。按照类型分类，方法类（检验/检测）和生产管理类（种植、植保、加工）各占到全部标准的三分之一，是油料标准体系中的主体类型。

表 4-1　我国油料标准分类及数量

	标准 类型	大豆	油菜籽	花生	芝麻	葵花籽类	亚麻籽	棉籽	其他油料	合计
		100	79	79	17	11	7	6	49	348
标准 级别	国家标准	29	9	12	4	3	2	3	33	95
	行业标准	43	38	38	6	6	3	2	15	151
	地方标准	28	32	29	7	2	2	1	1	102
类 型	基础/通用类 （术语、分类）	22	14	9	3	7	5	5	8	73
	方法类 （检验/检测）	35	14	14	6	2	—	1	39	111
	环境安全类 （产地环境、投入品）	7	3	3	1	—	—	—	1	15
	种质资源类 （种子、种苗）	7	10	2			1			20
	生产管理类 （种植、植保、加工）	23	36	44	5	2	1	—	—	111
	产品类（等级规格、 品质/安全、原产地保护）	3	2	7	2				1	15
	物流类（包装、 标识、储运）	3								3
	质量追溯类	—	—							0

近年来，中国农业科学院油料作物研究所和农业农村部油料及制品质量监督检验测试中心等单位跟踪研究并收集整理了国际标准组织和主要油料贸易国油料标准 2 000 多项，首次建立了油料标准库，主持研究制定了油菜、大豆、花生、芝麻等主要油料生产、质量、检测和市场流通的急需产品和检测技术标准，特别是针对我国双低油菜科研、品种水平高而产品质量低，制约双低产业化发展的实际问题，以全程质量控制为目标，国内外首次研究建立了双低油菜从产前种子源头质量控制，到产中产地环境及生产技术和产后低芥酸、低硫苷产品以及配套质量控制检测方法等 4 大类 20 多项技术标准，把产前、产中、产后全过程纳入标准化轨道，构建了系统配套的双低油菜全程质量控制技术标准体系，解决了双低油菜产业发展中质量控制一系列复杂技术难题，在鄂、豫、皖、湘、苏、浙、川、黔、滇、陕等 15 省 150 多个县市得到广泛推广应用，覆盖率达我国油菜产区 90%，促进了我国油菜生产从普通油菜到双低油菜的技术跨越，显著提高了双低油菜生产科技含量和产品质量，推动了我国双低油菜产业的快速发展，并获 2008 年国家科技进步二等奖。

2. 存在的主要问题（需举具体实例说明）　随着国家对油料标准制修订工作的不断重视，我国油料标准的制修订工作取得了明显成效。已颁布的油菜标准在促进油菜产业发展方面发挥了重要作用。但是随着油料产业发展产生的复杂多变的问题不断发生，油料标准制修订工作面临许多新情况、新问题和新要求，现有标准已经不能完全适应当前工作需要。从依法履职、保障食品安全、参与国际事务和维护国家利益出发，需要进一步加大标准的制、修订工作力度。

（1）农机农艺配套标准缺乏　油料全程机械化是"十三五"油料创新研究重点，也是解决目前我国农村劳动力不足，提升油料产品市场竞争力，推动油料产业发展的重要技术革新。然而，油料除了油菜机械化收获中关注的核心指标：油菜籽抗裂角指数，及其分级指标有标准之外，其他油料作物的农机农艺配套标准缺乏，并亟需加大油料农机农艺配套技术标准在油料主产区的推广应用，进一步推动油料产业发展。

（2）营养功能成分评价标准涵盖面不全　我国油料检测方法标准方面对于营养及功能性成分研究相对薄弱，现有检测方法主要涉及油料、油脂中磷脂，大豆中异黄酮，植物油中甾醇、维生素 E，芝麻中芝麻素，花生中白藜芦醇，随着人民生活水平的提高，消费者对油料产品的认识和关注从仅能提供油脂和蛋白质的载体上升到特色营养功能成分的有效提供者，开展油料作物产品中营养功能成分方法标准与分级标准研究与评价，为提升油料产品市场竞争力提供关键技术支撑，十分有必要。我国应加强营养功能性成分的研究及检测方法标准的制定，以适应产业需求。

（3）多组分同步检测方法标准缺失　目前，方法类的标准只是针对单一分析物的检测，但是随着国内农产品质量安全检测机构设备条件的改善、分析技术的进步，加上农产品附加值低、货架期短对多组分同步检测的需求与日俱增，"十三五"期间，加强油料产品中多组分同步检测方法标准的研制将是方法标准研制的一个新方向。

（4）标准同质化现象仍然存在　我国油料标准存在针对同一对象的标准间重叠交叉，界限不明的情况，具体举例如下：

《饲料用大豆》（NY/T 135—1989）与《饲料用大豆》（GB/T 20411—2006）与《饲料用黑大豆》（NY/T 134—1989）部分重复，建议整合；《绿色食品大豆油》（NY/T 286—1995）与《绿色食品高级大豆烹调油》（NY/T 287—1995）部分重复，建议整合；《油菜籽中芥酸及硫苷的测定分光光度法》（GB/T 23890—2009）与《油菜籽芥酸硫甙的测定（光度法）》（NY/T 792—2004）内容重合，建议整合；《油菜籽叶绿素含量测定分光光度计法》（GB/T 22182—2008）与《油菜籽中叶绿素含量的测定光度法》（NY/T 1287—2007）内容重复，建议整合；《芝麻油》（GB 8233—2008）与《小磨香油》（NY 68—1988）部分内容重合，建议整合；《植物油中叔丁基羟基茴香醚（BHA）、2，6-二叔丁基对甲酚（BHT）和特丁基对苯二酚（TBHQ）的测定高效液相色谱法》（NY/T 1602—2008）与《进出口油脂中抗氧化剂的测定液相色谱法》（SN/T 1050—2002）相关内容重合，建议整合。

另外，建议同一参数或同一类型参数不同方法整合进同一标准不同部分，进一步规范标准使用，比如：油料粗蛋白检测有凯氏仪定氮法和杜马斯燃烧法，并分别有不同标准，可以整合为同一标准；芥酸检测有分光光度法和气相色谱法，建议整合为同一标准；农药残留方面同一类型或同一检测方法不同标准建议整合为同一标准。

（5）标准文本结构和内容不统一　我国油料标准存在同类型标准，结构不一，内容各样的情况，在产地环境标准方面，主要油料大豆、花生、油菜籽产地环境标准产地要求部分结构不一，如《油菜产地环境技术条件》（NY/T 846—2004）产地要求中包含生态环境保护部分，其他标准未涉及，建议规范标准结构及名词术语；油料生产过程规范标准也存在结构、术语各异的情况，以《大豆原种生产技术操作规程》（GB/T 17318—2011）与《花生种子生产技术规程》（NY/T 2399—2013）为例，前者将大豆种子分为育种家种子和原种，后者将花生种子分为原种和良种，前者标准规定了种子的储藏与检验，后者只规定了种子的检验，后者规定了种子的标签使用而前者未有规定。

（6）油料中部分小众产品标准的系统性缺乏　近年来，在农业农村部标准制修订专项的支持下，我国油料标准体系建设得到了快速发展，已经建立了较为完善的油菜和花生全程质量安全控制标准体系，但对于芝麻、向日葵等油料产品标准体系建设处于起步阶段，需要借鉴油菜、花生等标准体系框架建设成功经验，研制芝麻、向日葵等油料产前品种审定、种子质量控制标准体系，产中生产过程控制标准，产后质量安全标准及配套的检测方法标准，以产品为主线，构建油菜、花生、芝麻等主要油料作物产品标准体系，不断完善油料标准体系。

二、发展方向（包括国家、行业、地方标准等）

根据《国家标准体系建设规划（2016—2020）》的相关部署，进一步健全油料标准体系。建立和完善油料标准体系，对油料生产、加工、流通等全过程进行控制，是推动中国油料生产健康发展、保障消费安全的必要手段。拟通过"十三五"标准项目实施，构建油菜、花生、芝麻、向日葵等油料标准体系框架如图 4-1。拟建立的标准见表 4-2。

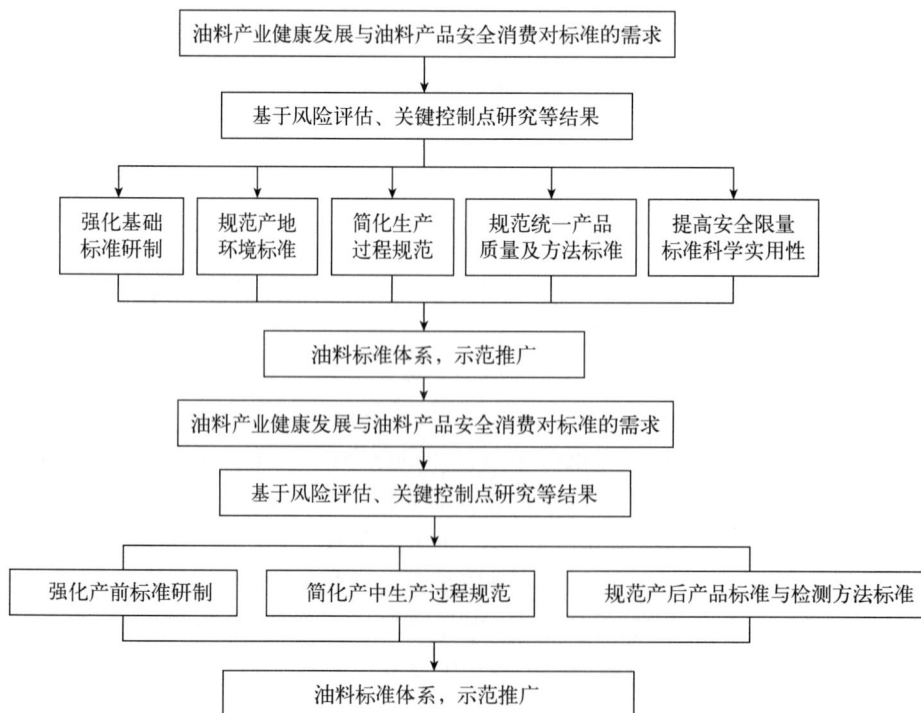

图 4-1　油料标准体系框架

表 4-2   2017—2020 年标准体系表

序号	标准名称	制定/修订	修订标准号	年度	备注
1	大豆生育期组划分	制定		2017	
2	芝麻生育期组划分	制定		2016	
3	蓖麻生态区划	制定		2017	
4	红花生态区划	制定		2017	
5	油菜籽中芥子醇的测定　气相色谱质谱联用法	制定		2018	
6	油菜籽中粗蛋白质含量的测定　近红外法	制定		2017	
7	油菜籽中含油量的测定　近红外法	制定		2016	
8	油菜籽中灰分含量的测定　近红外法	制定		2016	
9	油菜籽中水分含量的测定　近红外法	制定		2018	
10	油菜抗倒性鉴定技术规程	制定		2019	
11	油菜抗（耐）菌核病性鉴定技术规程	制定		2018	
12	油菜根肿病抗性鉴定技术规程	制定		2020	
13	油菜裂角抗性鉴定技术规程	制定		2019	
14	油菜抗冻性鉴定技术规程	制定		2017	
15	油菜蚜虫防治技术规程	制定		2018	
16	油菜黑胫病抗性鉴定技术规程	制定		2019	
17	油菜籽总酚的测定　福林酚法	制定		2020	
18	油菜籽及饼粕中酚酸类化合物的测定　高效液相色谱法	制定		2017	
19	油菜籽中芥子酶活性的测定	制定		2016	
20	花生中含油量的测定　近红外法	制定		2016	
21	花生中灰分含量的测定　近红外法	制定		2016	
22	花生中水分含量的测定　近红外法	制定		2016	
23	花生及其制品中白藜芦醇测定方法	制定		2017	
24	胡麻抗旱性鉴定技术规程	制定		2018	
25	胡麻枯萎病抗性鉴定技术规程	制定		2019	
26	花生植株形态与农艺性状调查技术规程	制定		2016	
27	花生田间测产方法	制定		2016	
28	花生抗旱性鉴定技术规程	制定		2018	
29	大豆及其制品中胰蛋白活性抑制测定	制定		2016	
30	芝麻中粗蛋白质含量的测定　近红外法	制定		2019	
31	芝麻中含油量的测定　近红外法	制定		2020	
32	芝麻中灰分含量的测定　近红外法	制定		2016	
33	芝麻中水分含量的测定　近红外法	制定		2020	
34	芝麻抗旱性鉴定技术规程	制定		2016	
35	芝麻耐湿性鉴定技术规程	制定		2017	
36	芝麻茎点枯病抗性鉴定技术规程	制定		2016	
37	芝麻枯萎病抗性鉴定技术规程	制定		2016	
38	芝麻青枯病抗性鉴定技术规程	制定		2016	
39	农作物品种试验技术规程　芝麻	制定		2017	

（续）

序号	标准名称	制定/修订	修订标准号	年度	备注
40	食用植物油中的植物甾醇的测定　气相色谱-质谱联用法	制定		2019	
41	食用植物油中三氯丙二醇的测定　气相色谱法	制定		2020	
42	食用植物油中甘油三酯组成和含量的测定　液相色谱-质谱联用法	制定		2018	
43	拟南芥微量种子中脂肪酸组成和含量的测定　气相色谱法	制定		2018	
44	亚麻籽及其制品中木酚素的测定	制定		2018	
45	胡麻粗脂肪及其组分测定技术　近红外检测	制定		2019	
46	胡麻木酚素及其组分测定技术　近红外检测	制定		2020	
47	胡麻粗蛋白质及其组分测定技术　近红外检测	制定		2020	
48	胡麻抗旱性鉴定技术规程	制定		2020	
49	胡麻枯萎病抗性鉴定技术规程	制定		2019	
50	富硒双低油菜产地环境条件	制定		2018	
51	绿色芝麻基地环境	修订		2017	
52	有机芝麻基地环境	制定		2016	
53	高亚麻酸胡麻基地环境	制定		2017	
54	有机胡麻基地环境	制定		2019	
55	"菜油两用"型油菜品种	制定		2018	
56	高油酸油菜品种	制定		2020	
57	三熟制早熟油菜品种	制定		2020	
58	北方强冬性油菜品种	制定		2020	
59	油菜机械化品种	制定		2018	
60	油菜化杀杂交品种	制定		2017	
61	三熟制油菜品种生产技术规程	制定		2019	
62	北方冬油菜良种繁育技术规程	制定		2017	
63	北方白菜型冬油菜品种区域试验记载规范	制定		2017	
64	花生种子休眠性鉴定及评价技术规程	制定		2018	
65	红花种子生产技术规程	制定		2018	
66	花生种子繁育技术规程	制定		2016	
67	农作物品种区域试验技术规程 大豆	修订	NY/T 1299—2007	2016	
68	花生品种鉴定技术规程　SSR 分子标记法	制定		2017	
69	芝麻品种鉴定技术规程　SSR 分子标记法	制定		2017	
70	鲜食大豆品种	制定		2018	
71	向日葵杂交种及亲本纯度鉴定　电泳法	制定		2016	
72	芝麻种子繁育技术规程	制定		2016	
73	向日葵种质资源繁殖更新技术规程	制定		2017	
74	向日葵常规种繁殖技术	制定		2017	
75	向日葵套种瓜类栽培技术规程	制定		2018	
76	胡麻区域试验技术规程	制定		2016	
77	胡麻杂交种纯度分子鉴定技术规程	制定		2017	

（续）

序号	标准名称	制定/修订	修订标准号	年度	备注
78	胡麻种子加工及储藏技术规程			2017	
79	北方白菜型冬油菜栽培技术规程	制定		2016	
80	油菜缓释施肥技术规程	制定		2017	
81	油菜机械化精量联合直播机技术条件	制定		2017	
82	春油菜机械化生产技术规程	制定		2016	
83	稻油两熟制油菜轻简化生产技术规程	制定		2016	
84	油菜机械化直播农机农艺技术规范	制定		2016	
85	油菜毯状苗移栽机质量评价技术规范	制定		2017	
86	油菜菌核病防治技术标准	修订	NY/T 794—2004	2018	
87	油菜根肿病防治与抗性评价标准	制定		2016	
88	旱薄地花生膜下滴灌技术规程	制定		2017	
89	春玉米间作花生生产技术规程	制定		2016	
90	甘薯间作花生栽培技术规程	制定		2018	
91	花生与玉米轮作栽培技术规程	制定		2017	
92	花生肥效后移防衰增产栽培技术规程	制定		2017	
93	盐碱地花生生产技术规程	制定		2018	
94	花生渍涝灾害防控技术规程	制定		2016	
95	南方红壤旱地花生栽培技术规程	制定		2017	
96	花生良好农业生产技术规范	制定		2018	
97	芝麻高产轻简化栽培技术规程	制定		2016	
98	芝麻隐性核不育三系配套杂交制种技术规程	制定		2017	
99	大豆机械化生产技术规程	制定		2016	
100	大豆玉米间作套种生产技术规程	制定		2017	
101	大豆食叶害虫危害监测技术规范	制定		2017	
102	大豆抗食心虫鉴定技术规程	制定		2020	
103	大豆花叶病毒抗性鉴定技术规程	制定		2019	
104	黄淮夏大豆机械化免耕栽培技术规程	制定		2020	
105	芝麻生产技术规程	制定		2017	
106	芝麻青枯病防控技术规程	制定		2016	
107	芝麻农机农艺生产技术规程	制定		2018	
108	胡麻草害化学控制技术规程	制定		2019	
109	胡麻有机栽培技术规程	制定		2020	
110	花生疮痂病防治技术规程	制定		2016	
111	花生网斑病防治技术规程	制定		2016	
112	花生耐渍性鉴定技术标准	制定		2017	
113	花生蚜虫防治技术规程	制定		2017	
114	花生缺铁性黄化症防治技术规程	制定		2016	
115	大麻主要病虫害防治技术规范	制定		2020	
116	蓖麻生产技术规程	制定		2017	

（续）

序号	标准名称	制定/修订	修订标准号	年度	备注
117	苏子生产技术规程	制定		2017	
118	农产品赭曲霉菌株产毒力鉴定方法	制定		2016	
119	有机农产品向日葵栽培技术规程	制定		2016	
120	绿色农产品向日葵栽培技术规程	制定		2016	
121	无公害农产品向日葵栽培技术规程	制定		2016	
122	食葵机械化精量播种技术规程	制定		2016	
123	油葵机械化精量播种技术	制定		2016	
124	向日葵机械化收获技术规程	制定		2017	
125	油葵膜下滴管高效灌溉技术规程	制定		2019	
126	向日葵机械化除草技术规程	制定		2018	
127	向日葵膜下滴管高效灌溉技术规程	制定		2017	
128	胡麻全程机械化技术规程	制定		2016	
129	灌区胡麻节水高效种植技术规程	制定		2020	
130	高亚麻酸胡麻生产技术规程	制定		2020	
131	地膜重复利用胡麻栽培技术规程	制定		2020	
132	胡麻高效施肥技术规程	制定		2020	
133	旱地胡麻垄膜集雨沟播抗旱增产栽培技术规程	制定		2019	
134	富硒双低油菜病虫防治技术规程	制定		2019	
135	油菜化学除草技术规程	制定		2019	
136	大豆化学除草技术规程	制定		2018	
137	向日葵螟防治技术规程	制定		2016	
138	向日葵菌核病检疫鉴定方法	制定		2017	
139	向日葵菌核病综合防控技术规程	制定		2016	
140	向日葵霜霉病检疫鉴定方法	制定		2017	
141	向日葵霜霉病综合防控技术规程	制定		2016	
142	向日葵茎腐病检疫鉴定方法	制定		2017	
143	向日葵茎腐病综合防控技术规程	制定		2016	
144	红花病虫害综合防控技术规程	制定		2017	
145	胡麻蚜虫无公害防控技术规程	制定		2017	
146	胡麻田杂草无公害防除技术规程	制定		2016	
147	胡麻枯萎病防控技术规程	制定		2020	
148	胡麻蚜虫防控技术规程	制定		2020	
149	阔叶杂草防控技术规程	制定		2020	
150	胡麻有机栽培与绿色防控集成技术规程	制定		2019	
151	高油酸油菜籽	制定		2018	
152	油菜籽脱皮机与皮仁分离系统	制定		2019	
153	油茶籽脱壳分离组合装置	制定		2017	
154	饲料用发酵菜粕	制定		2018	
155	饲料用菜籽饼	制定		2019	

（续）

序号	标准名称	制定/修订	修订标准号	年度	备注
156	双螺旋榨油机	制定		2020	
157	富硒双低菜籽油	制定		2019	
158	高油、高蛋白芝麻	制定		2017	
159	高芝麻素芝麻	制定		2017	
160	冷榨芝麻油	制定		2016	
161	冷榨菜籽油	制定		2019	
162	芝麻	修订		2016	
163	芝麻蛋白粉	制定		2017	
164	芝麻饼粕	制定		2018	
165	仁用向日葵籽	制定		2016	
166	食用葵花籽	修订		2016	
167	油用葵花籽	修订		2016	
168	玉米胚芽油	制定		2016	
169	番茄籽油	制定		2020	
170	牡丹籽油	制定		2020	
171	沙棘籽油	制定		2020	
172	饲用苎麻	制定		2016	
173	红花花瓣	制定		2020	
174	胡麻油食用安全生产技术	修订		2020	
175	胡麻籽木酚素高效提取技术	修订		2020	
176	胡麻籽胶高效提纯技术	修订		2018	
177	胡麻籽高附加值产品加工技术	制定		2018	
178	胡麻籽冷榨固体吸附精炼生产技术	制定		2019	
179	花生储藏技术规程	制定		2016	
180	花生充气密闭储藏技术规程	制定		2017	
181	花生果真空入味烘烤加工技术规程	制定		2018	
182	芝麻储藏技术规程	制定		2016	
183	向日葵储藏技术规程	制定		2017	

此外，整合精简强制性标准，范围严格限定在保障人身健康和生命财产安全、国家安全、生态环境安全以及满足社会经济管理基本要求的范围之内。优化完善推荐性标准，逐步缩减现有推荐性标准的数量和规模，合理界定各层级、各领域推荐性标准的制定范围。培育发展团体标准，鼓励具备相应能力的学会、协会、商会、联合会等社会组织和产业技术联盟协调相关市场主体共同制定满足市场和创新需要的标准，供市场自愿选用，增加标准的有效供给。制定和实施高标准农田建设、现代种业发展、农业安全种植和农残留限量及检测、农业投入品合理使用规范、产地环境评价等领域标准，农业转基因安全评价、农业生态环境保护、农业废弃物综合利用等重要标准。继续完善油料分级标准，加大标准推广力度，提高农业标准化生产普及程度。制修订和实施油料产品质量、油料收购、储运、加工、追溯、检测、品种品质评判等领域标准，研制油料质量安全控制、仪器化检验标准，健全我国油料质量标准体系和检验监测体系。

三、标准体系建设主要措施

"十三五"油料领域标准体系建设的主要措施包括以下几个方面：

（1）油料作物全程机械化生产与质量控制标准体系研制。

（2）油料作物产品中特色营养成分分析与评价标准体系研制。

（3）油料作物产品多组分同步检测方法标准体系研制。

（4）主要生产与贸易国油料标准体系比对研究。

（5）按照产品研制产前品种审定、种子质量控制等标准；产中生产技术规程、农机农艺结合等标准；产后产品质量、分等分级以及配套的检测方法标准。

（6）进一步规范文本结构，统一文本格式，在符合标准编制要求的基础上，突出标准的简洁性、实用性、可操作性；在标准内容方面，进一步突出重点，同时充分采用风险评估结果、关键控制点研究结果等，提高标准内容的科学性、准确性。

四、标准体系汇总表（包括国家标准、行业标准和地方标准）

油料（产品）国家标准、行业标准和地方标准具体分类及名称见表4-3～表4-5。

表4-3 油料（产品）国家标准体系表

序号	标准编号	标准分类	标准名称
1	GB 1535—2003	基础/通用类（术语、分类）	大豆油
2	GB/T 31785—2015	产品类（等级规格、品质/安全、原产地保护）	大豆储存品质判定规则
3	GB 1352—2009	基础/通用类（术语、分类）	大豆
4	GB/T 23818—2009	方法类（检验/检测）	大豆中咪唑啉酮类除草剂残留量的测定
5	GB/T 23817—2009	方法类（检验/检测）	大豆中磺酰脲类除草剂残留量的测定
6	GB/T 23816—2009	方法类（检验/检测）	大豆中三嗪类除草剂残留量的测定
7	GB/T 21498—2008	方法类（检验/检测）	大豆制品中胰蛋白酶抑制剂活性的测定
8	GB/T 17318—2011	种质资源类（种子、种苗）	大豆原种生产技术操作规程
9	GB/T 17980.147—2004	环境安全类（产地环境、投入品）	农药田间药效试验准则（二）第147部分：大豆生长调节剂试验
10	GB/T 5009.130—2003	方法类（检验/检测）	大豆及谷物中氟磺胺草醚残留量的测定
11	GB/T 5009.174—2003	方法类（检验/检测）	花生、大豆中异丙甲草胺残量的测定
12	GB/T 5009.96—2003	方法类（检验/检测）	谷物和大豆中赭曲霉毒素A的测定
13	GB/T 5009.172—2003	方法类（检验/检测）	大豆、花生、豆油、花生油中的氟乐灵残留量的测定
14	GB/T 24870—2010	方法类（检验/检测）	粮油检验 大豆粗蛋白质、粗脂肪含量的测定 近红外法
15	GB/T 19563—2004	种质资源类（种子、种苗）	大豆种子品种鉴定实验方法 简单重复序列间区法
16	GB/T 19541—2004	基础/通用类（术语、分类）	饲料用大豆粕
17	GB/T 19557.4—2004	种质资源类（种子、种苗）	植物新品种特异性、一致性和稳定性测试指南 大豆

（续）

序号	标准编号	标准分类	标准名称
18	GB/T 17980.125—2004	环境安全类（产地环境、投入品）	农药田间药效试验准则（二）第 125 部分：除草剂防治大豆田杂草
19	GB/T 17980.88—2004	环境安全类（产地环境、投入品）	农药田间药效试验准则（二）第 88 部分：杀菌剂防治大豆根腐病
20	GB/T 17980.89—2004	环境安全类（产地环境、投入品）	农药田间药效试验准则（二）第 89 部分：杀菌剂防治大豆锈病
21	GB/T 17980.88—2004	环境安全类（产地环境、投入品）	农药田间药效试验准则（二）第 88 部分：杀菌剂防治大豆根腐病
22	GB/T 17980.71—2004	环境安全类（产地环境、投入品）	农药田间药效试验准则（二）第 71 部分：杀虫剂防治大豆食心虫
23	GB/T 20411—2006	基础/通用类（术语、分类）	饲料用大豆
24	GB 12743—2003	方法类（检验/检测）	大豆种子产地检疫规程
25	GB/T 8622—2006	方法类（检验/检测）	饲料用大豆制品中尿素酶活性的测定
26	GB/T 13382—2008	基础/通用类（术语、分类）	食用大豆粕
27	GB 14932.1—2003	物流类（包装、标识、储运）	食用大豆粕卫生标准
28	GB/T 19562—2004	生产管理类（种植、植保、加工）	大豆食心虫测报调查规范
29	GB/T 22464—2008	基础/通用类（术语、分类）	大豆皂苷
30	GB/T 14929.2—1994	方法类（检验/检测）	花生仁、棉籽油、花生油中涕灭威残留量测定方法
31	GB 1534—2003	基础/通用类（术语、分类）	花生油
32	GB/T 1532—2008	基础/通用类（术语、分类）	花生
33	GB/T 5009.174—2003	方法类（检验/检测）	花生、大豆中异丙甲草胺残留量的测定
34	GB/T 5009.172—2003	方法类（检验/检测）	大豆、花生、豆油、花生油中的氟乐灵残留量的测定
35	GB/T 5009.180—2003	方法类（检验/检测）	稻谷、花生仁中恶草酮残留量的测定
36	GB/T 24903—2010	方法类（检验/检测）	粮油检验 花生中白藜芦醇的测定 高效液相色谱法
37	GB/T 17980.84—2004	环境安全类（产地环境、投入品）	农药田间药效试验准则（二）第 84 部分：杀菌剂防治花生锈病
38	GB/T 17980.85—2004	环境安全类（产地环境、投入品）	农药田间药效试验准则（二）第 85 部分：杀菌剂防治花生叶斑病
39	GB/T 17980.126—2004	环境安全类（产地环境、投入品）	农药田间药效试验准则（二）第 126 部分：除草剂防治花生田杂草
40	GB/T 13383—2008	基础/通用类（术语、分类）	食用花生饼、粕
41	GB/T 19693—2008	基础/通用类（术语、分类）	地理标志产品新昌花生（小京生）
42	GB/T 11764—2008	基础/通用类（术语、分类）	葵花籽
43	GB 10464—2003	基础/通用类（术语、分类）	葵花籽油
44	GB/T 22463—2008	基础/通用类（术语、分类）	葵花籽粕
45	GB/T 31579—2015	方法类（检验/检测）	粮油检验 芝麻油中芝麻素和芝麻林素的测定 高效液相色谱法

（续）

序号	标准编号	标准分类	标准名称
46	GB/T 22477—2008	基础/通用类（术语、分类）	芝麻粕
47	GB/T 11761—2006	基础/通用类（术语、分类）	芝麻
48	GB 8233—2008	基础/通用类（术语、分类）	芝麻油
49	GB/T 8235—2008	基础/通用类（术语、分类）	亚麻籽油
50	GB/T 15681—2008	基础/通用类（术语、分类）	亚麻籽
51	GB 1537—2003	基础/通用类（术语、分类）	棉籽油
52	GB/T 21264—2007	基础/通用类（术语、分类）	饲料用棉籽粕
53	GB/T 11763—2008	基础/通用类（术语、分类）	棉籽
54	GB 19641—2015	产品类（等级规格、品质/安全、原产地保护）	食品安全国家标准　食用植物油料
55	GB 5497—1985	方法类（检验/检测）	粮食、油料检验　水分测定法
56	GB/T 5523—2008	方法类（检验/检测）	粮油检验　粮食、油料的脂肪酶活动度的测定
57	GB/T 5518—2008	方法类（检验/检测）	粮油检验　粮食、油料相对密度的测定
58	GB/T 9825—2008	方法类（检验/检测）	油料饼粕盐酸不溶性灰分测定
59	GB/T 9824—2008	方法类（检验/检测）	油料饼粕中总灰分的测定
60	GB/T 20264—2006	方法类（检验/检测）	粮食、油料水分两次烘干测定法
61	GB/T 15689—2008	方法类（检验/检测）	植物油料　油的酸度测定
62	GB/T 14488.1—2008	方法类（检验/检测）	植物油料　含油量测定
63	GB/T 30765—2014	基础/通用类（术语、分类）	粮油名词术语　原粮油料形态学和结构学
64	GB/T 30390—2013	方法类（检验/检测）	油料种籽中果糖、葡萄糖、蔗糖含量的测定　高效液相色谱法
65	GB/T 5496—1985	方法类（检验/检测）	粮食、油料检验　黄粒米及裂纹粒检验法
66	GB 5491—1985	方法类（检验/检测）	粮食、油料检验　扦样、分样法
67	GB/T 5510—2011	方法类（检验/检测）	粮油检验　粮食、油料脂肪酸值测定
68	GB/T 10358—2008	方法类（检验/检测）	油料饼粕　水分及挥发物含量的测定
69	GB/T 5494—2008	方法类（检验/检测）	粮油检验　粮食、油料的杂质、不完善粒检验
70	GB/T 5514—2008	方法类（检验/检测）	粮油检验　粮食、油料中淀粉含量测定
71	GB/T 5499—2008	方法类（检验/检测）	粮油检验　带壳油料纯仁率检验法
72	GB/T 5492—2008	方法类（检验/检测）	粮油检验　粮食、油料的色泽、气味、口味鉴定
73	GB 8869—1988	基础/通用类（术语、分类）	粮食、油料及其加工产品的名词术语
74	GB/T 14489.3—1993	方法类（检验/检测）	油料中油的游离脂肪酸含量测定法
75	GB/T 5522—2008	方法类（检验/检测）	粮油检验　粮食、油料的过氧化氢酶活动度的测定
76	GB/T 10360—2008	基础/通用类（术语、分类）	油料饼粕　扦样
77	GB/T 9823—2008	方法类（检验/检测）	粮油检验　植物油料饼粕总含氮量的测定
78	GB/T 22515—2008	基础/通用类（术语、分类）	粮油名词术语　粮食、油料及其加工产品
79	GB/T 14489.2—2008	方法类（检验/检测）	粮油检验　植物油料粗蛋白质的测定
80	GB/T 14488.2—2008	方法类（检验/检测）	油料　杂质含量的测定
81	GB/T 14489.1—2008	方法类（检验/检测）	油料　水分及挥发物含量测定

（续）

序号	标准编号	标准分类	标准名称
82	GB/T 10359—2008	方法类（检验/检测）	油料饼粕　含油量的测定　第 1 部分：己烷（或石油醚）提取法
83	GB/T 15690—2008	方法类（检验/检测）	植物油料　含油量测定　连续波低分辨率核磁共振测定法（快速法）
84	GB/T 22481—2008	方法类（检验/检测）	谷物、油料和豆类　单向气流穿过散粮的单位压力损失测定
85	GB 4407.2—2008	基础/通用类（术语、分类）	经济作物种子　第 2 部分：油料类
86	GB/T 22725—2008	方法类（检验/检测）	粮油检验　粮食、油料纯粮（质）率检验
87	GB/T 23890—2009	方法类（检验/检测）	油菜籽中芥酸及硫苷的测定　分光光度法
88	GB/T 22182—2008	方法类（检验/检测）	油菜籽叶绿素含量测定　分光光度计法
89	GB/T 27959—2011	生产管理类（种植、植保、加工）	南方水稻、油菜和柑橘低温灾害
90	GB/T 17980.35—2000	环境安全类（产地环境、投入品）	农药田间药效试验准则（一）杀菌剂防治油菜菌核病
91	GB/T 17980.45—2000	环境安全类（产地环境、投入品）	农药田间药效试验准则（一）除草剂防治油菜类作物杂草
92	GB/T 11762—2006	基础/通用类（术语、分类）	油菜籽
93	GB 1536—2004	基础/通用类（术语、分类）	菜籽油
94	GB/T 22514—2008	基础/通用类（术语、分类）	菜籽粕
95	GB/T 23736—2009	基础/通用类（术语、分类）	饲料用菜籽粕

表 4-4　油料（产品）行业标准体系表

序号	标准编号	标准分类	标准名称
1	NY/T 2595—2014	种质资源类（种子、种苗）	大豆品种鉴定技术规程　SSR 分子标记法
2	NY/T 2159—2012	生产管理类（种植、植保、加工）	大豆主要病害防治技术规程
3	NY/T 287—1995	基础/通用类（术语、分类）	绿色食品　高级大豆烹调油
4	NY/T 2004—2011	方法类（检验/检测）	大豆及制品中磷脂组分和含量的测定　高效液相色谱法
5	NY/T 2114—2012	方法类（检验/检测）	大豆疫霉病菌检疫检测与鉴定方法
6	NY/T 135—1989	基础/通用类（术语、分类）	饲料用大豆
7	NY/T 1205—2006	方法类（检验/检测）	大豆水溶性蛋白含量的测定
8	NY/T 2115—2012	生产管理类（种植、植保、加工）	大豆疫霉病检测技术规范
9	NY/T 1933—2010	产品类（等级规格、品质/安全、原产地保护）	大豆等级规格
10	NY/T 675—2003	方法类（检验/检测）	转基因植物及其产品检测　大豆定性 PCR 方法
11	NY/T 719.3—2003	方法类（检验/检测）	转基因大豆环境安全检测技术规范
12	NY/T 1740—2009	方法类（检验/检测）	大豆中异黄酮含量的测定　高效液相色谱法
13	NY/T131—1989	基础/通用类（术语、分类）	饲料用大豆粕
14	NY/T130—1989	基础/通用类（术语、分类）	饲料用大豆饼
15	NY/T134—1989	基础/通用类（术语、分类）	饲料用黑大豆

（续）

序号	标准编号	标准分类	标准名称
16	NY/T 1424—2007	生产管理类（种植、植保、加工）	小粒大豆生产技术规程
17	NY/T 286—1995	基础/通用类（术语、分类）	绿色食品　大豆油
18	NY/T 1298—2007	种质资源类（种子、种苗）	农作物品种审定规范　大豆
19	NY/T 495—2002	生产管理类（种植、植保、加工）	东北地区大豆生产技术规程
20	NY/T 850—2004	环境安全类（产地环境、投入品）	大豆产地环境技术条件
21	NY/T 1010—2006	产品类（等级规格、品质/安全、原产地保护）	大豆品质同质性评价技术规范
22	NY/T 738—2003	生产管理类（种植、植保、加工）	大豆联合收割机械作业质量
23	NY/T 1788—2009	种质资源类（种子、种苗）	大豆品种纯度鉴定技术规程　SSR 分子标记法
24	NY/T 1359—2007	生产管理类（种植、植保、加工）	大豆带式精选机质量评价技术规范
25	NY/T 1252—2006	基础/通用类（术语、分类）	大豆异黄酮
26	NY/T 1599—2008	方法类（检验/检测）	大豆热损伤率的测定
27	NY/T 1293—2007	生产管理类（种植、植保、加工）	黄淮海地区高蛋白夏大豆栽培技术规程
28	NY/T 1216—2006	生产管理类（种植、植保、加工）	东北高油大豆栽培技术规范
29	SN/T 3576—2013	方法类（检验/检测）	转基因成分检测　大豆 PCR - DHPLC 检测方法
30	LS/T 3241—2012	基础/通用类（术语、分类）	豆浆用大豆
31	SN/T 3576—2013	方法类（检验/检测）	转基因成分检测　大豆 PCR - DHPLC 检测方法
32	SN/T 1961.19—2013	方法类（检验/检测）	出口食品过敏原成分检测　第 19 部分：实时荧光 PCR 方法检测大豆成分
33	SB/T 10686—2012	物流类（包装、标识、储运）	大豆食品工业术语
34	SB/T 10687—2012	基础/通用类（术语、分类）	大豆食品分类
35	SN/T 1195—2003	方法类（检验/检测）	大豆中转基因成分的定性 PCR 检测方法
36	LS/T 3301—2005	方法类（检验/检测）	可溶性大豆多糖
37	SN/T 1849—2006	方法类（检验/检测）	进境大豆检疫规程
38	SN/T 1899—2007	方法类（检验/检测）	大豆茎溃疡病菌检疫鉴定方法
39	SN/T 1746—2006	方法类（检验/检测）	进出口大豆、油菜籽和食用植物油中赭曲霉毒素 A 的检验方法
40	SN/T 1745—2006	方法类（检验/检测）	进出口大豆、油菜籽和食用植物油中玉米赤霉烯酮的检验方法
41	SN/T 0712—2010	方法类（检验/检测）	进出口粮谷和大豆中 11 种除草剂残留量的测定气相色谱-质谱法
42	SN/T 2474—2010	方法类（检验/检测）	大豆疫霉病菌实时荧光 PCR 检测方法
43	NY/T 954—2006	基础/通用类（术语、分类）	小粒黄豆
44	NY/T 2794—2015	方法类（检验/检测）	花生仁中氨基酸含量测定　近红外法
45	NY/T 2786—2015	生产管理类（种植、植保、加工）	低温压榨花生油生产技术规范
46	NY/T 2785—2015	生产管理类（种植、植保、加工）	花生热风干燥技术规范
47	NY/T 2308—2013	生产管理类（种植、植保、加工）	花生黄曲霉毒素污染控制技术规程
48	NY/T 2408—2013	生产管理类（种植、植保、加工）	花生栽培观察记载技术规范
49	NY/T 2407—2013	生产管理类（种植、植保、加工）	花生防早衰适期晚收高产栽培技术规程

（续）

序号	标准编号	标准分类	标准名称
50	NY/T 2406—2013	生产管理类（种植、植保、加工）	花生防空秕栽培技术规程
51	NY/T 2405—2013	生产管理类（种植、植保、加工）	花生连作高产栽培技术规程
52	NY/T 2404—2013	生产管理类（种植、植保、加工）	花生单粒精播高产栽培技术规程
53	NY/T 2403—2013	生产管理类（种植、植保、加工）	旱薄地花生高产栽培技术规程
54	NY/T 2402—2013	生产管理类（种植、植保、加工）	高蛋白花生生产技术规程
55	NY/T 2401—2013	生产管理类（种植、植保、加工）	覆膜花生机械化生产技术规程
56	NY/T 2400—2013	生产管理类（种植、植保、加工）	绿色食品 花生生产技术规程
57	NY/T 2399—2013	生产管理类（种植、植保、加工）	花生种子生产技术规程
58	NY/T 2398—2013	生产管理类（种植、植保、加工）	夏直播花生生产技术规程
59	NY/T 2397—2013	生产管理类（种植、植保、加工）	高油花生生产技术规程
60	NY/T 2396—2013	生产管理类（种植、植保、加工）	麦田套种花生生产技术规程
61	NY/T 2395—2013	生产管理类（种植、植保、加工）	花生田主要杂草防治技术规程
62	NY/T 2394—2013	生产管理类（种植、植保、加工）	花生主要病害防治技术规程
63	NY/T 2393—2013	生产管理类（种植、植保、加工）	花生主要虫害防治技术规程
64	NY/T 2392—2013	生产管理类（种植、植保、加工）	花生田镉污染控制技术规程
65	NY/T 2391—2013	种质资源类（种子、种苗）	农作物品种区域试验与审定技术规程 花生
66	NY/T 2390—2013	生产管理类（种植、植保、加工）	花生干燥与储藏技术规程
67	NY/T 1286—2007	方法类（检验/检测）	花生黄曲霉毒素 B_1 的测定 高效液相色谱法
68	NY/T 2310—2013	生产管理类（种植、植保、加工）	花生黄曲霉侵染抗性鉴定方法
69	SN/T 3136—2012	方法类（检验/检测）	出口花生、谷类及其制品中黄曲霉毒素、赭曲霉毒素、伏马毒素 B_1、脱氧雪腐镰刀菌烯醇、T-2毒素、HT-2毒素的测定
70	NY/T 1893—2010	产品类（等级规格、品质/安全、原产地保护）	加工用花生等级规格
71	NY/T 420—2009	基础/通用类（术语、分类）	绿色食品 花生及制品
72	NY/T 132—1989	基础/通用类（术语、分类）	饲料用花生饼
73	SN/T 1536—2005	方法类（检验/检测）	进出口花生斑点粒检验方法
74	SN/T 0327.1—1994	方法类（检验/检测）	出口烤花生果检验规程
75	SN/T 0327.2—1994	方法类（检验/检测）	出口油炸花生仁检验规程
76	SN/T 1961.2—2007	方法类（检验/检测）	食品中过敏原成分检测方法 第2部分：实时荧光PCR法检测花生成分
77	NY/T 1387—2007	生产管理类（种植、植保、加工）	黄河流域棉花生产技术规程
78	NY/T 1068—2006	基础/通用类（术语、分类）	油用花生
79	NY/T 1067—2006	基础/通用类（术语、分类）	食用花生
80	NY/T 993—2006	生产管理类（种植、植保、加工）	花生摘果机 作业质量
81	NY/T 994—2006	生产管理类（种植、植保、加工）	花生剥壳机 作业质量
82	SB/T 10553—2009	方法类（检验/检测）	熟制葵花籽和仁
83	SN/T 1963—2007	方法类（检验/检测）	进出口南瓜籽仁、葵花籽仁感官检验方法
84	NY/T 510—2002	基础/通用类（术语、分类）	葵花籽剥壳机

（续）

序号	标准编号	标准分类	标准名称
85	NY/T 127—1989	基础/通用类（术语、分类）	饲料用向日葵仁粕
86	NY/T 128—1989	基础/通用类（术语、分类）	饲料用向日葵仁饼
87	NY/T 1581—2007	基础/通用类（术语、分类）	食用向日葵籽
88	NY/T 2307—2013	生产管理类（种植、植保、加工）	芝麻油冷榨技术规范
89	NY/T 1595—2008	方法类（检验/检测）	芝麻中芝麻素含量的测定　高效液相色谱法
90	SN/T 1961.12—2013	方法类（检验/检测）	出口食品过敏原成分检测　第12部分：实时荧光 PCR 方法检测芝麻成分
91	NY/T 1509—2007	产品类（等级规格、品质/安全、原产地保护）	绿色食品　芝麻及其制品
92	NY/T 1464.18—2007	环境安全类（产地环境、投入品）	农药田间药效试验准则　第18部分：除草剂防治芝麻田杂草
93	SN/T 1767—2006	方法类（检验/检测）	进出口双壳黑芝麻检验检疫规程
94	NY/T 2562—2014	种质资源类（种子、种苗）	植物新品种特异性、一致性和稳定性测试指南　亚麻
95	NY/T 217—1992	基础/通用类（术语、分类）	饲料用亚麻仁粕
96	NY/T 216—1992	基础/通用类（术语、分类）	饲料用亚麻仁饼
97	NY/T 1382—2007	方法类（检验/检测）	棉籽中棉酚旋光体的测定　高效液相色谱法
98	NY/T 129—1989	基础/通用类（术语、分类）	饲料用棉籽饼
99	SN/T 4428—2016	方法类（检验/检测）	出口油料和植物油中多种农药残留量的测定　液相色谱-质谱/质谱法
100	SN/T 0800.7—2016	方法类（检验/检测）	出口粮食、油料及饲料不完善粒检验方法
101	NY/T 2333—2013	方法类（检验/检测）	粮食、油料检验　脂肪酸值测定
102	NY/T 1285—2007	方法类（检验/检测）	油料种籽含量的测定　残余法
103	LS/T 1102—1988	基础/通用类（术语、分类）	粮食、油料及其加工产品性质和质量的名词术语
104	LS/T 1103—1992	基础/通用类（术语、分类）	原粮油料形态学和结构学术语
105	SN/T 0803.9—1999	方法类（检验/检测）	进出口油料　粗蛋白质检验方法
106	SN/T 0803.6—1999	方法类（检验/检测）	进出口油料　杂质检验方法
107	SN/T 0803.5—1999	方法类（检验/检测）	进出口油料　规格及均匀度检验方法
108	SN/T 0803.4—1999	方法类（检验/检测）	进出口油料　类型纯度及互混度检验方法
109	SN/T 0803.3—1999	方法类（检验/检测）	进出口油料　粒度检验方法
110	NY/T 1991—2011	基础/通用类（术语、分类）	油料作物与产品名词术语
111	SN/T 0803.10—1999	方法类（检验/检测）	进出口油料　出仁率检验方法
112	SN/T 0803.8—1999	方法类（检验/检测）	进出口油料游离脂肪酸、酸价检验方法
113	NY/T 4—1982	方法类（检验/检测）	谷类、油料作物种子粗脂肪测定方法
114	NY/T 2546—2014	生产管理类（种植、植保、加工）	油稻稻三熟制油菜全程机械化生产技术规程
115	NY/T 2468—2013	方法类（检验/检测）	甘蓝型油菜品种鉴定技术规程　SSR 分子标记法
116	NY/T 2479—2013	种质资源类（种子、种苗）	植物新品种特异性、一致性和稳定性测试指南　白菜型油菜

（续）

序号	标准编号	标准分类	标准名称
117	NY/T 1287—2007	方法类（检验/检测）	油菜籽中叶绿素含量的测定 光度法
118	NY/T 1990—2011	基础/通用类（术语、分类）	高芥酸油菜籽
119	NY/T 1464.41—2011	生产管理类（种植、植保、加工）	农药田间药效试验准则 第41部分：除草剂防治免耕油菜田杂草
120	NY/T 1996—2011	生产管理类（种植、植保、加工）	双低油菜良好农业规范
121	NY/T 91—1988	方法类（检验/检测）	油菜籽中油的芥酸的测定 气相色谱法
122	NY/T 415—2000	基础/通用类（术语、分类）	低芥酸低硫苷油菜籽
123	SN/T 1197—2003	方法类（检验/检测）	油菜籽中转基因成分定性 PCR 检测方法
124	NY/T 721.3—2003	方法类（检验/检测）	转基因油菜环境安全检测技术规范
125	SN/T 1746—2006	方法类（检验/检测）	进出口大豆、油菜籽和食用植物油中赭曲霉毒素 A 的检验方法
126	SN/T 1745—2006	方法类（检验/检测）	进出口大豆、油菜籽和食用植物油中玉米赤霉烯酮的检验方法
127	NY/T 1596—2008	方法类（检验/检测）	油菜饼粕中异硫氰酸酯的测定 硫脲比色法
128	NY/T 1087—2006	生产管理类（种植、植保、加工）	油菜籽干燥与储藏技术规程
129	NY/T 791—2004	种质资源类（种子、种苗）	双低杂交油菜种子繁育技术规程
130	NY/T 794—2004	生产管理类（种植、植保、加工）	油菜菌核病防治技术规程
131	NY/T 790—2004	生产管理类（种植、植保、加工）	双低油菜生产技术规程
132	NY/T 792—2004	方法类（检验/检测）	油菜籽芥酸硫苷的测定（光度法）
133	NY/T 1797—2009	方法类（检验/检测）	油菜籽中游离脂肪酸的测定 滴定法
134	NY/T 1795—2009	产品类（等级规格、品质/安全、原产地保护）	双低油菜籽等级规格
135	NY 846—2004	环境安全类（产地环境、投入品）	油菜产地环境条件
136	NY/T 1288—2007	种质资源类（种子、种苗）	甘蓝型黄籽油菜种子颜色的鉴定
137	NY/T 1291—2007	生产管理类（种植、植保、加工）	长江下游地区低芥酸低硫甘蓝菜生产技术规程
138	NY/T 1290—2007	生产管理类（种植、植保、加工）	长江中游地区低芥酸低硫苷油菜 生产技术规程
139	NY/T 1289—2007	生产管理类（种植、植保、加工）	长江上游地区低芥酸低硫苷油菜 生产技术规程
140	NY/T 1582—2007	方法类（检验/检测）	油菜籽中硫代葡萄糖苷的测定 高效液相色谱法
141	SN/T 1868—2007	方法类（检验/检测）	进出口油菜籽及其饼粕中硫代葡萄糖苷总量的测定方法
142	NY/T 1231—2006	生产管理类（种植、植保、加工）	油菜联合收获机质量评价技术规范
143	NY/T 603—2002	种质资源类（种子、种苗）	甘蓝型、芥菜型双低常规油菜种子繁育技术规程
144	NY/T 1296—2007	种质资源类（种子、种苗）	农作物品种审定规范 油菜
145	NY/T 415—2000	基础/通用类（术语、分类）	低芥酸低硫苷油菜籽
146	NY 414—2000	基础/通用类（术语、分类）	低芥酸低硫苷油菜种子
147	NY/T 126—2005	基础/通用类（术语、分类）	饲料用菜籽粕

（续）

序号	标准编号	标准分类	标准名称
148	NY/T 417—2000	基础/通用类（术语、分类）	饲料用低硫苷菜籽饼（粕）
149	NY/T 1990—2011	基础/通用类（术语、分类）	高芥酸油菜籽
150	NY/T 416—2000	基础/通用类（术语、分类）	低芥酸菜籽油
151	NY/T 1273—2007	基础/通用类（术语、分类）	低芥酸菜籽色拉油

表 4-5　油料（产品）地方标准体系

序号	标准编号	标准分类	标准名称
1	DB12/T 506—2014	方法类（检验/检测）	大豆转基因成分筛查方法
2	DB12/T 295—2006	方法类（检验/检测）	无公害农产品　花生大豆中农药残留多组份测定方法- GC/MS 法
3	DB23/T 862—2004	方法类（检验/检测）	大豆油中掺入棕榈油的检验
4	DB22/T 1626—2012	方法类（检验/检测）	大豆中溴虫腈残留量的测定　气相色谱-质谱/质谱法
5	DB22/ 1750—2012	基础/通用类（术语、分类）	芽用大豆
6	DB22/ 1749—2012	基础/通用类（术语、分类）	纳豆用小粒大豆
7	DB22/ 1748—2012	基础/通用类（术语、分类）	高蛋白大豆
8	DB44/T 1177—2013	基础/通用类（术语、分类）	饲料用膨化大豆
9	DB43/T 887—2014	基础/通用类（术语、分类）	饲料原料　膨化大豆
10	DB21/T 846—1995	方法类（检验/检测）	大豆饼粕中掺有玉米面的鉴定（暂无文本）
11	DB35/T 1281—2012	生产管理类（种植、植保、加工）	菜用大豆生产技术规程
12	DB35/T 1280—2012	生产管理类（种植、植保、加工）	大豆疫霉菌分子检测技术规程
13	DB35/T 1220—2011	生产管理类（种植、植保、加工）	大豆疫霉菌致病性测定
14	DB23/T 1041—2006	物流类（包装、标识、储运）	大豆安全要求
15	DB23/T 1038—2006	生产管理类（种植、植保、加工）	大豆种子加工技术规范
16	DB11/T 720—2010	生产管理类（种植、植保、加工）	大豆品种抗旱性鉴定方法及评价
17	DB3302/T 095—2010	生产管理类（种植、植保、加工）	无公害菜用大豆　生产技术规程
18	DB140400/T 009—2004	生产管理类（种植、植保、加工）	绿色农产品　青大豆生产操作规程
19	DB34/T 1455—2011	生产管理类（种植、植保、加工）	高蛋白大豆　"皖豆 24 号"高产保优栽培技术操作规程
20	DB34/T 1454—2011	生产管理类（种植、植保、加工）	淮北地区大豆玉米间作高产栽培技术规程
21	DB11/T 261—2005	生产管理类（种植、植保、加工）	大豆生产技术规程
22	DB11/T 324.3—2005	种质资源类（种子、种苗）	农作物品种试验操作规程第 3 部分：大豆
23	DB13/T 771—2006	生产管理类（种植、植保、加工）	夏大豆窄行密植栽培技术规程
24	DB13/T 812—2006	方法类（检验/检测）	大豆及其制品蛋白质溶解度的测定
25	DB21/T 1389—2005	生产管理类（种植、植保、加工）	风沙半干旱地区大豆节水高产优质栽培技术规程
26	DB21/T 1282—2004	基础/通用类（术语、分类）	优质大豆
27	DB21/T 1319—2004	生产管理类（种植、植保、加工）	大豆病虫安全控害技术规程
28	DB13/T 839—2007	生产管理类（种植、植保、加工）	高油大豆栽培技术规程

（续）

序号	标准编号	标准分类	标准名称
29	DB12/T 295—2006	方法类（检验/检测）	无公害农产品　花生大豆中农药残留多组份测定方法-GC/MS法
30	DB21/T 2531—2015	生产管理类（种植、植保、加工）	有机花生生产技术规程
31	DB42/T 466—2008	基础/通用类（术语、分类）	小村红衣米花生
32	DB35/T 99—1999	方法类（检验/检测）	花生油中掺伪分析方法
33	DB35/T 867—2008	产品类（等级规格、品质/安全、原产地保护）	地理标志产品　龙岩咸酥花生
34	DB32/T 420—2010	产品类（等级规格、品质/安全、原产地保护）	泰兴花生果分级
35	DB42/T 999—2014	产品类（等级规格、品质/安全、原产地保护）	地理标志产品　大悟花生
36	DB52/T 793—2013	生产管理类（种植、植保、加工）	贵州铜仁花生生产技术规程
37	DB34/T 1323—2010	生产管理类（种植、植保、加工）	安徽省花生病虫草害防治技术规程
38	DB34/T 1576—2011	生产管理类（种植、植保、加工）	绿色食品　沿淮地区花生栽培技术规程
39	DB34/T 1457—2011	生产管理类（种植、植保、加工）	花生地膜覆盖栽培技术规程
40	DB21/T 1731—2009	产品类（等级规格、品质/安全、原产地保护）	地理标志产品　傅家花生
41	DB21/T 1807—2010	生产管理类（种植、植保、加工）	花生摘果机械作业技术规程
42	DB11/T 260—2005	生产管理类（种植、植保、加工）	花生生产技术规程
43	DB34/T 533—2005	生产管理类（种植、植保、加工）	花生联合播种机械化作业技术规范
44	DB34/T 434—2004	生产管理类（种植、植保、加工）	花生收获机械作业质量评定办法
45	DB34/T 252.4—2003	产品类（等级规格、品质/安全、原产地保护）	无公害花生　第4部分　花生果（仁）
46	DB11/T 235—2004	种质资源类（种子、种苗）	花生原种、良种生产技术操作规程
47	DB510824/T 40—2010	生产管理类（种植、植保、加工）	无公害食品　花生生产技术规程
48	DB34/T 252.5—2003	生产管理类（种植、植保、加工）	无公害花生　第5部分　花生秸秆饲用技术规程
49	DB34/T 252.4—2008	生产管理类（种植、植保、加工）	无公害花生　第4部分：秸秆饲用技术规程
50	DB34/T 252.3—2008	产品类（等级规格、品质/安全、原产地保护）	无公害花生　第3部分：花生果（仁）
51	DB34/T 252.2—2008	生产管理类（种植、植保、加工）	无公害花生　第2部分：原种繁育技术
52	DB34/T 252.1—2008	生产管理类（种植、植保、加工）	无公害花生　第1部分：栽培技术规程
53	DB34/T 534—2005	生产管理类（种植、植保、加工）	花生收获机械化作业技术规范
54	DB21/T 1388—2005	生产管理类（种植、植保、加工）	风沙半干旱地区花生节水高产优质栽培技术规程
55	DB21/T 1377—2005	生产管理类（种植、植保、加工）	花生病虫安全控害技术规程
56	DB21/T 1668—2008	生产管理类（种植、植保、加工）	花生机械收获作业技术规程
57	DB13/T 1205—2010	生产管理类（种植、植保、加工）	高油花生品种冀花4号栽培技术规程
58	DB64/T 505—2007	生产管理类（种植、植保、加工）	无公害食品　食用向日葵生产技术规程
59	DB23/T 1031—2006	生产管理类（种植、植保、加工）	有机食品葵花生产技术操作规程

（续）

序号	标准编号	标准分类	标准名称
60	DB35/T 100—1999	方法类（检验/检测）	芝麻油中掺伪分析方法
61	DB3201/T 045—2004	生产管理类（种植、植保、加工）	无公害农产品 "宁芝1号"芝麻生产技术规程
62	DB41/T 798—2013	产品类（等级规格、品质/安全、原产地保护）	地理标志产品 平舆白芝麻
63	DB11/T 571—2008	生产管理类（种植、植保、加工）	无公害蔬菜 芝麻菜生产技术规程
64	DB21/T 1601—2008	生产管理类（种植、植保、加工）	农产品质量安全 芝麻生产技术规程
65	DB13/T 847—2007	生产管理类（种植、植保、加工）	无公害芝麻生产技术规程
66	DB34/T 924—2009	方法类（检验/检测）	芝麻油纯度的测定 比色法
67	DB64/ 673—2010	基础/通用类（术语、分类）	熟制压榨胡麻籽油（亚麻籽油）
68	DB21/T 594—2001	基础/通用类（术语、分类）	毛棉籽油
69	DB13/T 780—2006	生产管理类（种植、植保、加工）	亚麻（胡麻）有机栽培技术规程
70	DB13/T 846—2007	环境安全类（产地环境、投入品）	无公害粮食、油料作物产地环境条件
71	DB34/T 1225—2010	生产管理类（种植、植保、加工）	水稻-油菜轮作区油菜高效施肥推荐
72	DB34/T 2544—2015	生产管理类（种植、植保、加工）	油菜全程机械化栽培技术规程
73	DB52/T 840—2013	种质资源类（种子、种苗）	油菜隐性核不育两系"宽窄行"制种技术规程
74	DB52/T 839—2013	种质资源类（种子、种苗）	隐性核不育两系杂交油菜制种可育株识别技术规程
75	DB52/T 788—2012	种质资源类（种子、种苗）	油菜隐性核不育两系杂交种父本中心式制种技术规程
76	DB52/T 787—2012	生产管理类（种植、植保、加工）	油菜免耕直播套种绿肥栽培技术规程
77	DB34/T 1231—2010	生产管理类（种植、植保、加工）	安徽省绿色食品原料（油菜）标准化生产基地管理准则
78	DB34/T 1785—2012	生产管理类（种植、植保、加工）	紫云英、苕子与油菜混播绿肥高产栽培技术规程
79	DB34/T 1730—2012	种质资源类（种子、种苗）	甘蓝型油菜隐性核不育两系杂交制种技术规程
80	DB33/T 882—2012	生产管理类（种植、植保、加工）	油菜菌核病和病毒病测报技术规范
81	DB11/T 923—2012	生产管理类（种植、植保、加工）	冬油菜栽培技术规程
82	DB51/T 1192—2011	生产管理类（种植、植保、加工）	油菜根肿病抗性鉴定技术规程
83	DB3201/T 064—2004	生产管理类（种植、植保、加工）	无公害农产品 双低油菜生产技术操作规程
84	DB34/T 1456—2011	种质资源类（种子、种苗）	甘蓝型油菜隐性上位互作核不育三系制种技术操作规程
85	DB34/T 1425—2011	生产管理类（种植、植保、加工）	环巢湖地区油菜氮磷减量控制栽培技术规程
86	DB31/ 280—2002	产品类（等级规格、品质/安全、原产地保护）	油菜品种
87	DB11/T 165—2002	生产管理类（种植、植保、加工）	无公害蔬菜油菜生产技术规程
88	DB510824/T 39—2010	生产管理类（种植、植保、加工）	无公害食品 油菜生产技术规程
89	DB510823/T 006—2010	生产管理类（种植、植保、加工）	高芥酸油菜生产技术规程
90	DB510823/T 007—2010	基础/通用类（术语、分类）	高芥酸油菜籽
91	DB34/T 1063—2009	生产管理类（种植、植保、加工）	安徽省油菜轻简化栽培技术规程
92	DB34/T 1090—2009	生产管理类（种植、植保、加工）	稻油两熟制油菜秸秆还田机械化作业技术规范

（续）

序号	标准编号	标准分类	标准名称
93	DB51/T 494—2005	生产管理类（种植、植保、加工）	绿色食品　油菜生产技术规程
94	DB21/T 1313—2004	生产管理类（种植、植保、加工）	无公害食品　油菜生产技术规程
95	DB3205/T 172—2009	生产管理类（种植、植保、加工）	双低油菜苏油 4 号生产技术规程
96	DB3205/T 056—2004	生产管理类（种植、植保、加工）	无公害农产品　晚稻茬套播油菜栽培技术规程
97	DB3205/T 037—2003	生产管理类（种植、植保、加工）	无公害农产品　双低油菜苏油 1 号菜籽生产技术规程
98	DB34/T 990—2009	生产管理类（种植、植保、加工）	无公害农产品　双低油菜籽生产技术规程
99	DB51/T 1042—2010	生产管理类（种植、植保、加工）	甘蓝型"两系"核不育杂交油菜种子生产田间检验规程
100	DB51/T 1038—2010	生产管理类（种植、植保、加工）	四川省水稻-秋马铃薯油菜保护性耕作
101	DB51/T 1036—2010	生产管理类（种植、植保、加工）	油菜抗病毒病性田间鉴定技术规程
102	DB51/T 1035—2010	生产管理类（种植、植保、加工）	油菜抗菌核病性田间鉴定技术规程

第五章 2016年度种植业产品标准体系研究报告——麻类

一、产品标准及标准体系发展现状

1. 标准体系建设进展情况 国麻类作物种类多，主要有苎麻、亚麻、红麻、黄麻、剑麻、大麻，其中苎麻、亚麻为纺织工业的精纺纤维，红麻、黄麻、剑麻、大麻为粗纺纤维。我国麻类作物地域分布广泛，苎麻主要分布在湖南、湖北、江西等长江流域地区。亚麻主要分布在东北三省和内蒙古、甘肃、宁夏等地。黄、红麻主要分布在黄河、淮河流域、长江中下游和华南地区。大麻分布在安徽、山东、河南等地。剑麻分布在华南一带。因此，麻类作物普遍环境适应性较广，栽培方式比较粗放，规模化程度较低，各个地区因为环境气候、耕作方式的差异而采用不同的栽培模式，几乎没有统一的农田标准、栽培规程和管理标准，主要依靠经验进行生产管理，一些优质高产高效的栽培技术也依据当地的气候条件和栽培习惯模式而形成。麻类作物病虫害防治标准也只有几个，标准内容主要涉及病虫害的防治，预警测报、限量和检测方法标准有待增补完善。相对来说，麻类作物的种子、种苗类标准和规程则要完善得多，其中苎麻、亚麻、剑麻等作物都制定了种子资源鉴定规程、种子和种苗标准。麻类纤维的生产技术规程主要是规范脱胶过程，其中传统的雨露或者沤麻技术规程比较全面，几乎囊括了所有麻类作物纤维生产。生物脱胶技术规程只以农业行业标准的形式规定了苎麻纤维的生产过程。而被麻纺企业普遍采用的化学脱胶过程却没有标准化，不过随着环境保护压力的增大，化学脱胶技术在逐渐退出历史舞台，将逐渐被生物脱胶或者生物化学联合脱胶逐渐取代。纤维是麻类作物的主要产品，所以各种种类和各级规格的纤维产品标准比较全面，但同时也存在标准规定的指标单一的问题。相对应的，纤维产品的检测方法标准也比较全面，检测的指标比较单一，主要涉及的是纤维强力和细度等主要指标，纤维的均匀度等指标还没有规定到标准里面。总的来说，因为麻类作物品种多，纤维性质差异大，用途不同，一些新的用途也在逐渐被研发出来，需要制定的标准涉及面广，标准体系还很不完善，标准体系建设任重道远，需要花大力气淘汰旧标准，结合产业发展现状和需要制定适宜的新标准，补充完善产业生产关键环节的技术规程和标准，整合可以整合的标准，剥离与纺织等其他行业重复冲突的标准，层层梳理，逐级完善，使麻类标准体系逐渐规范化。

2. 存在的主要问题

（1）标准管理问题 尽管麻类作物种类很多，麻类农产品的用途也很广泛，但实际生产过程的规模化和标准化程度非常低，产业链各环节间缺乏统一的有效管理和协调，标准管理体制非常落后，缺乏对标准实施有效监督的管理机构，麻类农产品认证体系建设还处在起步阶段。从整体上讲，我国麻类农产品标准化工作急需实施改革，才能应对农业现代化发展所面临的严峻挑战。标准化体系不健全，农业标准化法律法规体系，农业标准化实施推广体系，监督、监测体系以及认证体系与国际存在较大差距。要尽快改革我国麻类产业标准建设以及管理体制，借鉴或者引进其他农作物通行和公认的官方或者国际制度。

（2）标准体系问题 自20世纪80年代以来，为提高麻类纤维质量、规范麻类纤维加工与市场，建立健全麻类标准体系，陆续颁布了一批麻类产品生产、收购和加工产品质量标准与检验检测方法标准。截至2013年底，已制修订麻类生产、收购、加工及产品、检测方法等国家标准和农业行业标准共计69项，这些标准在麻类生产、收购、加工、检验、进出口等领域发挥了重要的作用，但也还存在不少问题与缺陷。

① 标准分布不均衡。麻的种类很多，有苎麻、亚麻、大麻、黄麻、红麻、剑麻、蕉麻等，但现有麻类标准分布极不均衡，有些还没有标准，有些又分得太细、太烦琐。就不同种类的麻而言，剑麻的标准要细、要齐得多，现行 69 项麻类标准中，剑麻占有 30 项，如《剑麻织物　短时间中度静负载后厚度减损的测定》《剑麻织物　长时间重度静负载后厚度减损的测定》，完全没有必要做成两个标准。《苎麻回潮率、含水率试验方法》与《剑麻纤维及制品回潮率的测定》两个方法基本一致，操作上也不存在差别，可以几种麻统一成一个标准如《麻类产品回潮率及含水率试验方法》。就标准的类别而言，产品标准和方法标准相对较多，基础标准和生产标准则很少，如产品标准 24 项、方法标准 34 项，而基础标准仅 6 项、生产标准仅 5 项等，极不均衡。另外，现有的标准绝大部分是关于麻类产品质量与品质的检验方法标准，标准制定不系统，分布不均。麻类的产前、产中的标准，生产资料使用等方面的标准几乎为空白。有关麻类作物的种子、种苗繁育、生产管理、病虫害防治、麻类纤维收获加工等方面的规程或标准也极不均衡，麻类标准体系很不完善，应该加强产前与产中各环节标准的制定。

② 部分麻类标准落后，不能满足现代社会发展的需求。很多麻类标准的标龄普遍过长，更新速度缓慢。时至今日，标龄近 30 年的麻类标准有 10 个，标龄近 20 年的标准有 15 个，这些标准还是 20 世纪 80 年代中期至 90 年代初制定的标准，从未进行过修订，如苎麻标准 GB/T 5881—86 至 GB/T 5889—86 的 9 项方法标准，近 30 年未修订，这些标准在当时的历史条件下发挥了一定的作用，但与这些标准配套的仪器设备大都不生产了，部分标准实际上早已被搁置不用，自动废止了。随着科学技术的进步，仪器自动化、智能化水平的提高，出现了各种不同类型的电子检测仪器，这些落后的标准远不能适应现代社会发展的需求，应尽快修订标龄过长的标准，尽快实现麻类标准与国际接轨。

③ 标准间协调性差。在麻类纤维的检测中，同一个品质指标有多个单位名称，使用的物理量的名称或单位比较混乱，协调性差。比如麻纤维细度指标，苎麻纤维叫公制支数（单位：m/g，名称公支），黄、红麻纤维称线密度（单位：kg/m，名称特克斯 tex）；再如纤维强力（度）单位有 gf（gf/tex、gf/d）和 cN（cN/tex）等。并且在不同的行业中，也因习惯不同而不一致。名称与单位的不统一，协调性差，容易引起混淆。因此有必要规定一个既科学、又方便检测的行业内统一使用的名称与单位，有国际单位制单位的尽量采用国际单位。

④ 标准的贯彻执行与维护不良。标准执行不力，得不到有效运行。如《苎麻》（GB/T 7699—1999）、《熟黄麻》（GB/T 12945—2003）、《熟红麻》（GB/T 12946—2003）等是现行麻类纤维收购、加工、经营所必须遵守的标准，但在实际操作中很少取样送检测部门检测，依据检测品质指标，对照相应的产品标准分等定级或分类定等，按质论价。麻丰产时压级压价、歉收时抬级抬价，不论类别、等级，一口价。有必要加强行政和舆论宣传的引导，提高标准执行的力度，通过市场的力量及市场经济的发展与完善，标准得到有效贯彻执行，使标准真正在市场经济中发挥作用，为市场经济保驾护航。

⑤ 标准缺乏创新性。科学技术高速发展，科技成果日新月异，新的产品新的检测技术不断涌现，也给标准提出了新的更高的要求。目前的仪器设备通过与计算机联用，其操作简单，速度快，效率高，性能稳定，结果准确度高，仪器自动化、智能化水平在不断提高，陈旧落后的麻类标准还停留在 20 世纪 80 年代的水平，麻类标准缺乏创新。手工操作、烦琐的重复劳动的方法标准严重不适应市场的快速发展需求，而一些新产品如麻地膜、机剥麻等以及一些新技术还缺乏相应的标准。

二、发展方向

我国麻类纤维农产品质量等级标准主要为一些地方标准，农业行业标准和国家标准还相当缺乏。

由于我国麻类农业生产和农产品初加工缺乏标准指导，生产出的纤维等农产品质量参差不齐，经济附加值很低。相对来说我国的纤维检测方法标准比较多，但覆盖面不够，指标不全，与国家进出口检验检疫部门制定的标准不尽一致，与国际标准之间相比还存在很大的差异，急需建立健全提升质量等级标准和检测方法标准，加快推进相关标准的制修订适应国际市场的需要。同时加快建成麻类作物及其农产品标准库、标准制修订管理系统和麻类标准网等数据信息平台，使标准服务和管理信息化，加快麻类标准体系信息化建设。通过构建信息平台，建立麻类农产品质量安全跟踪追溯系统，实现麻类农产品身份追溯可查。

三、标准体系建设主要措施

1. 查漏补缺，完善标准体系建设，加快主要麻类作物及其农产品生产过程关键环节技术标准制修订　根据产业发展实际需要，查漏补缺，报废不适用标准，修订过期需完善的旧标准，补充制定新标准，加快完善麻类标准体系建设。填平补齐苎麻、亚麻、剑麻、大麻、黄麻、红麻等主要麻类作物种质资源鉴定、繁育和评价标准规范，优质高效麻类作物标准化栽培技术规程，农田生产管理过程规范，农业投入物（农药等）安全使用标准，农田病虫害防治技术规程，脱胶加工技术规程以及农产品质量等级要求和检测方法等标准的制修订工作，尤其要加快推进纤维等麻类农产品质量等级和检测技术标准国际化的进程。力争"十三五"期间实现苎麻、亚麻等主要麻类作物制修订农业行业标准 10 项，纤维类农产品质量等级、检测方法制修订国家标准或者农业行业标准 5 项，其他类农业行业标准 5 项，共计 20 项。

2. 跟踪国际标准，结合科技创新，协同社会参与，开展标准支撑研究　紧紧跟踪国际标准化组织（ISO）、欧洲标准化委员会（CEN）等主要国际或主要贸易区域标准组织制定的相关麻类农产品进出口标准和技术性贸易措施，密切关注欧美、日本等主要苎麻、亚麻纤维原料贸易国，马来西亚、孟加拉国等黄麻红麻纤维出口国制定的标准动态，评价分析国内标准与国际标准之间的差异与关联度，制定应对策略。强化科技创新与标准制修订密切结合，确保标准具有较强的科学性，政府引导，企业各界广泛参与协作的工作机制，确保标准具有较强的适用性和时效性。

3. 多渠道多方式，加快麻类农业标准化推广实施体系研究　制定年度宣贯计划，督促鼓励标准技术人员深入农户、生产企业和经营单位宣贯培训标准化知识与技能，提高标准化认识，推广普及标准化生产技术。因势利导，根据不同地理区域和不同麻类农产品生产加工企业特点编制简明易懂的农业技术规范和工艺流程操作手册或画图，贯彻标准化过程通俗易懂。充分利用社会资源，依托农技推广部门、科研院校和社会宣传媒介，大量宣传加快标准实施应用。发挥联动机制效应，结合麻类产业技术体系试验站标准化农田建设和技术推广企业示范改造转化现行国家标准和农业行业标准，结合标准化成效辐射带动全国区域产区和相关企业实施标准化生产。

4. 示范应用，探索标准应用绩效评价方法研究　在不同地域分布的麻类作物主产区，利用现代麻类产业技术体系试验站标准试验田，或者纤维农产品标准化生产技术示范企业开展标准应用绩效评价机制研究，探索建立标准应用绩效评价方法，逐渐在全产业推广实施。

5. 培育壮大标准技术人才队伍　加强与国内精英标准团队的技术交流与合作，不断提高标准技术人员标准化能力和水平。通过机制创新，因地制宜，广泛吸收科研、教学、企业技术人员参与到标准的制定、管理、宣贯和应用推广过程中来。强调现代麻类产业技术体系专家团队与标准工作的有机结合，促进标准技术协调产业发展及时持续更新。提高科研技术专家、行业协会以及企业技术负责人在标准委员会中的比重。加强与国际标准组织的技术交流与合作，组织专家积极参与欧盟地区主要贸易国组织开展的标准活动，打造培养一支既熟悉我国产业现状、国家政策又精通国际相关行业标准规则的专家队伍。

四、标准体系汇总表

麻类（产品）国家标准、行业标准和地方标准具体分类和名称见表5-1～表5-3。

表5-1 麻类（产品）国家标准体系表

序号	标准编号	标准分类	标准名称
1	GB/T 19557.6—2004	种质资源类	植物新品种特异性、一致性和稳定性测试指南 苎麻
2	GB/T 30355—2013	基础/通用类	龙舌兰剑麻综合利用导则
3	GB/T 4407.1—1996	基础/通用类	经济作物种子 纤维类
4	GB/T 7699—1999	产品类	苎麻
5	GB/T 31811—2015	产品类	苎麻落麻
6	GB/T 20793—2015	产品类	苎麻精干麻
7	GB/T 12945—2003	产品类	熟黄麻
8	GB/T 12946—2003	产品类	熟红麻
9	GB/T 16984—2008	产品类	大麻原麻
10	GB/T 18146.1—2000	产品类	大麻纤维 第1部分：大麻精麻
11	GB/T 18146.2—2000	产品类	大麻纤维 第2部分：大麻麻条
12	GB/T 18146.3—2000	产品类	大麻纤维 第3部分：大麻落麻
13	GB/T 18146.3—2015	产品类	大麻纤维 第3部分：棉型大麻纤维
14	GB/T 13833—2002	产品类	纤维用亚麻原茎
15	GB/T 13834—2008	产品类	纤维用亚麻雨露干茎
16	GB/T 17345—2008	产品类	亚麻打成麻
17	GB/T 18888—2002	产品类	亚麻棉
18	GB/T 15681—2008	产品类	亚麻籽
19	GB/T 15031—2009	产品类	剑麻纤维
20	GB/T 15029—2009	产品类	剑麻白棕绳
21	GB/T 15030—2009	产品类	剑麻钢丝绳芯
22	GB/T 5581—1986	方法类	苎麻理化性能试验取样方法
23	GB/T 5582—1986	方法类	苎麻束纤维断裂强度试验方法
24	GB/T 5583—1986	方法类	苎麻回潮率、含水率试验方法
25	GB/T 5584—1986	方法类	苎麻纤维支数试验方法
26	GB/T 5885—1986	方法类	苎麻纤维白度试验方法
27	GB/T 5586—1986	方法类	苎麻单纤维强度试验方法
28	GB/T 5587—1986	方法类	苎麻纤维长度试验方法
29	GB/T 5588—1986	方法类	苎麻纤维聚合度试验方法
30	GB/T 5589—1986	方法类	苎麻化学成分定量分析方法
31	GB/T 18147.1—2008	方法类	大麻纤维试验方法 第1部分：含油率试验方法
32	GB/T 18147.2—2008	方法类	大麻纤维试验方法 第2部分：残胶率试验方法
33	GB/T 18147.3—2008	方法类	大麻纤维试验方法 第3部分：长度试验方法
34	GB/T 18147.4—2008	方法类	大麻纤维试验方法 第4部分：细度试验方法
35	GB/T 18147.5—2008	方法类	大麻纤维试验方法 第5部分：断裂强度试验方法
36	GB/T 18147.6—2008	方法类	大麻纤维试验方法 第6部分：疵点试验方法
37	GB/T 17260—2008	方法类	亚麻纤维细度的测定 气流法
38	GB/T 12411—2006	方法类	黄、红麻纤维试验方法

表 5-2 麻类（产品）行业标准体系表

序号	标准编号	标准分类	标准名称
1	NY/T 1321—2007	种质资源类	农作物种质资源鉴定技术规范　苎麻
2	NY/T 2178—2012	种质资源类	农作物优异种质资源评价规范　苎麻
3	NY/T 2481—2013	种质资源类	植物新品种特异性、一致性和稳定性测试指南　青麻
4	NY/T 2562—2014	种质资源类	植物新品种特异性、一致性和稳定性测试指南　亚麻
5	NY/T 2569—2014	种质资源类	植物新品种特异性、一致性和稳定性测试指南　大麻
6	NY/T 1941—2010	种质资源类	农作物种质资源鉴定技术规程　龙舌兰麻
7	NY/T 233—2014	基础/通用类	龙舌兰麻纤维及制品　术语
8	NY/T 407—2000	基础/通用类	剑麻加工机械产品质量分等
9	NY/T 1802—2009	基础/通用类	剑麻产品质量分级规则
10	NY/T 217—1992	产品类	饲料用亚麻仁粕
11	NY/T 216—1992	产品类	饲料用亚麻仁饼
12	NY/T 215—1992	产品类	饲料用胡麻籽粕
13	NY/T 214—1992	产品类	饲料用胡麻籽饼
14	NY/T 1439—2007	种质资源类	剑麻　种苗
15	NY/T 457—2001	产品类	农用剑麻纱
16	NY/T 255—2007	产品类	剑麻纱
17	NY/T 1523—2007	产品类	钢丝绳芯用剑麻纱
18	NY/T 458—2001	产品类	剑麻地毯
19	NY/T 712—2011	产品类	剑麻布
20	NY/T 264—2004	产品类	剑麻加工机械　刮麻机
21	NY/T 258—2007	产品类	剑麻加工机械　理麻机
22	NY/T 261—2012	产品类	剑麻加工机械　纤维压水机
23	NY/T 1801—2009	产品类	剑麻加工机械　纤维干燥设备
24	NY/T 341—2012	产品类	剑麻加工机械　制绳机
25	NY/T 259—2009	产品类	剑麻加工机械　并条机
26	NY/T 260—2011	产品类	剑麻加工机械　制股机
27	NY/T 342—2012	产品类	剑麻加工机械　纺纱机
28	NY/T 249—1995	方法类	剑麻织物　物理性能试验的取样和试样裁取
29	NY/T 2635—2014	方法类	苎麻纤维拉伸断裂强度试验方法
30	NY/T 1538—2007	方法类	苎麻纤维细度快速测定方法
31	NY/T 2338—2013	方法类	亚麻纤维细度快速检测　显微图像法
32	NY/T 2337—2013	方法类	熟黄（红）麻木质素测定　硫酸法
33	NY/T 2870—2015	方法类	黄、红麻纤维线密度快速测定方法
34	NY/T 243—2011	方法类	剑麻纤维及制品回潮率的测定
35	NY/T 245—1995	方法类	剑麻纤维制品含油率的测定
36	NY/T 1539—2007	方法类	剑麻纤维及制品商业公定重量的测定
37	NY/T 247—2009	方法类	剑麻纱线细度均匀度的测定　片段长度称重法
38	NY/T 250—2009	方法类	剑麻纱线　断裂强力的测定
39	NY/T 246—1995	方法类	剑麻纱线　线密度的测定

(续)

序号	标准编号	标准分类	标准名称
40	NY/T 257—1995	方法类	剑麻纱线　捻度和捻缩的测定　直接计数法
41	NY/T 251—1995	方法类	剑麻织物　单位面积质量的测定
42	NY/T 248—1995	方法类	剑麻织物　厚度的测定
43	NY/T 252—1995	方法类	剑麻织物　短时间中度静负载后厚度减损的测定
44	NY/T 254—1995	方法类	剑麻织物　长时间重度静负载后厚度减损的测定
45	NY/T 249—1995	方法类	剑麻织物　物理性能试验的取样和试样裁取
46	NY/T 256—1995	方法类	剑麻织物　在不同水和热处理下尺寸变化的测定
47	NY/T 2042—2011	方法类	苎麻主要病虫害防治技术规范
48	NY/T 1537—2007	方法类	苎麻生物脱胶技术规范
49	NY/T 2448—2013	方法类	剑麻种苗繁育技术规程
50	NY/T 222—2004	方法类	剑麻栽培技术规程
51	NY/T 1803—2009	方法类	剑麻主要病虫害防治技术规程
52	NY/T 1942—2010	方法类	龙舌兰麻抗病性鉴定技术规程
53	NY/T 2648—2014	方法类	剑麻纤维加工技术规程

表 5 - 3　麻类（产品）地方标准体系表

序号	标准编号	标准分类	标准名称
1	DB62/T 1022—2003	资源类	胡麻品种　定亚 21 号
2	DB62/T 729—2001	资源类	胡麻品种　陇亚 9 号
3	DB62/T 730—2001	资源类	胡麻品种　晋亚 7 号
4	DBS45/ 010—2014	产品类	食品安全地方标准　火麻油
5	DB34/T 435—2004	产品类	6GM - 350 型　苎麻刮麻机
6	DB23/T 1043—2006	方法类	亚麻原茎初加工机械作业质量
7	DB23/T 1044—2006	方法类	亚麻翻麻脱粒机作业质量
8	DB23/T 818—2004	方法类	亚麻播种机　作业质量
9	DB23/T 819—2004	方法类	亚麻拔麻机　作业质量
10	DB62/T 1071—2003	方法类	无公害农产品生产技术规程　胡麻
11	DB34/T 707—2007	方法类	苎麻园地建设
12	DB34/T 708—2007	方法类	苎麻生产技术规程
13	DB13/T 780—2006	方法类	亚麻（胡麻）有机栽培技术规程

第六章 2016年度种植业产品标准体系研究报告——蚕桑

一、蚕桑产品标准及标准体系发展现状

蚕丝业在我国已有5 000多年的历史，曾对人类物质文明与精神文明作出重要贡献。蚕桑标准体系经过十几年的发展，基本覆盖了从桑树种子苗木，到桑蚕种、柞蚕种和桑蚕茧、柞蚕茧的整个生产环节，标准类型包括产品标准、方法标准、规程和投入品标准，已基本构成蚕桑产业标准体系框架，对于提高蚕桑产业产品的质量，促进蚕桑产业结构的调整和农民增收，发挥了重要的作用。但是，与其他行业相比，蚕桑标准化工作相对滞后，现有的标准数量及结构与行业的发展需求尚有一定距离。蚕桑产业产品标准化体系建设起步较晚，第一个与蚕桑生产有关的行业标准《桑蚕一代杂交种》（NY 326—1997）及《桑蚕一代杂交种检验规程》（NY/T 327—1997），直到1997年才实施颁布，比生丝标准滞后近20年。近几年，国家加大了对标准化工作的投资力度，蚕桑标准的制订也得到了较快的发展，截至2016年8月，已颁布的国家标准和行业标准达29项，其中国家标准14项、行业标准22项，另有12项行业标准正在制修订中。这些标准中，主要是产品标准与方法标准，还有少量环境安全相关标准。

栽桑养蚕由于受不同气候及地理环境的影响较大，因此各省、区积极制订和推行地方标准，为当地的蚕桑产业发展提供了有力保障。目前来自广东、广西、安徽、江苏、河南、浙江、重庆、四川、山东、新疆、陕西、贵州、云南及山西共14个省（自治区）已颁布的地方标准206项，其中涉及蚕种质量生产环节的标准数量为34项，涉及桑树生产环节的为48项，涉及养蚕技术环节的为76项，涉及蚕茧生产环节的为23项，涉及综合利用环节的为25项。另共有34项地方标准正在制订中，其中涉及蚕种质量、桑树、养蚕技术、蚕茧及其他生产环节的分别为11项、7项、8项、1项及1项，另有3项为柞蚕相关标准。由此可见，养蚕技术相关标准数量丰富，而蚕茧及综合利用相关标准数量较少。

二、发展方向（包括国家、行业、地方标准等）

蚕桑产业是一个集种植业和养殖业为一体的产业，生产周期长、涉及面广，而且生产技术要求相对较高，目前已颁布实施的国家及行业标准只有29项，体系中以养蚕技术、蚕种质量及桑树为重点，数量少，标准体系结构相对单一，内容不够细化，覆盖面不广。有些标准已实施多年，随着产业的发展和科技的进步更新，部分标准修订滞后。今后应进一步加强蚕桑产业标准化工作，根据国家农业标准化建设规划，在全面调查研究的基础上确定蚕桑产业标准化的目标，制订总体规划，突出重点、分清主次，坚持市场优先原则，分步分阶段组织制订、修订和实施推广。

1. 现行蚕业标准分析提示，蚕业包括蚕桑产业和柞蚕业的基础性标准、综合利用产品质量标准、物流标准和投入品质量标准等几乎都还是空白。因此，今后一段时间内重点要加快这些标准的编制工作。制订涵盖蚕桑生产的桑树育苗、桑树栽培、桑园管理、蚕种催青、小蚕共育、大蚕饲养、蚕病防治、蚕茧收烘等系列国家、行业或地方标准，严格按标准化组织生产。

2. 近年来，蚕桑产业逐步融入大农业、大生物、大纺织领域，对蚕桑产业产品标准及安全提出

更高要求，特别是进入食品领域（含动物饲料）后，构建全过程产品质量安全保障体系成为必然，蚕桑副产物综合利用发展迅速，桑叶茶、桑果汁饮料、食用蚕粉、蚕蛹、蛹虫草等产品已纷纷入市，但是，与其相应的质量标准却严重缺失。今后应作为制订标准的重点。

3. 加大国家标准、行业标准及地方标准的整合力度。可将一批适合产业发展，可操作性强的地方标准上升为行业标准和国家标准，完善标准体系。

4. 研究开发可用于现场的简单、快速的检测方法，增加有毒有害物质检测方法。

三、标准体系建设主要建议和措施

1. 建立蚕桑生产标准化技术体系　农业标准化是实现农业现代化的一项综合性技术基础工作，是科技兴农的重要组成部分，没有农业标准化就没有农业的产业化、规范化，更不可能实现农业现代化。蚕桑产业是劳动密集型产业，如何提高蚕农的技术水平，增加蚕农的收入是蚕桑产业稳定发展的前提，作为大农业中的一分子，蚕桑生产和加工也要跟上时代的步伐，建立蚕桑产业标准化体系和标准化生产基地势在必行。

开展蚕桑产业标准化的根本目标是运用标准化的简化、统一、协调、优化原则与方法，实现蚕桑生产的指标化、规范化、科学化，达到高效、低耗地提高产品的产量与质量。在我国以家庭经营为主体的蚕桑生产模式中，如何将市场对蚕茧的具体要求量化为农民可操作的标准，就成为具体而现实的问题。克服传统生产方式中的盲目性和随意性，并要在种桑、养蚕、采茧到后面的储藏、运输、加工以及蚕种的供应和技术服务等环节上，实现标准化生产与管理，发展品牌蚕桑产品，提高竞争力，应成为我国蚕桑产业标准化发展的一个新视野。主要涉及以下内容。

（1）建立桑树栽培标准化生产模式。

（2）建立蚕标准化安全（绿色）养殖生产体系。

（3）病虫害预测和防控体系建设。

（4）蚕茧、蛹等相关产品储运及加工体系。

（5）产品安全监测与评估体系。

2. 加强蚕桑质量标准化工作队伍建设　承担标准制修订和审定的人才不仅需要相关专业知识和技能，还需要有很强的标准化理论基础和政策理论水平。现有的蚕业标准化人才主要是从蚕业科研和蚕业管理方面转移过来的专业技术人才，而且大多数是兼职。标准化专业人才严重缺乏，在当前全国农业标准化整体推进的形势下，蚕业主管部门应该通过举办各种类型的培训班，加强对标准化人员的培训，加速标准化人才的成长。从长远发展看，农业高等院校作为农业高层次人才培养的主要渠道应设立农业标准化专业，培养农业标准化专业人才，包括农业标准化管理人才、经营人才和专业技术人才。

3. 增加科研投入，提高标准化科研水平　目前我国蚕桑标准化程度不高、经费不足是标准化工作面临的主要问题，也是长期以来制约我国标准化事业发展的关键因素。行业主管部门应考虑增加经费投入，加大制标科研力度，为制订先进科学的标准体系，大力推进蚕桑质量标准化进程提供保障，同时也为培养高水平的制标技术人才及稳定和壮大标准化工作队伍提供保障。

4. 加强标准的宣贯和培训，加大标准推广力度　蚕桑标准化的实施有赖于全体生产者、经营者、消费者和管理者的共同参与，因此要加大标准培训力度，把实用技术培训与农业标准化培训有机结合，使他们全面掌握蚕桑标准的最新知识。通过举办培训班、建立示范点等，让群众强化标准意识，教育和引导农民按照标准化技术科学养殖，提高收益。

四、标准体系汇总表（包括国家标准、行业标准和地方标准）

蚕桑（产品）国家标准、行业标准和地方标准具体分类和名称见表 6-1~表 6-3。

表 6-1　蚕桑（产品）国家标准体系表

序号	标准编号	标准分类	标准名称
1	GB 19173—2010	产品	桑树种子和苗木
2	GB/T 10177—2003	方法	桑树种子和苗木检验规程
3	GB 19179—2003	产品	桑蚕原种
4	GB/T 19178—2003	方法	桑蚕原种检验规程
5	GB/T 20395—2006	方法	桑蚕微粒子病病原鉴定方法
6	GB/T 1797—2008	产品	生丝
7	GB/T 1798—2008	方法	生丝试验方法
8	GB/T 9111—2006	产品	桑蚕茧（干茧）分级
9	GB/T 9176—2006	方法	桑蚕茧（干茧）检验方法
10	GB/T 9111—2015	方法	桑蚕干茧试验方法
11	GB/T 29571—2013	产品	桑蚕天然彩色茧
12	GB/T 29573—2013	方法	热带亚热带桑树栽培管理技术规程
13	GB/T 29572—2013	产品	桑葚
14	GB/T 29569—2013	环境安全	桑蚕原种产地环境要求

表 6-2　蚕桑（产品）行业标准体系表

序号	标准编号	标准分类	标准名称
1	NY 326—1997	产品	桑蚕一代杂交种
2	NY/T 327—1997	规程	桑蚕一代杂交种检验规程
3	NY/T 1093—2006	规程	桑蚕一代杂交种繁育技术规程
4	NY/T 218—1992	产品	饲料用桑蚕蛹
5	NY/T 1251—2006	环境安全	蚕茧干燥设备
6	SB/T 10406—2007	方法	蚕桑生产基地评价方法
7	SB/T 10407—2007	产品	丝素与丝胶
8	NY 1092—2006	产品	柞蚕一代杂交种
9	NY/T 1625—2008	产品	柞蚕种质量
10	NY/T 1626—2008	方法	柞蚕种放养技术规程
11	NY/T 1026—2006	方法	养蚕用药技术规程
12	SB/T 1098—2013	产品	饲料用桑叶粉
13	SB/T 1098—2013	产品	蚕沙肥料
14	NY/T 1556—2007	环境安全	机制蚕蔟
15	NY/T 1027—2006	方法	桑园用药技术规程
16	NY/T 1732—2009	方法	桑蚕品种生产鉴定方法
17	NY/T 1492—2007	方法	桑蚕原种繁育技术规程
18	NY/T 1625—2008	产品	柞蚕种质量
19	SN/T 1660—2005	产品	出口蚕种检验检疫规程
20	NY/T 2331—2013	方法	柞蚕种质资源保存与鉴定技术规程
21	NY/T 2181—2012	方法	农作物优异种质资源评价规范　桑树
22	NY/T 1313—2007	方法	农作物种质资源鉴定技术规程　桑树

表6-3 蚕桑（产品）地方标准体系表

序号	标准编号	标准分类	标准名称
1	DB42/T 579—2009	方法	家蚕品种鄂蚕3号、鄂蚕4号繁育技术规程
2	DB320682/T 04—1999	方法	蚕种催青
3	DB3206/T 070—2005	方法	计算机测控蚕种催青技术规程
4	DB32/T 623—2003	方法	桑蚕一代杂交种生产技术规程
5	DB32/T 614—2003	方法	桑蚕一代杂交种分户繁育制种母蛾微粒子病检疫规程
6	DB32/T 623—2003	方法	桑蚕一代杂交种生产技术规程
7	DB3208/T 033—2003	方法	淮安市蚕种冷藏、浸酸技术操作规程
8	DB33/ 217—2007	产品	桑蚕种
9	DB33/ 692—2008	方法	浙江省桑蚕新品种试验技术规程
10	DB33/ 698—2008	产品	雄蚕种
11	DB50/T 315—2009	方法	多批次滚动养蚕技术规范
12	DB50/T 375—2010	方法	桑蚕大蚕饲养技术规范
13	DB50/T 374—2010	方法	桑蚕小蚕共育技术规范

第七章　2016 年度种植业产品标准体系研究报告——糖类

第一节　2016 年度种植业产品标准体系研究报告——甜菜

我国一直是世界食糖生产大国和消费大国，年产糖量在 550 万～861 万吨，年消费量在 750 万吨左右，食糖产量和消费量均居世界的前五名。同时我国也是食糖进口国家，进口总量在年生产量的 5％～10％。我国是发展中国家，拥有 13 亿人口，人均食糖消费水平仅为 6.7 千克，约相当于世界平均水平 21 千克的 1/3。随着我国经济的发展和人民生活水平的提高，我国将是国际食糖消费的潜在的重要市场之一。

糖业是关系农产品加工、食品生产、化工制药等产业的行业，也是关系国计民生的重要行业。甜菜是我国北方地区重要的糖料作物。其产量的高低、品质的优劣，直接关系到我国糖料生产和制糖工业生产的效益和持续稳定发展。甜菜及制品的技术标准体系的制定、推广及应用有利农业和农村经济结构调整，提高甜菜种植效益，同时对确保消费者安全、促进安全优质和无公害农产品的生产，实现优质优价，提高农产品的质量和市场竞争能力具有重要意义。但是我国在甜菜基础研究、品种选育、栽培技术和实际应用研究以及其标准制定等方面同其他制糖国家相比存在较大差距，虽然近年来制定了一些糖料标准，但与国际糖料标准与国内其他农作物质量标准体系建设比较，尤其是甜菜产品标准的建设均较落后，因此，甜菜质量标准体系亟待完善并逐步建立健全。

一、产品标准及标准体系发展现状

1. 甜菜标准体系建设进展情况（包括标准体系建设框架）　甜菜是我国三北地区的主要糖料作物，现行的甜菜及其制品标准共计 44 项（表 7-1），其中，甜菜及其制品国家标准 21 项，行业标准 15 项，地方标准 8 项。按编写提纲要求将甜菜及其制品标准分为八类：基础/通用类（术语、分类）、方法类（检验/检测）、环境安全类（产地环境、投入品）、种质资源类（种子、种苗）、生产管理类（种植、植保、加工）、产品类（等级规格、品质/安全、原产地保护）、物流类（包装、标识、储运）和质量追溯类八个方面。

通过研究分析表明（表 7-2），基础/通用类标准（术语、分类）11 项，占甜菜标准总数比例的 25.0％，方法类（检验/检测）标准各 15 项，分别各占甜菜标准总数比例的 34.1％，种质资源类（种子、种苗）标准和产品类（等级规格、品质/安全、原产地保护）类标准各 2 项，分别各占甜菜标准总数比例的 4.5％，生产管理类（种植、植保、加工）标准 14 项，占甜菜标准总数比例的 31.8％，环境安全、物流和质量追溯三类标准均为空白。通过对现行甜菜标准的梳理看出，围绕着甜菜及制品生产的产前、产中、产后全过程标准体系建设总的情况是"二少加覆盖不全"，即标准总数量少、甜菜标准少、标准覆盖不全。甜菜标准总计仅 44 项，其中 36 项国家和行业标准中，甜菜制品标准占 21 项为 58.3％，甜菜作物生产环节标准占 15 项为 41.7％，数量远远落后于其他农产品。通过研究我国现行甜菜标准（表 7-1）和各类标准覆盖率（表 7-2）情况，计划了"十三五"期间制定甜菜标准一览表（表 7-3）。

表 7-1 我国现行甜菜标准一览表

分类	序号	标准名称	标准号	备注
基础/通用类	1	白砂糖	GB 317—2006	国标
	2	食品安全国家标准 食糖	GB 13104—2014	国标
	3	绵白糖	GB 1445—2000	国标
	4	原糖	GB/T 15108—2006	国标
	5	食品安全国家标准 食品中农药最大残留限量	GB 2763—2014	国标
	6	食品安全国家标准 食品中污染物限量	GB 2762—2012	国标
	7	糖用甜菜术语	QB/T 2398—1998	行标：轻工业
	8	方糖	QB/T 1214—2002	行标：轻工业
	9	单晶体冰糖	QB/T 1173—2002	行标：轻工业
	10	多晶体冰糖	QB/T 1174—2002	行标：轻工业
	11	赤砂糖	QB/T 2343.1—1997	行标：轻工业
方法类	12	食品安全国家标准 食品微生物学检验 菌落总数测定	GB 4789.2—2010	国标
	13	食品安全国家标准 食品微生物学检验 大肠菌群计数	GB 4789.3—2010	国标
	14	食品安全国家标准 食品微生物学检验 沙门氏菌检验	GB 4789.4—2010	国标
	15	食品安全国家标准 食品微生物学检验 志贺氏菌检验	GB 4789.5—2012	国标
	16	食品安全国家标准 食品微生物学检验 金黄色葡萄球菌检验	GB 4789.10—2010	国标
	17	食品安全国家标准 食品微生物学检验 β 型溶血性链球菌检验	GB 4789.11—2014	国标
	18	食品安全国家标准 食品中总砷及无机砷的测定	GB 5009.11—2014	国标
	19	食品安全国家标准 食品中铅的测定	GB 5009.12—2010	国标
	20	食品中铜的测定	GB/T 5009.13—2003	国标
	21	食品中亚硫酸盐的测定	GB 5009.34—2003	国标
	22	甜菜丛根病的检验酶联免疫法	NY/T 1750—2009	行标：农业
	23	甜菜中甜菜碱的测定 比色法	NY/T 1746—2009	行标：农业
	24	甜菜还原糖的测定	NY/T 1751—2009	行标：农业
	25	甜菜中钾、钠、α-氮的测定	NY/T 1754—2009	行标：农业
	26	甜菜霜霉病菌检疫鉴定方法	SN/T 2035—2007	行标：商业
种质资源类	27	糖用甜菜种子	GB 19176—2010	国标
	28	植物新品种特异性、一致性和稳定性测试指南 糖用甜菜	NY/T 2482—2013	行标：农业
生产管理类	29	农药田间药效试验准则（一）除草剂防治甜菜地杂草	GB/T 17980.50—2000	国标
	30	农药田间药效试验准则（二）第86部分：杀菌剂防治甜菜褐斑病	GB/T 17980.86—2004	国标
	31	农药田间药效试验准则（二）第87部分：杀菌剂防治甜菜根腐病	GB/T 17980.87—2004	国标
	32	甜菜栽培技术规范	NY/T 1747—2009	行标：农业
	33	甜菜种子生产技术规程	NY/T 978—2006	行标：农业
	34	甜菜收获机作业质量	NY/T 1412—2007	行标：农业
	35	甜菜夜蛾测报调查规范	DB/T 897—2009	地方标准
	36	糖料甜菜栽培技术规程	DB13/T 1242—2010	地方标准

（续）

分类	序号	标准名称	标准号	备注
生产管理类	37	膜下滴灌纸筒甜菜栽培技术规程	DB 15/T 692—2014	地方标准
	38	直播甜菜高产优质高效栽培技术规程	DB15/T 826—2015	地方标准
	39	覆膜甜菜高产优质高效栽培技术规程	DB15/T 827—2015	地方标准
	40	甜菜优质丰产 平作膜下滴灌栽培技术规程	DB N65/T 163—2014	地方标准
	41	甜菜优质丰产 机械化栽培技术规程	DB N65/T 164—2014	地方标准
	42	甜菜优质丰产 地膜覆盖栽培技术规程	DB N65/T 162—2014	地方标准
	43	糖料甜菜	GB/T 10496—2002	国标
	44	饲用甜菜	NY/T 1748—2009	行标：农业

表 7-2　甜菜及制品标准覆盖情况

标准类	标准项数	占标准的比例（%）
基础/通用类（术语、分类）	11	25.0
方法类（检验/检测）	15	34.1
环境安全类（产地环境、投入品）	0	0
种质资源类（种子、种苗）	2	4.5
生产管理类（种植、植保、加工）	14	31.8
产品类（等级规格、品质/安全、原产地保护）	2	4.5
物流类（包装、标识、储运）	0	0
质量追溯	0	0
总计		44

表 7-3　2016—2020 年甜菜标准制定规划一览表

序号	标准名称	制定/修订	年度	备注
1	甜菜纸筒育苗生产技术规范	制定	2014	甜菜纸筒育苗生产技术规程（NY/T 3027—2016）
2	甜菜全程机械化生产技术规范	制定	2014	甜菜全程机械化生产技术规程（NY/T 3014—2016）
3	甜菜种子活力测定	制定	2015	
4	苯嗪草酮在甜菜中的限量	制定	2016	
5	乙氧呋草黄在甜菜中的限量	制定	2016	
6	三苯基乙酸锡在水稻、甜菜中的残留限量	制定	2016	
7	甜菜品种鉴定技术规程 SSR 分子标记法	制定	2016	
8	甜菜包衣种子技术条件	制定	2016	甜菜包衣种子（NY/T 3171—2017）
9	甜菜标准体系梳理	制定	2016	
10	甜菜栽培技术规范	修订（NY/T 1746—2009）	2016	
11	福美双在甜菜中的限量	制定	2017	
12	草甘膦在甜菜中的限量	制定	2018	
13	百菌清在甜菜中的限量	制定	2018	

（续）

序号	标准名称	制定/修订	年度	备注
14	甲基硫菌灵在甜菜中的限量	制定	2017	
15	覆膜甜菜机械化生产技术规程	制定	2017	
16	多效唑、吡唑醚菌酯、倍硫磷、敌草胺在甜菜中的限量	修订	2017	
17	甜菜主要虫害安全防控技术规程	制定	2017	
18	甜菜主要病害安全防控技术规程	制定	2017	
19	糖料甜菜种子	修订（GB 19176—2010）	2017	
20	食用甜菜	制定	2017	
21	甜菜生产质量安全控制技术规范	制定	2017	
22	糖用甜菜块根等级规格	制定	2017	
23	甜菜苗床肥质量要求	修订（NY/T 978—2006）	2017	
24	甜菜品种区域试验技术规范	制定	2017	
25	甜菜灌溉生产技术规范	制定	2017	
26	甜菜中 15 种农药的测定（普施特、莠去津、烟嘧磺隆、氯嘧磺隆、异恶草酮、嗪草酮、甲氧咪草烟、二氯喹啉酸、西玛津、氟磺胺草醚、绿磺隆、甲磺隆、磺酰唑草酮、阔草清、百思农）	制定	2017	
27	原料甜菜储藏技术规程	制定	2017	
28	甜菜主要草害安全防控技术规程	制定	2018	
29	甜菜品种 ISSR 鉴定技术规程	制定	2018	
30	甜菜中稀土元素的测定　电感耦合等离子体发射光谱法	制定	2018	
31	甜菜种苗组培快繁技术规程	制定	2018	
31	农作物品种审定规范　甜菜	制定	2018	
32	甜菜品质评价技术规范	制定	2018	
33	引进甜菜种质资源试种鉴定技术规程	制定	2018	
34	甜菜种质资源描述规范	制定	2018	
35	甜菜纯度的测定	制定	2018	
36	甜菜不育系鉴定技术规范	制定	2018	
37	甜菜可溶性糖的测定	制定	2019	
38	糖用甜菜品种分类	制定	2019	
39	甜菜营养诊断技术规程	制定	2019	
40	甜菜中全氮的测定	制定	2019	
41	甜菜中氨基酸的测定	制定	2019	
42	甜菜品种抗病性评价技术规范	制定	2019	
43	甜菜术语及定义	制定	2019	
44	甜菜黄化毒病鉴评标准	制定	2019	
45	甜菜品种鉴定　SNP 分子标记法	制定	2019	
46	甜菜不育系制种技术操作规程	制定	2019	

（续）

序号	标准名称	制定/修订	年度	备注
47	甜菜立枯病鉴评标准	制定	2019	
48	甜菜品种鉴定 SNP分子标记法	制定	2019	
49	甜菜根腐病鉴评标准	制定	2020	
50	甜菜叶绿素的测定	制定	2020	
51	甜菜灰分测定方法	制定	2020	
52	甜菜生育期虫害鉴评标准	制定	2020	
53	甜菜单胚种播种质量技术规范	制定	2020	
54	甜菜中甜菜碱的测定	修订（NY/T 1746—2009）	2020	
55	农作物种质资源鉴定评价技术规范 甜菜	制定	2020	
56	糖料甜菜	修订（GB/T 10496—2002）	2020	糖料甜菜（GB/T 10496—2018）
57	甜菜颗粒粕	修订（QB/T 2469—2006）	2020	轻工行标
58	糖用甜菜术语	修订（QB/T 2398—1998）	2020	轻工行标

2. 甜菜标准体系建设框架 根据我国目前甜菜标准的情况和生产要求，结合种植业标准体系框架情况，通过对现行甜菜标准初步分析，甜菜标准体系建设框架应分为六类：基础/通用类、方法类、环境安全类、种质资源类、生产管理类、产品类等。从标准重点领域建立框架，包括体系主要方面和层级等内容，具体内容见图7-1，甜菜体系框架图。

（1）基础/通用标准 甜菜及制品名词、术语、分类等。

（2）方法类标准 甜菜种子/种苗的检测方法；甜菜块根各项指标检测方法；甜菜及制品感官检测方法；甜菜及制品理化指标检测方法；甜菜及制品有害微生物的检测方法；甜菜及制品生物毒素的检测方法等。

（3）环境安全类标准 甜菜产地环境标准；甜菜绿色农产品标准；甜菜有机农产品标准；甜菜生产用专用肥标准；纸筒及农业机械等相关标准等。

（4）种质资源类 甜菜种子/种苗的质量标准；甜菜的植物新品种特异性、一致性和稳定性测试指南；各类甜菜种质资源引进、检疫、收集、整理、编目、保存等相关标准。

（5）生产管理类标准 甜菜种子繁育技术规程；甜菜原料生产技术规程；甜菜品种区域试验规范；甜菜病虫草害鉴定技术规程等。

（6）产品类标准 甜菜等级规格标准；甜菜块根品质检测分析标准；甜菜及制品的包装、标识、储运标准；甜菜及制品质量追溯类标准；各类甜菜重金属污染物限量标准；各类甜菜农药残留限量标准等。

3. 甜菜标准体系存在的主要问题 近年来，随着我国科技创新能力的提高及标准化体系的日益成熟，对甜菜产业标准化的工作认识也有一定提高。但是，随着世界经济一体化进程的加快，我国甜菜生产质量标准体系与发达国家相比，无论在数量还是技术水平上都显薄弱，产业标准化工作存在标准制定晚、标准制定不全、标准制定难度大、制定过程烦琐以及标准宣贯不力和实施范围窄等一系列问题。

（1）甜菜质量标准体系方面

① 甜菜标准的配套性差。从我国现行的甜菜质量标准体系来看，在44项标准中，基础/通用和方法类标准26项，数量占全部标准的比例为59.1%，并且其中的糖产品（甜菜制品）20项占45.5%，而环境安全和质量追溯（产地环境、投入品）类标准为空白，种质资源类（种子、种苗）标准、产品类（等级规格、品质/安全、原产地保护）等各类标准均较少，所以，目前甜菜标准体系的配套性有待进一步完善和加强。

```
                                          ┌──────────┐
                              ┌──────────┤   术语    │
                    ┌─────────┐│          └──────────┘
                    │基础/通用 ├┤          ┌──────────┐
                    └─────────┘└──────────┤   分类    │
                                          └──────────┘
                                          ┌──────────┐
                              ┌──────────┤   检验    │
                    ┌─────────┐│          └──────────┘
                    │  方法   ├┤          ┌──────────┐
                    └─────────┘└──────────┤   检测    │
                                          └──────────┘
                                          ┌──────────┐
                              ┌──────────┤  产地环境  │
                    ┌─────────┐│          └──────────┘
                    │环境安全  ├┤          ┌──────────┐
                    └─────────┘└──────────┤  投入品   │
                                          └──────────┘
                                          ┌──────────┐
                              ┌──────────┤   种质    │
  ┌────┐                      │          └──────────┘
  │甜 │  ┌─────────┐          │          ┌──────────┐
  │菜 │  │种质资源  ├──────────┤──────────┤   种子    │
  │标 ├──┤         │          │          └──────────┘
  │准 │  └─────────┘          │          ┌──────────┐
  │体 │                      └──────────┤   种苗    │
  │系 │                                 └──────────┘
  └────┘                                 ┌──────────┐
                              ┌──────────┤   种植    │
                    ┌─────────┐│          └──────────┘
                    │生产管理  ├┤          ┌──────────┐
                    └─────────┘└──────────┤   植保    │
                                          └──────────┘
                                          ┌──────────┐
                              ┌──────────┤  等级规格  │
                              │          └──────────┘
                              │          ┌──────────┐
                              ├──────────┤   品质    │
                    ┌─────────┐│          └──────────┘
                    │  产品   ├┤          ┌──────────┐
                    └─────────┘├──────────┤  安全限量  │
                              │          └──────────┘
                              │          ┌──────────┐
                              ├──────────┤ 包装标识储运│
                              │          └──────────┘
                              │          ┌──────────┐
                              └──────────┤  质量追溯  │
                                          └──────────┘
```

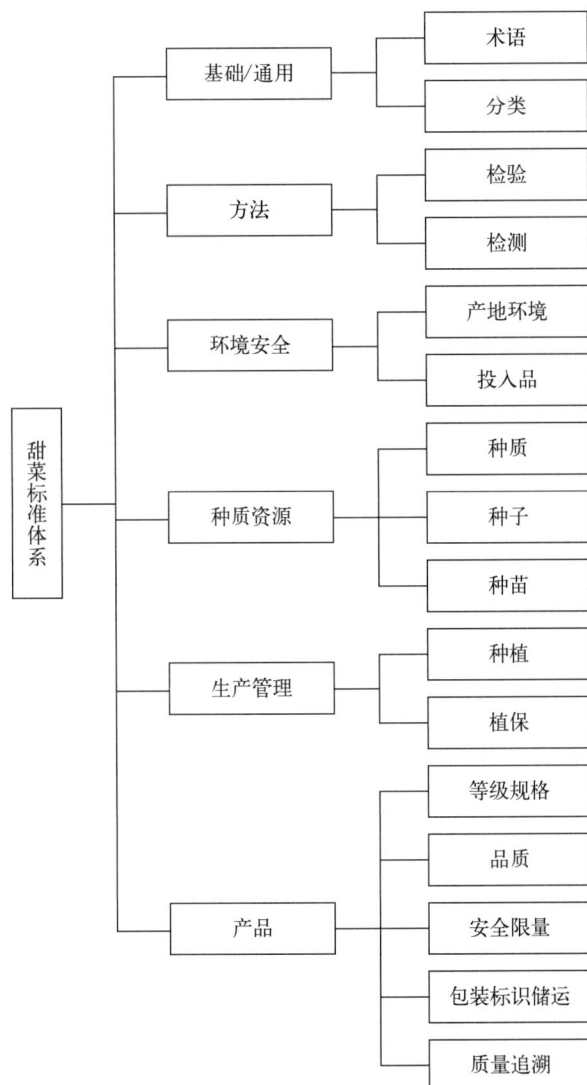

图 7-1　甜菜标准体系框架图

② 甜菜标准数量少不能全覆盖。甜菜是二年生作物，生产环节多，产业链长，仅制糖初级甜菜原料生产部分至少应包括产地环境、农资投入品、种子、生产技术规程、病虫草害防治与测报、等级规格、品质/安全、检验/检测、包装、标识、储运和质量监测等环节，将涉及的标准类别包括：环境安全类、种质资源类、生产管理类、方法类、产品类、物流类和质量追溯类标准等。通过对现行甜菜标准分析看出，种质资源和产品类标准数量较少，环境安全、物流和质量追溯三类标准均为空白。围绕甜菜生产初级产品产前、产中、产后全过程的标准体系建设总的情况是标准覆盖不全，标准数量少，不能通过全面覆盖甜菜标准体系控制甜菜生产质量和安全。

③ 种质资源、产品和质量追溯类标准短缺。甜菜种子是甜菜生产不可替代的重要生产资料，甜菜块根是其原料生产的初级农产品，但目前对甜菜种子活力、健康、种子包衣技术要求、品种鉴别技术等均没制定标准，对甜菜块根也没有制定等级规格的相关标准规范。国际甜菜生产先进国家如欧盟、美国、日本等，均有一系列适合自己国家质量追溯的标准保障甜菜块根品质，但我国在该方面正在探索阶段，尚未制定相关的质量追溯标准体系，与国内其他农作物比较也很滞后。

④ 安全和农残限量标准短缺。农药残留的检测和限量指标与国外比较差距很大，《食品中农药最大残留限量》（GB 2763—2014）标准中对甜菜有 37 项农药残留进行了限量规定，与欧盟的 445 项、

日本的 287 项和美国的 46 项农药残留限量规定还有很大的差距。

⑤ 检测技术滞后。我国的甜菜产品标准与国外比严重滞后，尤其检测方法方面。《糖料甜菜》（GB/T 10496—2002）中，继续沿用铅为澄清剂，严重污染环境，有待修订。

（2）标准管理问题（体制机制方面）

① 运行机制导致各农作物标准体系建设发展不均衡。由于我国标准制定基本实行的是计划管理模式，计划由各部门提出，专家组评审立项，由于专家对各行业的情况了解深度的不同，导致各行业标准的立项数量差别较大，导致各农作物标准体系建设发展不均衡。

② 投入机制障碍。经费不足、渠道单一是制约我国农业标准体系建设的关键因素之一，也是我国农业标准技术水平低的根本原因。要保证我国农业标准体系建设的顺利进行，国家应该在管理、标准研制、农业科研等方面给予足够的投入。

③ 缺乏健全完善的农业标准体系。近年来我国农业标准体系建设工作取得了很大进展，但由于起步较晚，地区之间也存在着较大差异，农业标准体系建设尚处在试点和起步发展阶段，与国外先进水平相比，还有很大差距，远远满足不了农业市场化和现代化的要求。对农业标准体系建设的重要性认识不足，重视不够，宣传不到位，推广、实施力度不大；农业标准体系不够健全，监测机构和法规体系不完善，认证不规范，执行不严格。

二、发展方向（包括国家、行业、地方标准等）

为持续提高我国甜菜产品的产量和质量、推动我国的甜菜产品创品牌、有效增加甜菜产品的附加值从而有利于提高我国甜菜产品市场竞争力，化解其市场风险，促进品出口扩大，实现甜菜产业的可持续发展。计划在"十三五"期间，利用 5 年时间，重点完善和建立健全甜菜产品收获以前生产环节的质量标准体系建设；计划在十四五期间，用 8～10 年时间，完善和建立健全甜菜产品收储运、限量与检测方法及其他甜菜质量标准体系建设。并以此完善的甜菜质量标准体系推进强化甜菜产品质量安全监管，以国家标准和行业标准为基础，地方标准和企业标准相衔接配套，在我国甜菜产区建立和产地环境相适应的甜菜质量控制、生产技术标准。指导、规范甜菜的生产、储运、加工、销售等各项活动。

1. 中长期目标 结合对我国现有甜菜标准的制定和修订工作，通过全面梳理、整合和制定修订甜菜标准，逐步健全甜菜标准体系。使甜菜产品在产前、产中、产后全过程标准覆盖率达到 90% 以上，标准化生产基地标准应用推广率达到 90%；到 2020 年，打造一支由首席专家、岗位专家和科研人员组成的标准体系建设核心团队；培养标准宣贯实施骨干人员一批，辐射带动我国甜菜产区进一步壮大标准化工作队伍力量。

2. "十三五"目标 围绕甜菜标准化发展的需要，结合甜菜生产实际，广泛搜集现有的国内相关标准，参照有关国际标准，并结合绿色食品、有机食品和地理标志的认证需求，进一步制、修订符合产区实际的生产技术规程、产地环境、甜菜投入品的质量标准。十三五期间，计划初步建立健全甜菜质量标准体系；计划制修订国家和行业标准 20～30 项。

3. 修订国家标准为主补充制定为辅 在现行的 21 项国家标准中，其中 16 项标准是涉及甜菜制品（糖品）的基础/通用和方法类标准，这些标准应及时修订以持续满足市场对糖产品的要求。需要补充制定的国家标准包括，一是甜菜产品及副产品的标准，主要是甜菜初级产品的标准。二是涉及食品安全国家标准，如农药最大残留限量标准等，随着我国甜菜种植中使用化学除草比例的逐步增加，甜菜各类新登记农药最大残留限量标准的制定。

4. 完善配套行业标准质量体系 甜菜是二年生作物，生产环节多，产业链长，但现行的行业和地方标准仅有 23 项，已建立的五类标准包括：基础/通用类、方法类、种质资源类、生产管理类、产品类，在环境安全、物流和质量追溯等三类标准没有制定标准，在产地环境、投入品、标识、储运和质量追溯方面为零，标准数量少覆盖不全，所以，甜菜行业标准的发展方向以制定农业行业标准为主，尽快申报立项制定甜菜种子、专肥料、甜菜品质控制和植保等方面的标准，逐步建立并完善配套。

5. 制定地方和企业标准补充配套甜菜标准体系　国家标准和行业标准涉及范围广、行业面宽，申报和立项程序较多。与其他农作物比较，甜菜标准立项难度较大，获得制定标准项目较少。因此，对本区域或企业急需的标准，建议在获得国家标准和行业标准立项之前，提倡首先制定地方和企业标准，这不仅有利于甜菜质量标准体系的配套，而且有利于标准的完善和升级。

三、标准体系建设主要措施

（一）甜菜标准体系建设的重点内容

1. 制定甜菜生产过程质量控制系列标准　全面深入梳理甜菜产业及制品相关标准，建立甜菜标准体系表，"十三五"期间，通过深入调研，按甜菜产业急需程度，制定甜菜生产过程质量控制系列标准。2017—2018 年，首先建立和补充从产地环境到收获各个环节的质量标准，以及部分急需的收储运、限量与检测方法标准，从生产环节把住质量关；2019—2020 年，建立从收储运到甜菜产品各个环节的质量标准，以及甜菜产品限量和检测方法标准，还包括必要的副产品等质量标准。计划用 5 年的时间，建立健全甜菜生产过程质量控制标准体系，在我国主要甜菜生产基地实现规范化标准化甜菜生产，使甜菜产品的质量安全和品质稳步提升。

2. 增加甜菜农业行业标准申报数量　目前甜菜生产从产地环境、种子种苗或品种、产品或规格等级、生产技术规程、病虫害防治与测报、收储运、限量与检测方法等各个生产环节的甜菜质量标准控制均十分匮乏，根据 2016 年甜菜产业体系发展和生产急需程度，启动了 5 项甜菜农业行业制定修订标准项。其中，修订标准和农药转化评估项目各 1 项，3 项制定标准包括：甜菜品种鉴定技术规程 SSR 分子标记法；甜菜包衣种子技术条件；甜菜质量标准体系梳理。

3. 扩大甜菜农业行业标准征集范围　广泛动业内各方面人员积极申报制定甜菜农业行业标准项目，申报制定修订标准 20 多项，包括①甜菜覆膜技术规范；②甜菜膜下滴灌技术规范；③甜菜组织培养繁殖技术规范；④甜菜田杂草综合治理技术规程；⑤甜菜等级规格 糖料甜菜；⑥甜菜中甜菜碱的测定 超高效液相色谱-串联质谱法；⑦嘧菌酯在糖料上的残留试验，嘧菌酯在糖料中的限量；⑧吡虫啉在甜菜中的限量；⑨倍硫磷在甜菜中的限量；⑩无公害农产品 糖用甜菜检测目录；⑪甜菜种子生产技术规程（NY/T 978—2006）；⑫甲基硫菌灵在甜菜中的限量；⑬福美双在甜菜中的限量；⑭草甘膦在甜菜中的限量；⑮百菌清在甜菜中的限量等。

4. 拓宽甜菜产品标准体系研究范围　对我国食用甜菜产地环境、品种应用、生产栽培技术、病虫害防治、收储运加工销售、限量与检测方法等各个生产环节进行研究，为建立绿色食用甜菜标准体系提供基础资料。分析研究现行甜菜限量标准：就甜菜现行限量标准和检测方法进行验证性分析研究，对限量值进行甜菜生产符合性评价。

（二）甜菜标准体系的管理与监督建设措施

1. 深化体制改革　为甜菜标准体系建设提供有效机制保障建立适应社会主义市场经济体制的甜菜标准化工作管理体制，建立适应社会主义市场经济体制的甜菜标准化工作运行机制，促进技术法规与标准的紧密结合。首先，改革标准立项的计划管理模式，实行公开、透明的标准项目建议征集制度。其次，强化标准制修订工作的透明度。第三，鼓励与糖料相关的各方组织和个人参与标准制修订工作。第四，提高标准的时效性，缩短标准制修订周期，完善标准的维护制度。

2. 加速人才培养　为甜菜标准体系建设提供有力队伍保障一是要站在战略的高度，制定符合我国糖业国情的人才培养规划；二是要重视继续教育工作，有针对性地培养糖业各级各类专业人才；

三是要充实糖业在农业院校的学科和教学内容，建立长效甜菜标准化人才培养机制；四是要抓紧培养一批高素质的复合性甜菜标准化人才，加强甜菜标准化学科建设；五是要建立充满生机和活力的人才管理体制和机制，吸引优秀人才集聚于甜菜标准化事业。

3. 加强科技研发　为甜菜标准体系建设提供坚实技术后盾加强甜菜科学研究和技术创新工作，促进科技成果转化为技术标准，首先，需要完善科技研发与标准制定协调发展的机制；其次，要构建科技研发与标准相互衔接的平台，形成科技研发与技术标准合二为一的糖业有机整体；此外，应制定有关政策措施，一方面，要求科技人员参加标准化工作，另一方面，鼓励他们积极投身标准化事业。

4. 强化标准实施　为甜菜标准体系建设提供良性循环动力一是在将强制性标准转化技术法规和加快我国技术法规体系建设的基础上，将标准与技术法规紧密结合；二是建立标准研发与合格评定的协调合作机制，形成标准和合格评定的信息共享和技术协商机制，使得技术标准和合格评定制度更加紧密的结合，以更好的服务糖业生产和贸易；三是加强标准的宣贯和培训；四是要培育标准实施的主体；五是加强甜菜标准化示范区建设；六是推行甜菜及其制品包装上市。

5. 加大投入力度　为甜菜标准体系建设提供充分条件支撑一是加强标准制修订工作经费的投入；二是加强甜菜科研和推广方面的投入；三是加强甜菜及其制品的质量安全检验检测体系建设方面的投入；四是加强糖料市场信息服务体系建设方面的投入；五是加强糖料标准化知识培训方面的投入；此外，在国家财政加大资金投入的同时，还有积极引导"三资"（工商资本、民间资本、外商资本）投入甜菜标准化工作，鼓励甜菜及其制品市场竞争主体以及科研院所投资甜菜标准化，吸纳"三资"投入糖料标准化事业，逐步形成以政府投入为导向，市场竞争主体投入为主体，社会各方面共同参与的多渠道、多元化投入机制，形成多投入、全民支持糖产业标准化、扶持糖产业发展，促进糖产业增效、糖农及糖企增收的良好局面。

四、标准体系汇总表

甜菜（产品）国家、行业和地方标准具体分类和名称见表 7-4～表 7-6。

1. 标准体系表汇总（包括国家、行业和地方标准）

表 7-4　甜菜（产品）国家标准体系表

序号	标准编号	标准分类	标准名称
1	GB 317—2006	基础/通用类	白砂糖
2	GB 13104—2014	基础/通用类	食品安全国家标准　食糖
3	GB 1445—2000	基础/通用类	绵白糖
4	GB/T 15108—2006	基础/通用类	原糖
5	GB 2763—2014	基础/通用类	食品安全国家标准　食品中农药最大残留限量
6	GB 2762—2012	基础/通用类	食品安全国家标准　食品中污染物限量
7	GB 4789.2—2010	方法类	食品安全国家标准　食品微生物学检验　菌落总数测定
8	GB 4789.3—2010	方法类	食品安全国家标准　食品微生物学检验　大肠菌群计数
9	GB 4789.4—2010	方法类	食品安全国家标准　食品微生物学检验　沙门氏菌检验
10	GB 4789.5—2012	方法类	食品安全国家标准　食品微生物学检验　志贺氏菌检验
11	GB 4789.10—2010	方法类	食品安全国家标准　食品微生物学检验　金黄色葡萄球菌检验
12	GB 4789.11—2014	方法类	食品安全国家标准　食品微生物学检验　β型溶血性链球菌检验
13	GB 5009.11—2014	方法类	食品安全国家标准　食品中总砷及无机砷的测定

（续）

序号	标准编号	标准分类	标准名称
14	GB 5009.12—2010	方法类	食品安全国家标准　食品中铅的测定
15	GB/T 5009.13—2003	方法类	食品中铜的测定
16	GB 5009.34—2003	方法类	食品中亚硫酸盐的测定
17	GB19176—2010	种质资源类	糖用甜菜种子
18	GB/T 17980.50—2000	生产管理类	农药田间药效试验准则（一）除草剂防治甜菜地杂草
19	GB/T 17980.86—2004	生产管理类	农药田间药效试验准则（二）第86部分：杀菌剂防治甜菜褐斑病
20	GB/T 17980.87—2004	生产管理类	农药田间药效试验准则（二）第87部分：杀菌剂防治甜菜根腐病
21	GB/T 10496—2002	产品类	糖料甜菜

表 7-5　甜菜（产品）行业标准体系表

序号	标准编号	标准分类	标准名称
1	QB/T 2398—1998	基础/通用类	糖用甜菜术语
2	QB/T 1214—2002	基础/通用类	方糖
3	QB/T 1173—2002	基础/通用类	单晶体冰糖
4	QB/T 1174—2002	基础/通用类	多晶体冰糖
5	QB/T 2343.1—1997	基础/通用类	赤砂糖
6	NY/T 1750—2009	方法类	甜菜丛根病的检验酶联免疫法
7	NY/T 1746—2009	方法类	甜菜中甜菜碱的测定　比色法
8	NY/T 1751—2009	方法类	甜菜还原糖的测定
9	NY/T 1754—2009	方法类	甜菜中钾、钠、α-氮的测定
10	SN/T 2035—2007	方法类	甜菜霜霉病菌检疫鉴定方法
11	NY/T 2482—2013	种质资源类	植物新品种特异性、一致性和稳定性测试指南　糖用甜菜
12	NY/T 1747—2009	生产管理类	甜菜栽培技术规范
13	NY/T 978—2006	生产管理类	甜菜种子生产技术规程
14	NY/T 1412—2007	生产管理类	甜菜收获机作业质量
15	NY/T 1748—2009	产品类	饲用甜菜

表 7-6　甜菜（产品）地方标准体系表

序号	标准编号	标准分类	标准名称
1	DB/T 897—2009	生产管理类	甜菜夜蛾测报调查规范
2	DB13/T 1242—2010	生产管理类	糖料甜菜栽培技术规程
3	DB 15/T 692—2014	生产管理类	膜下滴灌纸筒甜菜栽培技术规程
4	DB15/T 826—2015	生产管理类	直播甜菜高产优质高效栽培技术规程
5	DB15/T 827—2015	生产管理类	覆膜甜菜高产优质高效栽培技术规程
6	DB N65/T 163—2014	生产管理类	甜菜优质丰产　平作膜下滴灌栽培技术规程
7	DB N65/T 164—2014	生产管理类	甜菜优质丰产　机械化栽培技术规程
8	DB N65/T 162—2014	生产管理类	甜菜优质丰产　地膜覆盖栽培技术规程

第二节　2016 年度种植业产品标准体系研究报告——甘蔗

甘蔗是世界上最主要的糖料作物，全球甘蔗产糖量约占食糖总产的 80%；2015～2016 年生产期我国食糖总产 870 万吨，其中甘蔗糖所占比重高达 90%，在保障我国食糖安全上的地位举足轻重。

中国现居巴西、印度之后，为世界第三大产糖国，2010 年以来已迅速跃升为世界第一大原糖进口国，受国际食糖市场波动的影响愈加剧烈。由于国际食糖的低成本、低价格、高保护和我国蔗糖产业高成本、低保护、管控不力的矛盾尖锐，时有激化，2010 年以来我国甘蔗糖业遭受巨大冲击，经营状况持续低迷，甘蔗生产积极性重挫，至 2016 年才开始有缓和。标准化是产业技术水平、经营水平的重要标志，科学规划和实施甘蔗产业标准化体系是充分挖掘 WTO "绿箱" "黄箱" 政策，引领、保障和支撑甘蔗产业持续健康发展的重要手段。

一、甘蔗产业标准及标准体系发展现状

1. 标准体系建设进展情况　至 2016 年，我国（含台湾，下同）现行有效的甘蔗产业相关标准共 83 项，其中国家标准 11 项、行业标准 34 项、地方标准 38 项。甘蔗产业国家标准侧重于农药的田间药效试验、糖料甘蔗试验和病菌、病毒检疫、检测等方法类标准。行业标准涉及环境保护、机械、农业、轻工、气象、商检、卫生等行业，其中农业行业标准 18 项，居主导地位。行业标准中以方法类标准数量最多，达 20 项，主要包括试验及其评价、鉴定方法，病菌、病毒、害虫、副产物检疫鉴定方法等；其次为种质资源类标准，共计 6 项。"十二五" 以来，甘蔗产业地方标准发展态势活跃，并呈现出明显的主产区区域性特点，广西、云南两大主产区分别制订发布实施了 17 项和 16 项地方标准，两地合计占地方标准总数的 87%；广西地方标准中生产管理类标准占 71%，覆盖了高产栽培、机械化作业、节水灌溉、间套种、虫害防控、副产物资源化利用等方面，实用性特色鲜明。而云南地方标准同时还注重上游技术的标准化，如育种及脱毒扩繁技术、品质及抗病性鉴定等。

从标准类别看，我国甘蔗产业现行标准中共有环境安全类标准（产地环境、投入品）5 项，基础/通用类标准（术语、分类）1 项，方法类标准（检验/检测）38 项，种质资源类标准（种子、种苗）10 项，生产管理类（种植、植保、加工）标准 21 项，产品类标准（等级规格、品质/安全、原产地保护）8 项，反映出研发型和实用型的标准化特点。

进一步建设和完善我国甘蔗种植业标准体系应本着规范和提升标准化基础，强化环境安全、质量意识和可持续发展理念，转变服务生产方式，拓展产品多元化，促生新业态经济增长点的思路，构建形成串联产地到产品全流程，研发、推广、应用有机衔接，国家、行业、地方三个层级标准内容互补、技术协调，互有关联、互为支撑的标准体系网络框架，包括以下类别。

（1）术语、分类及管理工作规范等基础/通用类标准；

（2）试验规范性要求、试验方法及检测评价技术类标准；

（3）产地环境、投入品安全性评估及生态修复治理技术类标准；

（4）高产稳产、高效轻简、可持续的现代生产管理类和服务类标准；

（5）甘蔗及制品、相关衍生产品等级规格、品质/安全、原产地保护等产品类标准及相关物流类、质量追溯类标准。

2. 存在的主要问题

（1）从标准数量上，甘蔗产业与其他种植业产品相比仍较为落后，尤以国家标准差距较大，主持起草单位数量亦有限，且覆盖面偏窄，这与甘蔗作为我国最大宗糖料作物、热带作物和食糖这一战略储备物资的重要地位难以匹配；

（2）从标准类别上，甘蔗产业基础/通用类、物流类、质量追溯类标准严重缺乏，环境安全类、

产品类标准偏少，标准体系现有结构不尽合理，反映出产业标准化基础较薄弱，环境安全标准化意识不强，产品多元化开发、市场化水平及其产业带动性尚未得到较好发挥；

（3）从标准规划实施情况看，甘蔗产业标准制修订规划科学性、实施计划性有待提升，现行标准结构性、系统性较为分散，行业、地方两个层级的标准技术水平参差不齐，有些标准对产业技术发展进步的前瞻性不足，导致时效性、执行性及成效不理想；

（4）从标准化工作组织开展来看，甘蔗种植业标准化工作相关单位、组织的人才稳定性和可持续性仍显不足，标准化基础培训、宣贯、社会影响力较弱，标准化工作积极性、主动性、创新性尚未充分发挥，标准化组织机构及运行管理机制有待建立完善。

二、发展方向

一是依据标准通行性、技术先进性、区域代表性等原则规划实施国家、行业、地方三个层级标准的制修订工作。

二是以衔接国际标准、引领技术创新、适应新形势（如《种子法》修订）为原则，进一步提升种质资源类、试验、检测、评价方法类标准的技术指标和方法水平，尤其是疫病指标和检测方法，并着力提高标准的规范效力与执行性。

三是强化环境安全类标准制修订工作，包括产地环境指标体系和评估技术体系，投入品及其他新技术手段的环境安全性及其可能造成的损害评估指标及修复治理技术，甘蔗耕地生产类型、耕地水土保持、土地生产力指标及其持续提升技术等。

四是积极服务产业转型升级和生产方式转变下全程机械化、耕作制度变革、卫星导航、遥感、节水灌溉技术、物联网技术、生物技术、新型投入品等高产稳产、轻简节本、可持续的特色生产管理类标准和专业化服务规范、技术要求等标准的制修订工作。

五是积极拓展甘蔗多元化开发的安全、健康、饲用、纤维、生物产品及其特征、特色指标以及衍生业态产品和服务类标准的制修订工作。

三、标准体系建设主要措施

一是在主管部门指导下，设立并依托第三方组织（机构），统一协调行业管理、推广、教学科研、用户企业及新型经营主体科学规划、常态化实施标准体系建设框架。

二是加强各级各类部门和单位对标准化工作的重视和支持力度，加强标准化工作基础培训和宣贯工作，加强业内外标准化工作的交流与协作，不断提高甘蔗产业标准化水平。

四、标准体系汇总表

甘蔗产业国家标准、行业标准和地方标准具体分类和名称见表7-7～表7-9。

表7-7 甘蔗产业国家标准体系表

序号	标准编号	标准分类	标准名称
1	GB/T 17980.49—2000	方法类	农药田间药效试验准则（一） 除草剂防治甘蔗田杂草
2	GB/T 17980.61—2004	方法类	农药田间药效试验准则（二） 第61部分：杀虫剂防治甘蔗螟虫
3	GB/T 17980.62—2004	方法类	农药田间药效试验准则（二） 第62部分：杀虫剂防治甘蔗蚜虫
4	GB/T 17980.63—2004	方法类	农药田间药效试验准则（二） 第63部分：杀虫剂防治甘蔗蔗龟

（续）

序号	标准编号	标准分类	标准名称
5	GB/T 17980.101—2004	方法类	农药田间药效试验准则（二） 第101部分：杀菌剂防治甘蔗凤梨病
6	GB/T 19566—2004	生产管理类	旱地糖料甘蔗高产栽培技术规程
7	GB/T 10498—2010	产品类	糖料甘蔗
8	GB/T 28067—2011	方法类	甘蔗黄叶病毒实时荧光 RT-PCR 检测方法
9	GB/T 29007—2012	生产管理类	甘蔗地深耕、深松机械作业技术规范
10	GB/T 29578—2013	方法类	甘蔗白色条纹病菌的检疫鉴定方法
11	GB/T 10499—2014	方法类	糖料甘蔗试验方法

表 7-8 甘蔗产业行业标准体系表

序号	标准编号	标准分类	标准名称
1	HJ/T 186—2006	环境安全类	清洁生产标准 甘蔗制糖业
2	JB/T 6121—1992	产品类	全封闭甘蔗压榨机减速器
3	JB/T 6275—2007	方法类	甘蔗收获机械 试验方法
4	JB/T 12441—2015	产品类	甘蔗种植机
5	NY/T 1488—2007	种质资源类	农作物种质资源鉴定技术规程 甘蔗
6	NY/T 1646—2008	方法类	甘蔗深耕机械 作业质量
7	NY/T 1770—2009	方法类	甘蔗剥叶机 质量评价技术规范
8	NY/T 1784—2009	方法类	农作物品种试验技术规程 甘蔗
9	NY/T 1785—2009	种质资源类	甘蔗种茎生产技术规程
10	NY/T 1786—2009	方法类	农作物品种鉴定规范 甘蔗
11	NY/T 1787—2009	生产管理类	糖料甘蔗生产技术规程
12	NY/T 1796—2009	种质资源类	甘蔗种苗
13	NY/T 1804—2009	方法类	甘蔗花叶病毒检测技术规范
14	NY/T 2180—2012	种质资源类	农作物优异种质资源评价规范 甘蔗
15	NY/T 2254—2012	生产管理类	甘蔗生产良好农业规范
16	NY/T 2348—2013	种质资源类	植物新品种特异性、一致性和稳定性测试指南 甘蔗
17	NY/T 2679—2015	方法类	甘蔗病原菌检测规程 宿根矮化病菌 环介导等温扩增检测法
18	NY/T 2724—2015	种质资源类	甘蔗脱毒种苗生产技术规程
19	NY/T 2743—2015	方法类	甘蔗白色条纹病菌检验检疫技术规程 实时荧光定量 PCR 法
20	NY/T 2775—2015	环境安全类	农作物生产基地建设标准 糖料甘蔗
21	NY/T 2902—2016	方法类	甘蔗联合收获机 作业质量
22	NY/T 2903—2016	方法类	甘蔗收获机 质量评价技术规范
23	QB/T 1310—1991	方法类	甘蔗制糖工业企业综合能耗标准和计算方法
24	QB/T 2684—2005	产品类	甘蔗糖蜜
25	QB/T 1168—2015	产品类	甘蔗压榨机
26	QBJ 102G—1987	方法类	甘蔗糖厂设计规范
27	QX/T 284—2015	方法类	甘蔗长势卫星遥感评估技术规范
28	SN/T 1400—2004	方法类	甘蔗流胶病菌检疫鉴定方法
29	SN/T 1791.2—2006	方法类	进口可用作原料的废物检验检疫规程 第2部分：甘蔗糖蜜

（续）

序号	标准编号	标准分类	标准名称
30	SN/T 3407—2012	方法类	几内亚甘蔗象检疫鉴定方法
31	SN/T 3570—2013	方法类	褐纹甘蔗象检疫鉴定方法
32	SN/T 3676—2013	方法类	甘蔗凋萎病菌检疫鉴定方法
33	SN/T 3677—2013	方法类	甘蔗壳多胞叶枯病菌检疫鉴定方法
34	WS/T 10—1996	方法类	变质甘蔗食物中毒诊断标准及处理原则

表 7-9　甘蔗产业地方标准体系表

序号	标准编号	标准分类	标准名称
1	CNS 13502—1995	方法类	食用甘蔗检验法
2	CNS 2876—1995	产品类	食用甘蔗
3	DB44/T 1585—2015	产品类	小型甘蔗中耕施肥机
4	DB45/T 807—2012	环境安全类	甘蔗制糖企业安全生产标准化规范
5	DB45/ 893—2013	环境安全类	甘蔗制糖工业水污染物排放标准
6	DB45/T 935—2013	生产管理类	甘蔗机械深耕深松技术规程
7	DB45/T 936—2013	生产管理类	甘蔗机械中耕培土技术规程
8	DB45/T 994—2014	生产管理类	甘蔗间套种马铃薯栽培技术规程
9	DB45/T 1021—2014	生产管理类	旱地甘蔗高产高糖高效节本栽培技术规程
10	DB45/T 1022—2014	生产管理类	甘蔗施用糖蜜酒精（酵母）发酵液技术规程
11	DB45/T 1077—2014	生产管理类	糖料甘蔗滴灌高产栽培技术规程
12	DB45/T 1117—2014	生产管理类	宿根甘蔗机械化地膜覆盖栽培技术规程
13	DB45/T 1119—2014	方法类	甘蔗种植机　作业质量
14	DB45/T 1120—2014	方法类	甘蔗装车机　作业质量
15	DB45/T 1210—2015	生产管理类	甘蔗间作花生栽培技术规程
16	DB45/T 1235—2015	生产管理类	甘蔗间种大豆技术规程
17	DB45/T 1236—2015	生产管理类	甘蔗蓟马防治技术规程
18	DB45/T 1239—2015	生产管理类	甘蔗间种绿豆生产技术规程
19	DB45/T 1242—2015	生产管理类	螟黄赤眼蜂防治甘蔗螟虫技术规程
20	DB46/T 217—2011	基础/通用类	甘蔗制糖能源消耗限额
21	DB51/T 600—2006	环境安全类	无公害农产品生产技术规程　双高甘蔗
22	DB52/T 483—2005	生产管理类	糖料甘蔗黔糖 4 号高产优质栽培技术规程
23	DB53/T 364—2011	生产管理类	甘蔗机械化生产技术规范
24	DB53/T 370—2012	种质资源类	甘蔗温水脱毒种苗生产技术规程
25	DB53/T 441—2012	方法类	甘蔗种苗宿根矮化病菌检测技术规程
26	DB53/T 478—2013	产品类	甘蔗原料信息管理系统功能规范
27	DB53/T 479—2013	种质资源类	甘蔗杂交育种家系评价及选择技术规程
28	DB53/T 480—2013	种质资源类	甘蔗组培脱毒苗生产技术规程
29	DB53/T 481—2013	生产管理类	旱地甘蔗槽植栽培技术规程
30	DB53/T 482—2013	生产管理类	甘蔗"吨糖田"栽培技术规程
31	DB53/T 530—2013	方法类	甘蔗锈病抗病性鉴定技术规程

（续）

序号	标准编号	标准分类	标准名称
32	DB53/T 531—2013	生产管理类	甘蔗螟虫综合防治技术规程
33	DB53/T 637—2014	方法类	甘蔗花叶病抗病性鉴定技术规程
34	DB53/T 664.1—2015	方法类	甘蔗品质的分析方法　第 1 部分：样品的采集和处理
35	DB53/T 664.2—2015	方法类	甘蔗品质的分析方法　第 2 部分：锤度、糖度、蔗糖分和纤维分的测定
36	DB53/T 664.3—2015	方法类	甘蔗品质的分析方法　第 3 部分：还原糖分的测定
37	DB53/T 664.4—2015	方法类	甘蔗品质的分析方法　第 4 部分：自然磷酸值的测定
38	DB53/T 734—2015	种质资源类	甘蔗实生苗培育技术规程

（续）

第八章　2016 年度种植业产品标准体系研究报告——蔬菜

一、蔬菜产品标准及标准体系发展现状

（一）标准体系建设进展情况

蔬菜标准体系经过十几年的建设已初具规模，从根据我国目前蔬菜标准的情况和蔬菜生产及贸易的要求，我国蔬菜标准体系大体可分为通用标准、生产和加工环境标准、农业投入品标准、产品标准、安全标准、生产技术规程及加工工艺标准、检测方法标准 7 个部分，具体内容如下。

1. 通用标准　通用标准主要包括抽样、标志、标签、包装、运输、储存、术语、分类、编码、资源评价与保护和各种规范等。

（1）抽样标准：包括蔬菜及制品的抽样方法。

（2）标志、标签标准。

（3）包装、运输和储存标准：不同蔬菜种类或单个蔬菜品种、蔬菜种子、种苗包装、运输、保鲜和储存标准。

（4）术语、分类、编码标准：蔬菜（包括食用菌）术语、分类、编码标准。

（5）资源评价与保护标准：蔬菜作物品种资源描述。

（6）规范类标准：蔬菜生产和加工应用"良好农业规范（GAP）""良好生产规范（GMP）""良好卫生规范（GHP）"和"危害关键控制点分析（HACCP）"转基因食品管理等标准。

2. 生产和加工环境标准

（1）蔬菜产地环境标准。

（2）蔬菜制品加工环境标准：脱水蔬菜、冷冻蔬菜等加工环境标准。

3. 农业投入品标准

（1）肥料/农药标准：蔬菜生产使用的肥料、农药等相关标准。

（2）种子种苗标准：蔬菜种子种苗的质量标准。

4. 产品标准

（1）新鲜蔬菜等级规格标准。

（2）冷冻蔬菜标准。

（3）脱水蔬菜标准。

（4）蔬菜汁、蔬菜粉、蔬菜酱标准。

（5）酱腌菜、蔬菜罐头和蔬菜加工制品标准。

（6）加工用蔬菜质量标准。

5. 安全标准

（1）农药残留限量标准。

（2）污染物限量标准。

（3）有害微生物限量标准。

（4）生物毒素限量标准。

6. 生产技术规程和加工工艺标准

（1）蔬菜种子种苗繁育技术规程。

（2）蔬菜生产技术规程。

（3）蔬菜及制品加工工艺。

（4）蔬菜病虫害防治技术规程。

（5）蔬菜病害鉴定评价技术规程。

（6）蔬菜新品种测试指南。

7. 检测方法标准

（1）蔬菜及制品感官检测方法。

（2）蔬菜及制品理化指标检测方法。

（3）蔬菜及制品农药残留限量检测方法。

（4）蔬菜及制品污染物检测方法。

（5）蔬菜及制品有害微生物检验方法。

（6）蔬菜及制品生物毒素的检测方法。

（7）蔬菜及制品转基因成分的检测方法。

（二）存在的主要问题

一是通用标准：包装、运输和储存标准制定的还不多，其他标准基本已制定。

二是生产和加工环境标准：已制定标准，但技术内容存在一定问题。

三是农业投入品标准：蔬菜种子质量标准不完善，种苗标准很少，是今后制定的重点。

四是产品标准：目前新鲜蔬菜产品标准包括的蔬菜种类不全，等级规格标准已涵盖了主要蔬菜品种，由于产品标准的技术内容应包括哪些内容目前还没有定论，因此是否要继续制定还待研究；脱水蔬菜已有国家标准，冷冻蔬菜已有单个蔬菜的标准，是否应像脱水蔬菜一样制定一个通用标准即可，有待研究。

五是安全标准：安全标准均有国家强制性标准，且在不断完善。

六是生产技术规程和加工工艺标准：蔬菜种子种苗繁育技术规程基本没有，是今后制定的重点；蔬菜病害鉴定评价技术规程还不完善，今后还要继续制定；其他技术规程基本完善。

七是检测方法标准：蔬菜及制品感官检测方法标准目前没有制定，是否制定需要研究；蔬菜及制品理化指标检测方法标准目前已有国家标准和部分行业标准，大部分理化指标的检测方法标准已制定；蔬菜及制品农药残留限量检测方法目前在清理整合当中；蔬菜及制品污染物检测方法、蔬菜及制品有害微生物检验方法、蔬菜及制品生物毒素的检测方法和蔬菜及制品转基因成分的检测方法已有国家标准。

1. 从标准体系方面看存在的问题

（1）标准内容交叉重复　从目前蔬菜标准的数量上看，总体数量不算少，但同一种蔬菜存在几个标准，存在重复问题。如辣椒有农业行业标准、国家标准，还有无公害食品、绿色食品及有机食品标准，同时还有等级规格标准。从技术内容上分析，目前，产品质量标准包括产品的感官、理化要求、安全要求、试验方法、检验规则、标识、包装、储存和运输等技术内容。产品的感官标准与等级规格标准有重复，但没有等级规格标准规定的详细，包装、储存和运输又与部分产品标准的内容相重复。

由于中国面积大，不同区域生产环境不同，因此蔬菜生产技术过程标准不适宜制定全国性的国家或行业标准，而宜制定地方标准，或制定良好生产技术规范。但由于历史的原因，目前还有许多无公害食品蔬菜的生产技术规程标准，而且基本上都是按单个蔬菜制定的，如《无公害食品　番茄露地生产技术规程》《无公害食品　结球甘蓝生产技术规程》《无公害食品　黄瓜生产技术规程》等。从技术内容上看，基本大同小异，只是在栽培技术上有些差异。目前不但有单个蔬菜的生产技术规程，同时也制定了蔬菜良好生产技术规范，在技术内容上重复。近几年，农业行业标准有施肥技术和病虫害防治技术规程类的标准进行申报和制定，实际上，施肥技术和病虫害的防治技术都包括在该类作物的生产技术规程中，如果把生产技术规程中的某个环节单独制定标准，这样标准制定不完，也造成标准名称不同，但技术内容相同的重复情况。

在营养功能检测方法标准上，国家标准处理得比较好，基本上按食品来制定的，但农业行业标准则问题较大，基本上都是按单个作物制定的，这样就会造成标准名称不同，但技术内容完全一样的情况。如农业行业标准《仁果类水果中类黄酮的测定　液相色谱法》，只制定了仁果类水果，那核果类水果、柑橘类水果，其他作物都分别制定，标准就永远制定不完。再者，营养功能检测方法一般应用范围比较窄，对于这类标准首先要明确标准制定后谁使用，用在什么地方。如果只是申报单位自己用，只是用在科研上，就没有必要制定。如果确实对行业发展有用，也不能制定单个作物的标准，应制定植物源食品或农产品的标准。

蔬菜产地环境标准从内容上也存在重复情况。由于缺少基础研究数据，目前产地环境标准采用的都是环保部的标准，污染物指标都是全量的，与蔬菜对污染物的吸收没有相关性，不能作为判定产地环境是否适宜种植某种蔬菜。目前蔬菜产地环境标准有无公害食品蔬菜产地环境条件，也有单个蔬菜的产地环境标准，同样存在名称不同，技术内容基本重复的情况。

（2）技术指标可操作性较差　技术指标可操作性较差，主要表现在产品的分等分级上。如在我国芹菜标准中，对机械伤没有明确的解释，无法掌握尺度。而在美国的芹菜标准中，对机械伤则规定为"当切除的根太多致使叶柄失去支持；当超过4个叶柄被严重擦伤；当叶柄在第一节点以上断裂严重影响外观；或超过4个叶柄在第一节点以下断裂，除非所有的叶柄在第一节点以下被切断使植株具有特殊的长度"。同样在我国芹菜标准中，对整齐度没有规定，但规定了整齐度的比例。在美国的芹菜标准中，规定整齐为"较细、短或纺锤状，粗糙或纤维化的外围叶柄不超过2个；主根已被切除，剩余部分不超过3.81 cm；次生小根的数量和长度不影响植株的外观；留下的黄叶或去除的叶片部分不能影响植株的外观"。在我国标准中，不允许在定义中做解释和规定，而在美国的标准中，对定义都有详细的解释和说明，有较强的可操作性。

（3）实用性较差　蔬菜标准的实用性较差不是主要表现在标准本身的技术内容存在问题，而是目前蔬菜的交易过程还不具备标准应用的环境。如蔬菜等级规格标准的实施，前提是蔬菜要进行包装销售，而实际目前国内蔬菜大部分销售都是散装，即使包装也没有按等级和规格进行划分，只是为运输方便。

（4）配套性较差　农药残留检测方法目前存在的最大问题一是不配套，GB 2763—2014中规定了387种农药，但还有35种没有相对应的检测方法标准，有许多农药只有参照标准，尤其是以粮油作物最多，实际上许多参照标准并不适用粮油作物；配套性较差还表现在标准不成系统，如一个系统应从产地环境开始，到种子质量、种子繁育技术规程、病害鉴定规程、生产技术规范、产品等级规格标准、包装和储运标准、加工品质量标准、加工工艺标准、安全限量标准及相应检测方法标准、理化检测方法标准等，但目前还不配套。

（5）基础研究薄弱　主要表现在基础数据不足，致使蔬菜标准在制定过程中无据可依。如目前脱水蔬菜和冷冻蔬菜在蔬菜出口中占很大比例，而这两类产品没有农药残留限量标准，在标准制定时是引用新鲜蔬菜的标准。由于脱水蔬菜的水分比新鲜蔬菜少很多，因此采用新鲜蔬菜的标准就意味着提高了标准的严度。同理，冷冻蔬菜在处理过程中也存在不同比例问题，如2 000 g新鲜菠菜出500 g冷冻菠菜，冷冻菠菜使用新鲜蔬菜的限量值就不科学。由于我国没有这方面的研究和数据，所以日本政府就在毒死蜱残留限量上做文章。中方提出日方采用新鲜菠菜的限量来判定冷冻菠菜是不合理的，日方说如果中方有研究的数据就可以采用，而我们拿不出研究数据。

2．从标准结构方面看存在的问题　目前，产品标准的技术内容中包括了产品标识、包装、储存和运输等技术内容。在国务院分工中，将农产品的储存和运输环节交给了农业农村部，势必要加强对这两个环节标准的制修订工作。从目前现有标准的情况看，已制定的产品标准中都包括了标识、包装、储存和运输等技术内容，也存在个别蔬菜的储运标准，如《胡萝卜储藏与运输》（NY/T 717—

2003),《番茄 冷藏和冷藏运输指南》(SB/T 10449—2007),但标准数量少,这样有存在技术内容重复的问题,而且如果标准技术内容不统一,会造成执行上的问题,因此要明确产品标准的结构。

在标准结构上存在的最主要问题就是国标委和卫健委颁布的标准各成一套格式。如国标委要求在前言中规定标准的起草单位和起草人,但卫健委不需写明;在范围中,国标委要求第一句写明该标准规定什么,但卫健委的产品标准不要求,只写本标准适用于什么;对于附录的性质,国标委要求写明,但卫健委不写等。造成同是国家标准,但文本格式不统一的问题。

二、发展方向

(一)总体思路

以国家的相关法律和法规为依据,以市场和社会需求为导向,以提高我国蔬菜产品质量与生态环境的安全水平及蔬菜产业效益为目标,依靠相关技术进步,建立一套既符合中国国情又能与国际接轨的涵盖蔬菜“产前、产中、产后”全过程的标准体系,使主要蔬菜生产、加工及贸易过程都有标准可依,促进蔬菜标准化生产、为实现蔬菜行业升级、农民收入和农业增效提供强有力的技术支撑。

(二)基本原则

1. 同国家农业标准体系衔接配套 蔬菜标准化体系是我国农业技术标准的组成部分,其体系架构与国家农业技术标准体系相一致、相衔接。

2. 符合蔬菜生产和贸易实际,突出重点,分步实施 蔬菜种类很多,生产环境、生产过程、质量要求各异,标准体系建设将针对蔬菜产品质量与生态安全要求,对制约蔬菜产品质量和贸易以及造成蔬菜生产环境安全的重点问题,进行科学安排,分步加以实施。

3. 标准制定与修订相结合 应不断根据蔬菜生产和贸易的需要制定新的标准以满足蔬菜产业发展需求;同时,随着技术进步和社会需求变化,还应当及时对原有标准进行修订,以确保标准的科学性、先进性和适用性。

4. 标准制定与科技研发相结合 应合理配置资源,加强对标准关键技术和指标的研究和验证,为标准制修订提供可靠、扎实的科学证据。

5. 积极采用国际标准 在蔬菜标准体系建设过程中,应加强对国际相关标准的动态跟踪,提高对国际先进标准的采用力度,同时加强国际间的技术及人员交流,提高蔬菜产业标准的国际化水平。

(三)主要目标

1. 中长期目标 建立完善蔬菜标准体系,主要蔬菜产地环境、生产过程、产品、检测、贸易全过程标准覆盖率达到 80% 以上,逐步提高国际标准采标率。通过体系建设,蔬菜标准化研究与制定的技术力量得到显著增强,专业人才队伍明显壮大,结构趋于合理;技术标准得到良好的推广实施。

2.“十三五”目标 主要目标是农药残留检测方法的制修订,蔬菜种子种苗繁育技术规程,蔬菜病害鉴定评价规程,蔬菜包装和储运标准的制修订,蔬菜品种和种质资源的鉴定评价方法,有害生物检疫与防治技术、转基因生物安全等相关标准的制修订;对目前一些技术含量低、操作性不强或不满足市场和社会需求的标准进行修订。根据标准制定需要和现有标准中存在的技术缺陷,开展相关基础技术的研究和开发。

三、标准体系建设主要措施

(一)本领域标准体系建设的重点内容

完善蔬菜标准体系,重点在配套性。完善从通用基础标准、产地环境,种子质量、种子繁育种苗技术规程、病害鉴定评价规程、生产技术规范、产品等级规格标准、包装和储运标准、加工品质量标准、加工工艺标准、安全限量标准及相应检测方法标准、理化检测方法标准等蔬菜标准体系，重点配套与农药残留限量配套的检测方法标准、种子种苗繁育技术规程、包装和储运标准等。

（二）研究重点

一是不同蔬菜对丁硫克百威、丙硫克百威代谢规律研究，为科学判断克百威是否超标提供技术依据。

二是蔬菜重金属含量与土壤中重金属含量相关性研究，为科学制定蔬菜产地环境标准提供技术依据。

四、标准体系汇总表（包括国家标准、行业标准和地方标准）

蔬菜（产品）国家标准、行业标准和地方标准具体分类和名称见表 8-1～表 8-3。

表 8-1　蔬菜（产品）国家标准体系表

序号	标准编号	标准名称	标准分类
1	GB/T 8855—2008	新鲜水果和蔬菜　取样方法	通用
2	GB/T 12728—2006	食用菌术语	通用
3	GB/T 26430—2010	水果和蔬菜　形态学和结构学术语	通用
4	GB/T 23351—2009	新鲜水果和蔬菜　词汇	通用
5	GB/T 9829—2008	水果和蔬菜　冷库中物理条件　定义和测量	通用
6	GB 2763—2014	食品安全国家标准　食品中农药最大残留限量	通用
7	GB 2762—2012	食品安全国家标准　食品中污染物限量	通用
8	GB 22556—2008	豆芽卫生标准	通用
9	GB/Z 21724—2008	出口蔬菜质量安全控制规范	通用
10	GB/T 18630—2002	蔬菜中有机磷及氨基甲酸酯农药残留量的简易检验方法　酶抑制法	方法类
11	GB/T 22243—2008	大米、蔬菜、水果中氯氟吡氧乙酸残留量的测定	方法类
12	GB/T 5009.105—2003	黄瓜中百菌清残留量的测定	方法类
13	GB/T 5009.21—2003	粮、油、菜中甲萘威残留量的测定	方法类
14	GB/T 5009.184—2003	粮食、蔬菜中噻嗪酮残留量的测定	方法类
15	GB/T 5009.175—2003	粮食和蔬菜中 2，4-滴残留量的测定	方法类
16	GB/T 23202—2008	食用菌中 440 种农药及相关化学品残留量的测定　液相色谱-串联质谱法	方法类
17	GB/T 23216—2008	食用菌中 503 种农药及相关化学品残留量的测定　气相色谱-质谱法	方法类
18	GB/T 5009.143—2003	蔬菜、水果、食用油中双甲脒残留量的测定	方法类
19	GB/T 5009.188—2003	蔬菜、水果中甲基托布津、多菌灵的测定	方法类
20	GB/T 23379—2009	水果、蔬菜及茶叶中吡虫啉残留的测定　高效液相色谱法	方法类
21	GB/T 20769—2008	水果和蔬菜中 450 种农药及相关化学品残留量的测定　液相色谱-串联质谱法	方法类
22	GB/T 19648—2006	水果和蔬菜中 500 种农药及相关化学品残留量的测定　气相色谱-质谱法	方法类
23	GB/T 5009.218—2008	水果和蔬菜中多种农药残留量的测定	方法类
24	GB/T 5009.199—2003	蔬菜中有机磷和氨基甲酸酯类农药残留量的快速检测	方法类
25	GB/T 5009.38—2003	蔬菜、水果卫生标准的分析方法	方法类

（续）

序号	标准编号	标准名称	标准分类
26	GB/T 21266—2007	辣椒及辣椒制品中辣椒素类物质测定及辣度表示方法	方法类
27	GB/T 21265—2007	辣椒辣度的感官评价方法	方法类
28	GB/T 30389—2013	辣椒及其油树脂　总辣椒碱含量的测定　分光光度法	方法类
29	GB/T 30388—2013	辣椒及其油树脂　总辣椒碱含量的测定　高效液相色谱法	方法类
30	GB/T 22269—2008	姜黄着色力测定　分光光度法	方法类
31	GB/T 22293—2008	姜及其油树脂主要刺激成分测定　HPLC 法	方法类
32	GB 8858—1988	水果、蔬菜产品中干物质和水分含量的测定方法	方法类
33	GB 10468—1989	水果和蔬菜产品 pH 的测定方法	方法类
34	GB 10467—1989	水果和蔬菜产品中挥发性酸度的测定方法	方法类
35	GB/T 5009.86—2003	蔬菜、水果及其制品中总抗坏血酸的测定（荧光法和 2，4-二硝基苯肼法）	方法类
36	GB/T 23375—2009	蔬菜及其制品中铜、铁、锌、钙、镁、磷的测定	方法类
37	GB/T 5009.158—2003	蔬菜中维生素 K_1 的测定	方法类
38	GB/T 15664—2009	水果、蔬菜及其制品　甲酸含量的测定　重量法	方法类
39	GB/T 15667—1995	水果、蔬菜及其制品　氯化物含量的测定	方法类
40	GB/T 15402—1994	水果、蔬菜及其制品　钠、钾含量的测定	方法类
41	GB 6195—1986	水果、蔬菜维生素 C 含量测定法（2，6-二氯靛酚滴定法）	方法类
42	GB/T 12532—2008	食用菌灰分测定	方法类
43	GB/T 12533—2008	食用菌杂质测定	方法类
44	GB/T 15673—2009	食用菌中粗蛋白含量的测定	方法类
45	GB/T 15674—2009	食用菌中粗脂肪含量的测定	方法类
46	GB/T 15672—2009	食用菌中总糖含量的测定	方法类
47	GB/T 5009.189—2003	银耳中米酵菌酸的测定	方法类
48	GB/T 10471—2008	速冻水果和蔬菜　净重测定方法	方法类
49	GB/T 10470—2008	速冻水果和蔬菜　矿物杂质测定方法	方法类
50	GB/T 31273—2014	速冻水果和速冻蔬菜生产管理规范	方法类
51	GB 16715.1—2010	瓜菜作物种子　第 1 部分：瓜类	种植资源类
52	GB 16715.2—2010	瓜菜作物种子　第 2 部分：白菜类	种植资源类
53	GB 16715.3—2010	瓜菜作物种子　第 3 部分：茄果类	种植资源类
54	GB 16715.4—2010	瓜菜作物种子　第 4 部分：甘蓝类	种植资源类
55	GB 16715.5—2010	瓜菜作物种子　第 5 部分：绿叶菜类	种植资源类
56	GB/T 23599—2009	草菇菌种	种植资源类
57	GB 19169—2003	黑木耳菌种	种植资源类
58	GB 19172—2003	平菇菌种	种植资源类
59	GB 19171—2003	双孢蘑菇菌种	种植资源类
60	GB 19170—2003	香菇菌种	种植资源类
61	GB/T 22303—2008	芹菜籽	种植资源类
62	GB 18133—2012	马铃薯种薯	种植资源类
63	GB 4406—1984	种薯	种植资源类
64	GB/T 24316—2009	致命鹅膏的物种鉴定	种植资源类
65	GB/T 21125—2007	食用菌品种选育技术规范	种植资源类
66	GB/T 30762—2014	主要竹笋质量分级	产品类
67	GB/T 19906—2005	地理标志产品　宝应荷（莲）藕	产品类

（续）

序号	标准编号	标准名称	标准分类
68	GB/T 20356—2006	地理标志产品　广昌白莲	产品类
69	GB/T 20351—2006	地理标志产品　怀山药	产品类
70	GB/T 22212—2008	地理标志产品　金乡大蒜	产品类
71	GB/T 23395—2009	地理标志产品　卢氏黑木耳	产品类
72	GB/T 30723—2014	地理标志产品　梅里斯洋葱	产品类
73	GB/T 22746—2008	地理标志产品　泌阳花菇	产品类
74	GB/T 19087—2008	地理标志产品　庆元香菇	产品类
75	GB/T 21002—2007	地理标志产品　中牟大白蒜	产品类
76	GB/T 22306—2008	胡荽	产品类
77	GB/T 18672—2014	枸杞	产品类
78	GB/T 30382—2013	辣椒（整的或粉状）	产品类
79	GB/T 30383—2013	生姜	产品类
80	GB/T 26431—2010	甜椒	产品类
81	GB/T 6192—2008	黑木耳	产品类
82	GB/T 23191—2008	牛肝菌　美味牛肝菌	产品类
83	GB/T 23189—2008	平菇	产品类
84	GB/T 23190—2008	双孢蘑菇	产品类
85	GB/T 23188—2008	松茸	产品类
86	GB/T 23775—2009	压缩食用菌	产品类
87	GB/Z 26577—2011	大葱生产技术规范	生产管理类
88	GB/Z 26578—2011	大蒜生产技术规范	生产管理类
89	GB/T 28659—2012	保护地沙窝萝卜栽培技术规范	生产管理类
90	GB/Z 26573—2011	菠菜生产技术规范	生产管理类
91	GB/Z 26581—2011	黄瓜生产技术规范	生产管理类
92	GB/Z 26582—2011	结球甘蓝生产技术规范	生产管理类
93	GB/Z 26583—2011	辣椒生产技术规范	生产管理类
94	GB/Z 26584—2011	生姜生产技术规范	生产管理类
95	GB/Z 26585—2011	甜豌豆生产技术规范	生产管理类
96	GB/Z 26586—2011	西兰花生产技术规范	生产管理类
97	GB/Z 26588—2011	小茴菜生产技术规范	生产管理类
98	GB/Z 26589—2011	洋葱生产技术规范	生产管理类
99	GB/T 29368—2012	银耳菌种生产技术规范	生产管理类
100	GB/T 29369—2012	银耳生产技术规范	生产管理类
101	GB/Z 26587—2011	香菇生产技术规范	生产管理类
102	GB/T 23620—2009	马铃薯甲虫疫情监测规程	生产管理类
103	GB/T 31784—2015	马铃薯商品薯分级与检验规程	生产管理类
104	GB/T 31753—2015	马铃薯商品薯生产技术规程	生产管理类
105	GB/T 29375—2012	马铃薯脱毒试管苗繁育技术规程	生产管理类
106	GB/T 29376—2012	马铃薯脱毒原原种繁育技术规程	生产管理类
107	GB/T 29377—2012	马铃薯脱毒种薯级别与检验规程	生产管理类
108	GB/T 29378—2012	马铃薯脱毒种薯生产技术规程	生产管理类
109	GB/T 23416.9—2009	蔬菜病虫害安全防治技术规范　第9部分：葱蒜类	生产管理类

（续）

序号	标准编号	标准名称	标准分类
110	GB/T 23416.5—2009	蔬菜病虫害安全防治技术规范　第5部分：白菜类	生产管理类
111	GB/T 23416.3—2009	蔬菜病虫害安全防治技术规范　第3部分：瓜类	生产管理类
112	GB/T 23416.1—2009	蔬菜病虫害安全防治技术规范　第1部分：总则	生产管理类
113	GB/T 23416.8—2009	蔬菜病虫害安全防治技术规范　第8部分：根菜类	生产管理类
114	GB/T 23416.7—2009	蔬菜病虫害安全防治技术规范　第7部分：豆类	生产管理类
115	GB/T 23416.6—2009	蔬菜病虫害安全防治技术规范　第6部分：绿叶菜类	生产管理类
116	GB/T 23416.4—2009	蔬菜病虫害安全防治技术规范　第4部分：甘蓝类	生产管理类
117	GB/T 23416.2—2009	蔬菜病虫害安全防治技术规范　第2部分：茄果类	生产管理类
118	GB/T 23244—2009	水果和蔬菜　气调储藏技术规范	物流类
119	GB/T 20372—2006	花椰菜　冷藏和冷藏运输指南	物流类
120	GB/T 25873—2010	结球甘蓝　冷藏和冷藏运输指南	物流类
121	GB/T 25871—2010	结球生菜　预冷和冷藏运输指南	物流类
122	GB/T 16870—2009	芦笋　储藏指南	物流类
123	GB/T 25872—2010	马铃薯　通风库储藏指南	物流类
124	GB/T 25869—2010	洋葱　储藏指南	物流类
125	GB/T 25868—2010	早熟马铃薯　预冷和冷藏运输指南	物流类
126	GB/T 25867—2010	根菜类　冷藏和冷藏运输	物流类
127	GB/T 18518—2001	黄瓜　储藏和冷藏运输	物流类
128	GB/T 26432—2010	新鲜蔬菜储藏与运输准则	物流类
129	GB/T 24700—2010	大蒜　冷藏	物流类
130	GB/T 8867—2001	蒜薹简易气调冷藏技术	物流类
131	GB/T 29379—2012	马铃薯脱毒种薯储藏、运输技术规程	物流类

表8-2　蔬菜（产品）行业标准体系表

序号	标准编号	标准名称	标准分类
1	NY/T 2103—2011	蔬菜抽样技术规范	通用
2	NY/T 762—2004	蔬菜农药残留检测抽样规范	通用
3	NY/T 5344.1—2006	无公害食品　产品抽样规范　第1部分：通则	通用
4	NY/T 5344.3—2006	无公害食品　产品抽样规范　第3部分：蔬菜	通用
5	NY/T 896—2015	绿色食品　产品抽样准则	通用
6	NY/T 1741—2009	蔬菜名称及计算机编码	通用
7	SB/T 10029—2012	新鲜蔬菜分类与代码	通用
8	NY/T 2780—2015	蔬菜加工名词术语	通用
9	SB/T 11073—2013	速冻食品术语	通用
10	国卫办食品函〔2014〕377号	国家卫生计生委办公厅关于黄花菜中镉限量问题的复函	通用
11	NY/T 2442—2013	蔬菜集约化育苗场建设标准	通用
12	NY/T 1935—2010	食用菌栽培基质质量安全要求	通用
13	NY/T 2119—2012	蔬菜穴盘育苗　通则	通用
14	NY/T 2118—2012	蔬菜育苗基质	通用

（续）

序号	标准编号	标准名称	标准分类
15	NY 5099—2002	无公害食品　食用菌栽培基质安全技术要求	通用
16	NY/T 1055—2015	绿色食品　产品检验规则	方法类
17	SN 0340—1995	出口粮谷、蔬菜中百草枯残留量检验方法紫外分光光度法	方法类
18	SN/T 1017.3—2002	出口粮谷和蔬菜中戊菌隆残留量检验方法	方法类
19	SN 0346—1995	出口蔬菜中 α-萘乙酸残留量检验方法	方法类
20	SN 0198—1993	出口蔬菜中复硝盐残留量检验方法	方法类
21	SN 0703—1997	出口蔬菜中利佛米残留量检验方法	方法类
22	SN 0659—1997	出口蔬菜中邻苯基苯酚残留量检验方法　液相色谱法	方法类
23	SN 0345—1995	出口蔬菜中杀虫双残留量检验方法	方法类
24	SN/T 0525—2012	出口水果、蔬菜中福美双残留量检测方法	方法类
25	SN 0337—1995	出口水果和蔬菜中克百威残留量检验方法	方法类
26	SN/T 0190—2012	出口水果和蔬菜中乙撑硫脲残留量测定方法　气相色谱质谱法	方法类
27	SN 0499—1995	出口水果蔬菜中百菌清残留量检验方法	方法类
28	SN/T 2095—2008	进出口蔬菜中氟啶脲残留量检测方法　高效液相色谱法	方法类
29	SN/T 2806—2011	进出口蔬菜、水果、粮谷中氟草烟残留量检测方法	方法类
30	SN/T 2114—2008	进出口水果和蔬菜中阿维菌素残留量检测方法　液相色谱法	方法类
31	SN/T 1976—2007	进出口水果和蔬菜中嘧菌酯残留量检测方法　气相色谱法	方法类
32	SN/T 1977—2007	进出口水果和蔬菜中唑螨酯残留量检测方法　高效液相色谱法	方法类
33	NY/T 447—2001	韭菜中甲胺磷等七种农药残留检测方法	方法类
34	NY/T 448—2001	蔬菜上有机磷和氨基甲酸酯类农药残毒快速检测方法	方法类
35	NY/T 1380—2007	蔬菜、水果中 51 种农药多残留的测定　气相色谱质谱法	方法类
36	NY/T 1275—2007	蔬菜、水果中吡虫啉残留量的测定	方法类
37	NY/T 1652—2008	蔬菜、水果中克螨特残留量的测定　气相色谱法	方法类
38	NY/T 1279—2007	蔬菜、水果中硝酸盐的测定　紫外分光光度法	方法类
39	NY/T 761—2008	蔬菜和水果中有机磷、有机氯、拟除虫菊酯和氨基甲酸酯类农药多残留的测定	方法类
40	NY/T 1453—2007	蔬菜及水果中多菌灵等 16 种农药残留测定　液相色谱-质谱-质谱联用法	方法类
41	NY/T 1680—2009	蔬菜水果中多菌灵等 4 种苯并咪唑类农药残留的测定　高效液相色谱法	方法类
42	NY/T 1434—2007	蔬菜中 2、4-D 等 13 种除草剂多残留的测定　液相色谱质谱法	方法类
43	NY/T 1379—2007	蔬菜中 334 种农药多残留的测定　气相色谱质谱法和液相色谱质谱法	方法类
44	NY/T 1603—2008	蔬菜中溴氰菊酯残留量的测定　气相色谱法	方法类
45	NY/T 1277—2007	蔬菜中异菌脲残留量的测定　高效液相色谱法	方法类
46	NY/T 1649—2008	水果、蔬菜中噻苯咪唑残留量的测定　高效液相色谱法	方法类
47	SN/T 1902—2007	水果蔬菜中吡虫啉、吡虫清残留量的测定　高效液相色谱法	方法类
48	NY/T 1016—2006	水果蔬菜中乙烯利残留量的测定　气相色谱法	方法类
49	NY/T 946—2006	蒜薹、青椒、柑橘、葡萄中仲丁胺残留量的测定	方法类
50	SN 0653—1997	出口蔬菜中杨菌胺残留量　检验方法	方法类
51	NY/T 1381—2007	辣椒素的测定高效液相色谱法	方法类

（续）

序号	标准编号	标准名称	标准分类
52	NY/T 1800—2009	大蒜及制品中大蒜素的测定　气相色谱法	方法类
53	NY/T 2643—2014	大蒜及制品中蒜素的测定　高效液相色谱法	方法类
54	NY/T 1693—2009	芦荟及制品中芦荟甙的测定　高效液相色谱法	方法类
55	NY/T 713—2003	香草兰豆荚中香兰素的测定	方法类
56	NY/T 2277—2012	水果蔬菜中有机酸和阴离子的测定　离子色谱法	方法类
57	NY/T 1653—2008	蔬菜、水果及制品中矿质元素的测定　电感耦合等离子体发射光谱法	方法类
58	NY/T 1278—2007	蔬菜及其制品中可溶性糖的测定铜还原碘量法	方法类
59	NY/T 1018—2006	蔬菜及其制品中磷的测定	方法类
60	NY/T 1201—2006	蔬菜及其制品中铜、铁、锌的测定	方法类
61	NY/T 1651—2008	蔬菜及制品中番茄红素的测定　高效液相色谱法	方法类
62	NY/T 1600—2008	水果、蔬菜及其制品中单宁含量的测定　分光光度法	方法类
63	NY/T 1435—2007	水果、蔬菜及其制品中二氧化硫总量的测定	方法类
64	NY/T 2637—2014	水果和蔬菜可溶性固形物含量的测定　折射仪法	方法类
65	NY/T 1676—2008	食用菌中粗多糖含量的测定	方法类
66	NY/T 1373—2007	食用菌中亚硫酸盐的测定　充氮蒸馏-分光光度计法	方法类
67	NY/T 2279—2012	食用菌中岩藻糖、阿糖醇、海藻糖、甘露醇、甘露糖、葡萄糖、半乳糖、核糖的测定　离子色谱法	方法类
68	NY/T 1257—2006	食用菌中荧光物质的检测	方法类
69	NY/T 1283—2007	香菇中甲醛含量的测定	方法类
70	NY/T 2280—2012	双孢蘑菇中蘑菇氨酸的测定　高效液相色谱法	方法类
71	SN/T 0627—2014	出口莼菜检验规程	方法类
72	SN/T 0978—2011	出口新鲜蔬菜检验规程	方法类
73	SN/T 0626.9—2015	出口速冻蔬菜检验规程　第9部分：荸荠	方法类
74	SN/T 0626.4—2015	出口速冻蔬菜检验规程　叶菜类	方法类
75	SN/T 0626.3—2015	出口速冻蔬菜检验规程　芦笋类	方法类
76	SN/T 0626—2011	出口速冻蔬菜检验规程	方法类
77	SN/T 0626.6—1997	出口速冻蔬菜检验规程　油炸薯芋类	方法类
78	SN/T 0626.7—1997	出口速冻蔬菜检验规程　食用菌	方法类
79	SN/T 0626.5—1997	出口速冻蔬菜检验规程　豆类	方法类
80	SN/T 0626.1—1997	出口速冻蔬菜检验规程　荸荠	方法类
81	SN/T 0765—1999	出口速冻块茎类蔬菜检验规程	方法类
82	SN/T 0230.2—2015	出口脱水大蒜制品检验规程	方法类
83	SN/T 0631—1997	出口脱水蘑菇检验规程	方法类
84	SN/T 0230.1—1993	出口脱水蔬菜检验规程	方法类
85	SN/T 0231—2015	出口干制辣椒产品检验规程	方法类
86	NY/T 2567—2014	植物新品种特异性、一致性和稳定性测试指南　荸荠	方法类
87	NY/T 2574—2014	植物新品种特异性、一致性和稳定性测试指南　菜薹	方法类
88	NY/T 2525—2013	植物新品种特异性、一致性和稳定性测试指南　草菇	方法类
89	NY/T 2519—2013	植物新品种特异性、一致性和稳定性测试指南　番木瓜	方法类

（续）

序号	标准编号	标准名称	标准分类
90	NY/T 2588—2014	植物新品种特异性、一致性和稳定性测试指南　黑木耳	方法类
91	NY/T 2561—2014	植物新品种特异性、一致性和稳定性测试指南　胡萝卜	方法类
92	NY/T 2504—2013	植物新品种特异性、一致性和稳定性测试指南　瓠瓜	方法类
93	NY/T 2505—2013	植物新品种特异性、一致性和稳定性测试指南　姜	方法类
94	NY/T 2498—2013	植物新品种特异性、一致性和稳定性测试指南　茭白	方法类
95	NY/T 2523—2013	植物新品种特异性、一致性和稳定性测试指南　金顶侧耳	方法类
96	NY/T 2503—2013	植物新品种特异性、一致性和稳定性测试指南　菊芋	方法类
97	NY/T 2575—2014	植物新品种特异性、一致性和稳定性测试指南　芦荟	方法类
98	NY/T 2496—2013	植物新品种特异性、一致性和稳定性测试指南　芦笋	方法类
99	NY/T 2500—2013	植物新品种特异性、一致性和稳定性测试指南　魔芋	方法类
100	NY/T 2518—2013	植物新品种特异性、一致性和稳定性测试指南　木瓜属	方法类
101	NY/T 2495—2013	植物新品种特异性、一致性和稳定性测试指南　山药	方法类
102	NY/T 2524—2013	植物新品种特异性、一致性和稳定性测试指南　双胞蘑菇	方法类
103	NY/T 2506—2013	植物新品种特异性、一致性和稳定性测试指南　水芹	方法类
104	NY/T 2501—2013	植物新品种特异性、一致性和稳定性测试指南　丝瓜	方法类
105	NY/T 2507—2013	植物新品种特异性、一致性和稳定性测试指南　茼蒿	方法类
106	NY/T 2559—2014	植物新品种特异性、一致性和稳定性测试指南　莴苣	方法类
107	NY/T 2560—2014	植物新品种特异性、一致性和稳定性测试指南　香菇	方法类
108	NY/T 2586—2014	植物新品种特异性、一致性和稳定性测试指南　洋桔梗	方法类
109	NY/T 2502—2013	植物新品种特异性、一致性和稳定性测试指南　芋	方法类
110	NY/T 5295—2015	无公害农产品　产地环境评价准则	环境安全类
111	NY 5358—2007	无公害食品　食用菌产地环境条件	环境安全类
112	NY 5294—2004	无公害食品　设施蔬菜产地环境条件	环境安全类
113	NY 5010—2002	无公害食品　蔬菜产地环境条件	环境安全类
114	NY/T 5335—2006	无公害食品　产地环境质量调查规范	环境安全类
115	NY 5331—2006	无公害食品　水生蔬菜产地环境条件	环境安全类
116	NY/T 1054—2013	绿色食品　产地环境调查、监测与评价规范	环境安全类
117	NY/T 391—2013	绿色食品　产地环境质量	环境安全类
118	NY/T 848—2004	蔬菜产地环境技术条件	环境安全类
119	NY 2619—2014	瓜菜作物种子　豆类（菜豆、长豇豆、豌豆）	种植资源类
120	NY 2620—2014	瓜菜作物种子　萝卜和胡萝卜	种植资源类
121	NY 862—2004	杏鲍菇和白灵菇菌种	种植资源类
122	NY/T 2716—2015	马铃薯原原种等级规格	种植资源类
123	NY/T 1845—2010	食用菌菌种区别性鉴定拮抗反应	种植资源类
124	NY/T 1742—2009	食用菌菌种通用技术要求	种植资源类
125	NY/T 1743—2009	食用菌菌种真实性鉴定　RAPD 法	种植资源类
126	NY/T 1097—2006	食用菌菌种真实性鉴定　酯酶同工酶电泳法	种植资源类
127	NY/T 2567—2014	植物新品种特异性、一致性和稳定性测试指南　荸荠	种植资源类
128	NY/T 2574—2014	植物新品种特异性、一致性和稳定性测试指南　菜薹	种植资源类

（续）

序号	标准编号	标准名称	标准分类
129	NY/T 2525—2013	植物新品种特异性、一致性和稳定性测试指南　草菇	种植资源类
130	NY/T 2519—2013	植物新品种特异性、一致性和稳定性测试指南　番木瓜	种植资源类
131	NY/T 2588—2014	植物新品种特异性、一致性和稳定性测试指南　黑木耳	种植资源类
132	NY/T 2561—2014	植物新品种特异性、一致性和稳定性测试指南　胡萝卜	种植资源类
133	NY/T 2504—2013	植物新品种特异性、一致性和稳定性测试指南　瓠瓜	种植资源类
134	NY/T 2505—2013	植物新品种特异性、一致性和稳定性测试指南　姜	种植资源类
135	NY/T 2498—2013	植物新品种特异性、一致性和稳定性测试指南　茭白	种植资源类
136	NY/T 2523—2013	植物新品种特异性、一致性和稳定性测试指南　金顶侧耳	种植资源类
137	NY/T 2503—2013	植物新品种特异性、一致性和稳定性测试指南　菊芋	种植资源类
138	NY/T 2575—2014	植物新品种特异性、一致性和稳定性测试指南　芦荟	种植资源类
139	NY/T 2496—2013	植物新品种特异性、一致性和稳定性测试指南　芦笋	种植资源类
140	NY/T 2500—2013	植物新品种特异性、一致性和稳定性测试指南　魔芋	种植资源类
141	NY/T 2518—2013	植物新品种特异性、一致性和稳定性测试指南　木瓜属	种植资源类
142	NY/T 2495—2013	植物新品种特异性、一致性和稳定性测试指南　山药	种植资源类
143	NY/T 2524—2013	植物新品种特异性、一致性和稳定性测试指南　双胞蘑菇	种植资源类
144	NY/T 2506—2013	植物新品种特异性、一致性和稳定性测试指南　水芹	种植资源类
145	NY/T 2501—2013	植物新品种特异性、一致性和稳定性测试指南　丝瓜	种植资源类
146	NY/T 2507—2013	植物新品种特异性、一致性和稳定性测试指南　茼蒿	种植资源类
147	NY/T 2559—2014	植物新品种特异性、一致性和稳定性测试指南　莴苣	种植资源类
148	NY/T 2560—2014	植物新品种特异性、一致性和稳定性测试指南　香菇	种植资源类
149	NY/T 2586—2014	植物新品种特异性、一致性和稳定性测试指南　洋桔梗	种植资源类
150	NY/T 2502—2013	植物新品种特异性、一致性和稳定性测试指南　芋	种植资源类
151	NY/T 1490—2007	农作物品种审定规范　马铃薯	种植资源类
152	NY/T 1844—2010	农作物品种审定规范食用菌	种植资源类
153	NY/T 2176—2012	农作物优异种质资源评价规范　甘薯	种植资源类
154	NY/T 2183—2012	农作物优异种质资源评价规范　茭白	种植资源类
155	NY/T 2182—2012	农作物优异种质资源评价规范　莲藕	种植资源类
156	NY/T 2179—2012	农作物优异种质资源评价规范　马铃薯	种植资源类
157	NY/T 2327—2013	农作物种质资源鉴定评价技术规范　芋	种植资源类
158	NY/T 2036—2011	热带块根茎作物品种资源抗逆性鉴定技术规范木薯	种植资源类
159	NY/T 1731—2009	食用菌菌种良好作业规范	种植资源类
160	NY/T 1098—2006	食用菌品种描述技术规范	种植资源类
161	NY/T 2475—2013	辣椒品种鉴定技术规程　SSR 分子标记法	种植资源类
162	NY/T 2476—2013	大白菜品种鉴定技术规程　SSR 分子标记法	种植资源类
163	NY/T 972—2006	大白菜种子繁育技术规程	种植资源类
164	NY/T 2471—2013	番茄品种鉴定技术规程　Indel 分子标记法	种植资源类
165	NY/T 2474—2013	黄瓜品种鉴定技术规程　SSR 分子标记法	种植资源类
166	NY/T 2473—2013	结球甘蓝品种鉴定技术规程　SSR 分子标记法	种植资源类
167	NY/T 1320—2007	农作物种质资源鉴定技术规程　甘薯	种植资源类

（续）

序号	标准编号	标准名称	标准分类
168	NY/T 1311—2007	农作物种质资源鉴定技术规程　茭白	种植资源类
169	NY/T 1315—2007	农作物种质资源鉴定技术规程　莲	种植资源类
170	NY/T 1303—2007	农作物种质资源鉴定技术规程　马铃薯	种植资源类
171	NY/T 2312—2013	茄果类蔬菜穴盘育苗技术规程	种植资源类
172	NY/T 1214—2006	黄瓜种子繁育技术规程	种植资源类
173	NY/T 1213—2006	豆类蔬菜种子繁育技术规程	种植资源类
174	NY/T 1846—2010	食用菌菌种检验规程	种植资源类
175	NY/T 1963—2010	马铃薯品种鉴定	种植资源类
176	NY/T 1742—2009	食用菌菌种通用技术要求	种植资源类
177	NY/T 1743—2009	食用菌菌种真实性鉴定　RAPD 法	种植资源类
178	NY/T 1097—2006	食用菌菌种真实性鉴定　酯酶同工酶电泳法	种植资源类
179	NY/T 1730—2009	食用菌菌种真实性鉴定　ISSR 法	种植资源类
180	NY/T 1845—2010	食用菌菌种区别性鉴定　拮抗反应	种植资源类
181	NY/T 360—1999	胡椒　插条苗	种植资源类
182	NY/T 654—2012	绿色食品　白菜类蔬菜	产品类
183	NY/T 744—2012	绿色食品　葱蒜类蔬菜	产品类
184	NY/T 748—2012	绿色食品　豆类蔬菜	产品类
185	NY/T 1326—2015	绿色食品　多年生蔬菜	产品类
186	NY/T 746—2012	绿色食品　甘蓝类蔬菜	产品类
187	NY/T 745—2012	绿色食品　根菜类蔬菜	产品类
188	NY/T 747—2012	绿色食品　瓜类蔬菜	产品类
189	NY/T 1324—2015	绿色食品　芥菜类蔬菜	产品类
190	NY/T 743—2012	绿色食品　绿叶类蔬菜	产品类
191	NY/T 1044—2007	绿色食品　藕及其制品	产品类
192	NY/T 655—2012	绿色食品　茄果类蔬菜	产品类
193	NY/T 1507—2007	绿色食品　山野菜	产品类
194	NY/T 1506—2015	绿色食品　食用花卉	产品类
195	NY/T 749—2012	绿色食品　食用菌	产品类
196	NY/T 1049—2015	绿色食品　薯芋类蔬菜	产品类
197	NY/T 1405—2015	绿色食品　水生蔬菜	产品类
198	NY/T 1406—2007	绿色食品　速冻蔬菜	产品类
199	NY/T 1048—2012	绿色食品　笋及笋制品	产品类
200	NY/T 1325—2015	绿色食品　芽苗类蔬菜	产品类
201	NY/T 1836—2010	白灵菇等级规格	产品类
202	NY/T 1985—2011	菠菜等级规格	产品类
203	NY/T 1062—2006	菜豆等级规格	产品类
204	NY/T 1647—2008	菜心等级规格	产品类
205	SB/T 10452—2007	长辣椒购销等级要求	产品类
206	NY/T 943—2006	大白菜等级规格	产品类

（续）

序号	标准编号	标准名称	标准分类
207	NY/T 1835—2010	大葱等级规格	产品类
208	NY/T 1791—2009	大蒜等级规格	产品类
209	NY/T 940—2006	番茄等级规格	产品类
210	NY/T 2642—2014	甘薯等级规格	产品类
211	NY/T 1063—2006	荷兰豆等级规格	产品类
212	NY/T 1838—2010	黑木耳等级规格	产品类
213	NY/T 1983—2011	胡萝卜等级规格	产品类
214	SB/T 10450—2007	胡萝卜购销等级要求	产品类
215	NY/T 1587—2008	黄瓜等级规格	产品类
216	NY/T 1834—2010	茭白等级规格	产品类
217	NY/T 1586—2008	结球甘蓝等级规格	产品类
218	NY/T 1064—2006	芥蓝等级规格	产品类
219	NY/T 942—2006	茎用莴苣等级规格	产品类
220	NY/T 1588—2008	苦瓜等级规格	产品类
221	SB/T 10451—2007	苦瓜购销等级要求	产品类
222	NY/T 944—2006	辣椒等级规格	产品类
223	NY/T 1585—2008	芦笋等级规格	产品类
224	NY/T 1066—2006	马铃薯等级规格	产品类
225	NY/T 2376—2013	农产品等级规格　姜	产品类
226	NY/T 2715—2015	平菇等级规格	产品类
227	NY/T 1894—2010	茄子等级规格	产品类
228	NY/T 1729—2009	芹菜等级规格	产品类
229	NY/T 941—2006	青花菜等级规格	产品类
230	NY/T 1065—2006	山药等级规格	产品类
231	NY/T 1790—2009	双孢蘑菇等级规格	产品类
232	NY/T 1982—2011	丝瓜等级规格	产品类
233	NY/T 945—2006	蒜薹等级规格	产品类
234	NY/T 1837—2010	西葫芦等级规格	产品类
235	NY/T 1061—2006	香菇等级规格	产品类
236	NY/T 1584—2008	洋葱等级规格	产品类
237	NY/T 1984—2011	叶用莴苣等级规格	产品类
238	NY/T 1080—2006	荸荠	产品类
239	NY/T 964—2006	菠菜	产品类
240	NY/T 701—2003	莼菜	产品类
241	SB/T 10332—2000	大白菜	产品类
242	SB/T 10348—2002	大蒜	产品类
243	SC/T 3209—2012	淡菜	产品类
244	NY/T 777—2004	冬瓜	产品类
245	SB/T 10331—2000	番茄	产品类

（续）

序号	标准编号	标准名称	标准分类
246	NY/T 493—2002	胡萝卜	产品类
247	NY/T 962—2006	花椰菜	产品类
248	NY/T 1517—2007	加工用番茄	产品类
249	NY/T 706—2003	加工用芥菜	产品类
250	NY/T 1193—2006	姜	产品类
251	NY/T 965—2006	豇豆	产品类
252	NY/T 583—2002	结球甘蓝	产品类
253	NY/T 579—2002	韭菜	产品类
254	NY/T 578—2002	黄瓜	产品类
255	NY/T 963—2006	苦瓜	产品类
256	LY/T 2342—2014	苦竹鲜笋	产品类
257	NY/T 1079—2006	荔浦芋	产品类
258	NY/T 1583—2008	莲藕	产品类
259	NY/T 1504—2007	莲子	产品类
260	NY/T 1267—2007	萝卜	产品类
261	LS/T 3106—1985	马铃薯（土豆、洋芋）	产品类
262	NY/T 581—2002	茄子	产品类
263	NY/T 580—2002	芹菜	产品类
264	LY/T 1673—2006	山野菜	产品类
265	NY/T 776—2004	丝瓜	产品类
266	SB/T 10330—2000	蒜薹	产品类
267	NY/T 582—2002	莴苣	产品类
268	NY/T 870—2004	鲜芦荟	产品类
269	NY/T 872—2004	芽菜	产品类
270	NY/T 1071—2006	洋葱	产品类
271	NY/T 778—2004	紫菜薹	产品类
272	NY/T 760—2004	芦笋	产品类
273	LS/T 3103—1985	菜豆（芸豆）、豇豆、精米豆（竹豆、揽豆）、扁豆	产品类
274	NY/T 835—2004	茭白	产品类
275	NY/T 445—2001	口蘑	产品类
276	NY/T 445—2001（XG1—2012）	《口蘑》第 1 号修改单	产品类
277	LY/T 1649—2005	保鲜黑木耳	产品类
278	NY/T 833—2004	草菇	产品类
279	NY/T 695—2003	毛木耳	产品类
280	LY/T 1696—2007	姬松茸	产品类
281	NY/T 224—2006	双孢蘑菇	产品类
282	GH/T 1013—1998	香菇	产品类
283	LY/T 2465—2015	榛蘑	产品类

（续）

序号	标准编号	标准名称	标准分类
284	NY/T 836—2004	竹荪	产品类
285	NY/T 446—2001	灰树花	产品类
286	SB/T 10038—1992	草菇	产品类
287	NY/T 834—2004	银耳	产品类
288	NY/T 1045—2014	绿色食品　脱水蔬菜	产品类
289	NY/T 1073—2006	脱水姜片和姜粉	产品类
290	NY/T 959—2006	脱水蔬菜　根菜类	产品类
291	NY/T 1393—2007	脱水蔬菜　茄果类	产品类
292	NY/T 960—2006	脱水蔬菜　叶菜类	产品类
293	LY/T 1207—2007	黑木耳块	产品类
294	LY/T 1919—2010	元蘑干制品	产品类
295	LY/T 2132—2013	森林食品　猴头菇干制品	产品类
296	LY/T 2133—2013	森林食品　榛蘑干制品	产品类
297	LY/T 1577—2009	食用菌、山野菜干制品压缩块	产品类
298	NY/T 952—2006	速冻菠菜	产品类
299	NY/T 1069—2006	速冻马蹄片	产品类
300	NY/T 1406—2007	绿色食品　速冻蔬菜	产品类
301	NY/T 1987—2011	鲜切蔬菜	产品类
302	NY/T 5090—2002	无公害食品　菠菜生产技术规程	生产管理类
303	NY/T 5081—2002	无公害食品　菜豆生产技术规程	生产管理类
304	NY 5228—2004	无公害食品　大蒜生产技术规程	生产管理类
305	NY/T 5085—2002	无公害食品　胡萝卜生产技术规程	生产管理类
306	NY/T 5075—2002	无公害食品　黄瓜生产技术规程	生产管理类
307	NY/T 5079—2002	无公害食品　豇豆生产技术规程	生产管理类
308	NY/T 5216—2004	无公害食品　芥蓝生产技术规程	生产管理类
309	NY/T 5077—2002	无公害食品　苦瓜生产技术规程	生产管理类
310	NY/T 5239—2004	无公害食品　莲藕生产技术规程	生产管理类
311	NY/T 5231—2004	无公害食品　芦笋生产技术规程	生产管理类
312	NY/T 5212—2004	无公害食品　绿化型芽苗菜生产技术规程	生产管理类
313	NY/T 5083—2002	无公害食品　萝卜生产技术规程	生产管理类
314	NY/T 5222—2004	无公害食品　马铃薯生产技术规程	生产管理类
315	NY/T 5214—2004	无公害食品　普通白菜生产技术规程	生产管理类
316	NY/T 5092—2002	无公害食品　芹菜生产技术规程	生产管理类
317	NY/T 5210—2004	无公害食品　青蚕豆生产技术规程	生产管理类
318	NY/T 5226—2004	无公害食品　生姜生产技术规程	生产管理类
319	NY/T 5254—2004	无公害食品　四棱豆生产技术规程	生产管理类
320	NY/T 5218—2004	无公害食品　茼蒿生产技术规程	生产管理类
321	NY/T 5208—2004	无公害食品　豌豆生产技术规程	生产管理类
322	NY/T 5094—2002	无公害食品　蕹菜生产技术规程	生产管理类

（续）

序号	标准编号	标准名称	标准分类
323	NY/T 5220—2004	无公害食品　西葫芦生产技术规程	生产管理类
324	NY/T 5235—2004	无公害食品　小萝卜生产技术规程	生产管理类
325	NY/T 5224—2004	无公害食品　洋葱生产技术规程	生产管理类
326	NY/T 5237—2004	无公害食品　叶用莴苣生产技术规程	生产管理类
327	NY/T 5233—2004	无公害食品　竹笋生产技术规程	生产管理类
328	NY/T 5009—2001	无公害食品　结球甘蓝生产技术规程	生产管理类
329	NY/T 5007—2001	无公害食品　番茄保护地生产技术规程	生产管理类
330	NY/T 5006—2001	无公害食品　番茄露地生产技术规程	生产管理类
331	NY/T 5002—2001	无公害食品　韭菜生产技术规程	生产管理类
332	NY/T 2375—2013	食用菌生产技术规范	生产管理类
333	NY/T 2018—2011	鲍鱼菇生产技术规程	生产管理类
334	LY/T 2040—2012	北方杏鲍菇栽培技术规程	生产管理类
335	NY/T 2723—2015	茭白生产技术规程	生产管理类
336	NY/T 837—2004	莲藕栽培技术规程	生产管理类
337	NY/T 528—2010	食用菌菌种生产技术规程	生产管理类
338	LY/T 2043—2012	寿竹笋用林栽培技术规程	生产管理类
339	LY/T 2123—2013	香椿培育技术规程	生产管理类
340	LY/T 2138—2013	早竹笋生产技术规程及产品质量等级	生产管理类
341	NY/T 1654—2008	蔬菜安全生产关键控制技术规程	生产管理类
342	NY/T 1383—2007	茄子生产技术规程	生产管理类
343	LY/T 1208—1997	段木栽培黑木耳技术	生产管理类
344	LY/T 2337—2014	毛竹笋栽培技术规程	生产管理类
345	NY/T 2064—2011	秸秆栽培食用菌霉菌污染综合防控技术规范	生产管理类
346	NY/T 2798.3—2015	无公害农产品　生产质量安全控制技术规范　第 3 部分：蔬菜	生产管理类
347	NY/T 5363—2010	无公害食品　蔬菜生产管理规范	生产管理类
348	NY/T 2409—2013	有机茄果类蔬菜生产质量控制技术规范	生产管理类
349	LY/T 1779—2008	蕨菜采集与加工技术规程	生产管理类
350	LY/T 1769—2008	苦竹笋用林培育技术规程	生产管理类
351	NY/T 1212—2006	马铃薯脱毒种薯繁育技术规程	生产管理类
352	NY/T 1606—2008	马铃薯种薯生产技术操作规程	生产管理类
353	NY/T 1489—2007	农作物品种试验技术规程　马铃薯	生产管理类
354	NY/T 1208—2006	葱蒜热风脱水加工技术规范	生产管理类
355	NY/T 714—2003	脱水蔬菜通用技术条件	生产管理类
356	NY/T 1204—2006	食用菌热风脱水加工技术规范	生产管理类
357	NY/T 1207—2006	辐照香辛料及脱水蔬菜热释光鉴定方法	生产管理类
358	NY/T 1081—2006	脱水蔬菜原料通用技术规范	生产管理类
359	NY/T 1529—2007	鲜切蔬菜加工技术规范	生产管理类
360	NY/T 2060.5—2011	辣椒抗病性鉴定技术规程　第 5 部分：辣椒抗南方根结线虫病鉴定技术规程	生产管理类

（续）

序号	标准编号	标准名称	标准分类
361	NY/T 2060.4—2011	辣椒抗病性鉴定技术规程　第 4 部分：辣椒抗黄瓜花叶病毒病鉴定技术规程	生产管理类
362	NY/T 2060.3—2011	辣椒抗病性鉴定技术规程　第 3 部分：辣椒抗烟草花叶病毒病鉴定技术规程	生产管理类
363	NY/T 2060.2—2011	辣椒抗病性鉴定技术规程　第 2 部分：辣椒抗青枯病鉴定技术规程	生产管理类
364	NY/T 2060.1—2011	辣椒抗病性鉴定技术规程　第 1 部分：辣椒抗疫病鉴定技术规程	生产管理类
365	NY/T 1858.8—2010	番茄主要病害抗病性鉴定技术规程　第 8 部分：番茄抗南方根结线虫病鉴定技术规程	生产管理类
366	NY/T 1858.7—2010	番茄主要病害抗病性鉴定技术规程　第 7 部分：番茄抗黄瓜花叶病毒病鉴定技术规程	生产管理类
367	NY/T 1858.6—2010	番茄主要病害抗病性鉴定技术规程　第 6 部分：番茄抗番茄花叶病毒病鉴定技术规程	生产管理类
368	NY/T 1858.5—2010	番茄主要病害抗病性鉴定技术规程　第 5 部分：番茄抗疮痂病鉴定技术规程	生产管理类
369	NY/T 1858.4—2010	番茄主要病害抗病性鉴定技术规程　第 4 部分：番茄抗青枯病鉴定技术规程	生产管理类
370	NY/T 1858.3—2010	番茄主要病害抗病性鉴定技术规程　第 3 部分：番茄抗枯萎病鉴定技术规程	生产管理类
371	NY/T 1858.2—2010	番茄主要病害抗病性鉴定技术规程　第 2 部分：番茄抗叶霉病鉴定技术规程	生产管理类
372	NY/T 1858.1—2010	番茄主要病害抗病性鉴定技术规程　第 1 部分：番茄抗晚疫病鉴定技术规程	生产管理类
373	NY/T 1857.8—2010	黄瓜主要病害抗病性鉴定技术规程　第 8 部分：黄瓜抗南方根结线虫病鉴定技术规程	生产管理类
374	NY/T 1857.7—2010	黄瓜主要病害抗病性鉴定技术规程　第 7 部分：黄瓜抗黄瓜花叶病毒病鉴定技术规程	生产管理类
375	NY/T 1857.6—2010	黄瓜主要病害抗病性鉴定技术规程　第 6 部分：黄瓜抗细菌性角斑病鉴定技术规程	生产管理类
376	NY/T 1857.5—2010	黄瓜主要病害抗病性鉴定技术规程　第 5 部分：黄瓜抗黑星病鉴定技术规程	生产管理类
377	NY/T 1857.4—2010	黄瓜主要病害抗病性鉴定技术规程　第 4 部分：黄瓜抗疫病鉴定技术规程	生产管理类
378	NY/T 1857.3—2010	黄瓜主要病害抗病性鉴定技术规程　第 3 部分：黄瓜抗枯萎病鉴定技术规程	生产管理类
379	NY/T 1857.2—2010	黄瓜主要病害抗病性鉴定技术规程　第 2 部分：黄瓜抗白粉病鉴定技术规程	生产管理类
380	NY/T 1857.1—2010	黄瓜主要病害抗病性鉴定技术规程　第 1 部分：黄瓜抗霜霉病鉴定技术规程	生产管理类
381	NY/T 2744—2015	马铃薯纺锤块茎类病毒检测　核酸斑点杂交法	生产管理类
382	SB/T 10158—2012	新鲜蔬菜包装与标识	物流类

（续）

序号	标准编号	标准名称	标准分类
383	NY/T 1655—2008	蔬菜包装标识通用准则	物流类
384	NY/T 658—2015	绿色食品　包装通用准则	物流类
385	NY/T 1655—2008	蔬菜包装标识通用准则	物流类
386	SB/T 10448—2007	热带水果和蔬菜包装与运输操作规程	物流类
387	SB/T 10889—2012	预包装蔬菜流通规范	物流类
388	SN/T 1886—2007	进出口水果和蔬菜预包装指南	物流类
389	SB/T 10879—2012	大白菜流通规范	物流类
390	SB/T 10882—2012	大蒜流通规范	物流类
391	SB/T 10576—2010	冬瓜流通规范	物流类
392	SB/T 10574—2010	番茄流通规范	物流类
393	SB/T 10883—2012	佛手瓜流通规范	物流类
394	SB/T 10967—2013	红辣椒干流通规范	物流类
395	SB/T 10572—2010	黄瓜流通规范	物流类
396	SB/T 10968—2013	加工用马铃薯流通规范	物流类
397	SB/T 10575—2010	豇豆流通规范	物流类
398	SB/T 10966—2013	芦笋流通规范	物流类
399	SB/T 10880—2012	萝卜流通规范	物流类
400	SB/T 10881—2012	南瓜流通规范	物流类
401	SB/T 10788—2012	茄子流通规范	物流类
402	SB/T 10714—2012	芹菜流通规范	物流类
403	SB/T 10573—2010	青椒流通规范	物流类
404	SB/T 11099—2014	食用菌流通规范	物流类
405	SB/T 10578—2010	洋葱流通规范	物流类
406	SB/T 10789—2012	西葫芦流通规范	物流类
407	SB/T 10577—2010	鲜食马铃薯流通规范	物流类
408	SB/T 10889—2012	预包装蔬菜流通规范	物流类
409	SB/T 10893—2012	预包装鲜食莲藕流通规范	物流类
410	NY/T 1934—2010	双孢蘑菇、金针菇储运技术规范	物流类
411	NY/T 2117—2012	双孢蘑菇冷藏及冷链运输技术规范	物流类
412	SB/T 10887—2012	蒜薹保鲜储藏技术规范	物流类
413	NY/T 2790—2015	瓜类蔬菜采后处理与产地储藏技术规范	物流类
414	NY/T 2789—2015	薯类储藏技术规范	物流类
415	SB/T 10449—2007	番茄　冷藏和冷藏运输指南	物流类
416	SB/T 10715—2012	胡萝卜　储藏指南	物流类

（续）

序号	标准编号	标准名称	标准分类
417	SB/T 10716—2012	甜椒　冷藏和运输指南	物流类
418	SB/T 10717—2012	栽培蘑菇　冷藏和冷藏运输指南	物流类
419	NY/T 717—2003	胡萝卜　储藏与运输	物流类
420	SB/T 10287—1997	叶用莴苣（生菜）预冷与冷藏运输技术	物流类
421	SB/T 10285—1997	花椰菜冷藏技术	物流类
422	SB/T 10728—2012	易腐食品冷藏链技术要求　果蔬类	物流类
423	SB/T 10286—1997	洋葱　储藏技术	物流类
424	LY/T 1833—2009	黄毛笋在地保鲜技术	物流类
425	LY/T 1651—2005	松口蘑采收及保鲜技术规程	物流类
426	SB/T 10447—2007	水果和蔬菜　气调储藏原则与技术	物流类
427	SB/T 10729—2012	易腐食品冷藏链操作规范 果蔬类	物流类
428	NY/T 1202—2006	豆类蔬菜储藏保鲜技术规程	物流类
429	NY/T 1203—2006	茄果类蔬菜储藏保鲜技术规程	物流类
430	SB/T 10448—2007	热带水果和蔬菜包装与运输操作规程	物流类
431	NY/T 2320—2013	干制蔬菜储藏导则	物流类
432	SB/T 10583—2011	净菜加工和配送技术要求	物流类
433	NY/T 1840—2010	露地蔬菜产品认证申报审核规范	质量追溯类
434	NY/T 1993—2011	农产品质量安全追溯操作规程 蔬菜	质量追溯类
435	SB/T 11059—2013	肉类蔬菜流通追溯体系城市管理平台技术要求	质量追溯类

表 8 - 3　蔬菜（产品）地方标准体系表

序号	标准编号	标准名称	标准分类
1	DB/T 511323 018—2010	葛生产技术规范	生产管理类
2	DB 11/ 153—2002	蔬菜安全卫生要求	基础通用
3	DB 11/ 377—2006	豆芽安全卫生要求	基础通用
4	DB 11/ 623—2009	薯类食品卫生要求	基础通用
5	DB 11/T 115—1999	麦套玉米间作麦茬黄瓜生产技术标准	生产管理类
6	DB 11/T 128—2001	保护地甘蓝栽培技术综合标准	生产管理类
7	DB 11/T 129—2001	保护地茼蒿栽培技术综合标准	生产管理类
8	DB 11/T 162—2002	无公害蔬菜保护地黄瓜生产技术规程	生产管理类
9	DB 11/T 163—2002	无公害蔬菜大白菜生产技术规程	生产管理类
10	DB 11/T 164—2002	无公害蔬菜韭菜生产技术规程	生产管理类
11	DB 11/T 166—2002	无公害蔬菜白萝卜生产技术规程	生产管理类
12	DB 11/T 167—2002	无公害蔬菜胡萝卜生产技术规程	生产管理类
13	DB 11/T 168—2002	无公害蔬菜保护地番茄生产技术规程	生产管理类
14	DB 11/T 198.1—2003	蔬菜种子生产技术操作规程　第1部分：大白菜种	生产管理类

（续）

序号	标准编号	标准名称	标准分类
15	DB 11/T 198.2—2003	蔬菜种子生产技术操作规程　第 2 部分：甘蓝	生产管理类
16	DB 11/T 198.3—2003	蔬菜种子生产技术操作规程　第 3 部分：花椰菜	生产管理类
17	DB 11/T 198.4—2003	蔬菜种子生产技术操作规程　第 4 部分：萝卜	生产管理类
18	DB 11/T 198.5—2003	蔬菜种子生产技术操作规程　第 5 部分：番茄	生产管理类
19	DB 11/T 198.6—2003	蔬菜种子生产技术操作规程　第 6 部分：辣（甜）椒	生产管理类
20	DB 11/T 198.7—2003	蔬菜种子生产技术操作规程　第 7 部分：黄瓜	生产管理类
21	DB 11/T 198.9—2003	蔬菜种子生产技术操作规程　第 9 部分：豆类	生产管理类
22	DB 11/T 199.10—2003	蔬菜品种真实性和纯度田间检验规程　第 10 部分：豆类	方法类
23	DB 11/T 225—2004	无公害蔬菜　豇豆生产技术规程	生产管理类
24	DB 11/T 226—2004	无公害蔬菜　架豆生产技术规程	生产管理类
25	DB 11/T 227—2004	无公害蔬菜　结球甘蓝生产技术规程	生产管理类
26	DB 11/T 228—2004	无公害蔬菜　绿菜花生产技术规程	生产管理类
27	DB 11/T 229—2004	无公害蔬菜　保护地茄子生产技术规程	生产管理类
28	DB 11/T 230—2004	无公害蔬菜　结球生菜生产技术规程	生产管理类
29	DB 11/T 231—2004	无公害蔬菜　保护地甜椒生产技术规程	生产管理类
30	DB 11/T 232—2004	无公害蔬菜　保护地西葫芦生产技术规程	生产管理类
31	DB 11/T 249—2004	白灵菇	产品类
32	DB 11/T 250—2004	杏鲍菇	产品类
33	DB 11/T 251—2004	无公害蔬菜　白灵菇和杏鲍菇生产技术规程	生产管理类
34	DB 11/T 252—2004	无公害蔬菜　平菇生产技术规程	生产管理类
35	DB 11/T 253—2004	无公害食用菌　香菇生产技术规程	生产管理类
36	DB 11/T 262—2005	无公害蔬菜　露地冬瓜生产技术规程	生产管理类
37	DB 11/T 263—2005	无公害蔬菜　春莴笋生产技术规程	生产管理类
38	DB 11/T 264—2005	无公害蔬菜　洋葱生产技术规程	生产管理类
39	DB 11/T 265—2005	无公害蔬菜　根茬菠菜生产技术规程	生产管理类
40	DB 11/T 266—2005	无公害蔬菜　茼蒿生产技术规程	生产管理类
41	DB 11/T 267—2005	无公害蔬菜　保护地芹菜生产技术规程	生产管理类
42	DB 11/T 268—2005	黄瓜嫁接苗生产技术规程	生产管理类
43	DB 11/T 324.6—2007	农作物品种试验操作规程　第 6 部分：大白菜	生产管理类
44	DB 11/T 378—2006	工厂化豆芽生产技术规程	生产管理类
45	DB 11/T 379—2006	豆芽中 4-氯苯氧乙酸钠、6-苄基腺嘌呤、2，4-滴、赤霉素、福美双的测定	方法类
46	DB 11/T 444—2007	叶用莴苣水培生产技术规程	生产管理类
47	DB 11/T 562—2008	有机蔬菜生产	生产管理类
48	DB 11/T 563—2008	无公害蔬菜　抱子甘蓝日光温室生产技术规程	生产管理类
49	DB 11/T 564—2008	无公害蔬菜　根芹日光温室生产技术规程	生产管理类
50	DB 11/T 565—2008	无公害蔬菜　球茎茴香日光温室生产技术规程	生产管理类
51	DB 11/T 566—2008	无公害蔬菜　苦苣生产技术规程	生产管理类
52	DB 11/T 568—2008	无公害蔬菜　结球红菊苣露地生产技术规程	生产管理类
53	DB 11/T 571—2008	无公害蔬菜　芝麻菜生产技术规程	生产管理类

（续）

序号	标准编号	标准名称	标准分类
54	DB 11/T 572—2008	无公害蔬菜 香芹生产技术规程	生产管理类
55	DB 11/T 683—2009	大油芒容器育苗技术规程	生产管理类
56	DB 11/T 700—2010	有机食品 番茄设施生产技术规程	生产管理类
57	DB 11/T 701—2010	有机食品 黄瓜设施生产技术规程	生产管理类
58	DB 11/T 829—2011	白菜品种纯度及真实性分子检测方法	方法类
59	DB 11/T 843—2011	山区林地食用菌仿野生栽培技术规范	生产管理类
60	DB 11/T 867.1—2012	蔬菜采后处理技术规程 第1部分：根菜类	生产管理类
61	DB 11/T 867.2—2012	蔬菜采后处理技术规程 第2部分：叶菜类	生产管理类
62	DB 11/T 867.3—2012	蔬菜采后处理技术规程 第3部分：花菜类	生产管理类
63	DB 11/T 867.4—2012	蔬菜采后处理技术规程 第4部分：茄果类	生产管理类
64	DB 11/T 867.5—2012	蔬菜采后处理技术规程 第5部分：瓜类	生产管理类
65	DB 11/T 867.6—2012	蔬菜采后处理技术规程 第6部分：豆类	生产管理类
66	DB 11/T 867.7—2012	蔬菜采后处理技术规程 第7部分：其他类	生产管理类
67	DB 11/T 907.1—2012	蔬菜作物品种鉴定试验规程 第1部分：茄果类	生产管理类
68	DB 11/T 908—2012	无公害农产品 菜心生产技术规程	生产管理类
69	DB 11/T 909—2012	无公害农产品 荷兰豆生产技术规程	生产管理类
70	DB 11/T 910—2012	无公害农产品 芥蓝生产技术规程	生产管理类
71	DB 11/T 911—2012	无公害农产品 南瓜设施生产技术规程	生产管理类
72	DB 11/T 919—2012	番茄嫁接苗生产技术规程	生产管理类
73	DB 11/T 920—2012	甜（辣）椒嫁接苗生产技术规程	生产管理类
74	DB 11/T 922—2012	秀珍菇生产技术规程	生产管理类
75	DB 11/T 926.1—2012	粮经作物品种鉴定试验规程 第1部分：甘薯	生产管理类
76	DB 11/T 957—2013	绿色食品 菜豆生产技术规程	生产管理类
77	DB 11/T 958—2013	绿色食品 黄瓜生产技术规程	生产管理类
78	DB 13/T 1001—2008	无公害小葱小拱棚生产技术规程	生产管理类
79	DB 13/T 1003—2008	无公害麻山药生产技术规程	生产管理类
80	DB 13/T 1047—2009	榛蘑	产品类
81	DB 13/T 1048—2009	无公害全日光露地黑木耳生产技术规程	生产管理类
82	DB 13/T 1075—2009	芦笋育苗技术规程	生产管理类
83	DB 13/T 1087—2009	北方无公害双孢菇规模化生产技术规程	生产管理类
84	DB 13/T 1123—2009	无公害韭菜周年生产栽培技术规程	生产管理类
85	DB 13/T 1124—2009	早春地膜双覆盖无公害茄子栽培技术规程	生产管理类
86	DB 13/T 1137—2009	日光温室黄瓜、番茄节水灌溉技术规程	生产管理类
87	DB 13/T 1148—2009	无公害地栽香菇生产技术规程	生产管理类
88	DB 13/T 1285—2010	黄瓜节水性鉴定技术规范	生产管理类
89	DB 13/T 1316—2010	甘薯储藏技术规范	生产管理类
90	DB 13/T 1357—2011	地理标志产品 望都辣椒	产品类
91	DB 13/T 1381—2011	冀西北高寒区小南瓜生产技术规程	生产管理类
92	DB 13/T 1417—2011	秋冬西芹基质栽培技术规程	生产管理类

（续）

序号	标准编号	标准名称	标准分类
93	DB 13/T 1501—2012	地理标志产品　玉田白菜（玉田包尖白菜）	产品类
94	DB 13/T 1502—2012	地理标志产品　玉田白菜（玉田包尖白菜）栽培技术规程	生产管理类
95	DB 13/T 382.5—1998	北方香菇标准	产品类
96	DB 13/T 837—2007	鲜食彩色甜椒	产品类
97	DB 13/T 947—2008	坝上蔬菜　花椰菜生产技术规程	生产管理类
98	DB 13/T 951—2008	蔬菜设施类型的界定	基础通用
99	DB 13/T 953—2008	茄柿树栽培技术规程	生产管理类
100	DB 13/T 958—2008	金针菇菌种	种植资源类
101	DB 14/T 554—2010	无公害食品　白灵菇生产技术规程	生产管理类
102	DB 14/T 555—2010	无公害食品　香菇生产技术规程	生产管理类
103	DB 14/T 556—2010	无公害食品　双孢蘑菇生产技术规程	生产管理类
104	DB 21 2036—2012	豆芽	产品类
105	DB 21/T 1537—2007	农产品质量安全　黄瓜嫁接育苗技术规程	生产管理类
106	DB 21/T 1654—2008	农产品质量安全　紫背天葵生产技术规程	生产管理类
107	DB 21/T 1655—2008	农产品质量安全　菜心生产技术规程	生产管理类
108	DB 21/T 1656—2008	农产品质量安全　黄秋葵生产技术规程	生产管理类
109	DB 21/T 1657—2008	农产品质量安全　南瓜生产技术规程	生产管理类
110	DB 21/T 1658—2008	农产品质量安全　乌塌菜生产技术规程	生产管理类
111	DB 21/T 1666—2008	甘蓝杂交种子生产技术规程	生产管理类
112	DB 21/T 1667—2008	菜豆种子生产技术规程	生产管理类
113	DB 21/T 1673—2008	农产品质量安全　鸡腿菇发酵料栽培技术规程	生产管理类
114	DB 21/T 1674—2008	农产品质量安全　白灵菇袋式栽培技术规程	生产管理类
115	DB 22/T 1757—2012	地理标志产品　延边辣白菜（延边朝鲜族辣白菜）	产品类
116	DB 22/T 1758—2012	延边朝鲜族辣白菜	产品类
117	DB 23/T 1029—2006	有机食品番茄（露地）生产技术操作规程	生产管理类
118	DB 23/T 1032—2006	有机食品马铃薯生产技术操作规程	生产管理类
119	DB 23/T 1033—2006	有机食品黄瓜生产技术操作规程	生产管理类
120	DB 23/T 1034—2006	有机食品茄子（露地）生产技术操作规程	生产管理类
121	DB 23/T 1035—2006	有机食品甘蓝（露地）生产技术操作规程	生产管理类
122	DB 31/ 2011—2012	食品安全地方标准　工业化豆芽生产卫生规范	生产管理类
123	DB 31/T 208—2002	小包装蔬菜	产品类
124	DB 31/T 242—2000	食用菌菌种双孢蘑菇	种植资源类
125	DB 31/T 258.1—2001	安全卫生优质蔬菜	产品类
126	DB 31/T 258.2—2001	安全卫生优质蔬菜生产技术操作规范	生产管理类
127	DB 31/T 259.1—2001	安全卫生优质食用菌	产品类
128	DB 31/T 259.2—2001	安全卫生优质食用菌生产技术操作规范	生产管理类
129	DB 31/T 332—2005	安全卫生优质结球生菜	产品类
130	DB 31/T 333—2005	安全卫生优质结球生菜生产与加工技术操作规范	生产管理类
131	DB 31/T 350—2005	蟹味菇工厂化生产技术操作规范	生产管理类

（续）

序号	标准编号	标准名称	标准分类
132	DB 31/T 406—2008	西兰花种子繁育技术规程	生产管理类
133	DB 31/T 423—2008	彩色甜椒	产品类
134	DB 31/T 424—2008	彩色甜椒生产技术操作规范	生产管理类
135	DB 31/T 438—2009	练塘茭白　质量安全要求	产品类
136	DB 31/T 439—2009	练塘茭白　生产技术规范	生产管理类
137	DB 32/T 1659—2010	杏鲍菇菌种生产技术规程	生产管理类
138	DB 32/T 1660—2010	杏鲍菇工厂化生产技术规程	生产管理类
139	DB 3201/T 123—2008	有机食品　青花菜生产技术规程	生产管理类
140	DB 3201/T 127—2008	菜心生产技术规程	生产管理类
141	DB 3201/T 128—2008	紫心甘薯生产技术规程	生产管理类
142	DB 3201/T 130—2008	小白菜防虫网覆盖生产技术规程	生产管理类
143	DB 3201/T 131—2008	茄子长季节再生栽培技术规程	生产管理类
144	DB 3201/T 132—2008	笋瓜生产技术规程	生产管理类
145	DB 3201/T 135—2008	荷兰芹生产技术规程	生产管理类
146	DB 3205/T 159—2008	春大白菜高效栽培技术规程	生产管理类
147	DB 3205/T 160—2008	豇豆防虫网覆盖栽培技术规范	生产管理类
148	DB 3205/T 161—2008	太湖莼菜保鲜加工操作规范	生产管理类
149	DB 3205/T 162—2008	绿色食品　番茄-丝瓜-芹菜　高效种植技术规范	生产管理类
150	DB 3205/T 163—2008	冬春番茄育苗技术规范	生产管理类
151	DB 3205/T 173—2009	水稻-毛豆复种技术规程	生产管理类
152	DB 3205/T 176—2009	辣椒早熟生产技术规范	生产管理类
153	DB 3205/T 177—2009	樱桃番茄大棚生产技术规程	生产管理类
154	DB 3205/T 178—2009	冬春莴笋高效种植技术规范	生产管理类
155	DB 3205/T 179—2009	散叶生菜周年生产技术规程	生产管理类
156	DB 3205/T 180—2009	叶菜类大棚生产硝酸盐含量控制技术操作规范	生产管理类
157	DB 3205/T 181—2009	无公害农产品　芥蓝生产技术规程	生产管理类
158	DB 3205/T 184—2009	水果型黄瓜大棚周年生产技术操作规范	生产管理类
159	DB 3205/T 185—2009	大棚湿栽水芹生产技术规程	生产管理类
160	DB 3205/T 186—2009	工厂化杏鲍菇栽培技术规程	生产管理类
161	DB 33/ 261.4—2005	笋竹两用毛竹林　第4部分：笋质量安全要求	产品类
162	DB 33/ 291.2—2000	无公害蔬菜	基础通用
163	DB 33/ 318.2—2006	无公害志棠白莲　第2部分：种藕	种植资源类
164	DB 33/ 318.5—2006	无公害志棠白莲　第5部分：质量安全要求	产品类
165	DB 33/ 333.3—2006	无公害竹笋　第3部分：质量安全要求	产品类
166	DB 33/ 343.3—2007	无公害马蹄笋　第3部分：质量安全要求	产品类
167	DB 33/ 384.1—2002	无公害猴头菇　第1部分：菌种	种植资源类
168	DB 33/ 384.3—2002	无公害猴头菇　第3部分：商品菇	产品类
169	DB 33/ 400.1—2003	无公害食品　竹荪　第1部分：菌种	种植资源类
170	DB 33/ 400.4—2003	无公害食品　竹荪　第4部分：商品竹荪	产品类

（续）

序号	标准编号	标准名称	标准分类
171	DB 33/ 401.2—2003	无公害鲜香菇　第 2 部分：菌种	种植资源类
172	DB 33/ 401.5—2003	无公害鲜香菇　第 5 部分：商品菇	产品类
173	DB 33/ 406—2003	瓜菜作物种子（一）	种植资源类
174	DB 33/ 447.1—2003	无公害双孢蘑菇　第 1 部分：菌种	种植资源类
175	DB 33/ 476.3—2004	无公害高温蘑菇　第 3 部分：商品菇	产品类
176	DB 33/ 489.2—2004	无公害早园笋　第 2 部分：栽培技术	生产管理类
177	DB 33/ 489.3—2004	无公害早园笋　第 3 部分：鲜笋要求	产品类
178	DB 33/ 524.4—2004	无公害田藕　第 4 部分：质量安全要求	产品类
179	DB 33/ 526.2—2004	无公害秀珍菇　第 2 部分：质量安全要求	产品类
180	DB 33/ 534.2—2005	无公害芦荟　第 2 部分：质量安全要求	产品类
181	DB 33/ 549.3—2005	无公害马铃薯　第 3 部分：质量安全要求	产品类
182	DB 33/ 605.1—2006	无公害江山白菇　第 1 部分：菌种	种植资源类
183	DB 33/ 605.3—2006	无公害江山白菇　第 3 部分：质量安全要求	产品类
184	DB 33/ 625.1—2007	无公害豆芽　第 1 部分：生产技术规程	生产管理类
185	DB 33/ 625.2—2007	无公害豆芽　第 2 部分：质量安全要求	产品类
186	DB 33/ 636.2—2007	无公害杏鲍菇　第 2 部分：菌种	种植资源类
187	DB 33/ 636.5—2007	无公害杏鲍菇　第 5 部分：质量安全要求	产品类
188	DB 33/ 811—2010	花菇栽培技术规程	生产管理类
189	DB 33/T 224—2009	无公害菜竹栽培技术规程	生产管理类
190	DB 33/T 261.1—2005	笋竹两用毛竹林　第 1 部分：母竹	种植资源类
191	DB 33/T 261.2—2005	笋竹两用毛竹林　第 2 部分：栽培技术与验收规范	生产管理类
192	DB 33/T 261.5—2005	笋竹两用毛竹林　第 5 部分：商品竹	产品类
193	DB 33/T 333.2—2006	无公害竹笋　第 2 部分：生产技术规程	生产管理类
194	DB 33/T 343.2—2007	无公害马蹄笋　第 2 部分：生产技术规程	生产管理类
195	DB 33/T 384.2—2002	无公害猴头菇　第 2 部分：栽培技术操作规范	生产管理类
196	DB 33/T 400.2—2003	无公害食品　竹荪　第 2 部分：栽培技术	生产管理类
197	DB 33/T 400.3—2003	无公害食品　竹荪　第 3 部分：采收、加工	生产管理类
198	DB 33/T 422—2003	出口水煮混合蔬菜检验规程	方法类
199	DB 33/T 447.2—2003	无公害双孢蘑菇　第 2 部分：生产技术	生产管理类
200	DB 33/T 447.3—2003	无公害双孢蘑菇　第 3 部分：商品菇	产品类
201	DB 33/T 476.1—2004	无公害高温蘑菇　第 1 部分：菌种	种植资源类
202	DB 33/T 476.2—2004	无公害高温蘑菇　第 2 部分：生产技术	生产管理类
203	DB 33/T 526.1—2004	无公害秀珍菇　第 1 部分：生产技术规程	生产管理类
204	DB 33/T 526—2012	秀珍菇生产技术规程	生产管理类
205	DB 33/T 534.1—2005	无公害芦荟　第 1 部分：生产技术规程	生产管理类
206	DB 33/T 543—2005	水果、蔬菜中农药多残留测定方法　气相色谱离子阱质谱联用法	方法类
207	DB 33/T 548—2005	蔬菜中汞的测定方法	方法类
208	DB 33/T 549.2—2005	无公害马铃薯　第 2 部分：栽培技术规程	生产管理类
209	DB 33/T 600—2006	蔬菜、水果中吡虫啉残留量测定方法	方法类

（续）

序号	标准编号	标准名称	标准分类
210	DB 33/T 625.3—2007	无公害豆芽　第3部分：6-苄基腺嘌呤残留量和4-氯苯氧乙酸钠残留量的测定	方法类
211	DB 33/T 636.3—2007	无公害杏鲍菇　第3部分：原辅材料	产品类
212	DB 33/T 636.4—2007	无公害杏鲍菇　第4部分：栽培技术规程	生产管理类
213	DB 33/T 674—2008	西兰花安全生产技术规范	生产管理类
214	DB 33/T 676—2008	香菇安全生产技术规范	生产管理类
215	DB 33/T 717—2008	无公害绿芦笋大棚生产技术规程	生产管理类
216	DB 33/T 783—2010	脱毒芋艿种芋（苗）病毒检测技术规程	方法类
217	DB 33/T 798—2010	桑枝黑木耳生产技术规程	生产管理类
218	DB 33/T 823—2011	地理标志产品　里叶白莲	产品类
219	DB 33/T 873—2012	蔬菜穴盘育苗技术规程	生产管理类
220	DB 3301/T 113—2007	出口大葱栽培技术规程	生产管理类
221	DB 3301/T 118.2—2007	雷竹笋　第2部分：生产技术规程	生产管理类
222	DB 3301/T 118.4—2007	雷竹笋　第4部分：产品质量要求	产品类
223	DB 3302/T 042—2002	安全卫生优质农产品雪菜	产品类
224	DB 3302/T 094—2010	无公害花椰菜　生产技术规程	生产管理类
225	DB 3302/T 095—2010	无公害菜用大豆　生产技术规程	生产管理类
226	DB 3302/T 096—2010	小蒜菜生产技术操作规程	生产管理类
227	DB 3302/T 098—2010	茭白储运保鲜技术规范	生产管理类
228	DB 34/ 635—2006	地理标志产品　铜陵白姜	产品类
229	DB 34/T 085—2002	涡阳苔干	产品类
230	DB 34/T 085—2006	涡阳苔干	产品类
231	DB 34/T 1024—2009	日光温室黄瓜无公害生产技术规程	生产管理类
232	DB 34/T 1025—2009	大棚莴笋无公害生产技术规程	生产管理类
233	DB 34/T 1026—2009	大棚早熟毛豆无公害生产技术规程	生产管理类
234	DB 34/T 1027—2009	大棚芦蒿无公害生产技术规程	生产管理类
235	DB 34/T 107.2—1995	甘薯品种皖薯3号	种植资源类
236	DB 34/T 107.3—1995	甘薯品种皖薯4号	种植资源类
237	DB 34/T 107.4—1995	甘薯品种皖薯5号	种植资源类
238	DB 34/T 1071—2009	绿色食品（A级）胡萝卜生产技术规程	生产管理类
239	DB 34/T 1081—2009	豆芽工厂化生产技术规程	生产管理类
240	DB 34/T 1091—2009	绿色食品（A级）萝卜生产技术规程	生产管理类
241	DB 34/T 1092—2009	绿色食品（A级）芦笋生产技术规程	生产管理类
242	DB 34/T 1093—2009	绿色食品（A级）丝瓜生产技术规程	生产管理类
243	DB 34/T 1094—2009	绿色食品（A级）马铃薯生产技术规程	生产管理类
244	DB 34/T 1095—2009	绿色食品（A级）大棚芦蒿生产技术规程	生产管理类
245	DB 34/T 112.1—1995	辣椒品种安体椒	种质资源类
246	DB 34/T 112.2—1995	杂交辣椒组合珠丰早椒	种植资源类
247	DB 34/T 112.3—1995	杂交辣椒组合皖椒一号	种植资源类
248	DB 34/T 112.4—1995	塌菜品种寿春黄心乌	种植资源类

（续）

序号	标准编号	标准名称	标准分类
249	DB 34/T 112.5—1995	萝卜品种凤台水萝卜	产品类
250	DB 34/T 112.6—1995	毛豆品种新六青	种植资源类
251	DB 34/T 1136—2010	绿色食品马铃薯稻草覆盖栽培技术规程	生产管理类
252	DB 34/T 114—2002	涡阳苔干栽培技术规程	生产管理类
253	DB 34/T 114—2006	涡阳苔干栽培技术规程	生产管理类
254	DB 34/T 115—2002	涡阳苔干良种繁育规程	生产管理类
255	DB 34/T 115—2006	涡阳苔干良种繁育规程	生产管理类
256	DB 34/T 1155—2010	绿色食品 南瓜生产技术规程	生产管理类
257	DB 34/T 116—2002	涡阳苔干加工技术操作规程	生产管理类
258	DB 34/T 116—2006	涡阳县苔干加工技术规程	生产管理类
259	DB 34/T 1185—2010	农产品追溯要求 食用菌	产品类
260	DB 34/T 1212—2010	无公害蚕豆生产技术规程	生产管理类
261	DB 34/T 1213—2010	无公害萝卜生产技术规程	生产管理类
262	DB 34/T 1214—2010	无公害平菇生产技术规程	生产管理类
263	DB 34/T 1215—2010	无公害秀珍菇生产技术规程	生产管理类
264	DB 34/T 1216—2010	无公害食用笋生产技术规程	生产管理类
265	DB 34/T 1217—2010	无公害大葱生产技术规程	生产管理类
266	DB 34/T 1259—2010	无公害雪里蕻生产技术规程	生产管理类
267	DB 34/T 1260—2010	无公害雪里蕻病虫害综合防治技术规程	生产管理类
268	DB 34/T 1276—2010	双孢蘑菇生产加工废弃物综合利用规程	生产管理类
269	DB 34/T 1277—2010	双孢蘑菇采收、分级和盐渍技术规程	生产管理类
270	DB 34/T 1419—2011	鱼池雍菜栽培技术操作规程	生产管理类
271	DB 34/T 1572—2011	绿色食品 马铃薯、南瓜、萝卜三熟制栽培技术规程	生产管理类
272	DB 34/T 1573—2011	绿色食品 马铃薯、鲜食玉米、大白菜三熟制栽培技术规程	生产管理类
273	DB 34/T 1604—2012	番茄长季节栽培技术规程	生产管理类
274	DB 34/T 1605—2012	茄子制种技术规程	生产管理类
275	DB 34/T 1606—2012	乌菜杂交制种技术规程	生产管理类
276	DB 34/T 1611—2012	塑料大棚辣椒杂交制种技术规程	生产管理类
277	DB 34/T 1641—2012	高秆白菜生产技术规程	生产管理类
278	DB 34/T 166—1998	辣椒秋延栽培技术规程	生产管理类
279	DB 34/T 1665—2012	无公害食品 海鲜菇生产技术规程	生产管理类
280	DB 34/T 1704—2012	无公害杏鲍菇工厂化生产技术规程	生产管理类
281	DB 34/T 1775—2012	扁豆生产技术规程	生产管理类
282	DB 34/T 1776—2012	绿色食品 山药生产技术规程	生产管理类
283	DB 34/T 1777—2012	中华水芹生产技术规程	生产管理类
284	DB 34/T 1780—2012	早熟莲藕栽培技术规程	生产管理类
285	DB 34/T 1781—2012	日光温室丝瓜生产技术规程	生产管理类
286	DB 34/T 1782—2012	地膜覆盖马铃薯早熟生产技术规程	生产管理类
287	DB 34/T 185.1—1999	脱毒甘薯生产技术规程良种繁育规程	生产管理类

（续）

序号	标准编号	标准名称	标准分类
288	DB 34/T 185.2—1999	脱毒甘薯生产技术规程栽培技术规程	生产管理类
289	DB 34/T 2007—2013	铜陵白姜孵种技术规程	生产管理类
290	DB 34/T 2013—2013	绿色食品　大棚马铃薯秋延迟栽培技术规程	生产管理类
291	DB 34/T 2021—2013	食用菌主要病虫害防治技术规程	生产管理类
292	DB 34/T 202—2000	蔬菜中农药残留量测定方法	方法类
293	DB 34/T 203—2000	无公害蔬菜通用标准	基础通用
294	DB 34/T 204—2000	无公害蔬菜栽培技术规程	生产管理类
295	DB 34/T 205—2000	大棚早春辣椒栽培技术规程	生产管理类
296	DB 34/T 205—2006	无公害食品　辣椒大棚春早熟栽培技术规程	生产管理类
297	DB 34/T 206.1—2000	大棚早春番茄栽培技术规程	生产管理类
298	DB 34/T 206.1—2006	无公害食品　番茄大棚春早熟栽培技术规程	生产管理类
299	DB 34/T 206.2—2000	大棚秋延后番茄栽培技术规程	生产管理类
300	DB 34/T 206.2—2006	无公害食品　番茄大棚秋延后栽培技术规程	生产管理类
301	DB 34/T 245—2002	无公害黄瓜生产技术操作规程	生产管理类
302	DB 34/T 246—2002	无公害莲藕生产技术操作规程	生产管理类
303	DB 34/T 278—2002	无公害优质香椿　第1部分：育苗与栽培技术规范	生产管理类
304	DB 34/T 279—2002	无公害优质香椿　第2部分：分类与分级技术规范	生产管理类
305	DB 34/T 280—2002	无公害优质香椿　第5部分：保鲜与腌制技术规范	生产管理类
306	DB 34/T 286—2002	薇菜	产品类
307	DB 34/T 287—2002	水煮薇菜加工技术规程	生产管理类
308	DB 34/T 288—2002	彩色甜椒智能化温室栽培技术规程	生产管理类
309	DB 34/T 289—2002	彩色甜椒保护地生产技术规程	生产管理类
310	DB 34/T 290—2002	樱桃番茄智能化温室栽培技术规程	生产管理类
311	DB 34/T 291—2002	樱桃番茄保护地生产技术规程	生产管理类
312	DB 34/T 374.1—2003	无公害马铃薯　生产技术规范　第1部分：露地种植技术	生产管理类
313	DB 34/T 374.3—2003	无公害马铃薯　生产技术规范　第3部分：储存保鲜与运输要求	生产管理类
314	DB 34/T 376—2003	无公害优质香椿生产技术规范　第4部分：日光温室栽培技术	生产管理类
315	DB 34/T 377—2003	无公害优质香椿生产技术规范　第6部分：太和贡椿	生产管理类
316	DB 34/T 378—2003	无公害优质香椿生产技术规范　第8部分：加工厂卫生要求	生产管理类
317	DB 34/T 379—2003	无公害毛豆生产技术规程	生产管理类
318	DB 34/T 380—2003	无公害水芹生产技术规程	生产管理类
319	DB 34/T 381—2003	无公害豇豆生产技术规程	生产管理类
320	DB 34/T 382—2003	无公害茭白生产技术规程	生产管理类
321	DB 34/T 383—2003	无公害双孢蘑菇生产技术规程	生产管理类
322	DB 34/T 384—2003	无公害荸荠生产技术规程	生产管理类
323	DB 34/T 385—2003	无公害代料香菇生产技术规程	生产管理类
324	DB 34/T 386—2003	无公害丝瓜生产技术规程	生产管理类
325	DB 34/T 387—2003	无公害菜用豌豆生产技术规程	生产管理类
326	DB 34/T 388—2003	无公害韭黄栽培技术规程	生产管理类

（续）

序号	标准编号	标准名称	标准分类
327	DB 34/T 395—2004	无公害食用百合生产技术规程	生产管理类
328	DB 34/T 396—2004	无公害大白菜生产技术规程	生产管理类
329	DB 34/T 397—2004	无公害莴笋生产技术规程	生产管理类
330	DB 34/T 398—2004	无公害胡萝卜生产技术规程	生产管理类
331	DB 34/T 399—2004	无公害黄心乌生产技术规程	生产管理类
332	DB 34/T 400—2004	无公害生姜生产技术规程	生产管理类
333	DB 34/T 401—2004	无公害结球甘蓝生产技术规程	生产管理类
334	DB 34/T 407—2004	无公害萝卜生产技术规程	生产管理类
335	DB 34/T 480—2004	荆芥种子	种植资源类
336	DB 34/T 500—2005	无公害花椰菜生产技术规程	生产管理类
337	DB 34/T 501—2005	无公害瓠瓜生产技术规程	生产管理类
338	DB 34/T 502—2005	无公害西葫芦生产技术规程	生产管理类
339	DB 34/T 503—2005	无公害蕹菜（空心菜）生产技术规程	生产管理类
340	DB 34/T 504—2005	无公害南瓜生产技术规程	生产管理类
341	DB 34/T 505—2005	无公害冬瓜生产技术规程	生产管理类
342	DB 34/T 506—2005	无公害洋葱生产技术规程	生产管理类
343	DB 34/T 507—2005	无公害苋菜生产技术规程	生产管理类
344	DB 34/T 508—2005	无公害白金针菇生产技术规程	生产管理类
345	DB 34/T 509—2005	无公害黑木耳代料生产技术规程	生产管理类
346	DB 34/T 519—2005	双季茭白选种及繁育技术规程	生产管理类
347	DB 34/T 520—2005	双季茭白分等质量标准	产品类
348	DB 34/T 563—2005	绿色食品（A 级）辣椒生产技术规程	生产管理类
349	DB 34/T 564—2005	绿色食品（A 级）番茄生产技术规程	生产管理类
350	DB 34/T 565—2005	绿色食品（A 级）菜豆生产技术规程	生产管理类
351	DB 34/T 566—2005	绿色食品（A 级）毛豆生产技术规程	生产管理类
352	DB 34/T 581—2006	徽菜标准体系表	基础通用
353	DB 34/T 618—2006	无公害芹菜生产技术规程	生产管理类
354	DB 34/T 619—2006	无公害生菜生产技术规程	生产管理类
355	DB 34/T 620—2006	无公害菠菜生产技术规程	生产管理类
356	DB 34/T 621—2006	无公害茼蒿生产技术规程	生产管理类
357	DB 34/T 636—2006	铜陵白姜生产技术规程	生产管理类
358	DB 34/T 637—2006	高山茭白	产品类
359	DB 34/T 638—2006	高山茭白生产技术规程	生产管理类
360	DB 34/T 639—2006	日本慈姑	产品类
361	DB 34/T 640—2006	日本慈姑无公害生产技术规程	生产管理类
362	DB 34/T 641—2006	日本爱碧斯小南瓜	产品类
363	DB 34/T 642—2006	日本爱碧斯小南瓜无公害生产技术规程	生产管理类
364	DB 34/T 645—2006	芦笋栽培技术规程	生产管理类
365	DB 34/T 651—2006	无公害食品　秋延后辣椒栽培技术规程	生产管理类

（续）

序号	标准编号	标准名称	标准分类
366	DB 34/T 772.2—2008	安徽省毛竹笋材两用林　第 2 部分：栽培技术与验收标准	生产管理类
367	DB 34/T 776—2008	金坝芹芽	产品类
368	DB 34/T 800—2008	无公害白灵菇栽培技术规程	生产管理类
369	DB 34/T 801—2008	无公害杏鲍菇栽培技术规程	生产管理类
370	DB 34/T 802—2008	液态菌种生产技术规程	生产管理类
371	DB 34/T 803—2008	固态菌种生产技术规程	生产管理类
372	DB 34/T 857—2008	无公害食品　青花菜生产技术规程	生产管理类
373	DB 34/T 859—2008	无公害食品　鲜芦笋生产技术规程	生产管理类
374	DB 34/T 860—2008	无公害食品　草菇生产技术规程	生产管理类
375	DB 34/T 861—2008	无公害食品　香葱生产技术规程	生产管理类
376	DB 34/T 862—2008	无公害食品　大蒜生产技术规程	生产管理类
377	DB 34/T 920.1—2009	绿色食品（A 级）春甘薯生产技术规程	生产管理类
378	DB 34/T 920.2—2009	绿色食品（A 级）浅水莲藕生产技术规程	生产管理类
379	DB 34/T 920.3—2009	绿色食品（A 级）荷兰豆生产技术规程	生产管理类
380	DB 34/T 930—2009	金福菇栽培技术规程	生产管理类
381	DB 34/T 975—2009	瓜菜育苗基质	种植资源类
382	DB 34/T 979—2009	山药栽培技术规程	生产管理类
383	DB 35/ 551—2004	食用菌质量安全要求	产品类
384	DB 35/ 553—2004	巨大口蘑　菌种	种植资源类
385	DB 35/ 555—2004	巨大口蘑	产品类
386	DB 35/ 556—2004	真姬菇　菌种	种植资源类
387	DB 35/ 574—2004	真姬菇	产品类
388	DB 35/ 587—2004	白灵菇　菌种	种植资源类
389	DB 35/ 658—2006	毛木耳　菌种	种植资源类
390	DB 35/T 1004—2010	地理标志产品　永安鸡爪椒	产品类
391	DB 35/T 1006—2010	地理标志产品　尤溪绿竹笋	产品类
392	DB 35/T 1027—2010	花菇	产品类
393	DB 35/T 1028—2010	寿宁花菇　栽培技术规范	生产管理类
394	DB 35/T 1029—2010	寿宁花菇　保鲜技术规范	生产管理类
395	DB 35/T 1030—2010	寿宁花菇　烘干技术规范	生产管理类
396	DB 35/T 1096—2011	地理标志产品　古田银耳	产品类
397	DB 35/T 1159—2011	木薯杆（渣）栽培食用菌技术规程	生产管理类
398	DB 35/T 1200—2011	木生食用菌安全生产技术规范	生产管理类
399	DB 35/T 1201—2011	草生食用菌安全生产技术规范	生产管理类
400	DB 35/T 1203—2011	银耳栽培种质量检验规程	方法类
401	DB 35/T 1217—2011	巴西蘑菇菌种生产技术规范	生产管理类
402	DB 35/T 1233—2011	食用菌菌种活力检测技术规范	方法类
403	DB 35/T 1266—2012	山药栽培技术规范	生产管理类
404	DB 35/T 1268—2012	竹荪栽培技术规范	生产管理类

（续）

序号	标准编号	标准名称	标准分类
405	DB 35/T 1281—2012	菜用大豆生产技术规程	生产管理类
406	DB 35/T 504—2003	杏鲍菇	产品类
407	DB 35/T 505—2003	鸡腿菇	产品类
408	DB 35/T 522.2—2003	茶树菇　菌种	种植资源类
409	DB 35/T 522.4—2003	茶树菇　栽培技术规范	生产管理类
410	DB 35/T 522.5—2003	茶树菇	产品类
411	DB 35/T 523.2—2003	金针菇　菌种	种植资源类
412	DB 35/T 523.3—2003	金针菇　菌种制作技术规范	生产管理类
413	DB 35/T 552—2004	无公害食用菌栽培技术规范	生产管理类
414	DB 35/T 554—2004	巨大口蘑　栽培技术规范	生产管理类
415	DB 35/T 557—2004	真姬菇　栽培技术规范	生产管理类
416	DB 35/T 588—2004	白灵菇　栽培技术规范	生产管理类
417	DB 35/T 649—2005	秀珍菇	产品类
418	DB 35/T 659—2006	毛木耳　栽培技术规范	生产管理类
419	DB 3502/T 002—2009	无公害胡萝卜栽培技术规范	生产管理类
420	DB 3502/T 020—2009	无公害鸡腿菇栽培技术规范	生产管理类
421	DB 3502/T 021—2009	无公害杏鲍菇栽培技术规范	生产管理类
422	DB 36/T 397—2003	无公害食品　藜蒿	产品类
423	DB 36/T 463—2005	无公害食品　红芽芋	产品类
424	DB 36/T 465—2005	无公害食品　辣椒	产品类
425	DB 36/T 466—2005	无公害食品　辣椒生产技术规程	生产管理类
426	DB 36/T 467—2005	无公害食品　黄花菜生产技术规程	生产管理类
427	DB 36/T 522—2007	有机食品　生姜生产技术规程	生产管理类
428	DB 37/T 1049—2008	良好农业规范　出口胡萝卜操作指南	生产管理类
429	DB 37/T 1050—2008	良好农业规范　出口芋头操作指南	生产管理类
430	DB 37/T 1051—2008	良好农业规范　出口双孢菇操作指南	生产管理类
431	DB 37/T 1055—2008	良好农业规范　出口萝卜操作指南	生产管理类
432	DB 37/T 1058—2008	良好农业规范　出口黄瓜操作指南	生产管理类
433	DB 37/T 1074—2008	良好农业规范　出口平菇操作指南	生产管理类
434	DB 37/T 1559—2010	绿色食品　甘薯生产技术规程	生产管理类
435	DB 37/T 636—2006	胶州大白菜	产品类
436	DB 37/T 637—2006	胶州大白菜生产技术规程	生产管理类
437	DB 37/T 639—2006	蔬菜水果中农药多残留测定　气相色谱法	方法类
438	DB 37/T 640—2006	水果蔬菜中灭线磷残留量测定　气相色谱法	方法类
439	DB 37/T 645—2006	烟台地黄瓜	产品类
440	DB 37/T 646—2006	烟台地黄瓜生产技术规程	生产管理类
441	DB 37/T 647—2006	益都红辣椒干	产品类
442	DB 37/T 648—2006	益都红辣椒生产技术规程	生产管理类
443	DB 37/T 687—2007	良好农业规范　出口菠菜操作指南	生产管理类

（续）

序号	标准编号	标准名称	标准分类
444	DB 3702/T 090—2006	豆芽生产管理技术规范	生产管理类
445	DB 3703/T 003—2005	无公害蔬菜生产 投入品使用准则	基础通用
446	DB 3703/T 004—2005	无公害大白菜生产技术规程	生产管理类
447	DB 3703/T 005—2005	无公害旱地白莲藕生产技术规程	生产管理类
448	DB 3703/T 007—2005	无公害长茄生产技术规程	生产管理类
449	DB 3703/T 008—2005	无公害大棚芸豆生产技术规程	生产管理类
450	DB 3703/T 009—2005	无公害大棚黄瓜生产技术规程	生产管理类
451	DB 3703/T 011—2005	无公害大棚西葫芦生产技术规程	生产管理类
452	DB 3703/T 012—2005	无公害大棚豆苗生产技术规程	生产管理类
453	DB 3703/T 013—2005	无公害大棚甜（辣）椒生产技术规程	生产管理类
454	DB 3703/T 014—2005	无公害大棚番茄生产技术规程	生产管理类
455	DB 3703/T 015—2005	无公害大棚茄子生产技术规程	生产管理类
456	DB 3703/T 016—2005	无公害佛手瓜生产技术规程	生产管理类
457	DB 3703/T 017—2005	无公害花菇生产技术规程	生产管理类
458	DB 3703/T 018—2005	无公害甘蓝生产技术规程	生产管理类
459	DB 3703/T 022—2005	无公害露地黄瓜生产技术规程	生产管理类
460	DB 3703/T 024—2005	无公害西葫芦生产技术规程	生产管理类
461	DB 3703/T 025—2005	无公害马铃薯生产技术规程	生产管理类
462	DB 3703/T 026—2005	无公害平菇生产技术规程	生产管理类
463	DB 3703/T 027—2005	无公害露地芹菜生产技术规程	生产管理类
464	DB 3703/T 028—2005	无公害山洞双孢菇生产技术规程	生产管理类
465	DB 3703/T 029—2005	无公害山药生产技术规程	生产管理类
466	DB 3703/T 030—2005	无公害四色韭黄生产技术规程	生产管理类
467	DB 3703/T 031—2005	无公害水培蒜黄生产技术规程	生产管理类
468	DB 3703/T 032—2005	无公害香菇生产技术规程	生产管理类
469	DB 3703/T 033—2005	无公害圆葱生产技术规程	生产管理类
470	DB 3703/T 034—2005	无公害越夏菜花生产技术规程	生产管理类
471	DB 3703/T 035—2005	无公害早春芸豆生产技术规程	生产管理类
472	DB 3703/T 036—2005	淄博市无公害蔬菜产品质量检测技术标准	方法类
473	DB 3703/T 037—2005	无公害姬菇工厂化生产技术规程	生产管理类
474	DB 3703/T 038—2005	无公害金针菇工厂化生产技术规程	生产管理类
475	DB 3703/T 039—2005	无公害芦笋生产技术规程	生产管理类
476	DB 3703/T 040—2005	无公害胡萝卜生产技术规程	生产管理类
477	DB 3703/T 041—2005	无公害露地番茄生产技术规程	生产管理类
478	DB 3703/T 100—2005	淄博市农业地方标准体系表 蔬菜	基础通用
479	DB 42/T 393—2006	有机食品 武当黑木耳	产品类
480	DB 42/T 394—2006	有机食品 武当香菇	产品类
481	DB 43/T 276—2006	辣椒及辣椒制品的辣度感官评价方法	方法类
482	DB 43/T 293—2006	丝瓜栽培技术规程	生产管理类

（续）

序号	标准编号	标准名称	标准分类
483	DB 43/T 294—2006	韭菜栽培技术规程	生产管理类
484	DB 43/T 295—2006	苦瓜栽培技术规程	生产管理类
485	DB 43/T 296—2006	莲藕栽培技术规程	生产管理类
486	DB 43/T 298—2006	腊八豆	产品类
487	DB 43/T 300—2006	保鲜竹笋	产品类
488	DB 43/T 312—2006	湘阴藠头	产品类
489	DB 43/T 313—2006	茶陵紫皮大蒜	产品类
490	DB 43/T 314—2006	藠头栽培技术规程	生产管理类
491	DB 43/T 315—2006	绿色食品 （A 级）藠头生产技术要求	生产管理类
492	DB 43/T 316—2006	辣椒栽培技术规程	生产管理类
493	DB 43/T 317—2006	莴笋栽培技术规程	生产管理类
494	DB 43/T 322—2006	茶陵紫皮大蒜栽培技术规程	生产管理类
495	DB 43/T 470—2009	净菜通则	基础通用
496	DB 43/T 819—2013	富硒红薯生产技术规程	生产管理类
497	DB 43/T 826—2013	富硒辣椒生产技术规程	生产管理类
498	DB 43/T 827—2013	富硒平菇生产技术规程	生产管理类
499	DB 43/T 828—2013	富硒山药生产技术规程	生产管理类
500	DB 43/T 829—2013	富硒马铃薯生产技术规程	生产管理类
501	DB 43/T 830—2013	富硒萝卜生产技术规程	生产管理类
502	DB 43/T 831—2013	富硒番茄生产技术规程	生产管理类
503	DB 44/ 129—2002	橄榄菜	产品类
504	DB 44/T 168—2003	冬瓜种子生产技术规程	生产管理类
505	DB 44/T 170—2003	菜心种子生产规程	生产管理类
506	DB 44/T 172—2003	丝瓜生产技术规程	生产管理类
507	DB 44/T 210—2004	白沙萝卜系列品种种子生产技术规程	生产管理类
508	DB 44/T 211.1—2004	芡实 第 1 部分：生产技术规程	生产管理类
509	DB 44/T 211.2—2004	芡实 第 2 部分：速冻品	产品类
510	DB 44/T 212—2004	火蒜生产技术规程	生产管理类
511	DB 44/T 214—2004	韭黄生产技术规程	生产管理类
512	DB 44/T 216—2004	大肉姜生产技术规程	生产管理类
513	DB 44/T 224—2000	无公害叶菜类蔬菜农药使用技术规程	生产管理类
514	DB 44/T 225—2005	黑皮冬瓜生产技术规程	生产管理类
515	DB 44/T 298—2006	豆瓣菜（西洋菜）	产品类
516	DB 44/T 406—2007	菜蕨栽培技术规程	生产管理类
517	DB 44/T 462—2008	金针菇	产品类
518	DB 44/T 465—2008	预包装储运蔬菜标识	基础通用
519	DB 44/T 546—2008	姜储运保鲜技术规程	生产管理类
520	DB 44/T 550—2008	几种主要蔬菜施肥技术规程	生产管理类
521	DB 44/T 931—2011	地理标志产品 新丰佛手瓜	产品类

（续）

序号	标准编号	标准名称	标准分类
522	DB 440100/T 28—2003	草菇	产品类
523	DB 440100/T 29—2003	菜心	产品类
524	DB 440100/T 37—2004	草菇菌种生产技术规程	生产管理类
525	DB 440100/T 44—2004	黑皮冬瓜生产技术规程	生产管理类
526	DB 440100/T 48—2004	槟榔芋	产品类
527	DB 440100/T 49—2004	槟榔芋生产技术规程	生产管理类
528	DB 440100/T 63—2005	芥菜生产技术规程	生产管理类
529	DB 440100/T 64—2005	芥菜	产品类
530	DB 440100/T 69—2005	西洋菜	产品类
531	DB 440100/T 70—2005	西洋菜生产技术规程	生产管理类
532	DB 440100/T 83—2006	秋葵种子	种植资源类
533	DB 440100/T 89—2006	荷兰豆生产技术规程	生产管理类
534	DB 440100/T 91—2006	莲藕	产品类
535	DB 440100/T 92—2006	莲藕生产技术规程	生产管理类
536	DB 440100/T 94—2006	红葱生产技术规程	生产管理类
537	DB 440300/T 14—2009	无公害蔬菜生产技术规程	生产管理类
538	DB 440300/T 40—2013	无公害食品 紫心甘薯生产技术规程	生产管理类
539	DB 46/ 18—2001	无公害瓜果菜产品质量标准	种质资源类
540	DB 46/T 101—2007	蜜本南瓜栽培技术规程	生产管理类
541	DB 46/T 123—2008	瓜菜覆膜滴（喷）灌栽培技术规程	生产管理类
542	DB 46/T 137—2009	黄瓜生产技术规程	生产管理类
543	DB 46/T 139—2009	瓜菜作物种子 苦瓜	种植资源类
544	DB 46/T 140—2009	瓜菜作物种子 丝瓜	种植资源类
545	DB 46/T 185—2010	甜椒生产技术规程	生产管理类
546	DB 46/T 24—2002	胡椒栽培技术规程	生产管理类
547	DB 50/T 325—2009	风味竹笋	产品类
548	DB 51/T 1017—2010	抱子芥	产品类
549	DB 51/T 1027—2010	出口姬菇菌种	种植资源类
550	DB 51/T 1028—2010	长根菇生产技术规程	生产管理类
551	DB 51/T 1037—2010	四川省水稻-秋菜-小麦保护性耕作技术标准	生产管理类
552	DB 51/T 1038—2010	四川省水稻-秋马铃薯/油菜保护性耕作	生产管理类
553	DB 51/T 1043—2010	茄子生产技术规程	生产管理类
554	DB 51/T 1054—2010	出口双孢蘑菇室内生产技术规程	生产管理类
555	DB 51/T 1055—2010	鲜食甘薯	产品类
556	DB 51/T 1059—2010	毛木耳菌种	种植资源类
557	DB 51/T 1061—2010	豆芽	产品类
558	DB 51/T 1066—2010	大球盖菇生产技术规程	生产管理类
559	DB 51/T 1384—2011	紫甘薯中花青素的测定 高效液相色谱法	方法类
560	DB 51/T 726—2007	大棚辣椒生产技术规程	生产管理类

（续）

序号	标准编号	标准名称	标准分类
561	DB 51/T 813—2008	鲜食山药	产品类
562	DB 51/T 816—2008	鲜辣椒	产品类
563	DB 51/T 819—2008	秋马铃薯生产技术规程	生产管理类
564	DB 51/T 822—2008	食用野菜	产品类
565	DB 51/T 827—2008	食荚菜豌生产技术规程	生产管理类
566	DB 51/T 828—2008	青花菜生产技术规程	生产管理类
567	DB 51/T 905—2009	甘薯脱毒种薯（苗）	种植资源类
568	DB 51/T 907—2009	食用菌中荧光增白剂检验规程	方法类
569	DB 51/T 908—2009	紫菜苔	产品类
570	DB 510422/T 019—2010	无公害番茄育苗标准	种植资源类
571	DB 510422/T 020—2010	无公害农产品番茄生产操作技术标准	生产管理类
572	DB 510422/T 021—2010	无公害番茄采摘操作规程	生产管理类
573	DB 510422/T 022—2010	无公害番茄标识标签标准	物流
574	DB 510422/T 023—2010	无公害番茄溯源编码标准	质量追溯类
575	DB 510422/T 024—2010	无公害番茄包装标准	物流类
576	DB 511181/T 3.1—2010	峨眉山雪魔芋　第一部分：魔芋种植基地建设规程	生产管理类
577	DB 511181/T 3.2—2010	峨眉山雪魔芋　第二部分：魔芋栽培技术规程	生产管理类
578	DB 511181/T 3.3—2010	峨眉山雪魔芋　第三部分：峨眉山雪魔芋加工技术规程	生产管理类
579	DB 511181/T 3.4—2010	峨眉山雪魔芋　第四部分：峨眉山雪魔芋	产品类
580	DB 511921/T 2—2010	地理标志产品　通江银耳	产品类
581	DB 52/T 499—2006	脱毒马铃薯栽培技术规程	生产管理类
582	DB 52/T 852—2013	木薯栽培技术规程	生产管理类
583	DB 52/T 853—2013	贵州省豆薯种子生产技术规程	生产管理类
584	DB 52/T 854—2013	甘薯脱毒原原种（苗）生产技术规程	生产管理类
585	DB 52/T 855—2013	甘薯育苗技术规程	生产管理类
586	DB 52/T 856—2013	绿色食品　紫心甘薯生产技术规程	生产管理类
587	DB 52/T 857—2013	甘薯地下害虫综合防治技术规程	生产管理类
588	DB 52/T 858—2013	甘薯肥料试验技术规程	生产管理类
589	DB 52/T 859—2013	甘薯安全储藏技术规程	生产管理类
590	DB 53/T 208.1—2007	安宁无公害浅水藕种植综合标准　第 1 部分：浅水藕种植环境要求与布局	生产管理类
591	DB 53/T 208.2　2007	安宁无公害浅水藕种植综合标准　第 2 部分：浅水藕品种选择	生产管理类
592	DB 53/T 208.3—2007	安宁无公害浅水藕种植综合标准　第 3 部分：浅水藕种植管理技术规范	生产管理类
593	DB 53/T 208.5—2007	安宁无公害浅水藕种植综合标准　第 5 部分：浅水藕	生产管理类
594	DB 61/T 382.1—2006	魔芋种芋（种子、种茎）	种植资源类
595	DB 61/T 382.2—2006	魔芋栽培技术规程	生产管理类
596	DB 61/T 382.5—2006	商品魔芋	产品类
597	DB 61/T 382.6—2006	魔芋干片（角、条）	产品类
598	DB 63/ 620—2007	青杂油白菜 1 号	产品类
599	DB 63/ 622—2007	马铃薯青薯 9 号	种植资源类

（续）

序号	标准编号	标准名称	标准分类
600	DB 63/ 623—2007	蚕豆　戴韦	产品类
601	DB 63/T 624—2007	马铃薯大西洋丰产栽培技术规范	生产管理类
602	DB 63/T 626—2007	马铃薯阿尔法丰产栽培技术规范	生产管理类
603	DB 63/T 633—2007	马铃薯机械化收获技术操作规程	生产管理类
604	DB 63/T 634—2007	马铃薯机械化种植技术操作规程	生产管理类
605	DB 64/T 519—2008	旱地马铃薯补水种植技术规程	生产管理类
606	DB 65/T 2645—2006	花芸豆种子繁殖技术规程	生产管理类
607	DB 65/T 2646—2006	花芸豆收购分级标准	产品类
608	DB 65/T 2647—2006	无公害花芸豆高产栽培技术规程	生产管理类
609	DB 65/T 2648—2006	无公害花芸豆平衡施肥技术规程	生产管理类
610	DBS 50/ 008—2012	食品安全地方标准　干辣椒	产品类

第九章　2016 年度种植业产品标准体系
研究报告——果品

第一节　2016 年度种植业产品标准体系研究报告
——果品（除柑橘）

一、我国果品标准体系建设成就

我国果品标准制定工作蓬勃开展始于 20 世纪 80 年代，特别是农业农村部设立行业标准制修订财政专项以来，我国果品标准制修订工作明显加强，制定和发布实施了一大批国家标准和行业标准，我国果品标准体系不断充实和完善，在果品生产、储运和销售中发挥着越来越大的作用。目前，我国涉及果品的行业标准和国家标准达 1 041 项，其中，农业行业标准占 37.1%，出入境检验检疫行业标准占 29.4%，国家标准占 22.9%，林业行业标准占 7.0%，国内贸易行业标准占 2.4%，气象行业标准占 0.6%，机械行业标准、供销合作行业标准、国家环境保护标准、轻工行业标准、水利行业标准等其他标准共占 0.7%。这些标准以"十五"以来颁布的为主，占 95.0%，其中，"十五"、"十一五"和"十二五"颁布的标准分别占 14.5%、37.3% 和 42.0%。这些标准主要是推荐性标准（占 96.3%），强制性标准仅占 3.3%，指导性文件仅占 0.4%。标准名称涉及 68 种果树，其中，含"柑橘""苹果""梨""葡萄""香蕉""枣"和"核桃"的标准均超过了 20 项，分别达到 85、69、39、37、37、26 和 24 项；含"食品"和"水果"的标准分别达到 181 项和 125 项。

在这 1 041 项标准中，方法类标准最多（占 46.0%），产品类标准和生产管理类标准次之（分别占 17.6% 和 13.3%），种质资源类标准和环境安全类标准再次（各占 8.5%），物流类标准、基础/通用类标准和质量追溯类标准仅分别占 4.7%、1.2% 和 0.3%（图 9-1）。其中，基础/通用类标准包括词汇、术语、分类、编码、代码、通用要求等方面标准。方法类标准包括病虫检测、病虫检疫、病虫监测、果品检测、果品检验、果品检疫、种苗检疫、疫情监测、环境监测等方面标准。环境安全类标准包括产地环境、非疫区建设、投入品等方面标准。种质资源类标准包括 DUS 测试、品种鉴定、品种审定、品种试验、种质资源保存、种质资源鉴定、种质资源描述、种质资源评价等方面标准。生产

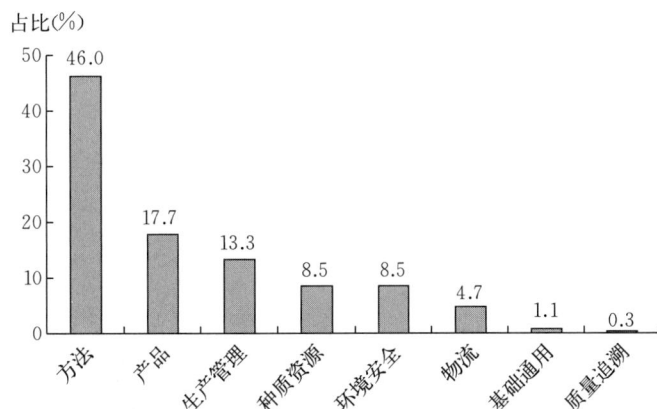

图 9-1　各类果品标准所占比例

管理方面标准包括生产栽培、投入品使用、良好规范、果园规划、质量控制、果品加工等方面标准。产品类标准包括安全限量、产品卫生、产品质量等方面标准。物流类标准包括包装、标识、储运、购销等方面标准。

二、我国果品标准体系存在的问题

（一）标准缺乏系统性

长期以来，我国果品标准分散在多个部门和多个系统，各自为政。由于缺乏统一、完善、清晰的果品标准框架体系的指导以及缺乏部门和系统之间的良好沟通和协调，导致标准交叉和缺失问题突出，标准系统性、互补性、配套性和一致性较差，尚未构建起前瞻性、针对性、科学性和实用性兼备的果品标准框架体系。国家标准、农业行业标准、出入境检验检疫行业标准、林业行业标准、国内贸易行业标准等之间尤其如此。全国果品标准化技术委员会（SAC/TC 510）成立以后该现象仍十分普遍。当前，该委员会与全国植物新品种测试标准化技术委员会（SAC/TC 277）、全国农产品购销标准化技术委员会（SAC/TC 517）等相关标准化技术委员会以及有关部委在果品标准研究与制修订的职责和业务范围方面仍多有重叠和交叉。

（二）标准制定碎片化

主要反映在分品种制定产品标准、分种类制定病虫害防治标准、分区域制定生产技术标准。在分品种制定产品标准方面，以梨为例，既制定了综合性产品标准《鲜梨》（GB/T 10650—2008），又分品种制定了《莱阳梨》（NY/T 955—2006）、《南果梨》（NY/T 1076—2006）、《黄花梨》（NY/T 1077—2006）、《鸭梨》（NY/T 1078—2006）、《砀山酥梨》（NY/T 1191—2006）、《巴梨》（NY/T 865—2004）、《库尔勒香梨》（NY/T 585—2002）等分品种的产品标准。分种类制定病虫害防治标准的现象日趋明显，以苹果为例，既制定了综合性的《苹果主要病虫害防治技术规程》（NY/T 2384—2013），又制定了《桃小食心虫综合防治技术规程》（NY/T 60—2015）、《桃小食心虫测报技术规范》（NY/T 1610—2008）、《桃小食心虫监测性诱芯应用技术规范》（NY/T 2734—2015）、《苹果树腐烂病防治技术规程》（NY/T 2684—2015）等单一病虫害防治标准。在生产技术标准方面，主要存在分区域制定标准的问题。以苹果为例，既制定了全国性的《苹果生产技术规程》（NY/T 441—2013），又制定了区域性标准《渤海湾地区苹果生产技术规程》（NY/T 1083—2006）和《黄土高原苹果生产技术规程》（NY/T 1082—2006）。

（三）标准交叉现象普遍

标准重复交叉主要反映在规范对象和适用范围部分或完全重合，或者一项标准的规范对象和适用范围完全被另一项标准所覆盖。以枣为例，仅干制红枣就制定了《干制红枣》（GB/T 5835—2009）、《干制红枣质量等级》（LY/T 1780—2008）、《免洗红枣》（GB/T 26150—2010）、《板枣》（NY/T 700—2003）等 4 项标准；鲜枣标准则制定了 3 项，即《鲜枣质量等级》（GB/T 22345—2008）、《梨枣》（LY/T 1920—2010）和《哈密大枣》（NY/T 871—2004）。又如苹果产品标准，制定了《仁果类果品流通规范》（SB/T 11100—2014）、《鲜苹果》（GB/T 10651—2008）、《苹果等级规格》（NY/T 1793—2009）、《加工用苹果分级》（GB/T 23616—2009）、《加工用苹果》（NY/T 1072—2013）、《红富士苹果》（NY/T 1075—2006）等 5 项标准，前 3 项标准之间，以及《加工用苹果分级》（GB/T 23616—2009）和《加工用苹果》（NY/T 1072—2013）之间，在规范对象和适用范围上均存在高度甚至完全重复和交叉。又如苹果蠹蛾检疫鉴定方法，国家标准《苹果蠹蛾检疫鉴定方法》（GB/T 28074—2011）和商检行业标准《苹果蠹蛾检疫鉴定方法》（SN/T 1120—2002）同在。

（四）标准缺失问题突出

果品产地环境标准缺失问题突出。目前仅有少数果品制定了产地环境标准，如《苹果产地环境技术条件》（NY/T 856—2004）、《京白梨产地环境技术条件》（NY/T 854—2004）和《葡萄产地环境技术条件》（NY/T 857—2004），然而，即使这些为数不多的标准也存在明显缺陷，均未涵盖生态环境条件指标，而适地适栽是发展果品产业的基本原则。果树苗木标准一般应包括繁育技术规程、产地检疫规程、产品标准、脱毒技术规范、病毒检测技术规范、无病毒母本树和苗木检疫规程等标准，目前多数果品的苗木标准仅有其中一项或数项，甚至一项标准都没有（如板栗），欠缺不少。以梨为例，仅制定了《梨苗木繁育技术规程》（NY/T 2681—2015）、《梨苗木》（NY 475—2002）、《梨无病毒母本树和苗木》（NY/T 2282—2012），还缺 5 项标准。缺乏规范的营养诊断技术是导致果品生产中肥料不合理施用的重要原因，目前，果品生产中肥料施用主要凭经验，肥料不合理施用现象非常普遍，主要体现在施肥种类和施肥量不合理，不仅对果品产量和品质以及生产环境（特别是土壤）造成非常不利的影响，还增加了不少生产成本。另外，果品包装标准也普遍欠缺，目前仅制定有《苹果、柑橘包装》（GB/T 13607—1992）、《新鲜水果包装标识　通则》（NY/T 1778—2009），致使水果包装技术、包装容器和包装材料缺乏规范。

（五）产品标准结构和布局不统一

我国的果品产品标准其名称、布局、结构和技术要求往往不尽一致。在标准名称上，有的就是产品名，有的还有"等级规格""分级""质量等级"等字样，如《鲜苹果》（GB/T 10651—2008）、《苹果等级规格》（NY/T 1793—2009）、《农产品等级规格　枇杷》（NY/T 2304—2013）、《加工用苹果分级》（GB/T 23616—2009）、《鲜枣质量等级》（GB/T 22345—2008）。在等级划分方式、等级数和等级名称上多有不同，有的标准分等，有的标准分级，例如《鲜苹果》（GB/T 10651—2008）分优等、一等、二等，《苹果等级规格》（NY/T 1793—2009）分特级、一级、二级，而《预包装鲜苹果》（SB/T 10892—2012）分一级、二级和三级，《鲜枣质量等级》（GB/T 22345—2008）分为特级、一级、二级和三级，《桃等级规格》（NY/T 1972—2009）、《农产品等级规格　樱桃》（NY/T 2302—2013）等标准除划分等级外，还根据大小（单果重）划分了规格。规范内容不完全一致，甚至相差很大，例如，《农产品等级规格　樱桃》（NY/T 2302—2013）的等级划分指标为成熟度、果柄、色泽、果形、裂果、畸形果和瑕疵，《樱桃质量等级》（GB/T 26906—2011）的等级划分指标为果形、色泽、果面、果梗、机械伤和单果重。特别值得注意的是，我国许多果品产品标准将果个大小列为分等指标，果个越大等级越高。这势必严重误导经营者和消费者，诱导生产者通过多施化肥、使用生长调节剂等措施增大果个，导致果品品质大幅度下降，甚至影响到产业的发展。事实上，不论哪种果品，每个品种的果实都有其固有的大小，过小和过大都不好。

（六）标准复审和修订不及时

发达国家的标准基本上以 5 年为周期进行 1 次修订，标准的技术内容能够根据产业发展和市场变化及时进行调整。我国为加强国家标准的管理，根据《中华人民共和国标准化法》和《中华人民共和国标准化法实施条例》的有关规定，1990 年 8 月 24 日发布了《国家标准管理办法》（国家技术监督局令第 10 号）。该《办法》第二十七条规定，"国家标准实施后，应当根据科学技术的发展和经济建设的需要，由该国家标准的主管部门组织有关单位适时进行复审，复审周期一般不超过 5 年。"然而，由于复审机制的缺失，我国标准复审工作并未全面落实，标准发布实施后，其科学性、实用性和先进性极少受到跟踪评价，致使标准修订不及时，失去效用的标准没有得到及时清理和废止，影响了标准的有效性和应用效果。技术内容过时的标准和存在重大技术缺陷的标准不但不会促进产业发展，反而会带来不可忽视的负面影响。统计显示，在我国现行的 1 041 项果品标准中，标龄在 6 年以上的标准高达 56.8%，其中，标龄在 6～11 年的标准占 37.3%，标龄在 11 年以上的标准占 19.5%（图 9-2）。

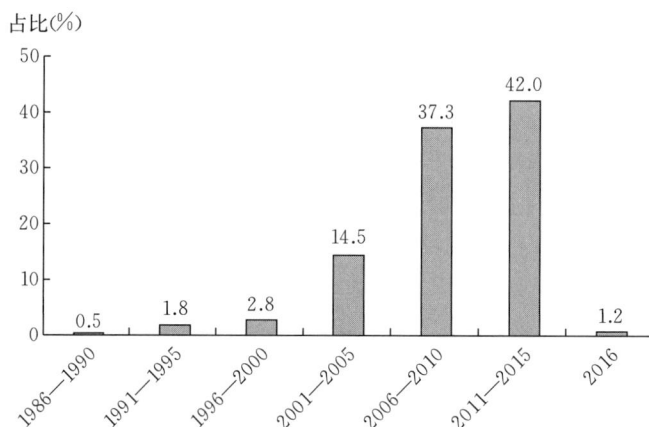

图 9-2 我国果品标准在发布时间上的分布

（七）标准应用亟待加强

主要存在两个方面的问题，一是标准获取难，二是标准应用少。目前，我国制定的国家标准和行业标准往往印数很少，而且几乎都需要购买才能获取，严重限制了标准的宣传和普及。而 UNECE（联合国欧洲经济委员会）、OECD（经济合作与发展组织）、CAC（国际食品法典委员会）、美国等国际组织和发达国家则建立了开放的公共平台，可随时查阅和免费下载标准文本。标准不是教科书，也不是操作手册，文字上比较精炼，国内外概莫如此。这就要求标准使用者具有一定的专业知识和较高的文化素质，也需要系统的技术指导和培训。然而，在我国，农村青壮劳动力向城市和工业大量转移，留在农村从事果树生产的多为老年人，总体而言，其技术水平和文化素质普遍较低，要充分理解果品标准、自觉应用果品标准，客观上有很大难度。由于宣贯、培训和激励机制的缺失，使得我国的不少果品标准在果品生产和流通中应用不多，甚至没有应用。当然，我国果品生产标准化程度低也与我国果品生产模式以一家一户小规模分散经营为主有很大关系，没有规模化就很难实现标准化。

（八）标准研究严重不足

主要反映在以下两个方面，一是标准研究少、缺乏系统性；二是队伍不稳定、缺乏持续性。对于前者，存在的主要问题是储备性研究不多，标准制修订中缺乏研究基础和数据支撑的现象比较普遍；尤其对先进国家和重要国际组织标准研究不系统、不深入，借鉴和采用不多。对于后者，存在的主要问题是缺乏核心团队，标准制修订项目经费偏少、竞争激烈、缺乏持续性，难以建立稳定、高水平的人员队伍，有碍持续、系统、深入地开展果品标准制修订与研究工作，影响了果品标准及其制修订工作的质量。

三、我国果品标准体系发展建议

（一）健全标准框架体系

建议从 3 个方面加以完善和改进。一是界定各相关标委会或部门之间在果品标准制修订上的职责、范围和工作领域，搞好分工、协作，使果品标准体系建立健全工作既不交叉、重叠、矛盾、冲突，又能无缝连接、无空白和死角。果品标准的制修订应以农业农村部、全国果品标准化技术委员会（SAC/TC 510）和国家林业和草原局为主体，并建立跨部门会商机制。二是在借鉴国外果品标准及其体系基础上，结合我国实际情况，以全程质量控制（图 9-3）为导向，以产前、产中、产后、出

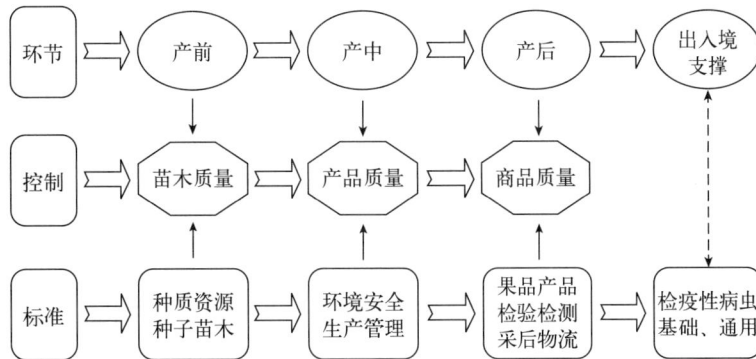

图 9-3　果品生产全程质量控制标准体系

入境和支撑 5 个环节为重点，着眼于种质资源、种子苗木、环境安全、生产管理、果品产品、果品检验检测、果品采后物流、检疫性病虫、基础/通用等 9 大方面，确定需要制修订的标准，构建起统一协调的果品标准框架体系（表 9-1）。

表 9-1　果品标准框架体系

环节	方面	标　准
产前	种质资源	新品种 DUS 测试、品种鉴定、品种审定、品种试验、种质资源描述、种质资源鉴定、种质资源评价等方面标准
	种子苗木	种苗繁育（含脱毒、病毒检测）、种苗检疫、种苗产品等方面标准
产中	环境安全	产地环境、非疫区建设、投入品（肥料、农药、果袋、农机）等方面标准
	生产管理	生产栽培（含病虫监测、病虫检测、病虫防治）、投入品使用、良好规范、果园规划、质量控制等方面标准
采后	果品产品	安全限量、产品卫生、产品质量等方面标准
	检验检测	果品检测、果品检验、果品检疫等标准
	采后物流	包装、标识、储运、购销等方面标准
出入境	检疫性病虫	疫情监测、病虫检疫等方面标准
支撑	基础/通用	词汇、术语、分类、编码、代码、通用要求等方面标准

（二）制定标准体系表

重点针对大宗果品，适当兼顾小宗果品，加快制定各自的标准体系表，将其作为我国果品标准制修订立项的依据和指南。在此基础上，对现有标准进行清理。一是对内涵和外延有重复交叉的标准进行整合，例如各树种的果品产品标准仅制定 2 项，普通产品标准和加工用原料果标准（均不再分品种制定标准）；栽培技术标准仅制定 1 项（不再分品种和区域制定标准），病虫害防治标准也只制定 1 项"××病虫害防治技术规程"（不再分病虫种类制定标准，但该标准由多个部分组成，每个部分为一种主要病虫害的防治技术）。二是对缺失的标准进行填平补齐，例如苗木标准、产地环境条件标准（应包括生态环境条件指标）、营养诊断标准、包装标准、储运标准等。

不分品种和分病虫制定标准主要是为了避免标准间矛盾和标准制定经济高效。我国绝大多数经济栽培的果品都有许多品种，有的多达数百个，乃至上千个，分品种制定产品标准在经费、人力和时间上均不允许。而且分品种制定的产品标准，往往与综合性产品标准存在诸多不一致甚至矛盾之处，严重影响标准的应用和实施。在我国，绝大多数果品在产销过程中均会发生多种病虫害（许多果品的病虫害多达十余种、甚至数十种），针对单一病虫害分别制定防治技术标准显然不现实，也不经济。因此，标准的制定应遵循这样一个基本原则，不分品种制定产品标准，不针对单一病虫害制定防治技术标准，不分区域制定生产技术规程。

（三）及时复审和修订标准

为保证果品标准的科学性、实用性和有效性，果品标准制定和归口部门或标委会应加强果品标准复审工作，建议根据《国家标准管理办法》（国家技术监督局令第 10 号）第二十七条的规定，依托高水平果品标准研究和制修订队伍，以 5 年为复审周期，适时对到期果品标准进行复审（审核内容包括标准结构和技术内容的科学性、实用性、先进性，以及是否与其他标准存在交叉、重复和矛盾），根据复审结果，参照《国家标准管理办法》，按下列情况分别处理：①不需要修改的标准确认继续有效；确认继续有效的标准，不改顺序号和年号，当标准重版时，在标准封面上、标准编号下写明"×××
×年确认有效"字样。②需作修改的标准作为修订项目，列入计划。③已无存在必要的标准，予以废止。需要说明的是，行业标准虽然不是严格意义上的国家标准，但可视其为特殊的国家标准，其复审应该参照该《国家标准管理办法》。

（四）规范产品标准结构

除某些特殊的品质特征外，衡量果品品质的基本要素是完全相同的。这就要求除某些特殊要求外，不同果品的产品标准，其对品质的基本要求应保持一致。正是基于这一理念，UNECE 制定了专门的《新鲜水果和蔬菜标准布局》（Standard Layout for UNECE Standards on Fresh Fruit and Vegetables）和《干及干制品标准布局》（Standard Layout for UNECE Standards on Dry and Dried Produce），为该组织统一和规范干鲜果品产品标准的结构和技术要求提供了重要的指导和技术手段，使得该组织制定的产品标准在布局、结构和技术要求上具有高度的一致性（表 9 - 2），在制定某一具体产品标准时，只需在该文件基础上填上本产品的具体要求即可。不仅 UNECE，CAC、ISO（国际标准化组织）、EU（欧盟）、美国等重要国际组织和先进国家的果品标准在标准名称和技术内容上就本组织或本国而言，也都具有高度的一致性和良好的规范性。

表 9 - 2   UNECE 果品产品标准布局

Fresh Fruit and Vegetables	Dry and Dried Produce
Ⅰ. Definition of produce	Ⅰ. Definition of produce
Ⅱ. Provisions concerning quality	Ⅱ. Provisions concerning quality
A. Minimum requirements	A. Minimum requirements
B. Maturity requirements	B. Moisture content
C. Classification	C. Classification
(i) "Extra" Class	Ⅲ. Provisions concerning sizing
(ii) Class Ⅰ	Ⅳ. Provisions concerning tolerances
(iii) Class Ⅱ	A. Quality tolerances
Ⅲ. Provisions concerning sizing	Ⅴ. Provisions concerning presentation
Ⅳ. Provisions concerning tolerances	A. Uniformity
A. Quality tolerances	B. Packaging
(i) "Extra" Class	Ⅵ. Provisions concerning marking
(ii) Class Ⅰ	A. Identification
(iii) Class Ⅱ	B. Nature of produce
B. Size tolerances	C. Origin of produce
Ⅴ. Provisions concerning presentation	D. Commercial specifications
A. Uniformity	E. Official control mark （optional）
B. Packaging	

（续）

Fresh Fruit and Vegetables	Dry and Dried Produce
Ⅵ. Provisions concerning marking 　A. Identification 　B. Nature of produce 　C. Origin of produce 　D. Commercial specifications 　E. Official control mark（optional）	

我国应下大力气对标准进行规范，借鉴重要国际组织和先进国家的果品标准及其体系，特别是参照 UNECE 的做法，制定《新鲜水果标准布局》和《果干和干果标准布局》，用以统一和规范干鲜水果产品标准的结构和技术要素，将其作为标准立项、标准制修订和标准审定的依据和指南。另外，在果品产品标准中，应将果个大小从等级指标中剥离出来，而将其作为规格指标，使果个大小就成为反应果实大小的客观指标，而非衡量品质优劣的指标。

（五）加强标准应用宣贯

为促进果品标准的一致性解释（其实质是促进果品标准的应用与实施），UNECE 和 OECD 已联合制定了草莓、鳄梨、柑橘、梨、李、杜果、猕猴桃、苹果、石榴、桃和油桃、甜瓜、鲜食葡萄、西瓜、鲜无花果、杏、樱桃、榛子（带壳榛子和榛子仁）17 种果品的产品标准应用手册以及应用手册标准布局《Standard Layout for UNECE Explanatory Brochures on Fresh Fruit and Vegetables (FFV)》，在各标准应用手册中，针对 UNECE 标准的条文，逐一给出了解读文本，有的还配置了相应的图片，以《苹果（APPLES）》（UNECE STANDARD FFV-50）为例，各个等级均针对果面色泽、品种特征锈、损伤、缺陷、成熟度、容许度、包装中的一致性、标识等给出了图例。这种制定标准应用手册的做法非常值得我国借鉴和学习，对于有关果品的产品标准和生产技术标准尤其如此，将为标准使用者自学标准、对标准的一致性理解和标准应用奠定良好基础。另外，我国在推进果品标准实施与应用上，鉴于其良好的人员、经济和硬件基础，应将具有一定规模的果品生产经营者作为果品标准应用与实施的主体，加强标准的培训宣贯和标准应用实施的技术指导。

（六）加强标准研究工作

需做好以下两个方面的工作。一是加强队伍建设，提升工作能力。应努力培养一支既熟悉国际规则又精通国内政策、既懂标准工作和专业知识又熟悉产业情况的专家队伍。尽快分类组建果品标准制修订与研究核心团队，可设立仁果类、核果类、浆果类、柑橘类、热带和亚热带水果、坚果、干果 7 个核心团队，给予持续稳定的项目和经费支持，将其作为果品标准研究与制修订的核心力量，使之成为承担标准研究项目和标准制修订任务的主力军。同时，适度增加各类标准制修订项目的工作经费。另外，还要鼓励有能力的行业协会或企业参与或承担国家标准和行业标准的制定工作。二是强化基础研究，提高工作水平。要针对我国、重要国际组织、重要国家和区域组织，加强标准需求研究、标准制修订储备性研究和标准试验验证，为果品标准制修订工作提供扎实的科学依据。

四、我国果品标准体系汇总表

（一）国家标准汇总

我国现行有效的有关果品的国家标准 239 项（表 9-3），包括 238 项国家标准和 1 项国家环境标准。其中，方法类标准 113 项，产品类标准 71 项，物流类标准 14 项，种质资源类标准 5 项，生产管理类标准 18 项，基础/通用类标准 3 项，环境安全类标准 14 项，质量追溯类标准 1 项。

表 9 - 3　果品国家标准

No	编号	大类	小类	名称
1	GB 2760—2014	生产管理	投入品使用	食品安全国家标准　食品添加剂使用标准
2	GB 2761—2011	产品	安全限量	食品安全国家标准　食品中真菌毒素限量
3	GB 2762—2012	产品	安全限量	食品安全国家标准　食品中污染物限量
4	GB 2763—2014	产品	安全限量	食品安全国家标准　食品中农药最大残留限量
5	GB 3095—2012	环境安全	产地环境	环境空气质量标准
6	GB/T 5009.1—2003	方法	果品检测	食品卫生检验方法　理化部分　总则
7	GB 5009.3—2010	方法	果品检测	食品安全国家标准　食品中水分的测定
8	GB 5009.4—2010	方法	果品检测	食品安全国家标准　食品中灰分的测定
9	GB 5009.5—2010	方法	果品检测	食品安全国家标准　食品中蛋白质的测定
10	GB/T 5009.6—2003	方法	果品检测	食品中脂肪的测定
11	GB/T 5009.7—2008	方法	果品检测	食品中还原糖的测定
12	GB/T 5009.8—2008	方法	果品检测	食品中蔗糖的测定
13	GB/T 5009.9—2008	方法	果品检测	食品中淀粉的测定
14	GB/T 5009.10—2003	方法	果品检测	植物类食品中粗纤维的测定
15	GB 5009.11—2014	方法	果品检测	食品安全国家标准　食品中总砷及无机砷的测定
16	GB 5009.12—2010	方法	果品检测	食品安全国家标准　食品中铅的测定
17	GB/T 5009.13—2003	方法	果品检测	食品中铜的测定
18	GB/T 5009.14—2003	方法	果品检测	食品中锌的测定
19	GB 5009.15—2014	方法	果品检测	食品安全国家标准　食品中镉的测定
20	GB 5009.16—2014	方法	果品检测	食品安全国家标准　食品中锡的测定
21	GB 5009.17—2014	方法	果品检测	食品安全国家标准　食品中总汞及有机汞的测定
22	GB/T 5009.18—2003	方法	果品检测	食品中氟的测定
23	GB/T 5009.20—2003	方法	果品检测	食品中有机磷农药残留量的测定
24	GB/T 5009.23—2006	方法	果品检测	食品中黄曲霉毒素 B_1、B_2、G_1、G_2 的测定
25	GB 5009.33—2010	方法	果品检测	食品安全国家标准　食品中硝酸盐和亚硝酸盐的测定
26	GB/T 5009.34—2003	方法	果品检测	食品中亚硫酸盐的测定
27	GB/T 5009.38—2003	方法	果品检测	蔬菜、水果卫生标准的分析方法
28	GB/T 5009.82—2003	方法	果品检测	食品中维生素 A 和维生素 E 的测定
29	GB/T 5009.83—2003	方法	果品检测	食品中胡萝卜素的测定
30	GB/T 5009.84—2003	方法	果品检测	食品中硫胺素（维生素 B_1）的测定
31	GB/T 5009.85—2003	方法	果品检测	食品中核黄素的测定
32	GB/T 5009.86—2003	方法	果品检测	蔬菜、水果及其制品中总抗坏血酸的测定（荧光法和 2,4 -二硝基苯肼法）
33	GB/T 5009.87—2003	方法	果品检测	食品中磷的测定
34	GB 5009.88—2014	方法	果品检测	食品安全国家标准　食品中膳食纤维的测定
35	GB/T 5009.89—2003	方法	果品检测	食品中烟酸的测定
36	GB/T 5009.90—2003	方法	果品检测	食品中铁、镁、锰的测定
37	GB/T 5009.91—2003	方法	果品检测	食品中钾、钠的测定

（续）

No	编号	大类	小类	名称
38	GB/T 5009.92—2003	方法	果品检测	食品中钙的测定
39	GB 5009.93—2010	方法	果品检测	食品安全国家标准　食品中硒的测定
40	GB 5009.94—2012	方法	果品检测	食品安全国家标准　植物性食品中稀土元素的测定
41	GB/T 5009.102—2003	方法	果品检测	植物性食品中辛硫磷农药残留量的测定
42	GB/T 5009.106—2003	方法	果品检测	植物性食品中二氯苯醚菊酯残留量的测定
43	GB/T 5009.107—2003	方法	果品检测	植物性食品中二嗪磷残留量的测定
44	GB/T 5009.109—2003	方法	果品检测	柑橘中水胺硫磷残留量的测定
45	GB/T 5009.112—2003	方法	果品检测	大米和柑橘中喹硫磷残留量的测定
46	GB 5009.123—2014	方法	果品检测	食品安全国家标准　食品中铬的测定
47	GB/T 5009.124—2003	方法	果品检测	食品中氨基酸的测定
48	GB/T 5009.126—2003	方法	果品检测	植物性食品中三唑酮残留量的测定
49	GB/T 5009.129—2003	方法	果品检测	水果中乙氧基喹残留量的测定
50	GB/T 5009.135—2003	方法	果品检测	植物性食品中灭幼脲残留量的测定
51	GB/T 5009.137—2003	方法	果品检测	食品中锑的测定
52	GB/T 5009.138—2003	方法	果品检测	食品中镍的测定
53	GB/T 5009.143—2003	方法	果品检测	蔬菜、水果、食用油中双甲脒残留量的测定
54	GB/T 5009.146—2008	方法	果品检测	植物性食品中有机氯和拟除虫菊酯类农药多种残留量的测定
55	GB/T 5009.147—2003	方法	果品检测	植物性食品中除虫脲残留量的测定
56	GB/T 5009.151—2003	方法	果品检测	食品中锗的测定
57	GB/T 5009.153—2003	方法	果品检测	植物性食品中植酸的测定
58	GB/T 5009.154—2003	方法	果品检测	食品中维生素 B6 的测定
59	GB/T 5009.157—2003	方法	果品检测	食品中有机酸的测定
60	GB/T 5009.159—2003	方法	果品检测	食品中还原型抗坏血酸的测定
61	GB/T 5009.160—2003	方法	果品检测	水果中单甲脒残留量的测定
62	GB/T 5009.173—2003	方法	果品检测	梨果类、柑橘类水果中噻螨酮残留量的测定
63	GB/T 5009.176—2003	方法	果品检测	茶叶、水果、食用植物油中三氯杀螨醇残留量的测定
64	GB/T 5009.188—2003	方法	果品检测	蔬菜、水果中甲基托布津、多菌灵的测定
65	GB/T 5009.201—2003	方法	果品检测	梨中烯唑醇残留量的测定
66	GB/T 5009.210—2008	方法	果品检测	食品中泛酸的测定
67	GB/T 5009.218—2008	方法	果品检测	水果和蔬菜中多种农药残留量的测定
68	GB 5040—2003	方法	苗木检疫	柑橘苗木产地检疫规程
69	GB 5084—2005	环境安全	产地环境	农田灌溉水质标准
70	GB/T 5835—2009	产品	产品质量	干制红枣
71	GB/T 6195—1986	方法	果品检测	水果、蔬菜维生素 C 含量测定法（2,6-二氯靛酚滴定法）
72	GB/T 8210—2011	方法	果品检验	柑橘鲜果检验方法
73	GB/T 8321.1—2000	生产管理	投入品使用	农药合理使用准则（一）
74	GB/T 8321.2—2000	生产管理	投入品使用	农药合理使用准则（二）
75	GB/T 8321.3—2000	生产管理	投入品使用	农药合理使用准则（三）
76	GB/T 8321.4—2006	生产管理	投入品使用	农药合理使用准则（四）
77	GB/T 8321.5—2006	生产管理	投入品使用	农药合理使用准则（五）

（续）

No	编号	大类	小类	名称
78	GB/T 8321.6—2000	生产管理	投入品使用	农药合理使用准则（六）
79	GB/T 8321.7—2002	生产管理	投入品使用	农药合理使用准则（七）
80	GB/T 8321.8—2007	生产管理	投入品使用	农药合理使用准则（八）
81	GB/T 8321.9—2009	生产管理	投入品使用	农药合理使用准则（九）
82	GB 8370—2009	方法	苗木检疫	苹果苗木产地检疫规程
83	GB/T 8559—2008	物流	储运	苹果冷藏技术
84	GB/T 8855—2008	方法	果品检测	新鲜水果和蔬菜　取样方法
85	GB/T 8858—1988	方法	果品检测	水果、蔬菜产品中干物质和水分含量测定方法
86	GB/T 9659—2008	环境安全	投入品	柑橘嫁接苗
87	GB/T 9827—1988	产品	产品质量	香蕉
88	GB/T 9829—2008	物流	储运	水果和蔬菜　冷库中物理条件　定义和测量
89	GB 9847—2003	环境安全	投入品	苹果苗木
90	GB/T 10467—1989	方法	果品检测	水果和蔬菜产品中挥发性酸度的测定方法
91	GB/T 10468—1989	方法	果品检测	水果和蔬菜产品 pH 的测定方法
92	GB/T 10470—2008	方法	果品检测	速冻水果和蔬菜矿物杂质测定方法
93	GB/T 10471—2008	方法	果品检测	速冻水果和蔬菜　净重测定方法
94	GB/T 10650—2008	产品	产品质量	鲜梨
95	GB/T 10651—2008	产品	产品质量	鲜苹果
96	GB/T 12456—2008	方法	果品检测	食品中总酸的测定
97	GB/T 12943—2007	方法	苗木检疫	苹果无病毒母本树和苗木检疫规程
98	GB/T 12947—2008	产品	产品质量	鲜柑橘
99	GB/T 13607—1992	物流	包装	苹果、柑橘包装
100	GB/T 13867—1992	产品	产品质量	鲜枇杷果
101	GB/T 14553—2003	方法	果品检测	粮食、水果和蔬菜中有机磷农药测定的气相色谱法
102	GB 14891.5—1997	产品	产品卫生	辐照新鲜水果、蔬菜类卫生标准
103	GB/T 15034—2009	物流	储运	杧果　储藏导则
104	GB/T 15402—1994	方法	果品检测	水果、蔬菜及其制品　钠、钾含量的测定
105	GB 15618—1995	环境安全	产地环境	土壤环境质量标准
106	GB/T 15664—2009	方法	果品检测	水果、蔬菜及其制品　甲酸含量的测定　重量法
107	GB/T 15667—1995	方法	果品检测	水果、蔬菜及其制品　氯化物含量的测定
108	GB 16325—2005	产品	产品卫生	干果食品卫生标准
109	GB/T 16862—2008	物流	储运	鲜食葡萄冷藏技术
110	GB/T 17479—1998	物流	储运	杏冷藏
111	GB/T 18010—1999	产品	产品质量	腰果仁　规格
112	GB/T 18525.4—2001	物流	储运	枸杞干、葡萄干辐照杀虫工艺
113	GB/T 18627—2002	方法	果品检测	食品中八甲磷残留量的测定
114	GB/T 18628—2002	方法	果品检测	食品中乙滴涕残留量的测定
115	GB/T 18629—2002	方法	果品检测	食品中扑草净残留量的测定
116	GB/T 18672—2014	产品	产品质量	枸杞
117	GB/T 18740—2008	产品	产品质量	地理标志产品　黄骅冬枣

（续）

No	编号	大类	小类	名称
118	GB/T 18846—2008	产品	产品质量	地理标志产品　沾化冬枣
119	GB/T 18965—2008	产品	产品质量	地理标志产品　烟台苹果
120	GB/T 19051—2008	产品	产品质量	地理标志产品　南丰蜜橘
121	GB/T 19116—2003	生产管理	生产栽培	枸杞栽培技术规程
122	GB 19174—2010	环境安全	投入品	猕猴桃苗木
123	GB 19175—2010	环境安全	投入品	桃苗木
124	GB 19300—2014	产品	产品质量	坚果与籽类食品
125	GB/T 19332—2008	产品	产品质量	地理标志产品　常山胡柚
126	GB/T 19426—2006	方法	果品检测	蜂蜜、果汁和果酒中 497 种农药及相关化学品残留量的测定　气相色谱-质谱法
127	GB/T 19505—2008	产品	产品质量	地理标志产品　露水河红松籽仁
128	GB/T 19557.8—2004	种质	DUS 测试	植物新品种特异性、一致性和稳定性测试指南　李
129	GB/T 19585—2008	产品	产品质量	地理标志产品　吐鲁番葡萄
130	GB/T 19586—2008	产品	产品质量	地理标志产品　吐鲁番葡萄干
131	GB/T 19648—2006	方法	果品检测	水果和蔬菜中 500 种农药及相关化学品残留的测定　气相色谱-质谱法
132	GB/T 19690—2008	产品	产品质量	地理标志产品　余姚杨梅
133	GB/T 19697—2008	产品	产品质量	地理标志产品　黄岩蜜橘
134	GB/T 19742—2008	产品	产品质量	地理标志产品　宁夏枸杞
135	GB/T 19859—2005	产品	产品质量	地理标志产品　库尔勒香梨
136	GB/T 19908—2005	产品	产品质量	地理标志产品　塘栖枇杷
137	GB/T 19909—2005	产品	产品质量	地理标志产品　建瓯锥栗
138	GB/T 19958—2005	产品	产品质量	地理标志产品　鞍山南果梨
139	GB/T 19970—2005	产品	产品质量	无核白葡萄
140	GB/T 20014.5—2013	生产管理	良好规范	良好农业规范　第 5 部分：水果和蔬菜控制点与符合性规范
141	GB/T 20355—2006	产品	产品质量	地理标志产品　赣南脐橙
142	GB/T 20357—2006	产品	产品质量	地理标志产品　永福罗汉果
143	GB/T 20397—2006	产品	产品质量	银杏种核质量等级
144	GB/T 20398—2006	产品	产品质量	核桃坚果质量等级
145	GB/T 20452—2006	产品	产品质量	仁用杏杏仁质量等级
146	GB/T 20453—2006	产品	产品质量	柿子产品质量等级
147	GB/T 20496—2006	方法	疫情监测	进口葡萄苗木疫情监测规程
148	GB/T 20559—2006	产品	产品质量	地理标志产品　永春芦柑
149	GB/T 20769—2008	方法	果品检测	水果和蔬菜中 450 种农药及相关化学品残留量的测定　液相色谱-串联质谱法
150	GB/T 21142—2007	产品	产品质量	地理标志产品　泰兴白果
151	GB/T 21488—2006	产品	产品质量	脐橙
152	GB/T 22165—2008	产品	产品质量	坚果炒货食品通则
153	GB/T 22243—2008	方法	果品检测	大米、蔬菜、水果中氯氟吡氧乙酸残留量的测定
154	GB/T 22345—2008	产品	产品质量	鲜枣质量等级

（续）

No	编号	大类	小类	名称
155	GB/T 22346—2008	产品	产品质量	板栗质量等级
156	GB/T 22439—2008	产品	产品质量	地理标志产品　寻乌蜜橘
157	GB/T 22440—2008	产品	产品质量	地理标志产品　琼中绿橙
158	GB/T 22441—2008	产品	产品质量	地理标志产品　丁岙杨梅
159	GB/T 22442—2008	产品	产品质量	地理标志产品　瓯柑
160	GB/T 22444—2008	产品	产品质量	地理标志产品　昌平苹果
161	GB/T 22445—2008	产品	产品质量	地理标志产品　房山磨盘柿
162	GB/T 22446—2008	产品	产品质量	地理标志产品　大兴西瓜
163	GB/T 22738—2008	产品	产品质量	地理标志产品　尤溪金柑
164	GB/T 22740—2008	产品	产品质量	地理标志产品　灵宝苹果
165	GB/T 22741—2008	产品	产品质量	地理标志产品　灵宝大枣
166	GB/T 23206—2008	方法	果品检测	果蔬汁、果酒中 512 种农药及相关化学品残留量的测定　液相色谱-串联质谱法
167	GB/T 23234—2009	产品	产品质量	中国沙棘果实质量等级
168	GB/T 23244—2009	物流	储运	水果和蔬菜　气调储藏技术规范
169	GB/T 23349—2009	环境安全	投入品	肥料中砷、镉、铅、铬、汞生态指标
170	GB/T 23351—2009	基础	词汇	新鲜水果和蔬菜　词汇
171	GB/T 23352—2009	产品	产品质量	苹果干技术规格和实验方法
172	GB/T 23353—2009	产品	产品质量	梨干技术规格和实验方法
173	GB/T 23372—2009	方法	果品检测	食品中无机砷的测定　液相色谱-电感耦合等离子体质谱法
174	GB/T 23379—2009	方法	果品检测	水果、蔬菜及茶叶中吡虫啉残留的测定　高效液相色谱法
175	GB/T 23380—2009	方法	果品检测	水果、蔬菜中多菌灵残留的测定　高效液相色谱法
176	GB/T 23398—2009	产品	产品质量	地理标志产品　哈密瓜
177	GB/T 23401—2009	产品	产品质量	地理标志产品　延川红枣
178	GB/T 23584—2009	方法	果品检测	水果、蔬菜中啶虫脒残留量的测定　液相色谱-串联质谱法
179	GB/T 23616—2009	产品	产品质量	加工用苹果分级
180	GB/T 23619—2009	方法	疫情监测	柑橘小实蝇疫情监测规程
181	GB/T 23622—2009	方法	苗木检疫	香蕉种苗产地检疫规程
182	GB/T 23631—2009	环境安全	非疫区建立	实蝇非疫区建立的要求
183	GB/T 23750—2009	方法	果品检测	植物性产品中草甘膦残留量的测定　气相色谱-质谱法
184	GB/T 24306—2009	产品	产品质量	红松种仁
185	GB/T 24307—2009	产品	产品质量	山核桃产品质量等级
186	GB/T 24691—2009	环境安全	投入品	果蔬清洗剂
187	GB/T 24831—2009	方法	病虫检疫	香蕉穿孔线虫检疫鉴定方法
188	GB/T 24884—2010	种质	DUS测试	植物新品种特异性、一致性、稳定性测试指南　梅
189	GB/T 24886—2010	种质	DUS测试	植物新品种特异性、一致性、稳定性测试指南　榛属
190	GB/T 25393—2010	环境安全	投入品	葡萄栽培和葡萄酒酿制设备　葡萄收获机试验方法
191	GB/T 25419—2010	环境安全	投入品	气动果树剪枝机
192	GB/T 25870—2010	物流	储运	甜瓜　冷藏和冷藏运输
193	GB/T 26150—2010	产品	产品质量	免洗红枣

（续）

No	编号	大类	小类	名称
194	GB/T 26430—2010	基础	术语	水果和蔬菜 形态学和结构学术语
195	GB/T 26532—2011	产品	产品质量	地理标志产品 慈溪杨梅
196	GB/Z 26534—2011	生产管理	生产栽培	山杏封沙育林技术规程
197	GB/Z 26575—2011	生产管理	生产栽培	草莓生产技术规范
198	GB/Z 26579—2011	生产管理	生产栽培	冬枣生产技术规范
199	GB/Z 26580—2011	生产管理	生产栽培	柑橘生产技术规范
200	GB/T 26901—2011	物流	储运	李储藏技术规程
201	GB/T 26904—2011	物流	储运	桃储藏技术规程
202	GB/T 26905—2011	物流	储运	杏储藏技术规程
203	GB/T 26906—2011	产品	产品质量	樱桃质量等级
204	GB/T 26908—2011	物流	储运	枣储藏技术规程
205	GB/T 26909—2011	种质	DUS测试	植物新品种特异性、一致性、稳定性测试指南 核桃属
206	GB/T 27633—2011	产品	产品质量	琯溪蜜柚
207	GB/T 27657—2011	产品	产品质量	树莓
208	GB/T 27658—2011	产品	产品质量	蓝莓
209	GB/T 27659—2011	产品	产品质量	无籽西瓜分等分级
210	GB/T 28062—2011	方法	病虫检测	柑橘黄龙病菌实时荧光 PCR 检测方法
211	GB/T 28065—2011	方法	病虫检测	地中海实蝇生物芯片检测方法
212	GB/T 28068—2011	方法	病虫检测	柑橘溃疡病菌实时荧光 PCR 检测方法
213	GB/T 28072—2011	方法	病虫检疫	梨黑斑病菌检疫鉴定方法
214	GB/T 28074—2011	方法	病虫检疫	苹果蠹蛾检疫鉴定方法
215	GB/T 28094—2011	方法	病虫检疫	杧果细菌性黑斑病菌检疫鉴定方法
216	GB/T 28097—2011	方法	病虫检疫	苹果黑星病菌检疫鉴定方法
217	GB/T 28107—2011	方法	病虫检疫	枣大球蚧检疫鉴定方法
218	GB/T 28976—2012	方法	病虫检疫	草莓潜隐环斑病毒检疫鉴定方法
219	GB/T 28984—2012	方法	病虫检疫	香蕉苞片花叶病毒检疫鉴定方法
220	GB/T 29370—2012	产品	产品质量	柠檬
221	GB/T 29373—2012	质量追溯		农产品追溯要求 果蔬
222	GB/T 29393—2012	方法	病虫检疫	柑橘黄龙病菌的检疫检测与鉴定
223	GB/T 29394—2012	方法	病虫检疫	柑橘溃疡病菌的检疫检测与鉴定
224	GB/T 29395—2012	方法	病虫检疫	鳄梨象检疫鉴定方法
225	GB/T 29397—2012	方法	病虫检疫	香蕉枯萎病菌4号小种检疫检测与鉴定
226	GB/T 29429—2012	方法	病虫检疫	草莓角斑病菌检疫鉴定方法
227	GB/T 29572—2013	产品	产品质量	桑葚
228	GB/T 29586—2013	方法	病虫检疫	苹果棉蚜检疫鉴定方法
229	GB/T 29647—2013	生产管理	良好规范	坚果与籽类炒货食品良好生产规范
230	GB/T 29891—2013	环境安全	投入品	荔枝、龙眼干燥设备 技术条件
231	GB/T 29892—2013	环境安全	投入品	荔枝、龙眼干燥设备 试验方法
232	GB/T 30362—2013	种质	DUS测试	植物新品种特异性、一致性、稳定性测试指南 杏
233	GB/T 30761—2014	产品	产品质量	扁桃仁

(续)

No	编号	大类	小类	名称
234	GB/T 31273—2014	生产管理	加工	速冻水果和速冻蔬菜生产管理规范
235	GB/T 31735—2015	产品	产品质量	龙眼
236	GB/T 31739—2015	物流	购销	农产品购销基本信息描述　仁果类
237	GB/T 31800—2015	方法	病虫检疫	李痘病毒检疫鉴定方法
238	GB/T 31804—2015	方法	病虫检疫	苹果锈果类病毒检疫鉴定方法
239	HJ/T 80—2001	基础	通用要求	有机食品技术规范

（二）行业标准汇总

现行有效的有关果品的行业标准 803 项（表 9-4），分属农业行业标准（386 项）、出入境检验检疫行业标准（306 项）、林业行业标准（73 项）、国内贸易行业标准（25 项）、气象行业标准（6 项）、机械行业标准（3 项）、供销合作行业标准（1 项）、轻工行业标准（1 项）和水利行业标准（1 项）。其中，方法类标准 366 项，产品类标准 113 项，物流类标准 35 项，种质资源类标准 84 项，生产管理类标准 120 项，基础/通用类标准 8 项，环境安全类标准 74 项，质量追溯类标准 2 项。

表 9-4　果品行业标准

No	编号	大类	小类	名称
1	GH/T 1029—2002	产品	产品质量	板栗
2	JB/T 11906—2014	环境安全	投入品	板栗脱蓬机
3	JB/T 12027—2014	环境安全	投入品	核桃青皮脱皮机
4	JB/T 12443—2015	环境安全	投入品	滚杠式干果分级机
5	LY/T 1329—1999	生产管理	生产栽培	核桃丰产与坚果品质
6	LY/T 1337—1999	生产管理	生产栽培	板栗丰产林
7	LY/T 1497—1999	生产管理	生产栽培	枣树丰产林
8	LY/T 1532—1999	产品	产品质量	油橄榄鲜果
9	LY/T 1558—2000	生产管理	生产栽培	仁用杏丰产技术
10	LY/T 1629—2005	生产管理	生产栽培	红松果林丰产技术规程
11	LY/T 1650—2005	产品	产品质量	榛子坚果　平榛、平欧杂种榛
12	LY/T 1661—2006	生产管理	生产栽培	木瓜栽培技术规程
13	LY/T 1674—2006	物流	储运	板栗储藏保鲜技术规程
14	LY/T 1677—2006	生产管理	生产栽培	杏树保护地丰产栽培技术规程
15	LY/T 1702—2007	生产管理	生产栽培	石榴栽培技术规程
16	LY/T 1741—2008	产品	产品质量	酸角果实
17	LY/T 1747—2008	产品	产品质量	杨梅质量等级
18	LY/T 1748—2008	生产管理	生产栽培	樱桃李栽培技术规程
19	LY/T 1750—2008	生产管理	生产栽培	巴旦木（扁桃）生产技术规程
20	LY/T 1768—2008	产品	产品质量	山核桃产品质量要求
21	LY/T 1773—2008	产品	产品质量	香榧籽质量要求
22	LY/T 1774—2008	生产管理	生产栽培	香榧栽培技术规程
23	LY/T 1780—2008	产品	产品质量	干制红枣质量等级
24	LY/T 1781—2008	物流	储运	甜樱桃储藏保鲜技术规程

（续）

No	编号	大类	小类	名称
25	LY/T 1782—2008	产品	产品质量	无公害干果
26	LY/T 1841—2009	物流	储运	猕猴桃储藏技术规程
27	LY/T 1851—2009	种质	DUS 测试	植物新品种特异性、一致性、稳定性测试指南　板栗
28	LY/T 1870—2010	种质	DUS 测试	植物新品种特异性、一致性、稳定性测试指南　柿
29	LY/T 1883—2010	环境安全	投入品	核桃优良品种育苗技术规程
30	LY/T 1884—2010	生产管理	生产栽培	核桃优良品种丰产栽培管理技术规程
31	LY/T 1886—2010	环境安全	投入品	柿苗木
32	LY/T 1887—2010	生产管理	生产栽培	柿栽培技术规程
33	LY/T 1893—2010	环境安全	投入品	石榴苗木培育技术规程
34	LY/T 1909—2010	生产管理	生产栽培	美国黑核桃栽培技术规程
35	LY/T 1920—2010	产品	产品质量	梨枣
36	LY/T 1921—2010	产品	产品质量	红松松籽
37	LY/T 1922—2010	产品	产品质量	核桃仁
38	LY/T 1937—2011	产品	产品质量	油橄榄苗木质量等级
39	LY/T 1940—2011	生产管理	生产栽培	果用香榧栽培技术规程
40	LY/T 1941—2011	生产管理	生产栽培	美国山核桃栽培技术规程
41	LY/T 1963—2011	产品	产品质量	澳洲坚果果仁
42	LY/T 1964—2011	产品	产品质量	酸枣
43	LY/T 2023—2012	方法	病虫检疫	枣实蝇检疫技术规程
44	LY/T 2035—2012	生产管理	生产栽培	杏李生产技术规程
45	LY/T 2036—2012	生产管理	生产栽培	油橄榄栽培技术规程
46	LY/T 2038—2012	生产管理	生产栽培	橄榄丰产栽培技术规程
47	LY/T 2099—2013	种质	DUS 测试	植物新品种特异性、一致性、稳定性测试指南　枸杞属
48	LY/T 2112—2013	生产管理	生产栽培	苹果蠹蛾防治技术规程
49	LY/T 2124—2013	生产管理	生产栽培	人心果栽培技术规程
50	LY/T 2127—2013	生产管理	生产栽培	杨梅栽培技术规程
51	LY/T 2128—2013	生产管理	生产栽培	银杏栽培技术规程
52	LY/T 2129—2013	生产管理	生产栽培	甜樱桃栽培技术规程
53	LY/T 2131—2013	生产管理	生产栽培	山核桃生产技术规程
54	LY/T 2135—2013	产品	产品质量	石榴质量等级
55	LY/T 2190—2013	种质	DUS 测试	植物新品种特异性、一致性、稳定性测试指南　枣
56	LY/T 2201—2013	环境安全	投入品	平欧杂种榛绿枝直立压条育苗技术规程
57	LY/T 2205—2013	生产管理	生产栽培	平欧杂种榛栽培技术规程
58	LY/T 2287—2014	种质	DUS 测试	植物新品种特异性、一致性和稳定性测试指南　沙棘
59	LY/T 2298—2014	环境安全	投入品	油橄榄扦插育苗技术规程
60	LY/T 2299—2014	环境安全	投入品	树莓苗木质量分级
61	LY/T 2315—2014	环境安全	投入品	薄壳山核桃实生苗培育技术规程
62	LY/T 2317—2014	生产管理	果园规划	观光果园总体设计规范
63	LY/T 2323—2014	生产管理	生产栽培	花果兼用梅栽培技术规程
64	LY/T 2340—2014	产品	产品质量	西伯利亚杏杏仁质量等级

（续）

No	编号	大类	小类	名称
65	LY/T 2341—2014	方法	果品检测	干果生产现场检测规程
66	LY/T 2343—2014	生产管理	生产栽培	青梅生产技术规程
67	LY/T 2344—2014	生产管理	生产栽培	泡核桃栽培技术规程
68	LY/T 2353—2014	方法	病虫检疫	枣大球蚧检疫技术规程
69	LY/T 2423—2015	方法	病虫检疫	椰心叶甲检疫技术规程
70	LY/T 2424—2015	方法	病虫检疫	苹果蠹蛾检疫技术规程
71	LY/T 2426—2015	种质	品种鉴定	枣品种鉴定技术规程　SSR 分子标记法
72	LY/T 2433—2015	环境安全	投入品	薄壳山核桃采穗圃营建技术规程
73	LY/T 2438—2015	环境安全	投入品	观赏银杏苗木繁殖技术规程
74	LY/T 2450—2015	生产管理	生产栽培	无花果栽培技术规程
75	LY/T 2452—2015	生产管理	生产栽培	接骨木栽培技术规程
76	LY/T 2462—2015	生产管理	生产栽培	蛇皮果栽培技术规程
77	LY/T 2475—2015	生产管理	生产栽培	越橘栽培技术规程
78	NY/T 60—2015	生产管理	生产栽培	桃小食心虫综合防治技术规程
79	NY/T 328—1997	环境安全	投入品	苹果无病毒苗木繁育规程
80	NY 329—2006	环境安全	投入品	苹果无病毒母本树和苗木
81	NY/T 353—2012	环境安全	投入品	椰子　种果和种苗
82	NY/T 354—1999	环境安全	投入品	龙眼　种苗
83	NY/T 355—2014	环境安全	投入品	荔枝　种苗
84	NY/T 357—2007	环境安全	投入品	香蕉　组培苗
85	NY/T 361—1999	环境安全	投入品	腰果　种子
86	NY/T 391—2013	环境安全	产地环境	绿色食品　产地环境质量
87	NY/T 392—2013	生产管理	投入品使用	绿色食品　食品添加剂使用准则
88	NY/T 393—2013	生产管理	投入品使用	绿色食品　农药使用准则
89	NY/T 394—2013	生产管理	投入品使用	绿色食品　肥料使用准则
90	NY/T 403—2000	环境安全	投入品	脱毒苹果母本树及苗木病毒检测技术规程
91	NY/T 406—2000	环境安全	投入品	脱毒草莓种苗病毒检测技术规程
92	NY/T 426—2012	产品	产品质量	绿色食品　柑橘类水果
93	NY/T 427—2007	产品	产品质量	绿色食品　西甜瓜
94	NY/T 441—2013	生产管理	生产栽培	苹果生产技术规程
95	NY/T 442—2013	生产管理	生产栽培	梨生产技术规程
96	NY/T 444—2001	产品	产品质量	草莓
97	NY/T 450—2001	产品	产品质量	菠萝
98	NY/T 451—2011	环境安全	投入品	菠萝种苗
99	NY/T 452—2001	环境安全	投入品	阳桃嫁接苗
100	NY/T 453—2001	产品	产品质量	鲜红江橙
101	NY/T 454—2001	环境安全	投入品	澳洲坚果种苗
102	NY 469—2001	环境安全	投入品	葡萄苗木
103	NY 474—2002	环境安全	投入品	甜瓜种子
104	NY 475—2002	环境安全	投入品	梨苗木

（续）

No	编号	大类	小类	名称
105	NY/T 484—2002	产品	产品质量	毛叶枣
106	NY/T 485—2002	产品	产品质量	红毛丹
107	NY/T 486—2002	产品	产品质量	腰果
108	NY/T 487—2002	产品	产品质量	槟榔干果
109	NY/T 488—2002	产品	产品质量	阳桃
110	NY/T 489—2002	产品	产品质量	木菠萝
111	NY/T 490—2002	产品	产品质量	椰子果
112	NY/T 491—2002	产品	产品质量	西番莲
113	NY/T 492—2002	产品	产品质量	杧果
114	NY/T 496—2010	生产管理	投入品使用	肥料合理使用准则　通则
115	NY/T 515—2002	产品	产品质量	荔枝
116	NY/T 516—2002	产品	产品质量	龙眼
117	NY/T 517—2002	产品	产品质量	青香蕉
118	NY/T 518—2002	产品	产品质量	番石榴
119	NY/T 584—2002	产品	产品质量	西瓜（含无籽西瓜）
120	NY/T 585—2002	产品	产品质量	库尔勒香梨
121	NY/T 586—2002	产品	产品质量	鲜桃
122	NY/T 587—2002	产品	产品质量	常山胡柚
123	NY/T 588—2002	产品	产品质量	玉环柚
124	NY/T 589—2002	产品	产品质量	椪柑
125	NY/T 590—2012	环境安全	投入品	杧果　嫁接苗
126	NY/T 658—2015	物流	包装	绿色食品　产品包装准则
127	NY/T 689—2003	环境安全	投入品	番石榴　嫁接苗
128	NY/T 691—2003	产品	产品质量	番木瓜
129	NY/T 692—2003	产品	产品质量	黄皮
130	NY/T 693—2003	产品	产品质量	澳洲坚果　果仁
131	NY/T 694—2003	产品	产品质量	罗汉果
132	NY/T 696—2003	产品	产品质量	鲜杏
133	NY/T 697—2003	产品	产品质量	锦橙
134	NY/T 698—2003	产品	产品质量	垫江白柚
135	NY/T 699—2003	产品	产品质量	梁平柚
136	NY/T 700—2003	产品	产品质量	板枣
137	NY/T 704—2003	产品	产品质量	无核白葡萄
138	NY/T 705—2003	产品	产品质量	无核葡萄干
139	NY/T 709—2003	产品	产品质量	荔枝干
140	NY/T 716—2003	生产管理	生产栽培	柑橘采摘技术规范
141	NY/T 750—2011	产品	产品质量	绿色食品　热带、亚热带水果
142	NY/T 761—2008	方法	果品检测	蔬菜和水果中有机磷、有机氯、拟除虫菊酯和氨基甲酸酯类农药多残留的测定
143	NY/T 795—2004	环境安全	投入品	红江橙苗木繁育规程

（续）

No	编号	大类	小类	名称
144	NY/T 839—2004	产品	产品质量	鲜李
145	NY/T 844—2010	产品	产品质量	绿色食品　温带水果
146	NY/T 854—2004	环境安全	产地环境	京白梨产地环境技术条件
147	NY/T 856—2004	环境安全	产地环境	苹果产地环境技术条件
148	NY/T 857—2004	环境安全	产地环境	葡萄产地环境技术条件
149	NY/T 865—2004	产品	产品质量	巴梨
150	NY/T 866—2004	产品	产品质量	水蜜桃
151	NY/T 867—2004	产品	产品质量	扁桃
152	NY/T 868—2004	产品	产品质量	沙田柚
153	NY/T 869—2004	产品	产品质量	砂糖橘
154	NY/T 871—2004	产品	产品质量	哈密大枣
155	NY/T 880—2004	生产管理	生产栽培	杧果栽培技术规程
156	NY/T 881—2004	生产管理	生产栽培	库尔勒香梨生产技术规程
157	NY/T 896—2015	方法	果品检测	绿色食品　产品抽样准则
158	NY/T 921—2004	基础	术语	热带水果形态和结构学术语
159	NY/T 946—2006	方法	果品检测	蒜薹、青椒、柑橘、葡萄中仲丁胺残留量测定
160	NY/T 950—2006	产品	产品质量	番荔枝
161	NY/T 955—2006	产品	产品质量	莱阳梨
162	NY/T 961—2006	产品	产品质量	宽皮柑橘
163	NY/T 970—2006	生产管理	生产栽培	板枣生产技术规程
164	NY/T 971—2006	生产管理	生产栽培	柑橘高接换种技术规程
165	NY/T 973—2006	环境安全	投入品	柑橘无病毒苗木繁育规程
166	NY/T 974—2006	环境安全	投入品	柑橘苗木脱毒技术规范
167	NY/T 975—2006	生产管理	生产栽培	柑橘栽培技术规程
168	NY/T 976—2006	生产管理	生产栽培	浙南-闽西-粤东宽皮柑橘生产技术规程
169	NY/T 977—2006	生产管理	生产栽培	赣南-湘南-桂北脐橙生产技术规程
170	NY/T 983—2015	物流	储运	苹果采收与储运技术规范
171	NY/T 992—2006	环境安全	投入品	风送式果园喷雾机作业质量
172	NY/T 1016—2006	方法	果品检测	水果蔬菜中乙烯利残留量的测定　气相色谱法
173	NY/T 1041—2010	产品	产品质量	绿色食品　干果
174	NY/T 1042—2014	产品	产品质量	绿色食品　坚果
175	NY/T 1051—2014	产品	产品质量	绿色食品　枸杞及枸杞制品
176	NY/T 1054—2013	方法	环境监测	绿色食品　产地环境调查、监测与评价规范
177	NY/T 1055—2015	方法	果品检测	绿色食品　产品检验规则
178	NY/T 1056—2006	物流	储运	绿色食品　储藏运输准则
179	NY/T 1072—2013	产品	产品质量	加工用苹果
180	NY/T 1075—2006	产品	产品质量	红富士苹果
181	NY/T 1076—2006	产品	产品质量	南果梨
182	NY/T 1077—2006	产品	产品质量	黄花梨
183	NY/T 1078—2006	产品	产品质量	鸭梨

（续）

No	编号	大类	小类	名称
184	NY/T 1082—2006	生产管理	生产栽培	黄土高原苹果生产技术规程
185	NY/T 1083—2006	生产管理	生产栽培	渤海湾地区苹果生产技术规程
186	NY/T 1084—2006	生产管理	生产栽培	红富士苹果生产技术规程
187	NY/T 1085—2006	环境安全	投入品	苹果苗木繁育技术规程
188	NY/T 1086—2006	生产管理	生产栽培	苹果采摘技术规范
189	NY/T 1105—2006	生产管理	投入品使用	肥料合理使用准则　氮肥
190	NY/T 1132—2006	环境安全	投入品	隧道窑式蔬果干燥机技术条件
191	NY/T 1189—2006	物流	储运	柑橘储藏
192	NY/T 1190—2006	产品	产品质量	柑橘等级规格
193	NY/T 1191—2006	产品	产品质量	砀山酥梨
194	NY/T 1192—2006	产品	产品质量	肥城桃
195	NY/T 1096—2006	方法	果品检测	食品中草甘膦残留量测定
196	NY/T 1198—2006	物流	储运	梨储运技术规范
197	NY/T 1199—2006	物流	储运	葡萄保鲜技术规范
198	NY/T 1254—2006	环境安全	投入品	钢筋混凝土果树支架
199	NY/T 1264—2007	产品	产品质量	琯溪蜜柚
200	NY/T 1265—2007	产品	产品质量	香柚
201	NY/T 1270—2007	产品	产品质量	五布柚
202	NY/T 1271—2007	产品	产品质量	丰都红心柚
203	NY/T 1274—2007	环境安全	投入品	板枣苗木
204	NY/T 1275—2007	方法	果品检测	蔬菜、水果中吡虫啉残留量的测定
205	NY/T 1279—2007	方法	果品检测	蔬菜、水果中硝酸盐的测定　紫外分光光度法
206	NY/T 1282—2007	生产管理	生产栽培	柑橘全爪螨防治技术规范
207	NY/T 1304—2007	种质	种质资源鉴定	农作物种质资源鉴定技术规程　枇杷
208	NY/T 1305—2007	种质	种质资源鉴定	农作物种质资源鉴定技术规程　龙眼
209	NY/T 1306—2007	种质	种质资源鉴定	农作物种质资源鉴定技术规程　杏
210	NY/T 1307—2007	种质	种质资源鉴定	农作物种质资源鉴定技术规程　梨
211	NY/T 1308—2007	种质	种质资源鉴定	农作物种质资源鉴定技术规程　李
212	NY/T 1309—2007	种质	种质资源鉴定	农作物种质资源鉴定技术规程　柿
213	NY/T 1317—2007	种质	种质资源鉴定	农作物种质资源鉴定技术规程　桃
214	NY/T 1318—2007	种质	种质资源鉴定	农作物种质资源鉴定技术规程　苹果
215	NY/T 1319—2007	种质	种质资源鉴定	农作物种质资源鉴定技术规程　香蕉
216	NY/T 1322—2007	种质	种质资源鉴定	农作物种质资源鉴定技术规程　葡萄
217	NY/T 1380—2007	方法	果品检测	蔬菜、水果中 51 种农药多残留的测定　气相色谱-质谱法
218	NY/T 1388—2007	方法	果品检测	梨果肉中石细胞含量的测定　重量法
219	NY/T 1390—2007	方法	果品检测	辐照新鲜水果、蔬菜热释光鉴定方法
220	NY/T 1392—2015	物流	储运	猕猴桃采收与储运技术规范
221	NY/T 1394—2007	物流	储运	浆果储运技术条件
222	NY/T 1395—2007	物流	包装、储运	香蕉包装、储存与运输技术规程
223	NY/T 1396—2007	产品	产品质量	山竹子

（续）

No	编号	大类	小类	名称
224	NY/T 1398—2007	环境安全	投入品	槟榔 种苗
225	NY/T 1399—2007	环境安全	投入品	番荔枝 嫁接苗
226	NY/T 1400—2007	环境安全	投入品	黄皮 嫁接苗
227	NY/T 1401—2007	物流	储运	荔枝冰温储藏
228	NY/T 1435—2007	方法	果品检测	水果、蔬菜及其制品中二氧化硫总量的测定
229	NY 1440—2007	产品	安全限量	热带水果中二氧化硫残留限量
230	NY/T 1436—2007	产品	产品质量	莲雾
231	NY/T 1437—2007	产品	产品质量	榴莲
232	NY/T 1438—2007	环境安全	投入品	番木瓜 种苗
233	NY/T 1441—2007	产品	产品质量	椰子产品 椰青
234	NY/T 1442—2007	生产管理	生产栽培	菠萝栽培技术规程
235	NY/T 1453—2007	方法	果品检测	蔬菜及水果中多菌灵等16种农药残留测定 液相色谱-质谱-质谱联用法
236	NY/T 1455—2007	方法	果品检测	水果中腈菌唑残留量的测定 气相色谱法
237	NY/T 1456—2007	方法	果品检测	水果中咪鲜胺残留量的测定 气相色谱法
238	NY/T 1472—2007	环境安全	投入品	龙眼 种苗
239	NY/T 1473—2007	环境安全	投入品	木菠萝 种苗
240	NY/T 1475—2007	生产管理	生产栽培	香蕉病虫害防治技术规范
241	NY/T 1476—2007	生产管理	生产栽培	杧果病虫害防治技术规范
242	NY/T 1477—2007	生产管理	生产栽培	菠萝病虫害防治技术规范
243	NY/T 1479—2007	生产管理	生产栽培	龙眼病虫害防治技术规范
244	NY/T 1480—2007	生产管理	生产栽培	热带水果桔小实蝇防治技术规范
245	NY/T 1483—2007	方法	病虫检疫	苹果蠹蛾检疫检测与鉴定技术规范
246	NY/T 1484—2007	方法	病虫检疫	柑橘大实蝇检疫检验与鉴定技术规范
247	NY/T 1485—2007	方法	病虫检疫	香蕉穿孔线虫检疫检测与鉴定技术规范
248	NY/T 1486—2007	种质	种质资源鉴定	农作物种质资源鉴定技术规程 柑橘
249	NY/T 1487—2007	种质	种质资源鉴定	农作物种质资源鉴定技术规程 草莓
250	NY/T 1505—2007	生产管理	投入品使用	水果套袋技术规程 苹果
251	NY/T 1521—2007	产品	产品质量	澳洲坚果 带壳果
252	NY/T 1530—2007	物流	储运	龙眼、荔枝产后储运保鲜技术规程
253	NY/T 1535—2007	生产管理	投入品使用	肥料合理使用准则 微生物肥料
254	NY/T 1555—2007	环境安全	投入品	苹果育果纸袋
255	NY/T 1594—2008	方法	果品检测	水果中总膳食纤维的测定 非酶-重量法
256	NY/T 1600—2008	方法	果品检测	水果、蔬菜及其制品中单宁含量的测定 分光光度法
257	NY/T 1601—2008	方法	果品检测	水果中辛硫磷残留量的测定 气相色谱法
258	NY/T 1610—2008	生产管理	生产栽培	桃小食心虫测报技术规范
259	NY/T 1648—2008	产品	产品质量	荔枝等级规格
260	NY/T 1649—2008	方法	果品检测	水果、蔬菜中噻苯咪唑残留量的测定 高效液相色谱法
261	NY/T 1652—2008	方法	果品检测	蔬菜、水果中克螨特残留量的测定 气相色谱法
262	NY/T 1653—2008	方法	果品检测	蔬菜、水果及制品中矿质元素的测定 电感耦合等离子体发射光谱法

（续）

No	编号	大类	小类	名称
263	NY/T 1679—2009	方法	果品检测	植物性食品中氨基甲酸酯类农药残留的测定　液相色谱-串联质谱法
264	NY/T 1680—2009	方法	果品检测	蔬菜水果中多菌灵等 4 种苯并咪唑类农药残留量的测定　高效液相色谱法
265	NY/T 1687—2009	种质	种质资源鉴定	澳洲坚果种质资源鉴定技术规范
266	NY/T 1688—2009	种质	种质资源鉴定	腰果种质资源鉴定技术规范
267	NY/T 1689—2009	种质	种质资源描述	香蕉种质资源描述规范
268	NY/T 1690—2009	种质	种质资源保存	香蕉种质资源离体保存技术规程
269	NY/T 1691—2009	种质	种质资源描述	荔枝、龙眼种质资源描述规范
270	NY/T 1691—2009	种质	种质资源描述	荔枝、龙眼种质资源描述规范
271	NY/T 1694—2009	方法	病虫检疫	杧果象甲检疫技术规范
272	NY/T 1695—2009	方法	病虫检疫	椰心叶甲检疫技术规范
273	NY/T 1697—2009	生产管理	生产栽培	番木瓜病虫害防治技术规范
274	NY/T 1705—2009	方法	病虫检疫	外来昆虫风险分析技术规程　椰心叶甲
275	NY/T 1720—2009	方法	果品检测	水果、蔬菜中杀铃脲等七种苯甲酰脲类农药残留量的测定　高效液相色谱法
276	NY/T 1748—2013	生产管理	生产栽培	热带作物主要病虫害防治技术规程　荔枝
277	NY/T 1762—2009	质量追溯		农产品质量安全追溯操作规程　水果
278	NY/T 1778—2009	物流	包装、标识	新鲜水果包装标识　通则
279	NY/T 1789—2009	产品	产品质量	草莓等级规格
280	NY/T 1792—2009	产品	产品质量	桃等级规格
281	NY/T 1793—2009	产品	产品质量	苹果等级规格
282	NY/T 1794—2009	产品	产品质量	猕猴桃等级规格
283	NY/T 1806—2009	生产管理	生产栽培	红江橙主要病虫害防治技术规程
284	NY/T 1807—2009	方法	病虫检疫	香蕉镰刀菌枯萎病诊断及疫情处理规范
285	NY/T 1808—2009	种质	种质资源描述	杧果种质资源描述规范
286	NY/T 1809—2009	种质	种质资源描述	番荔枝　种质资源描述规范
287	NY/T 1810—2009	种质	种质资源描述	椰子种质资源描述规范
288	NY/T 1839—2010	基础	术语	果树术语
289	NY/T 1841—2010	方法	果品检测	苹果中可溶性固形物、可滴定酸无损快速测定　近红外光谱法
290	NY/T 1843—2010	环境安全	投入品	葡萄无病毒母本树和苗木
291	NY/T 1868—2010	生产管理	投入品使用	肥料合理使用准则　有机肥料
292	NY/T 1869—2010	生产管理	投入品使用	肥料合理使用准则　钾肥
293	NY/T 1939—2010	物流	包装、标识	热带水果包装、标识通则
294	NY/T 1940—2010	基础	分类编码	热带水果分类和编码
295	NY/T 1986—2011	产品	产品质量	冷藏葡萄
296	NY/T 1995—2011	生产管理	良好规范	仁果类水果良好农业规范
297	NY/T 1998—2011	生产管理	投入品使用	水果套袋技术规程　鲜食葡萄
298	NY/T 2000—2011	物流	储运	水果气调库储藏通则
299	NY/T 2001—2011	物流	储运	菠萝储藏技术规范

（续）

No	编号	大类	小类	名称
300	NY/T 2009—2011	方法	果品检测	水果硬度的测定
301	NY/T 2010—2011	方法	果品检测	柑橘类水果及制品中总黄酮含量的测定
302	NY/T 2011—2011	方法	果品检测	柑橘类水果及制品中柠碱含量的测定
303	NY/T 2012—2011	方法	果品检测	水果及制品中游离酚酸含量的测定
304	NY/T 2013—2011	方法	果品检测	柑橘类水果及制品中香精油含量的测定
305	NY/T 2014—2011	方法	果品检测	柑橘类水果及制品中橙皮苷、柚皮苷含量的测定
306	NY/T 2016—2011	方法	果品检测	水果及其制品中果胶含量的测定　分光光度法
307	NY/T 2020—2011	种质	种质资源评价	农作物优异种质资源评价规范　草莓
308	NY/T 2021—2011	种质	种质资源评价	农作物优异种质资源评价规范　枇杷
309	NY/T 2022—2011	种质	种质资源评价	农作物优异种质资源评价规范　龙眼
310	NY/T 2023—2011	种质	种质资源评价	农作物优异种质资源评价规范　葡萄
311	NY/T 2024—2011	种质	种质资源评价	农作物优异种质资源评价规范　柿
312	NY/T 2025—2011	种质	种质资源评价	农作物优异种质资源评价规范　香蕉
313	NY/T 2026—2011	种质	种质资源评价	农作物优异种质资源评价规范　桃
314	NY/T 2027—2011	种质	种质资源评价	农作物优异种质资源评价规范　李
315	NY/T 2028—2011	种质	种质资源评价	农作物优异种质资源评价规范　杏
316	NY/T 2029—2011	种质	种质资源评价	农作物优异种质资源评价规范　苹果
317	NY/T 2030—2011	种质	种质资源评价	农作物优异种质资源评价规范　柑橘
318	NY/T 2032—2011	种质	种质资源评价	农作物优异种质资源评价规范　梨
319	NY/T 2039—2011	生产管理	生产栽培	梨小食心虫测报技术规范
320	NY/T 2044—2011	生产管理	生产栽培	柑橘主要病虫害防治技术规范
321	NY/T 2045—2011	生产管理	生产栽培	番石榴病虫害防治技术规范
322	NY/T 2047—2011	生产管理	生产栽培	腰果病虫害防治技术规范
323	NY/T 2049—2011	生产管理	生产栽培	香蕉、番石榴、胡椒、菠萝线虫防治技术规范
324	NY/T 2051—2011	方法	病虫检疫	橘小实蝇检疫检测与鉴定方法
325	NY/T 2053—2011	方法	病虫检疫	蜜柑大实蝇检疫检测与鉴定方法
326	NY/T 2054—2011	种质	品种鉴定	番荔枝抗病性鉴定技术规程
327	NY/T 2056—2011	方法	病虫监测	地中海实蝇监测规范
328	NY/T 2057—2011	方法	病虫监测	美国白蛾监测规范
329	NY/T 2120—2012	环境安全	投入品	香蕉无病毒种苗生产技术规范
330	NY/T 2136—2012	生产管理	生产栽培	标准果园建设规范　苹果
331	NY/T 2157—2012	生产管理	生产栽培	梨主要病虫害防治技术规程
332	NY/T 2160—2012	方法	病虫监测	香蕉象甲监测技术规程
333	NY/T 2161—2012	生产管理	生产栽培	椰子主要病虫害防治技术规程
334	NY/T 2231—2012	种质	DUS测试	植物新品种特异性、一致性和稳定性测试指南　梨
335	NY/T 2248—2012	种质	品种鉴定	热带作物品种资源抗病虫性鉴定技术规程　香蕉叶斑病、香蕉枯萎病和香蕉根结线虫病
336	NY/T 2249—2012	方法	病虫检测	菠萝凋萎病病原分子检测技术规范
337	NY/T 2251—2012	方法	病虫检测	香蕉花叶心腐病和束顶病病原分子检测技术规范
338	NY/T 2252—2012	方法	病虫检测	槟榔黄化病病原物分子检测技术规范

（续）

No	编号	大类	小类	名称
339	NY/T 2253—2012	环境安全	投入品	菠萝组培苗生产技术规程
340	NY/T 2255—2012	方法	病虫检测	香蕉穿孔线虫香蕉小种和柑橘小种检测技术规程
341	NY/T 2256—2012	环境安全	非疫区建设	热带水果非疫区及非疫生产点建设规范
342	NY/T 2257—2012	方法	病虫检测	杧果细菌性黑斑病原菌分子检测技术规范
343	NY/T 2258—2012	方法	病虫检测	香蕉黑条叶斑病原菌分子检测技术规范
344	NY/T 2260—2012	产品	产品质量	龙眼等级规格
345	NY/T 2276—2012	产品	产品质量	制汁甜橙
346	NY/T 2277—2012	方法	果品检测	水果蔬菜中有机酸和阴离子的测定 离子色谱法
347	NY/T 2281—2012	环境安全	投入品	苹果病毒检测技术规范
348	NY/T 2282—2012	环境安全	投入品	梨无病毒母本树和苗木
349	NY/T 2292—2012	方法	病虫监测	亚洲梨火疫病监测技术规范
350	NY/T 2302—2013	产品	产品质量	农产品等级规格 樱桃
351	NY/T 2304—2013	产品	产品质量	农产品等级规格 枇杷
352	NY/T 2305—2013	生产管理	生产栽培	苹果高接换种技术规范
353	NY/T 2314—2013	生产管理	投入品使用	水果套袋技术规程 柠檬
354	NY/T 2315—2013	物流	储运	杨梅低温物流技术规范
355	NY/T 2316—2013	产品	产品质量	苹果品质指标评价规范
356	NY/T 2319—2013	方法	病虫检疫	热带水果电子束辐照加工技术规范
357	NY/T 2324—2013	种质	种质资源鉴定	农作物种质资源鉴定评价技术规范 猕猴桃
358	NY/T 2325—2013	种质	种质资源鉴定	农作物种质资源鉴定评价技术规范 山楂
359	NY/T 2326—2013	种质	种质资源鉴定	农作物种质资源鉴定评价技术规范 枣
360	NY/T 2328—2013	种质	种质资源鉴定	农作物种质资源鉴定评价技术规范 板栗
361	NY/T 2329—2013	种质	种质资源鉴定	农作物种质资源鉴定评价技术规范 荔枝
362	NY/T 2330—2013	种质	种质资源鉴定	农作物种质资源鉴定评价技术规范 核桃
363	NY/T 2336—2013	方法	果品检测	柑橘及制品中多甲氧基黄酮含量的测定 高效液相色谱法
364	NY/T 2341—2013	种质	DUS 测试	植物新品种特异性、一致性和稳定性测试指南 桃
365	NY/T 2342—2013	种质	DUS 测试	植物新品种特异性、一致性和稳定性测试指南 甜瓜
366	NY/T 2346—2013	种质	DUS 测试	植物新品种特异性、一致性和稳定性测试指南 草莓
367	NY/T 2351—2013	种质	DUS 测试	植物新品种特异性、一致性和稳定性测试指南 猕猴桃属
368	NY/T 2377—2013	环境安全	投入品	葡萄病毒检测技术规范
369	NY/T 2378—2013	环境安全	投入品	葡萄苗木脱毒技术规范
370	NY/T 2379—2013	环境安全	投入品	葡萄苗木繁育技术规程
371	NY/T 2380—2013	物流	储运	李储运技术规范
372	NY/T 2381—2013	物流	储运	杏储运技术规范
373	NY/T 2384—2013	生产管理	生产栽培	苹果主要病虫害防治技术规程
374	NY/T 2387—2013	种质	种质资源评价	农作物优异种质资源评价规范 西瓜
375	NY/T 2388—2013	种质	种质资源评价	农作物优异种质资源评价规范 甜瓜
376	NY/T 2389—2013	物流	储运	柑橘采后病害防治技术规范
377	NY/T 2411—2013	生产管理	生产栽培	有机苹果生产质量控制技术规范
378	NY/T 2414—2013	方法	病虫监测	苹果蠹蛾监测技术规范

（续）

No	编号	大类	小类	名称
379	NY/T 2424—2013	种质	DUS 测试	植物新品种特异性、一致性和稳定性测试指南　苹果
380	NY/T 2431—2013	种质	DUS 测试	植物新品种特异性、一致性和稳定性测试指南　龙眼
381	NY/T 2435—2013	种质	DUS 测试	植物新品种特异性、一致性和稳定性测试指南　柑橘
382	NY/T 2440—2013	种质	DUS 测试	植物新品种特异性、一致性和稳定性测试指南　杧果
383	NY/T 2447—2013	生产管理	生产栽培	椰心叶甲啮小蜂和截脉姬小蜂繁殖与释放技术规程
384	NY/T 2472—2013	种质	品种鉴定	西瓜品种鉴定技术规程　SSR 分子标记法
385	NY/T 2478—2013	种质	品种鉴定	苹果品种鉴定技术规程　SSR 分子标记法
386	NY/T 2514—2013	种质	DUS 测试	植物新品种特异性、一致性和稳定性测试指南　黑穗醋栗
387	NY/T 2515—2013	种质	DUS 测试	植物新品种特异性、一致性和稳定性测试指南　木菠萝
388	NY/T 2516—2013	种质	DUS 测试	植物新品种特异性、一致性和稳定性测试指南　椰子
389	NY/T 2517—2013	种质	DUS 测试	植物新品种特异性、一致性和稳定性测试指南　西番莲
390	NY/T 2518—2013	种质	DUS 测试	植物新品种特异性、一致性和稳定性测试指南　木瓜属
391	NY/T 2519—2013	种质	DUS 测试	植物新品种特异性、一致性和稳定性测试指南　番木瓜
392	NY/T 2520—2013	种质	DUS 测试	植物新品种特异性、一致性和稳定性测试指南　树莓
393	NY/T 2521—2013	种质	DUS 测试	植物新品种特异性、一致性和稳定性测试指南　蓝莓
394	NY/T 2522—2013	种质	DUS 测试	植物新品种特异性、一致性和稳定性测试指南　柿
395	NY/T 2528—2013	种质	DUS 测试	植物新品种特异性、一致性和稳定性测试指南　枸杞
396	NY/T 2553—2014	环境安全	投入品	椰子　种苗繁育技术规程
397	NY/T 2556—2014	种质	DUS 测试	植物新品种特异性、一致性和稳定性测试指南　果子蔓属
398	NY/T 2563—2014	种质	DUS 测试	植物新品种特异性、一致性和稳定性测试指南　葡萄
399	NY/T 2564—2014	种质	DUS 测试	植物新品种特异性、一致性和稳定性测试指南　荔枝
400	NY/T 2587—2014	种质	DUS 测试	植物新品种特异性、一致性和稳定性测试指南　无花果
401	NY/T 2616—2014	环境安全	投入品	水果清洗打蜡机　质量评价技术规范
402	NY/T 2617—2014	环境安全	投入品	水果分级机　质量评价技术规范
403	NY/T 2627—2014	生产管理	生产栽培	标准果园建设规范　柑橘
404	NY/T 2628—2014	生产管理	生产栽培	标准果园建设规范　梨
405	NY/T 2636—2014	基础	分类编码	温带水果分类和编码
406	NY/T 2637—2014	方法	果品检测	水果和蔬菜可溶性固形物含量的测定　折射仪法
407	NY/T 2640—2014	方法	果品检测	植物源性食品中花青素的测定　高效液相色谱法
408	NY/T 2641—2014	方法	果品检测	植物源性食品中白藜芦醇和白藜芦醇苷的测定　高效液相色谱法
409	NY/T 2655—2014	产品	产品质量	加工用宽皮柑橘
410	NY/T 2667.2—2014	种质	品种审定	热带作物品种审定规范　第 2 部分：香蕉
411	NY/T 2667.3—2014	种质	品种审定	热带作物品种审定规范　第 3 部分：荔枝
412	NY/T 2667.4—2014	种质	品种审定	热带作物品种审定规范　第 4 部分：龙眼
413	NY/T 2668.2—2014	种质	品种试验	热带作物品种试验技术规程　第 2 部分：香蕉
414	NY/T 2668.3—2014	种质	品种试验	热带作物品种试验技术规程　第 3 部分：荔枝
415	NY/T 2668.4—2014	种质	品种试验	热带作物品种试验技术规程　第 4 部分：龙眼
416	NY/T 2681—2015	环境安全	投入品	梨苗木繁育技术规程
417	NY/T 2682—2015	生产管理	生产栽培	酿酒葡萄生产技术规程

（续）

No	编号	大类	小类	名称
418	NY/T 2684—2015	生产管理	生产栽培	苹果树腐烂病防治技术规程
419	NY/T 2685—2015	生产管理	生产栽培	梨小食心虫综合防治技术规程
420	NY/T 2717—2015	生产管理	良好规范	樱桃良好农业规范
421	NY/T 2718—2015	生产管理	良好规范	柑橘良好农业规范
422	NY/T 2719—2015	环境安全	投入品	苹果苗木脱毒技术规范
423	NY/T 2721—2015	物流	储运	柑橘商品化处理技术规程
424	NY/T 2729—2015	环境安全	投入品	李属坏死环斑病毒检测规程
425	NY/T 2733—2015	生产管理	生产栽培	梨小食心虫监测性诱芯应用技术规范
426	NY/T 2734—2015	生产管理	生产栽培	桃小食心虫监测性诱芯应用技术规范
427	NY/T 2741—2015	方法	果品检测	仁果类水果中类黄酮的测定　液相色谱法
428	NY/T 2742—2015	方法	果品检测	水果及制品可溶性糖的测定　3,5-二硝基水杨酸比色法
429	NY/T 2750—2015	种质	DUS 测试	植物新品种特异性、一致性和稳定性测试指南　凤梨属
430	NY/T 2760—2015	种质	DUS 测试	植物新品种特异性、一致性和稳定性测试指南　香蕉
431	NY/T 2761—2015	种质	DUS 测试	植物新品种特异性、一致性和稳定性测试指南　杨梅
432	NY/T 2787—2015	物流	储运	草莓采收与储运技术规范
433	NY/T 2788—2015	物流	储运	蓝莓保鲜储运技术规范
434	NY/T 2795—2015	方法	果品检测	苹果中主要酚类物质的测定　高效液相色谱法
435	NY/T 2796—2015	方法	果品检测	水果中有机酸的测定　离子色谱法
436	NY/T 2798.4—2015	生产管理	生产栽培	无公害农产品　生产质量安全控制技术规范　第 4 部分：水果
437	NY/T 2809—2015	生产管理	生产栽培	澳洲坚果栽培技术规程
438	NY/T 2819—2015	方法	果品检测	植物性食品中腈苯唑残留量的测定　气相色谱-质谱法
439	NY/T 2820—2015	方法	果品检测	植物性食品中抑食肼、虫酰肼、甲氧虫酰肼、呋喃虫酰肼和环虫酰肼 5 种双酰肼类农药残留量的同时测定　液相色谱-质谱联用法
440	NY/T 2860—2015	产品	产品质量	冬枣等级规格
441	NY/T 2861—2015	生产管理	良好规范	杨梅良好农业规范
442	NY/T 2864—2015	种质	品种鉴定	葡萄溃疡病抗性鉴定技术规范
443	NY/T 2904—2016	环境安全	投入品	葡萄埋藤机质量评价技术规范
444	NY/T 5010—2016	环境安全	产地环境	无公害农产品　种植业产地环境条件
445	NY/T 5012—2002	生产管理	生产栽培	无公害食品　苹果生产技术规程
446	NY/T 5015—2002	生产管理	生产栽培	无公害食品　柑橘生产技术规程
447	NY/T 5022—2001	生产管理	生产栽培	无公害食品　香蕉生产技术规程
448	NY/T 5025—2001	生产管理	生产栽培	无公害食品　杧果生产技术规程
449	NY/T 5088—2002	生产管理	生产栽培	无公害食品　鲜食葡萄生产技术规程
450	NY/T 5102—2002	生产管理	生产栽培	无公害食品　梨生产技术规程
451	NY/T 5105—2002	生产管理	生产栽培	无公害食品　草莓生产技术规程
452	NY/T 5108—2002	生产管理	生产栽培	无公害食品　猕猴桃生产技术规程
453	NY/T 5111—2002	生产管理	生产栽培	无公害食品　西瓜生产技术规程
454	NY/T 5114—2002	生产管理	生产栽培	无公害食品　桃生产技术规程
455	NY/T 5174—2002	生产管理	生产栽培	无公害食品　荔枝生产技术规程
456	NY/T 5176—2002	生产管理	生产栽培	无公害食品　龙眼生产技术规程

（续）

No	编号	大类	小类	名称
457	NY/T 5178—2002	生产管理	生产栽培	无公害食品 菠萝生产技术规程
458	NY/T 5180—2002	生产管理	生产栽培	无公害食品 哈密瓜生产技术规程
459	NY/T 5183—2006	生产管理	生产栽培	无公害食品 阳桃生产技术规程
460	NY/T 5249—2004	生产管理	生产栽培	无公害食品 枸杞生产技术规程
461	NY/T 5256—2004	生产管理	生产栽培	无公害食品 火龙果生产技术规程
462	NY/T 5258—2004	生产管理	生产栽培	无公害食品 红毛丹生产技术规程
463	NY/T 5344.4—2006	方法	果品检测	无公害食品 产品抽样规范 第4部分：水果
464	QB/T 1737—2011	环境安全	投入品	胡桃钳
465	QX/T 80—2007	环境安全	产地环境	香蕉荔枝寒害等级
466	QX/T 168—2012	环境安全	产地环境	龙眼寒害等级
467	QX/T 197—2013	环境安全	产地环境	柑橘冻害等级
468	QX/T 198—2013	环境安全	产地环境	杨梅冻害等级
469	QX/T 199—2013	环境安全	产地环境	香蕉寒害评估技术规范
470	QX/T 224—2013	环境安全	产地环境	龙眼暖害等级
471	SB/T 10060—1992	物流	储运	梨冷藏技术
472	SB/T 10091—1992	物流	储运	桃冷藏技术
473	SB/T 10092—1992	产品	产品质量	山楂
474	SB/T 10447—2007	物流	储运	水果和蔬菜 气调储藏原则与技术
475	SB/T 10448—2007	物流	储运	热带水果和蔬菜包装与运输操作规程
476	SB/T 10613—2011	产品	产品质量	熟制开心果（仁）
477	SB/T 10670—2012	基础	术语	坚果与籽类食品 术语
478	SB/T 10671—2012	基础	分类编码	坚果炒货食品 分类
479	SB/T 10728—2012	物流	储运	易腐食品冷藏链技术要求 果蔬类
480	SB/T 10729—2012	物流	储运	易腐食品冷藏链操作规范 果蔬类
481	SB/T 10790—2012	环境安全	投入品	果蔬真空预冷机
482	SB/T 10884—2012	产品	产品质量	火龙果流通规范
483	SB/T 10885—2012	产品	产品质量	香蕉流通规范
484	SB/T 10886—2012	产品	产品质量	莲雾流通规范
485	SB/T 10890—2012	产品	产品质量	预包装水果流通规范
486	SB/T 10891—2012	产品	产品质量	预包装鲜梨流通规范
487	SB/T 10892—2012	产品	产品质量	预包装鲜苹果流通规范
488	SB/T 10894—2012	产品	产品质量	预包装鲜食葡萄流通规范
489	SB/T 10938—2012	环境安全	投入品	果蔬清洗机
490	SB/T 11024—2013	基础	分类编码	新鲜水果分类与代码
491	SB/T 11026—2013	产品	产品质量	浆果类果品流通规范
492	SB/T 11027—2013	产品	产品质量	干果类果品流通规范
493	SB/T 11028—2013	产品	产品质量	柑橘类果品流通规范
494	SB/T 11100—2014	产品	产品质量	仁果类果品流通规范
495	SB/T 11101—2014	产品	产品质量	荔果类果品流通规范
496	SL 494—2010	生产管理	生产栽培	沙棘果采摘技术规范

No	编号	大类	小类	名称
497	SN/T 0125—2010	方法	果品检测	进出口食品中敌百虫残留量检测方法　液相色谱-质谱/质谱法
498	SN/T 0134—2010	方法	果品检测	进出口食品中杀线威等12种氨基甲酸酯类农药残留量的检测方法　液相色谱-质谱/质谱法
499	SN/T 0145—2010	方法	果品检测	进出口植物产品中六六六、滴滴涕残留量测定方法　磺化法
500	SN/T 0148—2011	方法	果品检测	进出口水果蔬菜中有机磷农药残留量检测方法　气相色谱和气相色谱-质谱法
501	SN/T 0150—1992	方法	果品检测	出口水果中三唑锡残留量检验方法
502	SN/T 0151—1992	方法	果品检测	出口水果中乙硫磷残留量检验方法
503	SN/T 0152—2014	方法	果品检测	出口水果中2,4-滴残留量检验方法
504	SN/T 0157—1992	方法	果品检测	出口水果中二硫代氨基甲酸酯残留量检验方法
505	SN/T 0158—1992	方法	果品检测	出口水果中螨完锡残留量检验方法
506	SN/T 0159—2012	方法	果品检测	出口水果中六六六、滴滴涕、艾氏剂、狄氏剂、七氯残留量测定　气相色谱法
507	SN/T 0160—1992	方法	果品检测	出口水果中硫丹残留量检验方法
508	SN/T 0162—2011	方法	果品检测	出口水果中甲基硫菌灵、硫菌灵、多菌灵、苯菌灵、噻菌灵残留量的检测方法　高效液相色谱法
509	SN/T 0163—2011	方法	果品检测	出口水果及水果罐头中二溴乙烷残留量检验方法
510	SN/T 0190—2012	方法	果品检测	出口水果和蔬菜中乙撑硫脲残留量测定方法　气相色谱质谱法
511	SN/T 0192—1993	方法	果品检测	出口水果中溴螨酯残留量检验方法
512	SN/T 0217—2014	方法	果品检测	出口植物源性食品中多种菊酯残留量的检测方法　气相色谱-质谱法
513	SN/T 0220—2016	方法	果品检测	出口水果中多菌灵残留量的检测方法
514	SN/T 0228—1993	方法	果品检验	出口鲜梨检验方法
515	SN/T 0278—2009	方法	果品检测	进出口食品中甲胺磷残留量检测方法
516	SN/T 0280—2012	方法	果品检测	出口水果中氯硝胺残留量的检测方法
517	SN/T 0287—1993	方法	果品检测	出口水果中乙氧喹残留量检验方法　液相色谱法
518	SN/T 0293—2014	方法	果品检测	出口植物源性食品中百草枯和敌草快残留量的测定　液相色谱-质谱/质谱法
519	SN/T 0337—1995	方法	果品检测	出口水果和蔬菜中克百威残留量检验方法
520	SN/T 0338—1995	方法	果品检测	出口水果中敌菌丹残留量检验方法
521	SN/T 0350—2012	方法	果品检测	出口水果中赤霉素残留量的测定　液相色谱-质谱/质谱法
522	SN/T 0351—2009	方法	果品检测	进出口食品中丙线磷残留量检测方法
523	SN/T 0445—1995	方法	果品检验	出口生白果检验规程
524	SN/T 0448—2011	方法	果品检测	进出口食品中砷、汞、铅、镉的检测方法　电感耦合等离子体质谱（ICP-MS）法
525	SN/T 0519—2010	方法	果品检测	进出口食品中丙环唑残留量的检测方法
526	SN/T 0523—1996	方法	果品检测	出口水果中乐杀螨残留量检验方法
527	SN/T 0525—2012	方法	果品检测	出口水果、蔬菜中福美双残留量检测方法
528	SN/T 0528—2012	方法	果品检测	出口食品中除虫脲残留量检测方法　高效液相色谱-质谱/质谱法

（续）

No	编号	大类	小类	名称
529	SN/T 0533—1996	方法	果品检测	出口水果中乙氧三甲喹啉残留量检验方法
530	SN/T 0603—2013	方法	果品检测	出口植物源食品中四溴菊酯残留量检验方法　液相色谱-质谱/质谱法
531	SN/T 0654—1997	方法	果品检测	出口水果中克菌丹残留量检验方法
532	SN/T 0655—2012	方法	果品检测	出口食品中敌麦丙残留量的检测方法
533	SN/T 0702—2011	方法	果品检测	进出口粮谷和坚果中乙酯杀螨醇残留量的检测方法　气相色谱-质谱法
534	SN/T 0707—2014	方法	果品检测	出口食品中二硝甲酚残留量的测定　液相色谱-质谱/质谱法
535	SN/T 0788—1999	方法	果品检验	出口松籽仁检验规程
536	SN/T 0796—2010	方法	果品检验	出口荔枝检验检疫规程
537	SN/T 0875—2000	方法	果品检验	进出口板栗检验规程
538	SN/T 0878—2000	方法	果品检验	进出口枸杞子检验规程
539	SN/T 0880—2000	方法	果品检验	进出口核桃检验规程
540	SN/T 0881—2000	方法	果品检验	进出口核桃仁检验规程
541	SN/T 0882—2000	方法	果品检验	进出口杏仁、山桃仁检验规程
542	SN/T 0883—2000	方法	果品检验	进出口鲜苹果检验规程
543	SN/T 0885—2000	方法	果品检验	进出口鲜香蕉检验规程
544	SN/T 0961—2000	方法	果品检验	进出口葡萄干检验方法
545	SN/T 1046—2002	方法	果品检验	出口冷冻草莓检验规程
546	SN/T 1114—2014	方法	果品检测	出口水果中烯唑醇残留量的检测方法　液相色谱-质谱/质谱法
547	SN/T 1115—2002	方法	果品检测	进出口水果中恶草酮残留量的检验方法
548	SN/T 1117—2008	方法	果品检测	进出口食品中多种菊酯类农药残留量测定方法　气相色谱法
549	SN/T 1120—2002	方法	病虫检疫	苹果蠹蛾检疫鉴定方法
550	SN/T 1130.1—2002	方法	病虫检疫	出口番石榴叶检验检疫规则
551	SN/T 1147—2002	方法	病虫检疫	植物检疫椰心叶甲检疫鉴定方法
552	SN/T 1149—2002	方法	病虫检疫	植物检疫椰子缢胸叶甲检疫鉴定方法
553	SN/T 1159—2010	方法	病虫检疫	椰子红环腐线虫检疫鉴定方法
554	SN/T 1366—2004	方法	病虫检疫	葡萄根瘤蚜的检疫鉴定方法
555	SN/T 1383—2004	方法	病虫检疫	苹果实蝇检疫鉴定方法
556	SN/T 1390—2004	方法	病虫检疫	香蕉细菌性枯萎病菌检疫鉴定方法
557	SN/T 1401—2011	方法	病虫检疫	杧果象检疫鉴定方法
558	SN/T 1424—2011	方法	果品检疫	对日本出口哈密瓜检疫规程
559	SN/T 1425—2004	生产管理	生产栽培	二硫化碳熏蒸香梨中苹果蠹蛾的操作规程
560	SN/T 1465—2004	方法	病虫检疫	西瓜细菌性果斑病菌检疫鉴定方法
561	SN/T 1477—2012	方法	果品检测	出口食品中多效唑残留量检测方法
562	SN/T 1577—2005	方法	果品检疫	进出境核桃仁检疫操作规程
563	SN/T 1579—2005	方法	病虫检测	椰子致死黄化植原体检测方法
564	SN/T 1580—2005	方法	病虫检测	椰子死亡类病毒检测方法
565	SN/T 1585—2005	方法	苗木检疫	进出境苹果属种苗检疫规程
566	SN/T 1618—2005	方法	病虫检测	李属坏死环斑病毒检测方法

（续）

No	编号	大类	小类	名称
567	SN/T 1624—2009	方法	果品检测	进出口食品中嘧霉胺、嘧菌胺、腈菌唑、嘧菌酯残留量的检测方法气相色谱-质谱法
568	SN/T 1734—2006	方法	果品检测	进出口水果中 4,6-二硝基邻甲酚残留量的检验方法　气相色谱串联质谱法
569	SN/T 1737.3—2010	方法	果品检测	除草剂残留量检验方法　第 3 部分：液相色谱-质谱/质谱法测定进出口食品中环己烯酮类除草剂残留量
570	SN/T 1737.4—2010	方法	果品检测	除草剂残留量检测方法　第 4 部分：气相色谱-质谱/质谱法测定进出口食品中芳氧苯氧丙酸酯类
571	SN/T 1737.5—2010	方法	果品检测	除草剂残留量检测方法　第 5 部分：液相色谱-质谱/质谱法测定进出口食品中硫代氨基甲酸酯类除草剂残留量
572	SN/T 1737.6—2010	方法	果品检测	除草剂残留量检测方法　第 6 部分：液相色谱-质谱/质谱法测定食品中杀草强残留量
573	SN/T 1738—2014	方法	果品检测	出口食品中虫酰肼残留量的测定
574	SN/T 1740—2006	方法	果品检测	进出口食品中四螨嗪残留量的检测方法　气相色谱串联质谱法
575	SN/T 1753—2006	方法	果品检测	出口浓缩果汁中甲基硫菌灵、噻菌灵、多菌灵和 2-氨基苯并咪唑残留量的测定　液相色谱-质谱/质谱法
576	SN/T 1803—2006	方法	果品检疫	进出境红枣检疫规程
577	SN/T 1805—2006	方法	果品检疫	进出境葡萄检疫规程
578	SN/T 1806—2006	方法	果品检疫	出境柑橘鲜果检疫规程
579	SN/T 1807—2006	方法	果品检疫	进出境香蕉检疫规程
580	SN/T 1817—2006	方法	病虫检疫	桃实蝇检疫鉴定方法
581	SN/T 1822—2006	方法	病虫检疫	香蕉黑条叶斑病菌检疫鉴定方法
582	SN/T 1839—2013	方法	果品检疫	进出境杧果检疫规程
583	SN/T 1845—2006	方法	病虫检疫	加勒比实蝇检疫鉴定方法
584	SN/T 1846—2006	方法	病虫检疫	墨西哥实蝇检疫鉴定方法
585	SN/T 1847—2006	基础	术语	寡毛实蝇类害虫分类学术语
586	SN/T 1871—2007	方法	病虫检疫	美澳型核果褐腐病菌检疫鉴定方法
587	SN/T 1873—2007	方法	果品检测	进出口食品中硫丹残留量的检测方法　气相色谱-质谱法
588	SN/T 1881.2—2007	物流	储运	进出口易腐食品货架储存卫生规范　第 2 部分：新鲜果蔬
589	SN/T 1884.1—2007	物流	储运	进出口水果储运卫生规范　第 1 部分：水果储藏
590	SN/T 1884.2—2007	物流	储运	进出口水果储运卫生规范　第 2 部分：水果运输
591	SN/T 1886—2007	物流	储运	进出口水果和蔬菜预包装指南
592	SN/T 1902—2007	方法	果品检测	水果蔬菜中吡虫啉、吡虫清残留量的测定　高效液相色谱法
593	SN/T 1923—2007	方法	果品检测	进出口食品中草甘膦残留量的检测方法　液相色谱-质谱/质谱法
594	SN/T 1961.4—2013	方法	果品检测	出口食品过敏原成分检测　第 4 部分：实时荧光 PCR 方法检测腰果成分
595	SN/T 1961.5—2013	方法	果品检测	出口食品过敏原成分检测　第 5 部分：实时荧光 PCR 方法检测开心果成分
596	SN/T 1961.6—2013	方法	果品检测	出口食品过敏原成分检测　第 6 部分：实时荧光 PCR 方法检测胡桃成分

(续)

No	编号	大类	小类	名称
597	SN/T 1961.8—2013	方法	果品检测	出口食品过敏原成分检测 第8部分：实时荧光 PCR 方法检测榛果成分
598	SN/T 1961.9—2013	方法	果品检测	出口食品过敏原成分检测 第9部分：实时荧光 PCR 方法检测杏仁成分
599	SN/T 1967—2007	方法	果品检测	进出口食品中异稻瘟净残留量的检测方法
600	SN/T 1968—2007	方法	果品检测	进出口食品中扑草净残留量检测方法 气相色谱-质谱法
601	SN/T 1969—2007	方法	果品检测	进出口食品中联苯菊酯残留量的检测方法 气相色谱-质谱法
602	SN/T 1971—2007	方法	果品检测	进出口食品中苗虫威残留量的检测方法 气相色谱法和液相色谱-质谱/质谱法
603	SN/T 1972—2007	方法	果品检测	进出口食品中莠去津残留量的检测方法 气相色谱-质谱法
604	SN/T 1973—2007	方法	果品检测	进出口食品中阿维菌素残留量的检测方法 高效液相色谱-质谱/质谱法
605	SN/T 1975—2007	方法	果品检测	进出口食品中苯醚甲环唑残留量的检测方法 气相色谱-质谱法
606	SN/T 1976—2007	方法	果品检测	进出口水果和蔬菜中嘧菌酯残留量测定方法 气相色谱法
607	SN/T 1977—2007	方法	果品检测	进出口水果和蔬菜中唑螨酯残留量检测方法 高效液相色谱法
608	SN/T 1978—2007	方法	果品检测	进出口食品中狄氏剂和异狄氏剂残留量检测方法 气相色谱-质谱法
609	SN/T 1981—2007	方法	果品检测	进出口食品中环氟菌胺残留量的检测方法 气相色谱-质谱法
610	SN/T 1982—2007	方法	果品检测	进出口食品中氟虫腈残留量检测方法 气相色谱-质谱法
611	SN/T 1983—2007	方法	果品检测	进出口食品中丙炔氟草胺残留量检测方法 气相色谱-质谱法
612	SN/T 1986—2007	方法	果品检测	进出口食品中溴虫腈残留量检测方法
613	SN/T 1989—2007	方法	果品检测	进出口食品中丁酰肼残留量检测方法 气相色谱-质谱法
614	SN/T 1990—2007	方法	果品检测	进出口食品中三唑锡和三环锡残留量的检测方法 气相色谱-质谱法
615	SN/T 1992—2007	方法	苗木检疫	进境葡萄繁殖材料植物检疫要求
616	SN/T 2029—2007	方法	病虫检测	实蝇监测方法
617	SN/T 2030—2007	方法	病虫检疫	按实蝇属鉴定方法
618	SN/T 2031—2007	方法	病虫检疫	橘小实蝇检疫鉴定方法
619	SN/T 2034—2007	方法	病虫检疫	香蕉灰粉蚧和新菠萝灰粉蚧检疫鉴定方法
620	SN/T 2039—2007	方法	病虫检疫	地中海实蝇检疫鉴定方法 PCR法
621	SN/T 2071—2008	方法	病虫检疫	亚洲柑橘黄龙病菌检疫鉴定方法
622	SN/T 2076—2008	方法	果品检疫	进出境龙眼检疫规程
623	SN/T 2077—2008	方法	果品检疫	进出境苹果检疫规程
624	SN/T 2094—2008	方法	果品检测	进出口食品中 α-硫丹和 β-硫丹残留量的检测方法 酶联免疫法
625	SN/T 2114—2008	方法	果品检测	进出口水果和蔬菜中阿维菌素残留量检测方法 液相色谱法
626	SN/T 2125—2008	方法	病虫检疫	李痘病毒检疫鉴定方法
627	SN/T 2147—2008	方法	果品检测	进出口食品中硫线磷残留量的检测方法
628	SN/T 2152—2008	方法	果品检测	进出口食品中氟铃脲残留量检测方法 高效液相色谱-质谱/质谱法

（续）

No	编号	大类	小类	名称
629	SN/T 2156—2008	方法	果品检测	进出口食品中苯线磷残留量的检测方法　气相色谱-质谱法
630	SN/T 2158—2008	方法	果品检测	进出口食品中毒死蜱残留量检测方法
631	SN/T 2213—2008	方法	果品检测	进出口植物源性食品中取代脲类农药残留量的测定　液相色谱-质谱/质谱法
632	SN/T 2214—2008	方法	果品检测	进出口植物源性食品中氟草烟、氟硫草啶、氟吡草腙和噻草啶除草剂残留量的测定　液相色谱-质谱/质谱法
633	SN/T 2229—2008	方法	果品检测	进出口食品中稻瘟灵残留量检测方法
634	SN/T 2230—2008	方法	果品检测	进出口食品中腐霉利残留量的检测方法　气相色谱-质谱法
635	SN/T 2231—2008	方法	果品检测	进出口食品中呋虫胺残留量的检测方法　气相色谱/质谱法
636	SN/T 2232—2008	方法	果品检测	进出口食品中三唑醇残留量的检测方法　气相色谱-质谱法
637	SN/T 2233—2008	方法	果品检测	进出口食品中甲氰菊酯残留量检测方法
638	SN/T 2234—2008	方法	果品检测	进出口食品中丙溴磷残留量检测方法　气相色谱法和气相色谱-质谱法
639	SN/T 2235—2008	方法	果品检测	进出口食品中嘧菌环胺残留量检测方法　气相色谱-质谱法
640	SN/T 2236—2008	方法	果品检测	进出口食品中氟硅唑残留量检测方法　气相色谱-质谱法
641	SN/T 2237—2008	方法	果品检测	进出口食品中甲氧基丙烯酸酯类杀菌剂残留量检测方法　气相色谱-质谱法
642	SN/T 2319—2009	方法	果品检测	进出口食品中喹氧灵残留量检测方法
643	SN/T 2321—2009	方法	果品检测	进出口食品中腈菌唑残留量检测方法　气相色谱-质谱法
644	SN/T 2322—2009	方法	果品检测	进出口食品中乙草胺残留量检测方法
645	SN/T 2338—2009	方法	病虫检疫	草莓滑刃线虫检疫鉴定方法
646	SN/T 2342.2—2010	方法	病虫检疫	苹果皱果类病毒检疫鉴定方法
647	SN/T 2342—2009	方法	病虫检疫	苹果茎沟病毒检疫鉴定方法
648	SN/T 2385—2009	方法	果品检测	进出口食品中敌草腈残留量的测定　气相色谱-质谱法
649	SN/T 2386—2009	方法	果品检测	进出口食品中氯酯磺草胺残留量的测定　液相色谱-质谱/质谱法
650	SN/T 2387—2009	方法	果品检测	进出口食品中井冈霉素残留量的测定　液相色谱-质谱/质谱法
651	SN/T 2398—2010	方法	病虫检疫	苹果丛生植原体检疫鉴定方法
652	SN/T 2431—2010	方法	果品检测	进出口食品中苄螨醚残留量的检测方法
653	SN/T 2432—2010	方法	果品检测	进出口食品中哒螨灵残留量的检测方法
654	SN/T 2433—2010	方法	果品检测	进出口食品中炔草酯残留量的检测方法
655	SN/T 2441—2010	方法	果品检测	进出口食品中涕灭威、涕灭威砜、涕灭威亚砜残留量检测方法　液相色谱-质谱/质谱法
656	SN/T 2455—2010	方法	果品检疫	进出境水果检验检疫规程
657	SN/T 2456—2010	方法	果品检测	进出口食品中苯胺灵残留量的测定　气相色谱-质谱法
658	SN/T 2457—2010	方法	果品检测	进出口食品中地乐酚残留量的测定　液相色谱-质谱/质谱法
659	SN/T 2458—2010	方法	果品检测	进出口食品中十三吗啉残留量的测定　液相色谱-质谱/质谱法
660	SN/T 2459—2010	方法	果品检测	进出口食品中氟烯草酸残留量的测定　气相色谱-质谱法
661	SN/T 2514—2010	方法	果品检测	进出口食品中噻酰菌胺残留量的测定　液相色谱-质谱/质谱法
662	SN/T 2516—2010	方法	果品检疫	出口杨梅检验检疫规程

（续）

No	编号	大类	小类	名称
663	SN/T 2530—2010	方法	果品检测	贝类、果蔬和水样中脊髓灰质炎病毒检测方法　普通 RT－PCR 方法和实时荧光 RT－PCR 方法
664	SN/T 2534—2010	方法	果品检测	进出口水果和蔬菜制品中展青霉素含量检测方法　液相色谱-质谱/质谱法与高效液相色谱法
665	SN/T 2540—2010	方法	果品检测	进出口食品中苯甲酰脲类农药残留量的测定　液相色谱质谱/质谱法
666	SN/T 2556—2010	方法	果品检疫	出口荔枝蒸热处理检疫操作规程
667	SN/T 2559—2010	方法	果品检测	进出口食品中苯并咪唑类农药残留量的测定　液相色谱-质谱/质谱法
668	SN/T 2560—2010	方法	果品检测	进出口食品中氨基甲酸酯类农药残留量的测定　液相色谱-质谱/质谱法
669	SN/T 2561—2010	方法	果品检测	进出口食品中吡啶类农药残留量的测定　液相色谱-质谱/质谱法
670	SN/T 2581—2010	方法	果品检测	进出口食品中氟虫酰胺残留量的测定　液相色谱-质谱/质谱法
671	SN/T 2614—2010	方法	病虫检疫	葡萄苦腐病菌检疫鉴定方法
672	SN/T 2615—2010	方法	病虫检疫	苹果边腐病菌检疫鉴定方法
673	SN/T 2622—2010	方法	病虫检疫	柑橘溃疡病菌检疫鉴定方法
674	SN/T 2623—2010	方法	果品检测	进出口食品中吡丙醚残留量的检测方法　液相色谱-质谱/质谱法
675	SN/T 2633—2010	生产管理	生产栽培	出口坚果与籽仁质量安全控制规范
676	SN/T 2634—2010	方法	病虫检疫	出口柑橘果园检疫管理规范
677	SN/T 2645—2010	方法	果品检测	进出口食品中四氟醚唑残留量的检测方法　气相色谱-质谱法
678	SN/T 2646—2010	方法	果品检测	进出口食品中吡螨胺残留量检测方法　气相色谱-质谱法
679	SN/T 2647—2010	方法	果品检测	进出口食品中炔苯酰草胺残留量检测方法　气相色谱-质谱法
680	SN/T 2648—2010	方法	果品检测	进出口食品中啶酰菌胺残留量的测定　气相色谱-质谱法
681	SN/T 2653—2010	方法	果品检测	木瓜中转基因成分定性 PCR 检测方法
682	SN/T 2665—2010	方法	病虫检疫	香蕉枯萎病菌检疫鉴定方法
683	SN/T 2683—2010	方法	病虫检疫	扁桃仁蜂和李仁蜂检疫鉴定方法
684	SN/T 2736—2010	方法	病虫检疫	核果树溃疡病菌检疫鉴定方法
685	SN/T 2795—2011	方法	果品检测	进出口食品中二硝基苯胺类农药残留量的检测方法　液相色谱-质谱质谱法
686	SN/T 2796—2011	方法	果品检测	进出口食品中氟啶虫酰胺残留量的检测方法
687	SN/T 2806—2011	方法	果品检测	进出口蔬菜、水果、粮谷中氟草烟残留量检测方法
688	SN/T 2807—2011	方法	果品检测	进出口食品中三氟羧草醚残留量的检测　液相色谱/质谱法
689	SN/T 2914—2011	方法	果品检测	出口食品中二缩甲酰亚胺类农药残留量的测定
690	SN/T 2917—2011	方法	果品检测	出口食品中烯酰吗啉残留量检测方法
691	SN/T 2955—2011	生产管理	生产栽培	出境水果种植基地农残控制管理规范
692	SN/T 2957—2011	生产管理	生产栽培	出口水果果园、包装厂管理规程
693	SN/T 2958—2011	方法	果品检疫	出口鲜梨检验检疫规程
694	SN/T 2960—2011	方法	果品检疫	水果蔬菜和繁殖材料处理技术指标

（续）

No	编号	大类	小类	名称
695	SN/T 3035—2011	方法	果品检测	出口植物源食品中环己烯酮类除草剂残留量的测定　液相色谱-质谱/质谱法
696	SN/T 3063.2—2015	生产管理	质量控制	航空食品　第2部分：生食（切）水果蔬菜制品微生物污染控制规范
697	SN/T 3069—2011	方法	病虫检疫	苹果和梨果实球壳孢腐烂病菌检疫鉴定方法
698	SN/T 3075—2012	方法	病虫检疫	香蕉肾盾蚧检疫鉴定方法
699	SN/T 3088—2012	方法	病虫检疫	非洲柑橘黄龙病菌检疫鉴定方法
700	SN/T 3135—2012	方法	果品检验	进出口干果检验规程
701	SN/T 3139—2012	方法	果品检测	出口农产品中噻虫嗪及其代谢物噻虫胺残留量的测定　液相色谱-质谱/质谱法
702	SN/T 3143—2012	方法	果品检测	出口食品中苯酰胺类农药残留量的测定　气相色谱-质谱法
703	SN/T 3149—2012	方法	果品检测	出口食品中三苯锡、苯丁锡残留量检测方法　气相色谱-质谱法
704	SN/T 3170—2012	方法	病虫检疫	葡萄皮尔斯病菌检疫鉴定方法
705	SN/T 3173—2012	方法	病虫检疫	桃白圆盾蚧检疫鉴定方法
706	SN/T 3178—2012	方法	病虫检疫	榛子东部枯萎病菌检疫鉴定方法
707	SN/T 3264—2012	方法	果品检测	出口食品中鱼藤酮和印楝素残留量的检测方法　液相色谱-质谱/质谱法
708	SN/T 3272.1—2012	方法	果品检疫	出境干果检疫规程　第1部分：通用要求
709	SN/T 3272.2—2012	方法	果品检疫	出境干果检疫规程　第2部分：苦杏仁
710	SN/T 3272.3—2012	方法	果品检疫	出境干果检疫规程　第3部分：山核桃
711	SN/T 3272.4—2012	方法	果品检疫	出境干果检疫规程　第4部分：板栗
712	SN/T 3273.1—2012	方法	果品检疫	出境鲜果检疫规程　第1部分：番石榴
713	SN/T 3273.2—2012	方法	果品检疫	出境鲜果检疫规程　第2部分：李
714	SN/T 3273.4—2012	方法	果品检疫	出境鲜果检疫规程　第4部分：枇杷
715	SN/T 3273.5—2012	方法	果品检疫	出境鲜果检疫规程　第5部分：桃
716	SN/T 3273.6—2012	方法	果品检疫	出境鲜果检疫规程　第6部分：西瓜
717	SN/T 3273.7—2012	方法	果品检疫	出境鲜果检疫规程　第7部分：杏
718	SN/T 3273.8—2012	方法	果品检疫	出境鲜果检疫规程　第8部分：杨桃
719	SN/T 3273.9—2012	方法	果品检疫	出境鲜果检疫规程　第9部分：樱桃
720	SN/T 3277—2012	方法	病虫检疫	鳄梨日斑类病毒检疫鉴定方法
721	SN/T 3279—2012	方法	果品检疫	富士苹果磷化氢低温检疫熏蒸处理方法
722	SN/T 3286—2012	方法	病虫检疫	梨蓟马检疫鉴定方法
723	SN/T 3288—2012	方法	病虫检疫	柠檬干枯病菌检疫鉴定方法
724	SN/T 3289—2012	方法	病虫检疫	苹果果腐病菌检疫鉴定方法
725	SN/T 3290—2012	方法	病虫检疫	苹果异形小卷蛾检疫鉴定方法
726	SN/T 3303—2012	方法	果品检测	出口食品中噁唑类杀菌剂残留量的测定
727	SN/T 3408—2012	方法	病虫检疫	梨小卷蛾检疫鉴定方法
728	SN/T 3409—2012	方法	病虫检疫	李虎象检疫鉴定方法
729	SN/T 3410—2012	方法	病虫检疫	杧果蛎蚧检疫鉴定方法
730	SN/T 3416—2012	方法	病虫检疫	山楂小卷叶蛾检疫鉴定方法

（续）

No	编号	大类	小类	名称
731	SN/T 3418—2012	方法	病虫检疫	杏小卷蛾检疫鉴定方法
732	SN/T 3426—2012	方法	病虫检疫	美洲山楂锈病菌检疫鉴定方法
733	SN/T 3431—2012	方法	病虫检疫	香蕉坏死条纹病菌检疫鉴定方法
734	SN /T 3447—2012	方法	病虫检疫	草莓簇生植原体检疫鉴定方法
735	SN /T 3448—2012	方法	病虫检疫	桃树黄化植原体检疫鉴定方法
736	SN/T 3541—2013	方法	果品检测	出口食品中多种醚类除草剂残留量检测方法　气相色谱-负化学离子源-质谱法
737	SN/T 3554—2013	方法	病虫检疫	葡萄粉蚧检疫鉴定方法
738	SN/T 3572—2013	方法	病虫检疫	西瓜船象检疫鉴定方法
739	SN/T 3573—2013	方法	病虫检疫	橘实锤腹实蝇检疫鉴定方法
740	SN/T 3574—2013	方法	病虫检疫	甜瓜实蝇检疫鉴定方法
741	SN/T 3581—2013	方法	病虫检测	美澳型核果褐腐病菌实时荧光 PCR 检测方法
742	SN/T 3628—2013	方法	果品检测	出口植物源食品中二硝基苯胺类除草剂残留量测定　气相色谱-质谱/质谱法
743	SN/T 3642—2013	方法	果品检测	出口水果中甲霜灵残留量检测方法　气相色谱-质谱法
744	SN/T 3643—2013	方法	果品检测	出口水果中氯吡脲（比效隆）残留量的检测方法　液相色谱-串联质谱法
745	SN/T 3671—2013	方法	病虫检疫	葡萄象检疫鉴定方法
746	SN/T 3675—2013	方法	病虫检疫	草莓花枯病菌检疫鉴定方法
747	SN/T 3682—2013	方法	病虫检疫	葡萄茎枯病菌检疫鉴定方法
748	SN/T 3687—2013	方法	病虫检疫	桃 X 病植原体检疫鉴定方法
749	SN/T 3699—2013	方法	果品检测	出口植物源食品中 4 种噻唑类杀菌剂残留量的测定　液相色谱-质谱/质谱法
750	SN/T 3707—2013	方法	果品检疫	香蕉中新菠萝灰粉蚧检疫辐照处理技术要求
751	SN/T 3717—2013	方法	病虫检疫	葡萄花翅小卷蛾检疫鉴定方法
752	SN/T 3745—2013	方法	病虫检疫	石榴小灰蝶检疫鉴定方法
753	SN/T 3748—2013	方法	病虫检疫	柑橘枝瘤病菌检疫鉴定方法
754	SN/T 3750—2013	方法	病虫检疫	苹果壳色单隔孢溃疡病菌检疫鉴定方法
755	SN/T 3751—2013	方法	病虫检疫	苹果树炭疽病菌检疫鉴定方法
756	SN/T 3752—2013	方法	病虫检疫	苹果星裂壳孢果腐病菌检疫鉴定方法
757	SN/T 3753—2013	方法	病虫检疫	葡萄角斑叶焦病菌检疫鉴定方法
758	SN/T 3764—2013	方法	病虫检疫	猕猴桃举肢蛾检疫鉴定方法
759	SN/T 3765—2013	方法	病虫检疫	欧非枣实蝇检疫鉴定方法
760	SN/T 3846—2014	方法	果品检测	出口苹果和浓缩苹果汁中碳同位素比值的测定
761	SN/T 3852—2014	方法	果品检测	出口食品中氰氟虫腙残留量的测定　液相色谱-质谱/质谱法
762	SN/T 3856—2014	方法	果品检测	出口食品中乙氧基喹残留量的测定
763	SN/T 3859—2014	方法	果品检测	出口食品中仲丁灵农药残留量的测定
764	SN/T 3860—2014	方法	果品检测	出口食品中吡蚜酮残留量的测定　液相色谱-质谱/质谱法
765	SN/T 3861—2014	方法	果品检测	出口食品中六氯对二甲苯残留量的检测方法
766	SN/T 3862—2014	方法	果品检测	出口食品中沙蚕毒素类农药残留量的筛查测定　气相色谱法

（续）

No	编号	大类	小类	名称
767	SN/T 3933—2014	方法	果品检测	出口食品中六种砷形态的测定方法　高效液相色谱-电感耦合等离子体质谱法
768	SN/T 3935—2014	方法	果品检测	出口食品中烯效唑类植物生长调节剂残留量的测定　气相色谱-质谱法
769	SN/T 3960—2014	方法	病虫检疫	蓝莓矮化植原体检疫鉴定方法
770	SN/T 3963—2014	方法	病虫检测	桃丛簇花叶病毒检测方法
771	SN/T 3966—2014	方法	病虫检疫	入侵果实蝇检疫鉴定方法
772	SN/T 3983—2014	方法	果品检测	出口食品中氨基酸类有机磷除草剂残留量的测定　液相色谱-质谱/质谱法
773	SN/T 4012—2013	方法	病虫检疫	无花果蜡蚧检疫鉴定方法
774	SN/T 4013—2013	方法	果品检测	出口食品中异菌脲残留量的测定　气相色谱-质谱法
775	SN/T 4014—2013	方法	果品检测	出口食品中苯磺酰氯胺钠和对甲苯磺酰氯胺钠残留量的测定　气相色谱-质谱/质谱法
776	SN/T 4039—2014	方法	果品检测	出口食品中萘乙酰胺、吡草醚、乙虫腈、氟虫腈农药残留量的测定方法　液相色谱-质谱/质谱法
778	SN/T 4046—2014	方法	果品检测	出口食品中噻虫啉残留量的测定
779	SN/T 4066—2014	方法	果品检测	出口食品中灭螨醌和羟基灭螨醌残留量的测定　液相色谱-质谱/质谱法
780	SN/T 4069—2014	方法	果品检疫	输华水果检疫风险考察评估指南
781	SN/T 4070—2014	方法	果品检疫	杧果、荔枝中桔小实蝇检疫辐照处理最低剂量
782	SN/T 4071—2014	方法	果品检疫	莲雾、木瓜中桔小实蝇检疫辐照处理技术要求
783	SN/T 4072—2014	方法	病虫检疫	梨衰退植原体检疫鉴定方法
784	SN/T 4073—2014	方法	病虫检疫	杧果细菌性黑斑病菌快速检测方法
785	SN/T 4075—2014	方法	病虫检疫	水稻细菌性条斑病菌、柑橘溃疡病菌、甘蓝黑腐病菌的基因芯片筛查方法
786	SN/T 4080—2014	方法	病虫检疫	鳄梨蓟马检疫鉴定方法
787	SN/T 4138—2015	方法	果品检测	出口水果和蔬菜中敌敌畏、四氯硝基苯、丙线磷等88种农药残留的筛选检测　QuEChERS-气相色谱-负化学源质谱法
788	SN/T 4139—2015	方法	果品检测	出口水果蔬菜中乙萘酚残留量的测定
789	SN/T 4259—2015	方法	果品检测	出口水果蔬菜中链格孢菌毒素的测定　液相色谱-质谱/质谱法
790	SN/T 4330—2015	方法	果品检疫	进境水果检疫处理一般要求
791	SN/T 4331—2015	方法	果品检疫	进境水果检疫辐照处理基本技术要求
792	SN/T 4332—2015	方法	果品检测	新鲜水果中磷化氢熏蒸气体残留测定方法　气相色谱法
793	SN/T 4336—2015	方法	种子检疫	进出境西瓜种子检疫规程
794	SN/T 4409—2015	方法	病虫检疫	苹果蠹蛾辐照处理技术指南
795	SN/T 4419.1—2016	方法	果品检测	出口食品常见过敏原LAMP系列检测方法　第1部分：开心果
796	SN/T 4419.2—2016	方法	果品检测	出口食品常见过敏原LAMP系列检测方法　第2部分：腰果

（续）

No	编号	大类	小类	名称
797	SN/T 4419.3—2016	方法	果品检测	出口食品常见过敏原 LAMP 系列检测方法　第 3 部分：胡桃
798	SN/T 4419.4—2016	方法	果品检测	出口食品常见过敏原 LAMP 系列检测方法　第 4 部分：榛果
799	SN/T 4419.5—2016	方法	果品检测	出口食品常见过敏原 LAMP 系列检测方法　第 5 部分：杏仁
800	SN/T 4419.6—2016	方法	果品检测	出口食品常见过敏原 LAMP 系列检测方法　第 6 部分：扁桃仁
801	SN/T 4419.7—2016	方法	果品检测	出口食品常见过敏原 LAMP 系列检测方法　第 7 部分：巴西坚果
802	SN/T 4419.8—2016	方法	果品检测	出口食品常见过敏原 LAMP 系列检测方法　第 8 部分：澳洲坚果
803	SN/T 4529.1—2016	质量追溯		供港食品全程 RFID 溯源规程　第 1 部分：水果

第二节　2016 年度种植业产品标准体系研究报告——柑橘

柑橘是世界第一大水果，也是仅次于香蕉的第二大国际出口贸易水果，2013 年，全球柑橘面积 1.453 亿亩，年总产 1.355 亿吨。2015 年我国柑橘栽培种植面积 3 465 万亩、总产量 3 276 万吨，中国柑橘面积达到 3 465 万亩，产量 3 276 万吨，均位居世界第一，是农业农村部确定的我国 13 种优势农产品之一。在规模、效益连年提升的同时，国家和地方各级政府高度重视柑橘质量标准体系的建设，注重发挥标准在指导生产、提升质量、确保消费安全、推动出口创汇等方面的作用，初步构建并完善了柑橘质量标准体系。

与欧美等发达国家相比，我国柑橘标准的制修订显然与柑橘产业的飞速发展不相适应，加上从业人员素质参差不齐，"无标可用、有标不依"问题较为突出。因此，借鉴主要贸易国家柑橘标准体系建设经验，及时制修订有关标准，实现标准"从果园到餐桌"的全程覆盖，对确保柑橘质量安全、提升出口创汇能力意义重大。

一、国内外柑橘标准现状

（一）主要国际组织、国家柑橘标准

1. ISO 相关标准　国际标准化组织 ISO（International Organization for Standardization）是各国标准化团体的世界性联合会。下属第 34 技术委员会（TC 34）是专门负责农产品的技术委员会，分设有 13 个分技术委员会（SC）。其中 TC 34/SC 3 和 TC 34/SC 14 两个分技术委员会与水果相关，分别负责水果和蔬菜制品标准和新鲜、脱水及干制水果和蔬菜标准的制定。

TC 34/SC 14 已制定 50 项关于水果类的标准，其中针对柑橘及其制品的有 2 个，即《柑橘类水果——储藏指南》《柑橘类水果及其衍生制品——精油含量的测定》。尚未制订柑橘类水果质量标准。

2. CAC 相关标准　国际食品法典委员会（Codex Alimentarius Commission，CAC）是政府间协调国际食品标准法规的国际组织，负责实施 FAO/WHO 联合食品标准计划（Joint FAO/WHO Food Standards Programme）。下设 29 个专业委员会，与水果相关的有"农药残留""加工水果和蔬菜""新鲜水果和蔬菜""果汁"及"速冻食品"5 个。CAC 制定了 13 卷标准（CODEX STAN），下列与柑橘相关。

CODEX STAN 第 6 卷《果汁及相关产品标准》原有 5 项柑橘类果汁标准，2005 年 7 月国际食品法典委员会第二十八届会议公布废止，取而代之的是 Codex Stan 247—2005《果汁类和果肉饮料类通用标准》。

CODEX STAN 第 2B 卷《农药最大残留限量》对柑橘农残作了规定。

CODEX STAN 第5A卷《加工和速冻水果标准》原有的橘橙罐头（Codex Stan 68）、葡萄柚罐头（Codex Stan 015）被柑橘类水果罐头（Codex Stan 254—2007）替代；柑橘马茉兰（Codex Stan 80）被（Codex Stan 296—2009）《Codex Standard For Jams，Jellies And Marmalades》替代，即现行2种加工品标准。

CODEX STAN 第5B卷《热带新鲜水果标准》涉及柑橘类的有5项，即来檬（Codex Stan 213）、柚（Codex Stan 214）、葡萄柚（Codex Stan 219）、橙（Codex Stan 245）和墨西哥酸橙（Codex Stan 217），属于产品类标准。其中，CAC STAN 245（2004年制定，2005、2011年两次修订）对鲜销、加工用橙类制定了品质要求，包括最低要求、成熟的判断标准、分级及容许差异、销售标签等内容，其中规定各种橙类最低出汁率，如血橙30%、脐橙33%、其他橙类35%、超过1/5表面为绿色的Mosambi、Sathgudi及Pacitan等33%、其他表面绿色超过1/5的品种45%。

3. 联合国欧洲经济委员会（UN/ECE）标准　ECE制定的水果等农产品质量分级标准广为各成员国采用。同时也为CAC、欧盟、OECD等国际和地区性组织，以及中国、美国等非UN/ECE成员国所采纳。

UN/ECE于1963年发布，2000、2010年分别修订《柑橘类水果市场及商业质量标准》，规定预储和包装后出口柑橘的最低质量要求、成熟度、分级、大小分组、容许偏差、包装及标识等内容，适用于柑橘属各栽培品种鲜销果实，不包括加工用果实。在果实成熟度要求部分，规定最低果汁含量。详细规定包装与标识要求。

经济合作与发展组织（OECD）对该标准配发了2010版手册，采用大量图表，详细解释标准条款，方便使用者对标准内容的理解和对标准指标尺度的掌握。

4. 美国　美国的农产品标准由农业部市场局（AMS）制定、修订。这些农产品标准分为三种：强制性标准，即特定条件下必须执行，如各州间流通或期货交易的粮棉、出口水果、军队供给等；推荐性标准，即自愿执行，占大多数；暂定标准，即可采用但仍在进一步研究中。标准结构主要包括等级、容许度、定义、色泽、取样和计算、储运条件、包装及标识要求等。

美国柑橘国家标准主要有：1958年发布、1997年修订《美国波斯来檬分级标准》；1964年发布、1977年重新审定《美国柠檬等级标准》；1999年发布《美国红橘分级标准》。柑橘主产区的标准：1967年发布、1997年修订《佛罗里达州葡萄柚分级标准》《佛罗里达州甜橙及橘类分级标准》；1950年发布、1997年修订《美国加利福尼亚州和亚利桑那州葡萄柚分级标准》。这些标准基本上以柑橘果形、色泽、成熟度、大小、损伤、腐烂及病虫斑等为分级指标，鲜果内在品质以出汁率、可溶性固形物、总酸及固酸比等为分级指标，且规定总酸不得低于一定值。

美国对于橙汁等加工制品，同样存在国家、州标准在制定可溶性固形物含量参数时，充分考虑了季节差异，如规定8月1日至11月30日的橙汁可溶性固形物在10.0～19.5，而12月1日至7月31日规定在11.0～19.5。

5. 日本　2002年日本颁布《日本全国果实规格标准——柑橘的规格》包括术语、规格、标识三方面内容。术语部分规定适用的柑橘品种包括极早熟温州蜜柑、普通温州蜜柑、甜夏橙、八朔蜜柑、伊予柑、脐橙、清见等柑橘属水果；规格部分规定了品位标准、单果等级标准、大小标准、包装标准等4条，其中单果等级标准分为秀、优、良三个等级，包装箱规格也有相应要求；标识部分对标签内容作了规定。

6. 南非　南非是世界第二大柚类出口国。1990年南非农林渔业部颁布《南非共和国销售柑橘等级、包装及标识规程》涉及橙类、柚类、葡萄柚、软柑橘、金橘、柠檬及来檬等品种，规定其质量指标、容许差、种子限量、出汁率、包装标识要求、检验、违法及处罚标准。其中，规定抽检的每个柚类鲜果种子数必须少于9粒，存在明显的贸易保护。

7. 东盟　东盟是我国水果出口的主要贸易伙伴，其标准多采用CAC相关标准。目前东盟已有宽皮柑橘等17种水果具备统一标准。2011年4月第7届东盟召开蔬菜和水果标准会议，推动蔬菜及水果产品标准的统一，提升东盟产品国际市场竞争力，增加消费者对产品质量和安全的信心。

（二）主要国际组织、国家标准特点

1. 修订及时　及时修订是主要国际组织、国家柑橘标准的一大共同特点。如 UN/ECE 新鲜果蔬 14《柑橘类水果市场及商业质量标准》已经修订 5 次；又如 CAC1999 年制定的《来檬》（CODEX STAN 213），到 2011 年已修正 4 次。

2. 定位明确　如果是鲜果标准，准确定位为分级标准，不涉及理化指标、卫生指标。修订后的 CAC 柑橘标准也只是指明卫生情况要符合相关的标准，而没有具体的参数，显得更为科学合理。

3. 相互借鉴　CAC 标准制定严谨规范，广为 UN/ECE、OECD 等国际组织、欧美、东盟、澳大利亚、新西兰等国家采用，标准结构基本相同，指标参数设定也趋于一致。

4. 注重实用　标准中的指标（如果皮缺陷、果实大小、容许度、着色面积等）尽可能量化或加以详细描述，注重标准的可操作性。比如 OECD 对 UNECE 标准均配发图文并茂的手册，有利于对标准的理解掌握，值得借鉴。

（三）我国柑橘标准现状

1. 概述　我国果品标准化工作始于 20 世纪 80 年代，以苹果、梨、柑橘等大宗产品为主，制定相应的质量、技术标准。历经 30 年的发展，我国基本建立了以国家标准和行业标准为基础，地方标准和企业或社会团体标准相衔接配套，贯穿产前、产中、产后全过程的四级柑橘标准体系。目前已发布柑橘国家标准 33 项，行业标准有 78 项。行业标准中，农业标准 54 项、轻工标准 3 项、商业标准 3 项和商检标准各 5 项。其他与柑橘相关的通用性标准约 20 项，包括国家标准 7 项、商检行业标准 10 项和商业标准 3 项。

现行有效的 91 项柑橘国家标准及行业标准，可分为：储藏技术 1 项、种质要求及繁育检测评价方法 6 项、植物保护方法 12 项、生产加工规程及管理规范 13 项、农业投入品使用规范 7 项、产品质量要求及测试 11 项、产品等级规格 37 项（其中，国家标准 15 项，行业标准 22 项）、包装标识 1 项、安全限量及测试方法 3 项。

另据不完全统计，浙江、福建、湖南、江西、广西、湖北、四川和重庆等柑橘主产区共制定了 150 余项地方标准，内容包括苗木繁育、苗木等级、建园规程、鲜果质量等级、栽培规范、病虫害防治和商品化处理、储藏保鲜等。

随着柑橘质量标准体系的构建，提升了柑橘质量安全风险监测评估能力，规范了国内柑橘营销市场秩序，维护了从业者和消费者利益，推动了柑橘对外贸易，促进了我国柑橘业整体水平的提高起到了重要作用。

2. 存在的问题　我国由于缺乏标准研制平台，标准研制项目少、经费缺、时间紧，加之制修标准人员素质参差不齐，风险管理意识薄弱等因素，现行国家标准、行业标准存在偏重于产品等级规格（约占 48%）、行业标准标龄偏长（超过 50%）等问题。更关键的问题表现在：

（1）缺乏总体规划，标准体系协调性较差

① 部分柑橘行业标准与国家标准衔接不好。以甜橙固酸比为例，《鲜柑橘》（GB/T 12947—2008）甜橙为 ≥9.5：1，而《锦橙》（NY/T 697—2003）（甜橙中的一个品系）要求为 ≥8.0：1，比国家标准还低，即使统一了指标，这种按具体品种制定标准的做法也值得商榷；②产品分类混乱，重复制定标准。在制定产品标准时，产品分组尺度不一，有的按组类制定标准，有的按具体品系制定标准，造成标准重制。如已经制定《鲜柑橘》（GB/T 12947—2008），它已包括甜橙类和宽皮柑橘类，同期又制定《脐橙》（GB/T 21488—2008）。而且鲜柑橘标准中除甜橙类、宽皮柑橘类外，还理应包

括柚类等，然而，在行业标准中保留了《椪柑》（NY/T 589—2002）、沙糖橘（NY/T 869—2004）、《锦橙》（NY/T 697—2003）等；柚类分品种制定和保留了《垫江白柚》（NY/T 698—2003）、《梁平柚》（NY/T 699—2003）等，诸如垫江白柚、梁平柚、广西沙田柚等产品地域特色明显，申报制定地理标志产品标准更合理。

（2）追踪国际相关标准不够，制定的产品标准不能与国际接轨

① 等级标准设立具体的卫生指标不够科学。国际食品法典委员会（CAC）、联合国欧洲经济委员会（UN/ECE）等标准，均未在产品标准中设立卫生指标，如 CAC 的《橙类标准》（CAC STAN 245—2004）仅包括最低品质要求、成熟度判断标准、分级及容许差异、销售标签；而我国柑橘类水果等果品标准通常设立具体的卫生指标的做法不尽科学。一是所列农药一旦由于登记变更、禁用或价格等因素而被果农弃用，就变得形同虚设。二是具体指标与《食品中农药最大残留限量》（GB 2763—2014）、《食品中污染物限量》（GB 2762—2012）难以协调；

② 鲜果可食率不能完全体现品质。主要国际组织、贸易国柑橘标准中，罕见可食率指标，如 CAC《橙类标准》（CAC STAN 245—2004）中，无论鲜销还是加工橙类，规定的是最低出汁率。我国制定标准之初，出于鲜销的目的，柑橘果品标准一般设立可食率，而没有出汁率要求。出汁率高，可食率则高，而可食率高，出汁率不一定也高。

③ 基本未做产品可追溯要求。欧美等国正力推"农场到餐桌"的全程控制机制，实现农产品生产的标准全覆盖，突出生产过程的可追溯管理和产品的可追溯性，对包装标识的要求越来越严格，比如要求标明出口果园注册代码、包装企业代码等，而我国柑橘果品标准中对实现可追溯的信息代码要求几乎为空白。

此外，柑橘加工制品营养标签多数未作要求，如《浓缩橙汁》（GB/T 21730—2008）、《橙汁及橙汁饮料》（GB/T 21731—2008）。

（3）关键指标参数的设定缺乏基础数据支撑　由于缺乏必要的基础数据积累，对国外可能成为技术贸易壁垒的指标参数，难以应对，如柑橘鲜果的出汁率、种子数指标等，另外，我国柑橘鲜果产品标准中对感官指标的规定，特别是果实外观的描述性表述各异，采标人或评价人很难把握。以柚类出口大国南非为例，规定：所有品种柚类种子数≤9 个，出汁率≥35%（这里可能指葡萄柚、琯溪蜜柚）。据农业农村部专业检测机构多年检测结果表明，我国柚类只有极少数品种符合该规定，意味着更多的柚类（如沙田柚、玉环柚）将被对方拒之门外，显然对我国柚类出口构成技术性壁垒。我国柑橘产品标准《鲜柑橘》（GB/T 12947—2008），不但没有涉及柚类，而且所适用的甜橙类、宽皮柑橘类没有种子数指标。

部分涉及等级评定的参数指标设定不合理，如酸度，根据农业农村部专业检测机构近三年检测结果，约 35%椪柑因酸度不达标，即达不到《鲜柑橘》（GB/T 12947—2008）最低二等果规定酸度≤1.0%的要求，而成为等外果，而琯溪蜜柚、部分椪柑、杂交柑橘等部分是高糖高酸类型，进入成熟期时其酸度还较高，但是，口感风味已很好，市场和消费者普遍能接受，因此，其酸度指标的规定是否合理值得商榷。国外柑橘质量标准规定内质指标一般是可溶性固形物含量不低于多少，总酸不高于多少或固酸比不低于多少。

（4）标准制定过程中相关各方参与程度不一、征求意见不充分　发达国家对柑橘等果品质量管理特别严格，从业人员的标准质量意识强，对标准执行情况的检查，政府有明确的部门分工。如美国由农业部（USDA）下属农产品营销局（AMS）的新鲜农产品处（FPB）负责果品等级标准制定与维护。从申请立项到形成标准，生产、包装、销售、检测及消费者等所有利益相关方广泛参与，全程公开，所有果品等级标准均可从其官网免费下载。

而我国柑橘等果品生产、加工、销售分散，从业人员科技素养参差不齐，标准制定人员制标水平也存在差异，标准制定单位与用标单位和管理部门的沟通有限，征求意见广度层面不够，偏于主观臆断，导致制定的标准脱离生产实际。比如，我国柑橘等级标准中感官品质缺陷的表述不

一致，还较为复杂，甚至较难把握，标准使用者如果缺乏栽培知识，可能会对菌迹、油斑、药迹等描述感到困惑，缺少直观示图。加之尚未实行柑橘等果品市场准入制度，产品流通基本上处于自由贩卖、看货论价的无序状态，从业者对标准也就"有标不依，执标不严"。国内外柑橘鲜果质量标准的主要指标见表 9-5。

表 9-5　国内外柑橘鲜果质量标准的主要指标比较

国际组织和国家	外观质量	内在品质
UN/ECE	果形、成熟度、果面洁净度、果皮粗糙度、果径大小、各种损害	果汁率
美国	果形、色泽、着色度、质地、损伤和腐烂等缺陷、病虫斑和痂疤等损害	果汁率、可溶性固形物、总酸量、固酸比
日本	果形、均匀度、果径大小、果面缺陷、日灼、病虫害、伤害、浮皮	
南非	成熟度、外观缺陷、色泽、冻害、枯水和失水	果汁率、可溶性固形物、总酸量、糖酸比
中国	果形、果径大小、色泽、表皮光洁度、果面缺陷、损伤与病害	可溶性固形物、总酸、固酸比、可食率

二、建议

（一）各方参与，打造柑橘质量安全标准体系管理平台

培养一支既熟悉国际规则、又精通国内政策的专家团队；建立涵盖科研、检测、教学、推广和管理等行业人员的标准体系建设队伍；构建柑橘标准数据库、标准制修订管理系统、标准网等信息平台，加快标准信息化建设和管理。在此基础上，结合柑橘标准化生产示范园区建设，集成转化现有国家标准和行业标准，配套编制一批具有区域特色的良好农业规范、操作手册或简明挂图；编制标准规范化年度培训计划，开展标准核心团队的轮训工作；通过依托农技推广部门、科研院所、大专院校和宣传媒介，实施多层次教育培训，加快标准实施应用。从而实现柑橘产业有关各方共同参与、信息通畅、运行高效的柑橘质量安全标准体系。

（二）强化标准应用评价和技术支撑研究，制定科学合理的柑橘标准

持续跟踪国际食品法典委员会（CAC）、国际标准化组织（ISO）、国际植物保护公约（IPPC）等主要国际标准组织，东盟、欧美、日本、西班牙、南非等主要贸易国家和地区出台的标准和技术性贸易措施，强化评议和对策研究；借鉴吸收国外标准科学合理成分，考虑其技术贸易壁垒作用，规范标准结构，提高标准的实用性、权威性。针对具体柑橘产品种类，合理设置其理化指标，不设卫生指标，仅依外观大小分级，突出包装标识规定，如生产者、包装企业代码等要求。

（三）及时、适时修订已有柑橘标准

发达国家（地区）标准更新快速，值得借鉴，同时柑橘标准作为一个开放体系，也需要持续改进。随着国内外生产、销售形势变化，我国柑橘标准的制修订工作必须与时俱进。积极探索建立标准应用评价机制，开展标准应用评价工作，加快已发布标准的复审修订；研究科技创新与标准制修订工作相结合、社会各方在标准工作中相协同的工作机制，确保标准具有较强的科学性和适用性。推进柑橘产品市场准入、召回、可追溯制度，使柑橘生产从业人员牢固树立按标准生产经营的意识，并从中得到相应的市场实惠。

总计建议制定标准 61 项，废止标准 17 项，修订标准 21 项，保留 73 项。

三、标准体系明细

（一）柑橘标准体系框架图

见图 9-4。

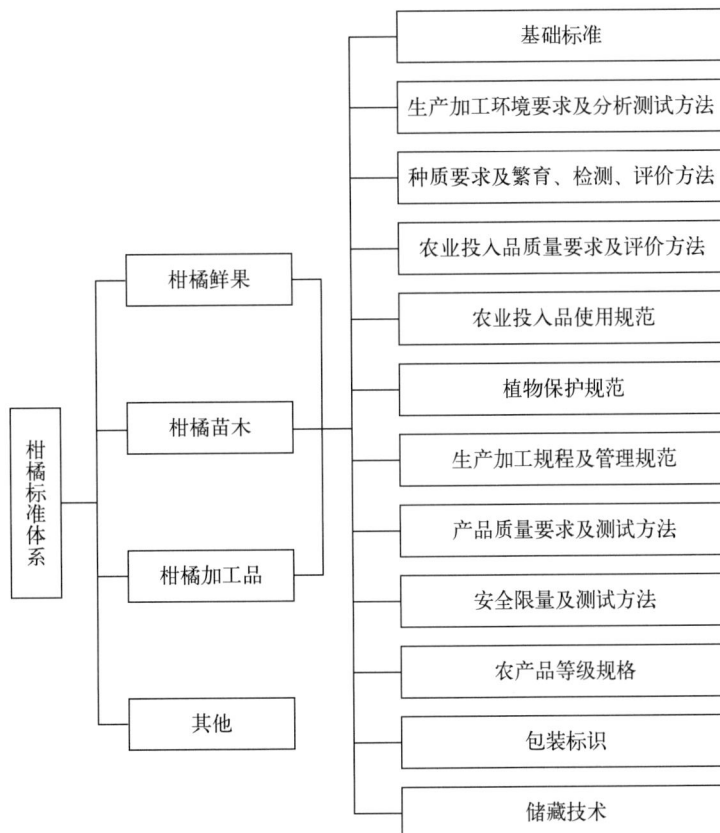

图 9-4 柑橘标准体系框架图

（二）拟制修订柑橘标准明细表

见表 9-6。

表 9-6 拟制修订柑橘标准明细表

序号	标准名称	标准代号	标准类别	国标/行标	标准状态与建议
1	柑橘中水胺硫磷残留量的测定	GB/T 5009.109—2003	检测方法标准	国标	建议废除
2	大米和柑橘中喹硫磷残留量的测定	GB/T 5009.112—2003	检测方法标准	国标	建议废除
3	梨果类、柑橘类水果中噻螨酮残留量的测定	GB/T 5009.173—2003	检测方法标准	国标	建议废除
4	鲜柑橘	GB/T 12947—2008	产品等级规格	国标	建议修订
5	地理标志产品 南丰蜜橘	GB/T 19051—2008	产品等级规格	国标	现行有效
6	地理标志产品 常山胡柚	GB/T 19332—2008	产品等级规格	国标	现行有效
7	地理标志产品 黄岩蜜橘	GB/T 19697—2008	产品等级规格	国标	现行有效
8	地理标志产品 赣南脐橙	GB/T 20355—2006	产品等级规格	国标	现行有效

（续）

序号	标准名称	标准代号	标准类别	国标/行标	标准状态与建议
9	地理标志产品　永春芦柑	GB/T 20559—2006	产品等级规格	国标	现行有效
10	脐橙	GB/T 21488—2008	产品等级规格	国标	建议废除
11	地理标志产品　寻乌蜜橘	GB/T 22439—2008	产品等级规格	国标	现行有效
12	地理标志产品　琼中绿橙	GB/T 22440—2008	产品等级规格	国标	现行有效
13	地理标志产品　瓯柑	GB/T 22442—2008	产品等级规格	国标	现行有效
14	地理标志产品　尤溪金柑	GB/T 22738—2008	产品等级规格	国标	现行有效
15	琯溪蜜柚	GB/T 27633—2011	产品等级规格	国标	现行有效
16	出口柑橘鲜果检验方法	GB/T 8210—2011	产品质量要求及测试方法	国标	建议修订
17	苹果、柑橘包装	GB/T 13607—1992	包装标识	国标	制定农业行标
18	农药　田间药效试验准则（一）杀菌剂防治柑橘储藏病害	GB/T 17980.39—2000	农业投入品使用规范	国标	计划修订
19	绿色食品　柑橘类果品	NY/T 426—2012	产品等级规格	农业行标	现行有效
20	鲜红江橙	NY/T 453—2001	产品等级规格	农业行标	建议废除
21	常山胡柚	NY/T 587—2002	产品等级规格	农业行标	建议废除
22	玉环柚（楚门文旦）鲜果	NY/T 588—2002	产品等级规格	农业行标	建议废除
23	椪柑	NY/T 589—2002	产品等级规格	农业行标	建议废除
24	锦橙	NY/T 697—2003	产品等级规格	农业行标	建议废除
25	垫江白柚	NY/T 698—2003	产品等级规格	农业行标	建议废除
26	梁平柚	NY/T 699—2003	产品等级规格	农业行标	建议废除
27	沙田柚	NY/T 868—2004	产品等级规格	农业行标	建议废除
28	沙糖橘	NY/T 869—2004	产品等级规格	农业行标	建议废除
29	宽皮柑橘	NY/T 961—2006	产品等级规格	农业行标	现行有效
30	琯溪蜜柚	NY/T 1264—2007	产品等级规格	农业行标	建议废除
31	香柚	NY/T 1265—2007	产品等级规格	农业行标	建议废除
32	五布柚	NY/T 1270—2007	产品等级规格	农业行标	建议废除
33	丰都红心柚	NY/T 1271—2007	产品等级规格	农业行标	建议废除
34	无公害食品　柑果类果品	NY 5014—2005	产品等级规格	农业行标	计划修订
35	柑橘采摘技术规范	NY/T 716—2003	生产加工及管理规程	农业行标	计划修订
36	柑橘商品化处理技术规程	NY/T 2721—2015	生产加工及管理规程	农业行标	现行有效
37	柑橘储藏	NY/T 1189—2006	储藏技术	农业行标	现行有效
38	柑橘等级规格	NY/T 1190—2006	产品等级规格	农业行标	现行有效
39	制汁甜橙	NY/T 2276—2012	产品等级规格	农业行标	现行有效
40	加工用宽皮柑橘	NY/T 2655—2014	产品等级规格	农业行标	现行有效
41	柑橘类水果及制品中总黄酮含量测定	NY/T 2010—2011	产品质量要求及测试方法	农业行标	现行有效
42	柑橘类水果及制品中柠碱含量测定	NY/T 2011—2011	产品质量要求及测试方法	农业行标	现行有效
43	柑橘类水果及制品中游离酚酸含量测定	NY/T 2012—2011	产品质量要求及测试方法	农业行标	现行有效
44	柑橘类水果及制品中香精油含量测定	NY/T 2013—2011	产品质量要求及测试方法	农业行标	现行有效
45	柑橘类水果及制品中橙皮苷和柚皮苷含量测定	NY/T 2014—2011	产品质量要求及测试方法	农业行标	现行有效
46	柑橘类水果及制品中离心果肉浆含量测定	NY/T 2015—2011	产品质量要求及测试方法	农业行标	现行有效

（续）

序号	标准名称	标准代号	标准类别	国标/行标	标准状态与建议
47	农作物优异种质资源评价规范	NY/T 2030—2011	种质要求及繁育检测评价方法	农业行标	现行有效
48	柑橘主要病虫害防治技术规程	NY/T 2044—2011	植物保护规范	农业行标	现行有效
49	出口柚检验规程	SN/T 0629—1997	产品质量要求及测试方法	商检行标	计划修订
50	柑橘黄龙病菌实时荧光 PCR 检测方法	GB/T 28062—2011	植物保护规范	国标	现行有效
51	柑橘溃疡病菌实时荧光 PCR 检测方法	GB/T 28068—2011	植物保护规范	国标	现行有效
52	柑橘苗木产地检疫规程	GB 5040—2003	植物保护规范	国标	计划修订
53	柑橘小实蝇疫情监测规程	GB/T 23619—2009	植物保护规范	国标	现行有效
54	南方水稻、油菜和柑橘低温灾害	GB/T 27959—2011	植物保护规范	国标	现行有效
55	柑橘嫁接苗	GB/T 9659—2008	产品质量要求及测试方法	国标	现行有效
56	农药　田间药效试验准则（一）杀防治柑橘介壳虫	GB/T 17980.12—2000	农业投入品使用规范	国标	现行有效
57	农药　田间药效试验准则（二）第 103 部分：杀菌剂防治柑橘溃疡病	GB/T 17980.103—2004	农业投入品使用规范	国标	计划修订
58	农药　田间药效试验准则（二）第 59 部分：杀螨剂防治柑橘锈螨	GB/T 17980.59—2004	农业投入品使用规范	国标	计划修订
59	农药　田间药效试验准则（二）第 102 部分：杀菌剂防治柑橘疮痂病	GB/T 17980.102—2004	农业投入品使用规范	国标	计划修订
60	农药　田间药效试验准则（二）第 58 部分：杀防治柑橘潜叶蛾	GB/T 17980.58—2004	农业投入品使用规范	国标	计划修订
61	农药　田间药效试验准则（二）第 94 部分：杀菌剂防治柑橘脚腐病	GB/T 17980.94—2004	农业投入品使用规范	国标	计划修订
62	柑橘生产技术规范	GB/Z 26580—2011	生产加工规程及管理规范	国标	现行有效
63	柑橘小实蝇疫情监测规程	GB/T 23619—2009	植物保护规范	国标	现行有效
64	红江橙苗木繁育规程	NY/T 795—2004	种质要求及繁育检测评价方法	农业行标	计划修订
65	柑橘高接换种技术规程	NY/T 971—2006	种质要求及繁育检测评价方法	农业行标	现行有效
66	柑橘无病毒苗木繁育规程	NY/T 973—2006	种质要求及繁育检测评价方法	农业行标	现行有效
67	柑橘苗木脱毒技术规范	NY/T 974—2006	种质要求及繁育检测评价方法	农业行标	现行有效
68	柑橘栽培技术规程	NY/T 975—2006	生产加工规程及管理规范	农业行标	现行有效
69	浙南-闽西-粤东宽皮柑橘生产技术规程	NY/T 976—2006	生产加工规程及管理规范	农业行标	现行有效
70	赣南-湘南-桂北脐橙生产技术规程	NY/T 977—2006	生产加工规程及管理规范	农业行标	现行有效
71	柑橘全爪螨防治技术规范	NY/T 1282—2007	植物保护规范	农业行标	现行有效
72	农作物种质资源鉴定技术规程　柑橘	NY/T 1486—2007	种质要求及繁育检测评价方法	农业行标	现行有效
73	无公害食品　柑橘生产技术规程	NY 5015—2002	生产加工规程及管理规范	农业行标	计划修订
74	柑橘采后病害防治技术规范	NY/T 2389—2013	生产加工规程及管理规范	农业行标	现行有效
75	香蕉穿孔线虫香蕉小种和柑橘小种检测技术规程	NY/T 2255—2012	生产加工规程及管理规范	农业行标	现行有效
76	柑橘大实蝇检疫检验与鉴定技术规范	NY/T 1484—2007	生产加工规程及管理规范	农业行标	现行有效

（续）

序号	标准名称	标准代号	标准类别	国标/行标	标准状态与建议
77	浓缩橙汁	GB/T 21730—2008	产品等级规格	国标	现行有效
78	橙汁及橙汁饮料	GB/T 21731—2008	产品等级规格	国标	现行有效
79	绿色食品橙汁和浓缩橙汁	NY/T 290—1995	产品等级规格	农业行标	计划修订
80	糖橘饼	SB/T 10056—1992	产品等级规格	商业行标	计划修订
81	浓缩柑橘汁	SB/T 10089—1992	产品等级规格	商业行标	计划修订
82	柑橘罐头	GB/T 13210—2014	产品等级规格	国标	现行有效
83	橘子囊胞罐头	QB 1393—1991	产品等级规格	轻工行标	计划修订
84	玳玳叶（精）油	QB/T 4231—2011	产品等级规格	轻工行标	现行有效
85	玳玳花（精）油	QB/T 4232—2011	产品等级规格	轻工行标	现行有效
86	水果和蔬菜 形态学和结构学术语	GB/T 26430—2010	基础标准	国标	现行有效
87	生物防治物和其他有益生物的输入和释放准则	GB/T 27614—2011	植物保护规范	国标	现行有效
88	有害生物报告指南	GB/T 27615—2011	植物保护规范	国标	现行有效
89	有害生物风险分析框架	GB/T 27616—2011	植物保护规范	国标	现行有效
90	有害生物风险管理综合措施	GB/T 27617—2011	植物保护规范	国标	现行有效
91	植物有害生物调查监测指南	GB/T 27618—2011	植物保护规范	国标	现行有效
92	植物有害生物发生状况确定指南	GB/T 27619—2011	植物保护规范	国标	现行有效
93	出境柑橘鲜果检疫规程	SN/T 1806—2006	植物保护规范	商检行标	现行有效
94	亚洲柑橘黄龙病菌检疫鉴定方法	SN/T 2071—2008	产品质量要求及测试方法	商检行标	现行有效
95	柑橘溃疡病菌检疫鉴定方法	SN/T 2622—2010	产品质量要求及测试方法	商检行标	现行有效
96	出口柑橘果园检疫管理规范	SN/T2634—2010	植物保护规范	商检行标	现行有效
97	出境水果种植基地农残控制管理规范	SN/T 2955—2011	生产加工规程及管理规范	商检行标	现行有效
98	出境植物检疫有效期确定原则	SN/T 2956—2011	生产加工规程及管理规范	商检行标	现行有效
99	出口水果果园、包装厂管理规程	SN/T 2957—2011	生产加工规程及管理规范	商检行标	现行有效
100	昆虫常规检疫规范	SN/T 2959—2011	植物保护规范	商检行标	现行有效
101	水果蔬菜和繁殖材料处理技术指标	SN/T 2960—2011	植物保护规范	商检行标	现行有效
102	出口低温真空冷冻干燥果蔬检验规程	SN/T 2904—2011	产品质量要求及测试方法	商检行标	现行有效
103	精油中砷、钡、铋、镉、铬、汞、铅、锑含量的测定方法 电感耦合等离子体质谱法	SN/T 2484—2010	产品质量要求及测试方法	商检行标	现行有效
104	进出口蜜饯检验规程	SN/T 3030—2011	产品质量要求及测试方法	商检行标	现行有效
105	出入境生物物种资源查验规程	SN/T 3071—2011	植物保护规范	商检行标	现行有效
106	种苗隔离检疫操作规程	SN/T 3072—2011	植物保护规范	商检行标	现行有效
107	超市鲜活农产品供应商评价指标体系	SB/T 10621—2011	生产加工规程及管理规范	商业行标	现行有效
108	超市基地直采供应链管理规范	SB/T 10623—2011	生产加工规程及管理规范	商业行标	现行有效
109	水果和蔬菜 气调储藏原则与技术	SB/T 10447—2007	生产加工规程及管理规范	商业行标	现行有效
110	柑橘类果品流通规范	SB/T 11028—2013	生产加工规程及管理规范	商业行标	现行有效

（续）

序号	标准名称	标准代号	标准类别	国标/行标	标准状态与建议
111	柠檬		产品等级规格	国标	立项
112	制汁甜橙		产品等级规格	农业行标	立项
113	加工用宽皮柑橘		产品等级规格	农业行标	立项
114	柑橘类水果及制品中多甲氧基黄酮含量的测定		产品质量要求及测试方法	农业行标	立项
115	哈姆林		产品等级规格	农业行标	计划制定
116	柚		产品等级规格	国标	计划制定
117	夏橙生产技术规程		生产加工规程及管理规范	农业行标	计划制定
118	脐橙生产技术规程		生产加工规程及管理规范	农业行标	计划制定
119	柑橘无病毒母本树及采穗圃		生产加工环境要求及分析测试方法	农业行标	计划制定
120	柑橘无病毒砧木园和母本园		生产加工环境要求及分析测试方法	农业行标	计划制定
121	柑橘容器苗繁育技术规范		种质要求及繁育检测评价方法	农业行标	计划制定
122	柑橘主要病毒类病害（碎叶病、裂皮病、温州蜜柑萎缩病、衰退病）检测技术规程		植物保护规范	农业行标	计划制定
123	柑橘主要细菌性病害（脚腐病、疮痂病、黑星病、炭疽病）检测技术规程		植物保护规范	农业行标	计划制定
124	柑橘储藏期病害检测技术规程		植物保护规范	农业行标	计划制定
125	柑橘检疫性病害（黄龙病、溃疡病）检测技术规程		植物保护规范	农业行标	计划制定
126	柑橘杂色褪绿病检测技术规程		植物保护规范	农业行标	计划制定
127	柑橘种质资源评价技术规范		种质要求及繁育检测评价方法	农业行标	计划制定
128	柑橘修剪技术规范		生产加工规程及管理规范	农业行标	计划制定
129	柑橘施肥技术规范		生产加工规程及管理规范	农业行标	计划制定
130	柑橘溃疡病防治技术规范		植物保护规范	农业行标	计划制定
131	柑橘黄龙病防治技术规范		植物保护规范	农业行标	计划制定
132	柑橘裂皮病防治技术规范		植物保护规范	农业行标	计划制定
133	柑橘碎叶病防治技术规范		植物保护规范	农业行标	计划制定
134	柑橘黑星病防治技术规范		植物保护规范	农业行标	计划制定
135	柑橘衰退病防治技术规范		植物保护规范	农业行标	计划制定
136	柑橘病虫害综合防治技术规程		植物保护规范	农业行标	计划制定
137	标准果园建设规范 柑橘	NY/T 2627—2014	生产加工规程及管理规范	农业行标	现行有效
138	柑橘建园技术规程		生产加工环境要求及分析测试方法	农业行标	计划制定
139	柑橘花果管理技术规程		生产加工规程及管理规范	农业行标	计划制定
140	柑橘始叶螨防治技术规程		植物保护规范	农业行标	计划制定
141	柑橘锈壁虱和黑刺粉虱防治技术规程		植物保护规范	农业行标	计划制定
142	柑橘矢尖蚧和红蜡蚧防治技术规程		植物保护规范	农业行标	计划制定

（续）

序号	标准名称	标准代号	标准类别	国标/ 行标	标准状态 与建议
143	柑橘潜叶蛾防治技术规程		植物保护规范	农业行标	计划制定
144	柑橘采后处理及储藏技术规程		生产加工规程及管理规范	农业行标	计划制定
145	柑橘罐头分级标准		产品等级规格	农业行标	计划制定
146	橙汁加工原料标准		产品等级规格	农业行标	计划制定
147	橙汁分级标准		产品等级规格	农业行标	计划制定
148	非浓缩橙汁（NFC）标准		产品等级规格	农业行标	计划制定
149	柑橘浓缩汁生产技术规程		生产加工规程及管理规范	农业行标	计划制定
150	柑橘类水果术语		基础标准	农业行标	计划制定
151	柑橘鲜果感官审评技术规程		生产加工环境要求及分析测试方法	农业行标	计划制定
152	柑橘容器苗		种质要求及繁育检测评价方法	农业行标	计划制定
153	无公害食品　柠檬生产技术规范		生产加工规程及管理规范	农业行标	计划制定
154	无公害食品　金柑（金桔）生产技术规范		生产加工规程及管理规范	农业行标	计划制定
155	柑橘中细胞激动素含量的测定方法		农业投入品质量要求及评价方法	农业行标	计划制定
156	柑橘中赤霉素含量的测定方法		农业投入品质量要求及评价方法	农业行标	计划制定
157	柑橘类水果及制品中柠檬酸、异柠檬酸、苹果酸含量的测定　离子色谱方法		产品质量要求及测试方法	农业行标	计划制定
158	柑橘类水果及制品　果糖、葡萄糖、蔗糖、麦芽糖含量的测定方法　液相色谱法		产品质量要求及测试方法	农业行标	计划制定
159	柑橘及制品中叶黄素、玉米黄素、β-隐黄质和番茄红素含量的测定　液相色谱-串联质谱法		产品质量要求及测试方法	农业行标	计划制定
160	引进柑橘种质资源的隔离和检疫技术规范		植物保护规范	农业行标	计划制定
161	细胞激动素在柑橘中的残留限量		农业投入品使用规范	农业行标	计划制定
162	赤霉素在柑橘中的残留限量		农业投入品使用规范	农业行标	计划制定
163	柑橘果汁中 5-羟甲基糠醛（5-HMF）的测定方法　液相色谱法		安全限量及测试方法	农业行标	计划制定
164	柑橘营养诊断技术规程		生产加工规程及管理规范	农业行标	计划制定
165	柑橘树体营养诊断及评价技术规范		生产加工规程及管理规范	农业行标	计划制定
166	柑橘园土壤肥力诊断及评价技术规范		生产加工环境要求及分析测试方法	农业行标	计划制定
167	柑橘品种特征特性描述规范		基础标准	农业行标	计划制定
168	杂交柑橘		生产加工规程及管理规范	农业行标	计划制定
169	有机柑橘		生产加工规程及管理规范	农业行标	计划制定
170	柑橘良种苗木场建设规范		生产加工环境要求及分析测试方法	农业行标	计划制定
171	有机柑橘栽培技术规程		生产加工规程及管理规范	农业行标	计划制定
172	柑橘砧木、种子		种质要求及繁育检测评价方法	农业行标	计划制定

第十章 2016 年度种植业产品标准体系研究报告——茶叶

一、产品标准及标准体系发展现状

1. 标准体系建设进展情况（包括标准体系建设框架） 茶叶是我国的传统出口产品，由于对外贸易的需要，我国自新中国成立以来，就开始茶叶标准的制订。20 世纪 50 年代茶叶标准化工作就开始启动，1950 年 3 月由中央贸易部在北京召开第一届全国商品检验工作会议，制定了《茶叶出口检验暂行标准》和《茶叶产地检验暂行办法》，当时主要是针对出口茶叶建立了多套商品茶实物标准样，商检部门统一对照实物标准样进行检验出口，茶叶的贸易标准样成为著名的商品名，如珠茶的 3505、眉茶的 9371 等。70 年代起，供销系统建立了各类茶叶用于收购的毛茶实物标准样；80 年代起，逐步发布、实施了各种茶叶的文字标准。由于茶叶产品既是初级加工产品又是食品，还是民族产品等特殊的产品属性，我国行政管理以领域管理方式为主，茶叶管理部门众多，标准又有四级体制，茶叶标准因管理的需要，发布了大量的标准。截至 2016 年 9 月，我国制定的涉及茶叶的国家标准 125 项（含2 项国家指导性技术文件）、行业标准 140 项，加上各省级地方标准 218 项，成为全世界茶叶标准项数最多的国家。由于我国茶叶标准出自多个部门，标准之间的冲突和不协调情况比较严重，一些标准长期没有进行修订，无法指导当前生产、流通和销售。因此，有必要对我国茶叶标准进行梳理，提出标准体系的框架，指导我国茶叶的生产和贸易。

（1）茶叶标准总体情况 近年来，我国的茶叶标准化工作取得了较快的进展，在我国经济、社会发展中发挥了重要作用。经全国茶叶工作者和标准工作者 60 多年来的共同努力，已制定、发布国家标准（含有关茶及茶制品相关的标准，不包括茶叶加工机械）125 项，行业标准（含农业、供销总社、商业部、进出口检验检疫）140 项，地方标准 218 项，企业标准约 10 000 项，构成了我国的茶叶标准体系。按照《中华人民共和国标准化法》规定，我国茶叶标准与其他产品一样，分国家、行业、地方和企业四级标准，另外，为了适应高新技术标准化发展快和变化快等特点，国家标准化行政主管部门于 1998 年通过《国家标准化指导性技术文件管理规定》作为四级标准的补充。在茶叶国家和行业标准中，有基础通用类标准；种子、种苗等种质资源类标准；产地环境、投入品等环境安全类标准；种植、植保和生产过程加工等生产管理类标准；等级规格、品质安全、原产地保护等茶叶相关产品类标准；检验检测方法类标准；包装、标识、储藏和运输等物流类标准等八个方面，覆盖了茶叶从种植、生产、加工、检测等领域以及整个产业链。

（2）国家标准 我国现有国家标准 125 项，其中基础通用类 18 项、检验检测方法类 32 项、环境安全类 1 项、种质资源类 1 项、生产管理类 9 项、产品类 57 项、物流类 2 项和质量追溯类 5 项。

（3）行业标准 我国现有农业行业标准 45 项，其中基础通用类 2 项、检验检测方法类 3 项、环境安全类 6 项、种质资源类 3 项、生产管理类 13 项、产品类 16 项、物流类 1 项和质量追溯类 1 项；供销社行业标准 13 项，其中基础通用类 1 项、检验检测方法类 0 项、环境安全类 0 项、种质资源类 0 项、生产管理类 2 项、产品类 8 项、物流类 2 项和质量追溯类 0 项；商业部、内贸部及进出口检验检疫行业标准 82 项，其中基础通用类 1 项、检验检测方法类 78 项、环境安全类 0 项、种质资源类 0 项、生产管理类 0 项、产品类 2 项、物流类 1 项和质量追溯类 0 项。

（4）地方标准 我国现有地方标准 218 项，其中基础通用类 5 项、检验检测方法类 11 项、环境安全类 0 项、种质资源类 0 项、生产管理类 51 项、产品类 135 项、物流类 5 项和质量追溯类 8 项。

2. 存在的主要问题

（1）标准管理问题（体制机制方面）　国家标准由多个部门发布，除安全限量标准由卫生健康委员会和农业农村部发布外，国家标准化管理委员会、国家质监局等也发布国家标准；茶叶行业标准发布的部门更多，除农业农村部外，还有质检总局、检验检疫局、供销社、轻工部、机械部等多个管理部分发布行业标准，这些标准之间存在交叉和重复，甚至技术指标要求不一，管理处于混乱状态。

（2）标准体系问题（标准自身系统性、重复交叉、实用性、研究基础等方面）　标准体系尚未健全。我国茶叶标准数量远超过任何产茶国，但缺乏系统性，国家未对我国茶叶标准进行全面的梳理，也未提出完整的茶叶标准规划。标准呈现碎片化的现象，制定部门多，重复制订多，不仅浪费资源和人力，同时也呈现滥用现象，如农业行业标准茶叶包装（NY/T 1999—2011）、运输和储藏通则发布后，供销部门发布了茶叶包装通则（GH/1070）和茶叶储存通则（GH/T 1071），2013 年国家又制定了茶叶储存（GB/T 30375—2013）。尽管标准数量多，真正的使用频率都不高，除产品标准需要在包装上标注外，其他过程以及环境标准除非进行产品认证需要外，较少被生产者使用。我国茶叶标准存在各部门交叉重复制定现象，本次对现行的包括国家标准、农业和供销行业标准进行了梳理。由于进出口检验检疫行业标准主要是针对茶叶或食品中包含茶叶的检测方法标准为主，促进茶叶进出口质量安全水平的提高，所以本次梳理不含进出口检验检疫行业标准。

建议《紧压茶生产加工技术规范》《紧压茶茶树种植良好规范》《紧压茶企业良好规范》等 3 个国家标准废止，对《农药安全使用标准》等 18 个国家标准进行修订、对《茶叶储存》和《水果、蔬菜及茶叶中吡虫啉残留的测定　高效液相色谱法》等 2 个国家标准进行整合修订。建议《茉莉花茶》《有机茶》《敬亭绿雪茶》等 9 个农业行业标准废止，对《洞庭春茶》《紫笋茶》《碧螺春茶》等 14 个农业行业标准进行修订，对《茶叶中炔螨特残留量的测定　气相色谱法》《茶叶中吡虫啉残留量的测定　高效液相色谱法标准》进行整合修订。建议《屯婺遂舒杭温平七套初制炒青绿茶》供销行业标准废止，对《茶叶包装通则》《茶叶储存通则》《茶叶生产技术规程》和《茶叶加工技术规程》等 4 个供销行业标准进行整合修订。具体详见下表 10－1。

表 10－1　标准体系梳理表

序号	标准编号	标准名称	清理意见				清理依据	备注
			废止	继续有效	修订	整合修订		
1	GB 4285—1989	农药安全使用标准			√		1. 与食品安全法中规定只有涉及食品安全标准才有国家强制标准，其他一律为推荐性 2. 有部分安全使用农药已经列入用或停产名单中，建议取消	
2	GB 14881—2013	食品安全国家标准　食品生产通用卫生规范		√				
3	GB 7718—2011	食品安全国家标准　预包装食品标签通则		√				
4	GB 23350—2009	限制商品过度包装要求　食品和化妆品		√				
5	GB/T 8321.1—2000	农药安全使用准则（一）			√		部分准则与 GB 2763 不一致	
6	GB/T 8321.2—2000	农药安全使用准则（二）			√		部分准则与 GB 2763 不一致	
7	GB/T 8321.3—2000	农药安全使用准则（三）			√		部分准则与 GB 2763 不一致	

（续）

序号	标准编号	标准名称	清理意见				清理依据	备注
			废止	继续有效	修订	整合修订		
8	GB/T 8321.4—2006	农药安全使用准则（四）			√		部分准则与 GB 2763 不一致	
9	GB/T 8321.5—2006	农药安全使用准则（五）			√		部分准则与 GB 2763 不一致	
10	GB/T 8321.6—2000	农药安全使用准则（六）			√		部分准则与 GB 2763 不一致	
11	GB/T 8321.7—2002	农药安全使用准则（七）			√		部分准则与 GB 2763 不一致	
12	GB/T 8321.8—2007	农药安全使用准则（八）			√		部分准则与 GB 2763 不一致	
13	GB/T 8321.9—2009	农药安全使用准则（九）			√		部分准则与 GB 2763 不一致	
14	GB/T 18795—2012	茶叶标准样品制备技术条件		√				
15	GB/T 18797—2012	茶叶感官审评室基本条件		√				
16	GB/T 24614—2009	紧压茶原料要求		√				
17	GB/T 24615—2009	紧压茶生产加工技术规范	√				与其他茶类无差异	
18	GB/T 30377—2013	紧压茶茶树种植良好规范	√				与其他茶类无差异	
19	GB/T 30378—2013	紧压茶企业良好规范	√				与其他茶类无差异	
20	GB/T 30375—2013	茶叶储存				√	建议与各行业的标准整合成一个标准	
21	GB/T 19630.1—2011	有机产品 第1部分：生产		√				
22	GB/T 19630.2—2011	有机产品 第2部分：加工		√				
23	GB/T 19630.3—2011	有机产品 第3部分：标识与销售		√				
24	GB/T 19630.4—2011	有机产品 第4部分：管理体系		√				
25	GB 11767—2003	茶树种苗		√				
26	GB/T 31748—2015	茶鲜叶处理要求		√				
27	GB/T 30766—2014	茶叶分类		√				
28	GB/T 9833.1—2013	紧压茶 花砖茶		√				
29	GB/T 9833.2—2013	紧压茶 黑砖茶		√				
30	GB/T 9833.3—2013	紧压茶 茯砖茶		√				
31	GB/T 9833.4—2013	紧压茶 康砖茶		√				
32	GB/T 9833.5—2013	紧压茶 沱茶		√				
33	GB/T 9833.6—2013	紧压茶 紧茶		√				
34	GB/T 9833.7—2013	紧压茶 金尖茶		√				
35	GB/T 9833.8—2013	紧压茶 米砖茶		√				
36	GB/T 9833.9—2013	紧压茶 青砖茶		√				
37	GB/T 13738.1—2008	红茶 第1部分：红碎茶		√				
38	GB/T 13738.2—2008	红茶 第2部分：工夫红茶		√				
39	GB/T 13738.3—2012	红茶 第3部分：小种红茶		√				
40	GB/T 14456.1—2008	绿茶 第1部分：基本要求		√				
41	GB/T 14456.2—2008	绿茶 第2部分：大叶种绿茶		√				

（续）

序号	标准编号	标准名称	清理意见				清理依据	备注
			废止	继续有效	修订	整合修订		
42	GB/T 21726—2008	黄茶		√				
43	GB/T 22291—2008	白茶		√				
44	GB/T 31751—2015	紧压白茶		√				
45	GB/T 30357.1—2013	乌龙茶 第1部分：基本要求		√				
46	GB/T 30357.2—2013	乌龙茶 第2部分：铁观音		√				
47	GB/T 30357.3—2015	乌龙茶 第3部分：黄金桂		√				
48	GB/T 30357.4—2015	乌龙茶 第4部分：水仙		√				
49	GB/T 30357.5—2015	乌龙茶 第5部分：肉桂		√				
50	GB/T 18650—2008	地理标志产品 龙井茶		√				
51	GB/T 18665—2008	地理标志产品 蒙山茶		√				
52	GB/T 18745—2006	地理标志产品 武夷岩茶			√		标龄过长	
53	GB/T 18957—2008	地理标志产品 洞庭（山）碧螺春茶		√				
54	GB/T 19460—2008	地理标志产品 黄山毛峰茶		√				
55	GB/T 19598—2006	地理标志产品 安溪铁观音			√		标龄过长	
56	GB/T 19691—2008	地理标志产品 狗牯脑茶		√				
57	GB/T 19698—2008	地理标志产品 太平猴魁茶		√				
58	GB/T 20354—2006	地理标志产品 安吉白茶			√		标龄过长	
59	GB/T 20360—2006	地理标志产品 乌牛早茶			√		标龄过长	
60	GB/T 20605—2006	地理标志产品 雨花茶			√		标龄过长	
61	GB/T 21003—2007	地理标志产品 庐山云雾茶		√				
62	GB/T 21824—2008	地理标志产品 永春佛手		√				
63	GB/T 22109—2008	地理标志产品 政和白茶		√				
64	GB/T 22111—2008	地理标志产品 普洱茶		√				
65	GB/T 22737—2008	地理标志产品 信阳毛尖茶		√				
66	GB/T 24710—2009	地理标志产品 坦洋工夫		√				
67	GB/T 26530—2011	地理标志产品 崂山绿茶		√				
68	GB/T 22292—2008	茉莉花茶		√				
69	GB/T 24690—2009	袋泡茶		√				
70	GB/T 31740.1—2015	茶制品 第1部分：固态速溶茶		√				
71	GB/T 31740.2—2015	茶制品 第2部分：茶多酚		√				
72	GB/T 31740.3—2015	茶制品 第3部分：茶黄素		√				
73	GB/T 21733—2008	茶饮料		√				
74	GB/T 25436—2010	热封型茶叶滤纸		√				
75	GB/T 28121—2011	非热封型茶叶滤纸		√				
76	GB/T 31280—2014	品牌价值评价 酒、饮料和精制茶制造业		√				

（续）

序号	标准编号	标准名称	清理意见				清理依据	备注
			废止	继续有效	修订	整合修订		
77	GB/T 8302—2013	茶 取样		√				
78	GB/T 8303—2013	茶 磨碎试样制备及其干物质含量测定		√				
79	GB/T 8304—2013	茶 水分测定		√				
80	GB/T 8305—2013	茶 水浸出物测定		√				
81	GB/T 8306—2013	茶 总灰分测定		√				
82	GB/T 8307—2013	茶 水溶性灰分和水不溶性灰分测定		√				
83	GB/T 8308—2013	茶 酸不溶性灰分测定		√				
84	GB/T 8309—2013	茶 水溶性灰分碱度测定		√				
85	GB/T 8310—2013	茶 粗纤维测定		√				
86	GB/T 8311—2013	茶 粉末和碎茶含量测定		√				
87	GB/T 8312—2013	茶 咖啡碱测定		√				
88	GB/T 8313—2008	茶叶中茶多酚和儿茶素类含量的检测方法		√				
89	GB/T 8314—2013	茶 游离氨基酸总量测定		√				
90	GB/T 18526.1—2001	速溶茶辐照杀菌工艺		√				
91	GB/T 18625—2002	茶中有机磷及氨基甲酸酯农药残留量的简易检验方法（酶抑制法）		√				
92	GB/T 5009.176—2003	茶叶、水果、食用植物油中三氯杀螨醇残留量的测定		√				
93	GB/T 18798.1—2008	固态速溶茶 第1部分：取样		√				
94	GB/T 18798.2—2008	固态速溶茶 第2部分：总灰分测定		√				
95	GB/T 18798.3—2008	固态速溶茶 第3部分：水分测定		√				
96	GB/T 18798.4—2013	固态速溶茶 第4部分：规格		√				
97	GB/T 18798.5—2013	固态速溶茶 第5部分：自由流动和紧密堆积密度测定		√				
98	GB/T 21727—2008	固态速溶茶 儿茶素类含量的检测方法		√				
99	GB/T 21728—2008	砖茶含氟量的检测方法		√				
100	GB/T 21729—2008	茶叶中硒含量的检测方法		√				
101	GB/T 23193—2008	茶叶中茶氨酸的测定 高效液相色谱		√				

（续）

序号	标准编号	标准名称	清理意见				清理依据	备注
			废止	继续有效	修订	整合修订		
102	GB/T 23204—2008	茶叶中 519 种农药及相关化学品残留量的测定 气相色谱-质谱法		✓				
103	GB/T 23205—2008	茶叶中 448 种农药及相关化学品残留量的测定 液相色谱-串联质谱法			✓		方法中的前处理存在部分问题，建议修订以提高部分农药的提取效率	
104	GB/T 23376—2009	茶叶中农药多残留测定 气相色谱/质谱法		✓				
105	GB/T 23379—2009	水果、蔬菜及茶叶中吡虫啉残留的测定 高效液相色谱法				✓	单个农药残留量检测方法不适用，建议和多残留检测方法合并	
106	GB/T 23776—2009	茶叶感官审评方法		✓				
107	GB/T 30376—2013	茶叶中铁、锰、铜、锌、镍、磷、硫、钾、钙、镁的测定-电感耦合等离子体发射光谱法		✓				
108	GB/T 30483—2013	茶叶中茶黄素测定-高效液相色谱法		✓				
109	GB 2762—2012	食品安全国家标准 食品中污染物限量			✓		茶叶中稀土限量指标存在不合理	
110	GB 2763—2014	食品安全国家标准 食品中农药最大残留限量			✓		还有部分登记农药还没制定限量	
111	GB 7718—2011	食品安全国家标准 预包装食品标签通则		✓				
112	GB 19965—2005	砖茶含氟量		✓				
113	GB/T 20014.12—2013	良好农业规范 第12部分：茶叶控制点与符合性规范		✓				
114	NY/T 456—2001	茉莉花茶	✓				有同名国家标准	
115	NY 5196—2002	有机茶	✓				按国家标准执行	
116	NY/T 482—2002	敬亭绿雪茶			✓		标龄过长	
117	NY/T 600—2002	富硒茶				✓	与供销行业标准重名，建议整合	
118	NY/T 779—2004	普洱茶	✓				有同名国家标准，且普洱茶作为地理标准产品	
119	NY/T 780—2004	红茶	✓				有同名国家标准	
120	NY/T 781—2004	六安瓜片茶	✓				只需制定地方标准	
121	NY/T 782—2004	黄山毛峰茶	✓				有同名国家标准，已有地理标准产品	
122	NY/T 783—2004	洞庭春茶			✓		标龄太长，部分引用标准作废	
123	NY/T 784—2004	紫笋茶			✓		标龄太长，部分引用标准作废	

（续）

序号	标准编号	标准名称	清理意见				清理依据	备注
			废止	继续有效	修订	整合修订		
124	NY/T 863—2004	碧螺春茶			√		标龄太长，部分引用标准作废	
125	NY/T 864—2012	苦丁茶		√				
126	NY/T 2672—2015	茶粉		√				
127	NY/T 1713—2009	绿色食品　茶饮料		√				
128	NY/T 288—2012	绿色食品　茶叶		√				
129	NY/T 2140—2012	绿色食品　代用茶			√		部分产品种类不符合国家卫健委药食同源目录	
130	NY/T 84—1988	茶尺蠖防治标准	√				每一种病虫害都建一个标准，不适宜	
131	NY/T 225—1994	机械化采茶技术规程			√		标龄太长，不能满足现有机械化要求	
132	NY/T 853—2004	茶叶产地环境技术条件			√		标龄太长，不能满足要求	
133	NY/T 5018—2015	无公害食品　茶叶生产技术规程		√				
134	NY/T 5197—2002	有机茶生产技术规程			√		标龄太长，不能满足要求	
135	NY/T 5198—2002	有机茶加工技术规程			√		标龄太长，不能满足要求	
136	NY 5199—2002	有机茶产地环境条件			√		标龄太长，不能满足要求	
137	NY 5020—2001	无公害食品　茶叶产地环境条件			√		标龄太长，不能满足要求 2016.10.01 作废	
138	NY 5123—2002	无公害食品　窨茶用茉莉花产地环境条件			√		标龄太长，不能满足要求 2016.10.01 作废	
139	NY/T 5124—2002	无公害食品　窨茶用茉莉花生产技术规程			√		标龄太长，不能满足要求	
140	NY/T 5245—2004	无公害食品　茉莉花茶加工技术规范			√		标龄太长，不能满足要求	
141	NY/T 5337—2006	无公害食品　茶叶生产管理规范	√				无公害农业品有全套规程	
142	NY/T 1206—2006	茶叶辐照杀菌工艺	√				辐照残留存在安全问题	
143	NY/T 1312—2007	农作物种质资源鉴定技术规程　茶树		√				
144	NY/T 1391—2007	珠兰花茶加工技术规程				√	与茉莉花茶加工技术规程等合并修改	
145	NY/T 1763—2009	农产品质量安全追溯操作规程　茶叶		√				
146	NY/T 1999—2011	茶叶包装、运输和储藏通则		√				
147	NY/T 2019—2011	茶树短穗扦插技术规程		√				
148	NY/T 2031—2011	农作物优异种质资源评价规范　茶树		√				

（续）

序号	标准编号	标准名称	清理意见				清理依据	备注
			废止	继续有效	修订	整合修订		
149	NY/T 2102—2011	茶叶抽样技术规范		√				
150	NY/T 2172—2012	标准茶园建设规范		√				
151	NY/T 391—2013	绿色食品　产地环境质量		√				
152	NY/T 393—2013	绿色食品　农药使用准则		√				
153	NY/T 394—2013	绿色食品　肥料使用准则		√				
154	NY/T 2740—2015	农产品地理标志茶叶类质量控制技术规范编写指南		√				
155	NY/T 2798.6—2015	无公害农产品　生产质量安全控制技术规范　第6部分：茶叶		√				
156	NY/T 1721—2009	茶叶中炔螨特残留量的测定　气相色谱法				√	归并到一类方法中	
157	NY/T 1724—2009	茶叶中吡虫啉残留量的测定　高效液相色谱法				√	归并到一类方法中	
158	GH/T 1090—2014	富硒茶				√	与农业行业标准整合	
159	GH/T 1091—2014	代用茶		√				
160	GH/T 016—1983	屯婺遂舒杭温平七套初制炒青绿茶	√				已不满足现有茶叶状况，在计划经济时的产物	
161	GH/T 1070—2011	茶叶包装通则				√	与农业行业标准重复	
162	GH/T 1071—2011	茶叶储存通则				√	与农业行业标准重复	
163	GH/T 1076—2011	茶叶生产技术规程				√	与农业行业标准重复	
164	GH/T 1077—2011	茶叶加工技术规程				√	与农业行业标准重复	
165	GB/Z 26576—2011	茶叶生产技术规范		√				
166	GB/Z 21722—2008	出口茶叶质量安全控制规范		√				

二、发展方向（包括国家、行业、地方标准等）

我国农产品质量安全水平持续提升，农产品质量安全合格率保持在较高水平，但是，我国消费者对农产品质量安全的要求不断提高，国家也将食品和农产品的安全提到国家安全的层面，农业农村部承诺农产品的两个确保。在全社会对农产品质量安全要求提高的条件下，农业标准是确保农产品质量安全的重要保障，只有在全产业的各个环节做好安全的基础，才能最终确保产品的质量安全。茶产业除满足国内消费者的需求外，还需要满足部分进口国的要求，欧洲、日本等茶叶进口对茶叶质量安全提出更加苛刻的要求。因此，茶叶标准将要求更高更严，确保茶叶产品出口，保持中国茶叶特别是绿茶在国际市场的地位。

1. 建立茶叶管理协调部门　我国茶叶属多部门管理，茶叶生产种植归农业部门、加工归食药监局、出口归进出口检验检疫部门，建议在国务院设立茶叶协调部门，对茶叶不同环节出现的问题，协调各部门加强交流、沟通，理清问题所在，合作解决问题，以便更好地管理茶叶的质量和安全工作。

2. 针对有地方特色的产品制定地方标准　从现有地方标准来看，各地重复制定现象严重，有些标准与国家、行业标准重复或矛盾，建议统一。

3. 加强标准研究工作 茶叶标准研究基础比较薄弱。目前全国大专院校和科研单位还没有专业的团队从事茶叶标准的研究，以至我国茶叶标准体系结构不完善，实用性不强；此外缺乏长期与国际标准之间的交流和合作，在国际标准中缺乏话语权。今后应加强茶叶标准研究工作，加快标准制修订工作，提高茶标准化水平，以便更好服务和提升茶产业水平。

三、标准体系建设主要措施

1. 本领域标准体系建设的重点内容 从以下茶业各环节加强标准制修订，进一步完善茶叶标准体系。

（1）茶树种苗标准制修订 修订《茶树种苗》国家标准，加强茶树品种鉴定和繁育等方法、规程标准的制定，进一步规范我国茶树种苗繁育和品种身份鉴定。

（2）茶叶质量安全标准制修订 修订茶园农药使用安全和食品安全国家标准、茶叶中农残最大限量等国家标准，加强茶叶中农残、风险元素等限量及其检测方法的制定，加强茶园病虫绿色防控和其他茶园投入品等方面标准的制定，规范茶叶投入品使用，确保茶叶质量安全，提高茶产品的国际竞争力。

（3）茶叶生产标准制修订 加大对茶叶生产领域特别是茶叶生产机械化方面标准的研究和制定，包括茶园施肥、茶园标准、耕作、植保、采收等机械化生产技术标准，促进茶叶生产机械化进程，提高在国内外市场的竞争力。

（4）茶叶加工标准制修订 进一步加强不同茶类加工技术规程的制修订，促进我国茶叶加工标准化，提高我国茶叶加工水平。

（5）茶叶新产品标准制定 加强我国茶叶产品标准的制定，规范一些茶叶新产品的生产和质量，促进茶叶新兴产业的发展。

2. 本领域标准体系建设的重点工程 茶叶全程质量安全标准研究与制定。围绕茶叶产品的质量安全，跟踪和比对世界各国标准，在整个茶产业链的各个环节进行风险布控，从产地环境、茶园布局、茶叶投入品安全、茶园病虫害防控、加工水平和安全、储运包装安全，产品质量保障和监测等方面制定和完善标准，包括安全限量、检测方法和技术规程等标准，确保茶叶产品质量安全和可追溯性。

四、标准体系汇总表

茶及相关制品国家标准、行业标准和地方标准见表 10-2、表 10-3 和表 10-4。

表 10-2 茶及相关制品国家标准体系表

序号	标准编号	标准分类	标准名称
1	GB 4285—1989	环境安全类	农药安全使用标准
2	GB 14881—2013	基础通用类	食品安全国家标准 食品生产通用卫生规范
3	GB 2762—2012	基础通用类	食品安全国家标准 食品中污染物限量
4	GB 2763—2014	基础通用类	食品安全国家标准 食品中农药最大残留限量
5	GB 19965—2005	基础通用类	砖茶含氟量
6	GB 7718—2011	基础通用类	食品安全国家标准 预包装食品标签通则
7	GB 23350—2009	基础通用类	限制商品过度包装要求 食品和化妆品
8	GB/T 8321.1—2000	基础通用类	农药安全使用准则（一）

（续）

序号	标准编号	标准分类	标准名称
9	GB/T 8321.2—2000	基础通用类	农药安全使用准则（二）
10	GB/T 8321.3—2000	基础通用类	农药安全使用准则（三）
11	GB/T 8321.4—2006	基础通用类	农药安全使用准则（四）
12	GB/T 8321.5—2006	基础通用类	农药安全使用准则（五）
13	GB/T 8321.6—2000	基础通用类	农药安全使用准则（六）
14	GB/T 8321.7—2002	基础通用类	农药安全使用准则（七）
15	GB/T 8321.8—2007	基础通用类	农药安全使用准则（八）
16	GB/T 8321.9—2009	基础通用类	农药安全使用准则（九）
17	GB/T 18795—2012	基础通用类	茶叶标准样品制备技术条件
18	GB/T 18797—2012	基础通用类	茶叶感官审评室基本条件
19	GB/T 24614—2009	产品类	紧压茶原料要求
20	GB/T 24615—2009	生产管理类	紧压茶生产加工技术规范
21	GB/T 30377—2013	生产管理类	紧压茶茶树种植良好规范
22	GB/T 30378—2013	质量追溯类	紧压茶企业良好规范
23	GB/T 30375—2013	物流类	茶叶储存
24	GB/T 19630.1—2011	生产管理类	有机产品　第1部分：生产
25	GB/T 19630.2—2011	生产管理类	有机产品　第2部分：加工
26	GB/T 19630.3—2011	物流类	有机产品　第3部分：标识与销售
27	GB/T 19630.4—2011	质量追溯类	有机产品　第4部分：管理体系
28	GB 11767—2003	种子资源类	茶树种苗
29	GB/T 30766—2014	基础通用类	茶叶分类
30	GB/T 31748—2015	生产管理类	茶鲜叶处理要求
31	GB/T 32742—2016	生产管理类	眉茶生产加工技术规范
32	GB/T 32743—2016	生产管理类	白茶加工技术规范
33	GB/T 32744—2016	生产管理类	茶叶加工良好规范
34	GB/T 9833.1—2013	产品类	紧压茶　花砖茶
35	GB/T 9833.2—2013	产品类	紧压茶　黑砖茶
36	GB/T 9833.3—2013	产品类	紧压茶　茯砖茶
37	GB/T 9833.4—2013	产品类	紧压茶　康砖茶
38	GB/T 9833.5—2013	产品类	紧压茶　沱茶
39	GB/T 9833.6—2013	产品类	紧压茶　紧茶
40	GB/T 9833.7—2013	产品类	紧压茶　金尖茶
41	GB/T 9833.8—2013	产品类	紧压茶　米砖茶
42	GB/T 9833.9—2013	产品类	紧压茶　青砖茶
43	GB/T 13738.1—2008	产品类	红茶　第1部分：红碎茶
44	GB/T 13738.2—2008	产品类	红茶　第2部分：工夫红茶
45	GB/T 13738.3—2012	产品类	红茶　第3部分：小种红茶
46	GB/T 14456.1—2008	产品类	绿茶　第1部分：基本要求
47	GB/T 14456.2—2008	产品类	绿茶　第2部分：大叶种绿茶
48	GB/T 14456.3—2016	产品类	绿茶　第3部分：中小叶种绿茶

（续）

序号	标准编号	标准分类	标准名称
49	GB/T 14456.4—2016	产品类	绿茶　第4部分：珠茶
50	GB/T 14456.5—2016	产品类	绿茶　第5部分：眉茶
51	GB/T 14456.6—2016	产品类	绿茶　第6部分：蒸青茶
52	GB/T 21726—2008	产品类	黄茶
53	GB/T 22291—2008	产品类	白茶
54	GB/T 31751—2015	产品类	紧压白茶
55	GB/T 30357.1—2013	产品类	乌龙茶　第1部分：基本要求
56	GB/T 30357.2—2013	产品类	乌龙茶　第2部分：铁观音
57	GB/T 30357.3—2015	产品类	乌龙茶　第3部分：黄金桂
58	GB/T 30357.4—2015	产品类	乌龙茶　第4部分：水仙
59	GB/T 30357.5—2015	产品类	乌龙茶　第5部分：肉桂
60	GB/T 32719.1—2016	产品类	黑茶　第1部分：基本要求
61	GB/T 32719.2—2016	产品类	黑茶　第2部分：花卷茶
62	GB/T 32719.3—2016	产品类	黑茶　第3部分：湘尖茶
63	GB/T 32719.4—2016	产品类	黑茶　第4部分：六堡茶
64	GB/T 18650—2008	产品类	地理标志产品　龙井茶
65	GB/T 18665—2008	产品类	地理标志产品　蒙山茶
66	GB/T 18745—2006	产品类	地理标志产品　武夷岩茶
67	GB/T 18957—2008	产品类	地理标志产品　洞庭（山）碧螺春茶
68	GB/T 19460—2008	产品类	地理标志产品　黄山毛峰茶
69	GB/T 19598—2006	产品类	地理标志产品　安溪铁观音
70	GB/T 19691—2008	产品类	地理标志产品　狗牯脑茶
71	GB/T 19698—2008	产品类	地理标志产品　太平猴魁茶
72	GB/T 20354—2006	产品类	地理标志产品　安吉白茶
73	GB/T 20360—2006	产品类	地理标志产品　乌牛早茶
74	GB/T 20605—2006	产品类	地理标志产品　雨花茶
75	GB/T 21003—2007	产品类	地理标志产品　庐山云雾茶
76	GB/T 21824—2008	产品类	地理标志产品　永春佛手
77	GB/T 22109—2008	产品类	地理标志产品　政和白茶
78	GB/T 22111—2008	产品类	地理标志产品　普洱茶
79	GB/T 22737—2008	产品类	地理标志产品　信阳毛尖茶
80	GB/T 24710—2009	产品类	地理标志产品　坦洋工夫
81	GB/T 26530—2011	产品类	地理标志产品　崂山绿茶
82	GB/T 22292—2008	产品类	茉莉花茶
83	GB/T 24690—2009	产品类	袋泡茶
84	GB/T 31740.1—2015	产品类	茶制品　第1部分：固态速溶茶
85	GB/T 31740.2—2015	产品类	茶制品　第2部分：茶多酚
86	GB/T 31740.3—2015	产品类	茶制品　第3部分：茶黄素

(续)

序号	标准编号	标准分类	标准名称
87	GB/T 21733—2008	产品类	茶饮料
88	GB/T 25436—2010	产品类	热封型茶叶滤纸
89	GB/T 28121—2011	产品类	非热封型茶叶滤纸
90	GB/T 31280—2014	质量追溯类	品牌价值评价 酒、饮料和精制茶制造业
91	GB/T 8302—2013	方法类	茶 取样
92	GB/T 8303—2013	方法类	茶 磨碎试样制备及其干物质含量测定
93	GB/T 8304—2013	方法类	茶 水分测定
94	GB/T 8305—2013	方法类	茶 水浸出物测定
95	GB/T 8306—2013	方法类	茶 总灰分测定
96	GB/T 8307—2013	方法类	茶 水溶性灰分和水不溶性灰分测定
97	GB/T 8308—2013	方法类	茶 酸不溶性灰分测定
98	GB/T 8309—2013	方法类	茶 水溶性灰分碱度测定
99	GB/T 8310—2013	方法类	茶 粗纤维测定
100	GB/T 8311—2013	方法类	茶 粉末和碎茶含量测定
101	GB/T 8312—2013	方法类	茶 咖啡碱测定
102	GB/T 8313—2008	方法类	茶叶中茶多酚和儿茶素类含量的检测方法
103	GB/T 8314—2013	方法类	茶 游离氨基酸总量测定
104	GB/T 18526.1—2001	方法类	速溶茶辐照杀菌工艺
105	GB/T 18625—2002	方法类	茶中有机磷及氨基甲酸酯农药残留量的简易检验方法（酶抑制法）
106	GB/T 5009.176—2003	方法类	茶叶、水果、食用植物油中三氯杀螨醇残留量的测定
107	GB/T 18798.1—2008	方法类	固态速溶茶 第 1 部分：取样
108	GB/T 18798.2—2008	方法类	固态速溶茶 第 2 部分：总灰分测定
109	GB/T 18798.3—2008	方法类	固态速溶茶 第 3 部分：水分测定
110	GB/T 18798.4—2013	产品类	固态速溶茶 第 4 部分：规格
111	GB/T 18798.5—2013	方法类	固态速溶茶 第 5 部分：自由流动和紧密堆积密度测定
112	GB/T 21727—2008	方法类	固态速溶茶 儿茶素类含量的检测方法
113	GB/T 21728—2008	方法类	砖茶含氟量的检测方法
114	GB/T 21729—2008	方法类	茶叶中硒含量的检测方法
115	GB/T 23193—2008	方法类	茶叶中茶氨酸的测定 高效液相色谱法
116	GB/T 23204—2008	方法类	茶叶中 519 种农药及相关化学品残留量的测定 气相色谱-质谱法
117	GB/T 23205—2008	方法类	茶叶中 448 种农药及相关化学品残留量的测定 液相色谱-串联质谱法
118	GB/T 23376—2009	方法类	茶叶中农药多残留测定 气相色谱/质谱法
119	GB/T 23379—2009	方法类	水果、蔬菜及茶叶中吡虫啉残留的测定 高效液相色谱法
120	GB/T 23776—2009	方法类	茶叶感官审评方法
121	GB/T 30376—2013	方法类	茶叶中铁、锰、铜、锌、镍、磷、硫、钾、钙、镁的测定 电感耦合等离子体发射光谱法
122	GB/T 30483—2013	方法类	茶叶中茶黄素测定 高效液相色谱法
123	GB/T 20014.12—2013	质量追溯类	良好农业规范 第 12 部分：茶叶控制点与符合性规范
124	GB/Z 26576—2011	生产管理类	茶叶生产技术规范
125	GB/Z 21722—2008	质量追溯类	出口茶叶质量安全控制规范

表 10 - 3 茶及相关制品行业标准体系表

序号	标准编号	标准分类	标准名称
1	NY/T 456—2001	产品类	茉莉花茶
2	NY 5196—2002	产品类	有机茶
3	NY/T 482—2002	产品类	敬亭绿雪茶
4	NY/T 600—2002	产品类	富硒茶
5	NY/T 779—2004	产品类	普洱茶
6	NY/T 780—2004	产品类	红茶
7	NY/T 781—2004	产品类	六安瓜片茶
8	NY/T 782—2004	产品类	黄山毛峰茶
9	NY/T 783—2004	产品类	洞庭春茶
10	NY/T 784—2004	产品类	紫笋茶
11	NY/T 863—2004	产品类	碧螺春茶
12	NY/T 864—2012	产品类	苦丁茶
13	NY/T 2672—2015	产品类	茶粉
14	NY/T 1713—2009	产品类	绿色食品　茶饮料
15	NY/T 288—2012	产品类	绿色食品　茶叶
16	NY/T 2140—2015	产品类	绿色食品　代用茶
17	NY/T 84—1988	生产管理类	茶尺蠖防治标准
18	NY/T 225—1994	生产管理类	机械化采茶技术规程
19	NY/T 853—2004	生产管理类	茶叶产地环境技术条件
20	NY/T 5010—2016 （代替 NY/T 5020—2001、 NY 5123—2002）	环境安全类	无公害农产品　种植业产地环境条件
21	NY/T 5018—2015	生产管理类	无公害食品　茶叶生产技术规程
22	NY/T 5197—2002	生产管理类	有机茶生产技术规程
23	NY/T 5198—2002	生产管理类	有机茶加工技术规程
24	NY 5199—2002	环境安全类	有机茶产地环境条件
25	NY 5020—2001 （2016—10—01 作废）	环境安全类	无公害食品　茶叶产地环境条件
26	NY 5123—2002 （2016—10—01 作废）	环境安全类	无公害食品　窨茶用茉莉花产地环境条件
27	NY/T 5124—2002	生产管理类	无公害食品　窨茶用茉莉花生产技术规程
28	NY/T 5245—2004	生产管理类	无公害食品　茉莉花茶加工技术规范
29	NY/T 5337—2006	生产管理类	无公害食品　茶叶生产管理规范
30	NY/T 1206—2006	生产管理类	茶叶辐照杀菌工艺
31	NY/T 1312—2007	种子资源类	农作物种质资源鉴定技术规程　茶树
32	NY/T 1391—2007	生产管理类	珠兰花茶加工技术规程
33	NY/T 1763—2009	质量追溯类	农产品质量安全追溯操作规程　茶叶
34	NY/T 1999—2011	物流类	茶叶包装、运输和储藏通则
35	NY/T 2019—2011	种子资源类	茶树短穗扦插技术规程

（续）

序号	标准编号	标准分类	标准名称
36	NY/T 2031—2011	种子资源类	农作物优异种质资源评价规范　茶树
37	NY/T 2102—2011	方法类	茶叶抽样技术规范
38	NY/T 2172—2012	基础通用类	标准茶园建设规范
39	NY/T 391—2013	环境安全类	绿色食品　产地环境质量
40	NY/T 393—2013	生产管理类	绿色食品　农药使用准则
41	NY/T 394—2013	环境安全类	绿色食品　肥料使用准则
42	NY/T 2740—2015	基础通用类	农产品地理标志茶叶类质量控制技术规范编写指南
43	NY/T 2798.6—2015	生产管理类	无公害农产品　生产质量安全控制技术规范　第 6 部分：茶叶
44	NY/T 1721—2009	方法类	茶叶中炔螨特残留量的测定　气相色谱法
45	NY/T 1724—2009	方法类	茶叶中吡虫啉残留量的测定　高效液相色谱法
46	GH/T 1090—2014	产品类	富硒茶
47	GH/T 1091—2014	产品类	代用茶
48	GH/T 016—1983	产品类	屯婺遂舒杭温平七套初制炒青绿茶
49	GH/T 1070—2011	物流类	茶叶包装通则
50	GH/T 1071—2011	物流类	茶叶储存通则
51	GH/T 1076—2011	生产管理类	茶叶生产技术规程
52	GH/T 1077—2011	生产管理类	茶叶加工技术规程
53	GH/T 1115—2015	产品类	西湖龙井茶
54	GH/T 1116—2015	产品类	九曲红梅茶
55	GH/T 1117—2015	产品类	桂花茶
56	GH/T 1118—2015	产品类	金骏眉茶
57	GH/T 1119—2015	基础通用类	茶叶标准体系表
58	GH/T 1120—2015	产品类	雅安藏茶
59	SB/T 10034—1992	基础通用类	茶叶加工技术术语
60	SB/T 10157—1993	方法类	茶叶感官审评方法
61	SB/T 10167—1993	产品类	祁门工夫红茶
62	SB/T 10168—1993	产品类	闽烘青绿茶
63	SB/T 10560—2010	物流类	中央储备边销茶储存库资质条件
64	SN/T 0278—2009	方法类	进出口食品中甲胺磷残留量检测方法
65	SN/T 0348.1—2010	方法类	进出口茶叶中三氯杀螨醇残留量检测方法
66	SN 0147—1992	方法类	出口茶叶中六六六、滴滴涕残留量检验方法
67	SN 0497—1995	方法类	出口茶叶中多种有机氯农药残留量检验方法
68	SN/T 0711—2011	方法类	出口茶叶中二硫代氨基甲酸酯（盐）类农药残留量的检测方法　液相色谱-质谱/质谱法
69	SN/T 0797—1999	方法类	出口保健茶检验通则
70	SN/T 0912—2000	方法类	进出口茶叶包装检验方法
71	SN/T 0914—2000	方法类	进出口茶叶粉末和碎茶含量测定方法
72	SN/T 0915—2000	方法类	进出口茶叶咖啡碱测定方法
73	SN/T 0916—2000	方法类	进出口茶叶磨碎试样干物质含量的测定方法
74	SN/T 0917—2010	方法类	进出口茶叶品质感官审评方法

（续）

序号	标准编号	标准分类	标准名称
75	SN/T 0918—2000	方法类	进出口茶叶抽样方法
76	SN/T 0919—2000	方法类	进出口茶叶水分测定方法
77	SN/T 0920—2000	方法类	进出口茶叶水浸出物测定方法
78	SN/T 0921—2000	方法类	进出口茶叶水溶性灰分和水不溶性灰分测定方法
79	SN/T 0922—2000	方法类	进出口茶叶水溶性灰分碱度测定方法
80	SN/T 0923—2000	方法类	进出口茶叶酸不溶灰分测定方法
81	SN/T 0924—2000	方法类	进出口茶叶重量鉴定方法
82	SN/T 0925—2000	方法类	进出口茶叶总灰分测定方法
83	SN/T 0926—2000	方法类	进出口茶叶中硒的检验方法　荧光光度法
84	SN/T 1490—2004	方法类	进出口茶叶检疫规程
85	SN/T 1591—2005	方法类	进出口茶叶中 9 种有机杂环类农药残留量的检验方法
86	SN/T 1594—2005	方法类	进出口茶叶中噻嗪酮残留量检验方法　气相色谱法
87	SN/T 1117—2008	方法类	进出口食品中多种菊酯类农药残留量测定方法　气相色谱法
88	SN/T 1624—2009	方法类	进出口食品中嘧霉胺、嘧菌胺、腈菌唑、嘧菌酯残留量的检测方法　气相色谱-质谱法
89	SN/T 1737.3—2010	方法类	除草剂残留量检验方法　第 3 部分：液相色谱-质谱/质谱法
90	SN/T 1774—2006	方法类	进出口茶叶中八氯二丙醚残留量检测方法　气相色谱法
91	SN/T 1923—2007	方法类	进出口食品中草甘膦残留量的检测方法　液相色谱-质谱/质谱法
92	SN/T 1950—2007	方法类	进出口茶叶中多种有机磷农药残留量的检测方法　气相色谱法
93	SN/T 1967—2007	方法类	进出口食品中异稻瘟净残留量的检测方法
94	SN/T 1969—2007	方法类	进出口食品中联苯菊酯残留量的检测方法　气相色谱-质谱法
95	SN/T 1971—2007	方法类	进出口食品中茚虫威残留量的检测方法　气相色谱法和液相色谱-质谱/质谱法
96	SN/T 1972—2007	方法类	进出口食品中莠去津残留量的检测方法　气相色谱-质谱法
97	SN/T 1973—2007	方法类	进出口食品中阿维菌素残留量的检测方法　高效液相色谱-质谱/质谱法
98	SN/T 1975—2007	方法类	进出口食品中苯醚甲环唑残留量的检测方法　气相色谱-质谱法
99	SN/T 1978—2007	方法类	进出口食品中狄氏剂和异狄氏剂残留量检测方法　气相色谱-质谱法
100	SN/T 1981—2007	方法类	进出口食品中环氟菌胺残留量的检测方法　气相色谱-质谱法
101	SN/T 1982—2007	方法类	进出口食品中氟虫腈残留量检测方法　气相色谱-质谱法
102	SN/T 1986—2007	方法类	进出口食品中溴虫腈残留量检测方法
103	SN/T 1989—2007	方法类	进出口食品中丁酰肼残留量检测方法　气相色谱-质谱法
104	SN/T 1990—2007	方法类	进出口食品中三唑锡和三环锡残留量的检测方法　气相色谱-质谱法
105	SN/T 2056—2008	方法类	进出口茶叶中铅、砷、镉、铜、铁含量的测定电感耦合等离子体原子发射光谱法
106	SN/T 2072—2008	方法类	进出口茶叶中三氯杀螨砜残留量的测定
107	SN/T 2094—2008	方法类	进出口食品中 α-硫丹和 β-硫丹残留量的检测方法　酶联免疫法
108	SN/T 2147—2008	方法类	进出口食品中硫线磷残留量的检测方法
109	SN/T 2156—2008	方法类	进出口食品中苯线磷残留量的检测方法　气相色谱-质谱法
110	SN/T 2158—2008	方法类	进出口食品中毒死蜱残留量检测方法
111	SN/T 2229—2008	方法类	进出口食品中稻瘟灵残留量检测方法

（续）

序号	标准编号	标准分类	标准名称
112	SN/T 2230—2008	方法类	进出口食品中腐霉利残留量的检测方法　气相色谱-质谱法
113	SN/T 2234—2008	方法类	进出口食品中丙溴磷残留量检测方法　气相色谱法和气相色谱-质谱法
114	SN/T 2235—2008	方法类	进出口食品中嘧菌环胺残留量检测方法　气相色谱-质谱法
115	SN/T 2236—2008	方法类	进出口食品中氟硅唑残留量检测方法　气相色谱-质谱法
116	SN/T 2319—2009	方法类	进出口食品中喹氧灵残留量检测方法
117	SN/T 2321—2009	方法类	进出口食品中腈菌唑残留量检测方法　气相色谱-质谱法
118	SN/T 2386—2009	方法类	进出口食品中氯酯磺草胺残留量的测定　液相色谱-质谱/质谱法
119	SN/T 2387—2009	方法类	进出口食品中井冈霉素残留量的测定　液相色谱-质谱/质谱法
120	SN/T 2431—2010	方法类	进出口食品中苯螨醚残留量的检测方法
121	SN/T 2432—2010	方法类	进出口食品中哒螨灵残留量的检测方法
122	SN/T 2433—2010	方法类	进出口食品中炔草酯残留量的检测方法
123	SN/T 2441—2010	方法类	进出口食品中涕灭威、涕灭威砜、涕灭威亚砜残留量检测方法　液相色谱-质谱/质谱法
124	SN/T 2456—2010	方法类	进出口食品中苯胺灵残留量的测定　气相色谱-质谱法
125	SN/T 2458—2010	方法类	进出口食品中十三吗啉残留量的测定　液相色谱-质谱/质谱法
126	SN/T 2459—2010	方法类	进出口食品中氟烯草酸残留量的测定　气相色谱-质谱法
127	SN/T 2514—2010	方法类	进出口食品中噻酰菌胺残留量的测定　液相色谱-质谱/质谱法
128	SN/T 2540—2010	方法类	进出口食品中苯甲酰脲类农药残留量的测定　液相色谱-质谱/质谱法
129	SN/T 2560—2010	方法类	进出口食品中氨基甲酸酯类农药残留量的测定　液相色谱-质谱/质谱法
130	SN/T 2561—2010	方法类	进出口食品中吡啶类农药残留量的测定　液相色谱-质谱/质谱法
131	SN/T 2581—2010	方法类	进出口食品中氟虫酰胺残留量的测定　液相色谱-质谱/质谱法
132	SN/T 2623—2010	方法类	进出口食品中吡丙醚残留量的检测方法　液相色谱-质谱/质谱法
133	SN/T 2646—2010	方法类	进出口食品中吡螨胺残留量检测方法　气相色谱-质谱法
134	SN/T 2647—2010	方法类	进出口食品中炔苯酰草胺残留量检测方法　气相色谱-质谱法
135	SN/T 2648—2010	方法类	进出口食品中啶酰菌胺残留量的测定　气相色谱-质谱法
136	SN/T 3133—2012	方法类	出口茶叶检验规程
137	SN/T 3263—2012	方法类	出口食品中黄曲霉毒素残留量的测定
138	SN/T 0448—2011	方法类	进出口食品中砷、汞、铅、镉的检测方法　电感耦合等离子体质谱（ICP—MS）法
139	SN/T 4089—2015	方法类	进出口食品中高氯酸盐的测定
140	SN/T 4456—2016	方法类	进出口袋泡茶检验规程

表 10-4　茶及相关制品地方标准体系表

序号	标准编号	标准分类	标准名称
1	DBS13/002—2015	产品类	食品安全地方标准　代用茶
2	DB15/T 525—2012	产品类	蒙餐奶茶
3	DBS22/032—2014	产品类	食品安全地方标准　代用茶
4	DB22/T 1671—2012	方法类	茶饮料和调味茶饮料中咖啡因和五种儿茶素类（儿茶素、表儿茶素、表没食子儿茶素没食子酸酯、表儿茶素没食子酸酯和表没食子儿茶素）含量的测定　高效液相色谱方法

（续）

序号	标准编号	标准分类	标准名称
5	DB22/T 2003—2014	方法类	水果、蔬菜和茶叶中拟除虫菊酯类农药残留量　快速检测方法　薄层色谱法
6	DB31/T 215.1—1998	方法类（物流类）	茶叶的检验规则，标志，标识和包装，运输，储存
7	DB31/T 215.2—1998	产品类	特种绿茶
8	DB31/T 215.3—1998	产品类	红茶
9	DB31/T 215.5—1998	产品类	茉莉花茶
10	DB32/T 432—2012	生产管理类	雨花茶加工技术规程
11	DB32/T 751—2012	产品类	超微绿茶粉
12	DB32/T 1617—2010	生产管理类	低咖啡因绿茶加工技术规程
13	DB32/T 1817—2011	产品类	花果山云雾茶
14	DB32/T 2070—2012	产品类	茗苑曲毫茶等级
15	DB32/T 2073—2012	产品类	吟红茶等级
16	DB32/T 2489—2013	生产管理类	茗毫茶生产、加工技术规程
17	DB32/T 2494—2013	产品类	雪莲茶质量分级
18	DB32/T 2497—2013	生产管理类	银毫茶加工技术规程
19	DB32/T 2695—2014	产品类	地理标志产品 金坛雀舌茶
20	DB32/T 2697—2014	生产管理类	青茶加工技术规程
21	DB3201/T 003—2002	生产管理类	南京雨花茶栽培技术规程
22	DB3301/T 059.1—2008	产品类	雪水云绿茶　第1部分：商品茶
23	DB3301/T 059.2—2008	生产管理类	雪水云绿茶　第2部分：栽培技术规程
24	DB3301/T 059.3—2008	生产管理类	雪水云绿茶　第3部分：加工技术规程
25	DB3301/T 121—2008	生产管理类	西湖龙井茶手工炒制工艺规程
26	DB33/T 729—2015	生产管理类	建德苞茶生产技术规范
27	DB33/T 739—2015	生产管理类	松阳茶生产技术规范
28	DB33/T 797—2015	生产管理类	惠明茶生产技术规程
29	DB33/T 941—2014	生产管理类	扁形绿茶加工工艺技术规程
30	DB33/T 967—2015	生产管理类	香茶加工技术规程
31	DB34/T 237—2011	产品类	地理标志产品　六安瓜片茶
32	DB34/T 366—2015	生产管理类	九华佛茶生产加工技术规程
33	DB34/T 365—2015	产品类	九华佛茶
34	DB34/T 426—2015	产品类	天华谷尖茶
35	DB34/T 427—2015	生产管理类	天华谷尖茶加工技术规程
36	DB34/T 989—2013	产品类	地理标志产品　金山时雨茶
37	DB34/T 1356—2013	产品类	地理标志产品　松萝茶
38	DB34/T 1582—2012	产品类	地理标志产品　汀溪兰香茶
39	DB34/T 1824—2013	产品类	白云春毫茶
40	DB34/T 1841—2013	产品类	安茶
41	DB34/T 1842—2013	产品类	泾县兰香茶
42	DB34/T 2068—2014	产品类	地理标志产品　金寨红茶
43	DB34/T 2571—2015	生产管理类	石墨茶加工技术规程

（续）

序号	标准编号	标准分类	标准名称
44	DBS34/2607—2016	产品类	食品安全地方标准　代用茶
45	DB35/T 97.6—2006	产品类	八仙茶　毛茶
46	DB35/T 97.8—2006	产品类	八仙茶　成品茶
47	DB35/T 103.7—2000	产品类	安溪乌龙茶标准综合体　毛茶
48	DB35/T 148.7—2001	产品类	绿茶标准综合体　绿茶（烘青）毛茶
49	DB35/T 148.9—2001	产品类	绿茶标准综合体　绿茶（烘青）成品茶
50	DB35/T 152.9—2001	方法类	白茶标准综合体　茶叶取样方法
51	DB35/T 152.10—2001	方法类	白茶标准综合体　茶叶品质感官检验方法
52	DB35/T 152.11—2001	方法类	白茶标准综合体　茶叶理化检验方法
53	DB35/T 152.12—2001	方法类	白茶标准综合体　评茶术语
54	DB35/T 152.13—2001	产品类	白茶标准综合体　白茶鲜叶
55	DB35/T 152.15—2001	产品类	白茶标准综合体　白毛茶
56	DB35/T 152.17—2001	产品类	白茶标准综合体　白茶
57	DB35/T 405—2000	产品类	安溪乌龙茶
58	DB35/T 612—2005	生产管理类	绿茶、茉莉花茶加工企业良好操作规范
59	DB35/T 613—2005	质量追溯类	乌龙茶加工企业良好操作规范
60	DB35/T 614—2005	物流类	茶叶储藏、运输企业良好操作规范
61	DB35/T 633—2005	产品类	坦洋工夫红茶　毛茶
62	DB35/T 635—2005	产品类	坦洋工夫红茶　成品茶
63	DB35/T 660—2006	产品类	天山绿茶
64	DB35/T 673—2006	产品类	蒸青绿茶　毛茶
65	DB35/T 675—2006	产品类	蒸青绿茶　成品茶
66	DB35/T 713—2006	产品类	永春佛手茶　毛茶
67	DB35/T 714—2006	产品类	永春佛手茶　精茶
68	DB35/T 824—2008	产品类	白芽奇兰茶　毛茶
69	DB35/T 825—2008	产品类	白芽奇兰茶　成品茶
70	DB35/T 1228—2015	产品类	地理标志产品　武夷红茶
71	DB35/T 1363—2013	产品类	地理标产品　福鼎白茶实物标准样
72	DB35/T 1378—2013	产品类	地理标志产品　邵武碎铜茶
73	DB35/T 1498—2015	产品类	地理标志产品　永定万应茶
74	DB35/T 1505—2015	生产管理类	红茶加工通用技术规程
75	DB36/T 438—2012	产品类	浮梁茶
76	DB36/T 448—2015	产品类	得雨活茶
77	DB36/T 588—2010	生产管理类	有机食品　资溪白茶加工技术规程
78	DB36/T 631—2011	产品类	上犹绿茶
79	DB36/T 634—2011	质量追溯类	上犹绿茶　管理体系
80	DB36/T 635—2011	物流类	上犹绿茶　标识与销售
81	DB36/T 712—2013	产品类	地理标志产品　靖安白茶
82	DB36/T 752—2013	产品类	地理标志产品　婺源绿茶
83	DB37/T 1426—2009	产品类	威海绿茶

（续）

序号	标准编号	标准分类	标准名称
84	DB37/T 1793—2011	产品类	泰安泰山绿茶
85	DB37/T 1985—2011	生产管理类	泰山绿茶加工技术规程
86	DB37/T 2186—2012	生产管理类	桑叶茶加工技术规程
87	DB41/T 335—2004	产品类	信阳毛尖茶
88	DB41/T 337—2004	生产管理类	无公害信阳毛尖茶生产基本要求
89	DB41/T 407—2005	产品类	桐柏玉叶茶
90	DB41/T 839—2013	生产管理类	银杏叶茶加工技术规程
91	DB42/T 143—2002	产品类	富硒茶
92	DB42/T 182—2011	产品类	采花毛尖茶
93	DB42/T 195—2000	产品类	五峰毛尖茶
94	DB42/T 210—2014	产品类	地理标志产品　英山云雾茶
95	DB42/T 289—2014	产品类	地理标志产品　来凤藤茶
96	DB42/T 291—2011	产品类	箭茶
97	DB42/T 293—2004	产品类	龙峰茶
98	DB42/323—2011	产品类	邓村绿茶
99	DB42/T 359—2006	产品类	机制条形优质绿茶
100	DB42/T 360—2006	产品类	机制针形优质绿茶
101	DB42/T 391—2010	产品类	伍家台贡茶
102	DB42/T 417—2007	产品类	红庙翠峰茶
103	DB42/T 522—2015	产品类	地理标志产品　鹤峰茶
104	DB42/T 666—2010	产品类	湖北乌龙茶
105	DB42/T 818—2012	产品类	武当道茶
106	DB42/T 835—2012	产品类	地理标志产品　羊楼洞砖茶
107	DB42/T 855—2012	产品类	五峰绿茶（地理标志证明商标）
108	DB42/T 896—2013	产品类	荷叶茶
109	DB42/T 897—2013	产品类	襄阳高香茶（地理标志证明商标）
110	DB42/T 916—2013	产品类	湖北宜红茶
111	DB42/T 969—2014	产品类	青砖茶
112	DB42/T 998—2014	产品类	地理标志产品　大悟绿茶
113	DB42/T 1010—2014	产品类	地理标志产品　老君眉茶
114	DB42/T 1015—2014	产品类	远安黄茶
115	DB42/T 1016—2014	产品类	白化茶
116	DB42/T 1042—2015	产品类	地理标志产品　梅子贡茶
117	DB42/T 1059—2015	产品类	红（米）砖茶
118	DB43/T 205—2012	产品类	地理标志产品　古丈毛尖茶
119	DB43/272—2005	产品类	桃源大叶茶
120	DB43/T 389—2010	产品类	安化黑茶　千两茶
121	DB43/T 521—2010	产品类	毛尖茶感官审评定级方法
122	DB43/T 568—2010	基础类	安化黑茶通用技术要求
123	DB43/T 569—2010	产品类	安化黑茶　茯砖茶

（续）

序号	标准编号	标准分类	标准名称
124	DB43/T 570—2010	产品类	安化黑茶 花砖茶
125	DB43/T 571—2010	产品类	安化黑茶 湘尖茶
126	DB43/T 572—2010	产品类	安化黑茶 黑砖茶
127	DB43/T 654—2011	物流类	安化黑茶包装标识运输储存技术规范
128	DB43/T 655—2011	生产管理类	安化黑茶加工通用技术要求
129	DB43/T 656—2011	方法类	安化黑茶冲泡及饮用方法
130	DB43/T 659—2011	产品类	安化黑茶 黑毛茶
131	DB43/T 769—2013	产品类	岳阳黄茶
132	DB43/T 796—2013	产品类	地理标志产品碣滩茶
133	DB43/T 797—2013	生产管理类	地理标志产品 碣滩茶生产技术规范
134	DB43/T 800.1—2013	生产管理类	有机茶出口种植基地安全质量控制技术规程 第1部分：基本要求
135	DB43/T 800.2—2013	生产管理类	有机茶出口种植基地安全质量控制技术规程 第2部分：栽培管理
136	DB43/T 800.3—2013	生产管理类	有机茶出口种植基地安全质量控制技术规程 第3部分：加工销售
137	DB43/T 800.4—2013	生产管理类	有机茶出口种植基地安全质量控制技术规程 第4部分：质量控制
138	DB43/T 863—2014	产品类	保靖黄金茶 毛尖绿茶
139	DB43/T 928.1—2014	产品类	地理标志产品 玲珑茶 第1部分：产品质量
140	DB43/T 928.2—2014	生产管理类	地理标志产品 玲珑茶 第2部分：生产技术
141	DB44/T 872—2011	产品类	潮汕工夫茶
142	DB44/T 1515—2014	产品类	地理标志产品 新垌茶
143	DB44/T 1841—2016	生产管理类	有机乌龙茶生产技术规程
144	DBS45/006—2013	产品类	广西食品安全地方标准 代用茶和调味茶
145	DBS45/033—2016	产品类	食品安全地方标准 金花茶叶茶
146	DB45/T 228—2012	产品类	地理标志产品 西山茶
147	DB45/T 435—2014	生产管理类	六堡茶生产技术规程
148	DB45/T 479—2014	生产管理类	六堡茶加工技术规程
149	DB45/T 677—2010	生产管理类	金花茶生产技术规程
150	DB45/T 809—2012	生产管理类	工夫红茶发酵适度的确定方法
151	DB45/T 909—2013	产品类	地理标志产品 防城金花茶
152	DB45/T 938—2013	生产管理类	青茶、绿茶低温真空干燥加工技术规程
153	DB45/T 1016—2014	产品类	地理标志产品 南山白毛茶
154	DB45/T 1047—2014	产品类	地理标志产品 横县茉莉花茶
155	DB45/T 1068—2014	生产管理类	桂林毛尖茶加工技术规程
156	DB45/T 1114—2014	产品类	地理标志产品 六堡茶
157	DB45/T 1124—2014	产品类	地理标志产品 昭平茶
158	DB45/T 1291—2016	基础类	六堡茶加工与感官审评术语
159	DB46/T 31—2004	产品类	白沙绿茶
160	DB46/T 246—2013	生产管理类	糯米香茶栽培技术规程
161	DB51/T 896—2009	方法类	茶叶中儿茶素总量的测定 香兰素—盐酸分光光度法
162	DB51/T 1169—2010	质量追溯类	茶叶追溯要求 绿茶
163	DB51/T 1548—2012	生产管理类	金尖茶加工技术规范

（续）

序号	标准编号	标准分类	标准名称
164	DB52/T 442.1—2010	产品类	贵州绿茶　卷曲形茶（含第 1 号修改单）
165	DB52/T 442.2—2010	产品类	贵州绿茶　针形茶（含第 1 号修改单）
166	DB52/T 442.3—2010	产品类	贵州绿茶　扁形茶（含第 1 号修改单）
167	DB52/T 442.4—2010	产品类	贵州绿茶　颗粒形茶（含第 1 号修改单）
168	DB52/T 447—2010	产品类	贵州绿茶　（含第 1 号修改单）
169	DB52/T 620—2010	质量追溯类	贵州省茶叶产品信息溯源管理指南
170	DB52/T 621—2010	环境安全类	贵州无公害茶叶产地环境条件
171	DB52/T 622—2010	环境安全类	贵州有机茶产地环境条件
172	DB52/T 624—2010	生产管理类	贵州无公害茶叶栽培技术规程
173	DB52/T 629—2010	基础类	贵州茶叶鲜叶分级
174	DB52/T 630—2010	生产管理类	贵州茶叶加工场所基本条件
175	DB52/T 631—2010	生产管理类	贵州无公害茶叶加工技术规程
176	DB52/T 632—2010	生产管理类	贵州茶叶加工技术要求
177	DB52/T 633—2010	生产管理类	贵州绿茶　大宗茶加工技术规程
178	DB52/T 634—2010	生产管理类	贵州绿茶　卷曲形茶加工技术规程
179	DB52/T 635—2010	生产管理类	贵州绿茶　直条形毛峰茶加工技术规程
180	DB52/T 636—2010	生产管理类	贵州绿茶　扁形茶加工技术规程
181	DB52/T 638—2010	生产管理类	贵州绿茶　珠形茶加工技术规程
182	DB52/T 639—2010	生产管理类	贵州红茶　工夫红茶加工技术规程
183	DB52/T 640—2010	生产管理类	贵州红茶　红碎茶加工技术规程
184	DB52/T 641—2010	产品类	贵州工夫红茶
185	DB52/T 642—2010	方法类	贵州省茶叶企业检验基本要求
186	DB52/T 644—2010	质量追溯类	贵州绿茶销售管理指南
187	DB52/T 645—2010	基础类	茶叶冲泡品饮指南
188	DB52/T 648—2010	物流类	贵州茶叶包装通用技术规范
189	DB52/T 712—2011	生产管理类	贵州小叶苦丁茶培育技术规程
190	DB52/T 713—2015	产品类	地理标志产品　雷山银球茶
191	DB52/T 835—2015	产品类	地理标志产品　正安白茶
192	DB52/T 943—2014	产品类	固体饮料　姜茶
193	DB52/T 999—2015	生产管理类	绿宝石茶专属茶园栽培技术规程
194	DB52/T 1011—2015	生产管理类	梵净山　颗粒形绿茶加工技术规程
195	DB52/T 1012—2015	产品类	梵净山　红茶
196	DB52/T 1013—2015	生产管理类	梵净山　红茶加工技术规程
197	DB52/T 1014—2015	生产管理类	地理标志产品　石阡苔茶加工技术规程
198	DB52/T 1015—2015	生产管理类	地理标志产品　雷山银球茶加工技术规程
199	DB52/T 1016—2015	生产管理类	地理标志产品　正安白茶加工技术规程
200	DB52/T 1032—2015	产品类	藤茶
201	DBS53/012—2013	产品类	云南省食品安全地方标准　昌宁红茶
202	DB53/T 216—2007	方法类	普洱茶中茶多酚的检测方法
203	DB53/T 236—2007	基础通用类	普洱茶冲泡方法

（续）

序号	标准编号	标准分类	标准名称
204	DB53/T 614—2014	生产管理类	有机茶生产技术规范
205	DBS61/0002—2011	产品类	食品安全地方标准　秦岭绿茶
206	DBS61/0003—2013	产品类	食品安全地方标准　代用茶安全要求
207	DBS61/0006—2014	产品类	食品安全地方标准　泾阳茯砖茶
208	DB61/T 307.1—2003	产品类	天然富硒茶标准
209	DB61/T 307.2—2003	环境安全类	天然富硒茶产地环境条件
210	DB61/T 396.3—2014	产品类	女娲绿茶　银峰茶
211	DB61/T 396.4—2014	产品类	女娲绿茶　云雾茶
212	DB61/T 396.5—2014	产品类	女娲绿茶　毛尖茶
213	DB61/T 396.6—2014	产品类	女娲绿茶　炒青茶
214	DB61/T 396.7—2014	产品类	女娲红茶
215	DB61/T 931.7—2014	产品类	绞股蓝茶
216	DB61/T 920—2014	生产管理类	地理标志产品　泾阳茯砖茶技术规范
217	DB62/T 1993—2010	产品类	地理标志产品　龙神茶
218	DB62/T 2466—2014	产品类	地理标志产品　文县绿茶

（续）

第十一章　2016年度种植业产品标准体系研究报告——花卉

一、产品标准及标准体系发展现状

(一) 标准体系建设进展情况（包括标准体系建设框架）

标准作为科学技术的结晶，具有科学性、先进性和可靠性，标准化以科学技术的综合研究成果为依据开展支撑产业链各关键环节运行与发展的标准体系建设就显得十分重要且必要。农业新技术一旦用标准形式加以提高、统一、推广，使广大农民易于掌握，准确迅速地应用于生产实际，就能使科学技术迅速转化为现实生产力。在合理利用资源、节约能源、节约原料的基础上，不断提高产品质量，增加产品数量，从而提高了经济效益。以种子标准化为例，种子是农业生产的起点，是农产品的产量和质量的内在因素。种子质量标准化是农业标准化的一项重要内容，是取得农业高产优质高效的根本保证。花卉产业多地多年实践证明，采用符合标准的优质种苗、种球，可使生产出的鲜切花一级品率提高10％～20％，显著提升产品的市场竞争力与经济效益。

我国花卉产业经过30多年的持续发展，从无到有，从小到大，花卉生产规模不断扩大，产值逐年增加，进一步使其在优化农业产业结构、促进城乡统筹发展、建设社会主义新农村和改善人民生活环境、提高人民生活质量、促进农林增收等方面发挥出重要作用。据农业农村部统计资料显示，2015年全国花卉的生产总面积达130.55万公顷，比2014年的127.02万公顷增长近2.78％；销售总额为1 302.57亿元，比2014年增长1.81％；出口总额6.20亿美元，与2014年基本持平。经过多年的发展和调整，花卉产业不断向优势区域集中，基本形成了以云南、北京、上海、广东、四川、河北为主的切花生产区域，以山东、江苏、浙江、四川、广东、福建、海南为主的苗木和观叶植物生产区域，以江苏、广东、浙江、福建、四川、湖北为主的盆景生产区域，以辽宁、云南、四川、上海、陕西、甘肃为主的种球（种苗）生产区域。

花卉作为科技含量较高的行业，其标准化程度已成为生产高品质花卉的基础和前提，同时花卉发达国家的发展历程也表明质量标准化体系的建立与实施是其行业立于不败之地的关键因素，若不能够保证产品质量，根本无法立足于竞争激烈的国际花卉市场。因此，花卉发达国家一直都非常重视质量标准化的构建。其中，荷兰作为当今世界上花卉质量标准与检测技术最全面的国家，对于鲜切花等仅作为观赏的花卉产品，荷兰除了执行欧洲经济委员会（ECE）的常规标准外，还要对观赏期、运输特性等内在品质进行评价。而对于像花卉种苗、种球等繁殖材料，因其要作为生产资料再投入，对其质量要求就越加严格，除对外观质量进行检测外，还要检测健康状况、品种真实度、品种纯度等内在品质，甚至检查到生产企业的经营、组织状况、质量控制以及卫生措施等，通过专门的质检机构对这些产品质量进行检测和评价，在全国实行生产和经营的准入制度。

但是，荷兰也不是在产业发展的最初阶段即开始重视质量标准的建设，虽然早在17世纪荷兰就已发现了郁金香的病害，但一直到20世纪初才真正面临病虫害对郁金香产业造成的实际压力，此事件发生于1929年，荷兰输往美国的郁金香种球，被美方以带有危险病虫害而拒绝入境，使产业界蒙受巨大损失。此后，如何采取防治策略与标准技术生产健康种球就成为种球繁育的一大迫切需求，荷兰即开始重视郁金香种球病虫害的防范，以重新打开美国市场。当时产官学界积极动员，由学术界负责种球传播病虫害的研究，特别针对系统性、感染型、滤过性病毒进行检测技术的开发，而使荷兰成为全球第一个研发出利用抗血清检测郁金香条纹病毒的国家。掌握了病毒检测技术后，荷兰在 20 世纪 30 年代开始成立专职检测实验室，负责郁金香种球的病毒检测，协助农民判别、筛选健康无病毒种球作为繁殖用种原，研究出繁殖健康种球的标准生产技术供农民应用，并且在种球收获后协助农民检查病毒感染率，制定种球质量分级标准，供农民作为种球生产的参考。在政府方面，则立法通过"农业品质法"，要求农民所生产的郁金香种球必须符合国家品质标准，基于此法，荷兰的郁金香种植业者专门成立了球根花卉农民协会，只要从事郁金香种球生产的农民，均必须加入此协会，以约束各成员所生产的种球须符合国家标准，协会自种球销售金额中抽取手续费成立基金，运用这个基金，该协会将上述病毒检测实验室纳为基金会的附属机构，这就是现今名闻遐迩的荷兰球根花卉检测服务中心（dutch flower bulb inspection service，BKD）。该机构目前对荷兰种球的整个繁育过程实行质量监控，每年为球根花卉农民协会成员检测病毒，及其他可能危害种球品质的病原与有害生物。由于依照农业品质法以及与球根花卉农民协会的合约，荷兰球根生产者必须在每一批种球大量繁殖前，将原种送到该中心检测，确定不带病毒者才获准进入繁殖程序，繁育过程中也必须接受该中心人员的监控；繁殖后的种球更需要接受该中心的抽验，以确定其品质符合国家标准的等级。目前，荷兰球根花卉检测中心随着球根产业的发展，其检测种类已由单一的郁金香增加至目前的十多种球根花卉种类，但该中心仅负责球根花卉的质量检查与监测，并不负责其他花卉种类。

在荷兰，其他花卉种类的种苗与种子繁育也同样执行着严格的质量标准与检测程序，其中由荷兰园艺作物检测服务中心（netherlands inspection service for horticulture；naktuinbouw；NAKT）具体负责执行。该中心除了负责各种花卉作物健康种苗繁殖标准流程的建议与拟定外，同时也获得荷兰政府授权，依据政府颁布的种苗法，进行检查与质量品质认证工作，并就检查结果核发不同品质等级的证照。通常的做法是农民在大量繁殖一种花卉种苗或种子前，须委托该中心先行就其种原进行检查，筛选出无病原感染者才准许农民大量繁殖；繁殖过程中，中心还会派人员协助监控田间病害的发生并随时加以处置；繁殖后的种苗或种子成品再交由中心检查判定等级，及核发政府授权的证照。这种运作模式中，检测机构不只是负责裁判而已，还肩负整个种苗生产程序的研发与推广教育，其间还协助监控，最后再公开、公平评比认定等级。因此，不会引发农民与政府间的对立，反而自发地与制度配合，使整个种苗产业的品质与竞争力提升，并持续获得了农民的肯定与支持。2015 年，荷兰园艺作物检测服务中心大约可进行 80 种不同花卉病毒的检查，它所核发的证照获得了欧盟各国的认可，具有植物护照的作用。换句话说，只要获得该中心认定的健康种苗，就不必接受其他检疫手续，可以在欧盟国家间通行无阻。

荷兰作为全世界的花卉出口大国，取得今天的辉煌成就绝非偶然，其成功经验很值得我国花卉产业的学习与借鉴，尤其是针对花卉种业与良种繁育所开发的病虫害检测先进技术与全程质量监控程序更是使其生产的种球、种苗在国际间通行无阻，成为奠定其无可取代的公信力与专业权威地位的重要保障。我国花卉业虽然经过 30 多年的恢复与发展，虽然现已成为一个新兴的优势产业，但由于产业整体起步晚，技术相对较弱，与花卉发达国家相比存在着一定的差距，尤其是产业的配套技术开发与质量标准化的研发较晚，分析我国花卉在世界花卉所占的比重，结果显示我国观赏花卉的种植面积虽居世界第一，占到了种植总量的 1/3，但仅生产世界观赏园艺花卉 12% 左右的总产值，切花单产产值只相当于以色列的 1/12，荷兰的 1/7。究其原因，主要还是由于我国花卉产业的标准化程度低，尤其是作为整个花卉产业基础与技术关键的现代种业，由于缺乏必要的标准对产品质量实行全程监控，导致了我国花卉出口遭遇国外技术壁垒，缺乏国际竞争力；而国外的种苗、种球与种子由于缺乏必要的质量监控而长驱直入，遭遇国外技术强权；这些问题的存在决定了今后观赏花卉产业的发展不应该再继续盲目扩大种植面积，而应该走集约化、标准化生产之路，重视产业结构的调整，挖掘生产潜力，在提高单位面积产量、提高质量与效益上下功夫，突出增加高产值品种等花卉产业结构的调整，进而从根本上提高花卉产业的整体产品质量及国际市场竞争力。

我国花卉标准化工作的起步较晚。1998 年才首次颁布了花卉类的行业标准，此次颁布的 5 项农业行业标准均为切花类产品质量标准，分别是月季切花（NY/T 321—1997）、唐菖蒲切花（NY/T 322—1997）、菊花切花（NY/T 323—1997）、满天星切花（NY/T 324—1997）、香石竹切花（NY/T 325—1997）。在国家标准方面，一直到 2000 年才颁布了首部花卉国家标准，涉及鲜切花、盆花、盆栽观叶植物、花卉种苗、花卉种球、花卉种子、草坪 7 大类花卉产品，分别是《主要花卉产品等级　第一部分：鲜切花》（GB/T 18247.1—2000）、《主要花卉产品等级　第二部分：盆花》（GB/T 18247.2—2000）、《主要花卉产品等级　第三部分：盆栽观叶植物》（GB/T 18247.3—2000）、《主要花卉产品等级　第四部分：花卉种子》（GB/T 18247.4—2000）、《主要花卉产品等级　第五部分：花卉种苗》（GB/T 18247.5—2000）、《主要花卉产品等级　第六部分：花卉种球》（GB/T 18247.6—2000）、《主要花卉产品等级　第七部分：草坪》（GB/T 18247.7—2000）。

我国的花卉标准分为国家标准、行业标准、地方标准与企业标准四个层次，其中花卉涉及的行业标准主要有农业行业标准、林业行业标准与检疫检验行业标准，截至 2016 年 10 月，目前正式发布的花卉国家、行业标准与地方标准共 438 项，按标准的层次及行业类别划分，分别是国家标准 33 项，农业行业标准 66 项，林业行业标准 64 项，出入境检疫检验行业标准 54 项，其他行业如国内贸易行业标准 6 项，地方标准为 22 个省区 215 项，详见表 11 - 6 至表 11 - 11。

通过全国花卉技术标准体系的研究与构建，可进一步提升各层级及各行业、各省区标准的整体协调性，更好地适应市场与产业需要，从而通过从花卉产前、产中、产后各个领域加强标准化设计和布局，深化顶层设计和规范化管理，引导、指导、规范、协调全国花卉标准制修订进程，为标准化工作规划、年度计划和项目申请管理提供有力依据。建议尽快启动花卉标准体系的研究与建设，进一步提高标准的协调性与适应性，推动标准与花卉市场、花卉企业、花卉出口等的关联度，推进标准从需求、立项、制定，到推广、应用、改进、完善整个流程的运行，从而进一步全面提升我国花卉的标准化水平，为花卉产业又好又快发展提供全方位技术及标准支撑服务。

花卉标准体系建设的总体指导思想是高举中国特色社会主义伟大旗帜，以邓小平理论、"三个代表"重要思想、科学发展观为指导，全面贯彻党的十八大和十八届三中、四中全会精神，贯彻落实习近平总书记系列重要讲话精神，进一步解放思想，深化改革。深入贯彻落实习近平主席致第 39 届国际标准化组织大会贺信和李克强总理在第 39 届国际标准化组织大会上的讲话精神，按照国务院《关于印发深化标准化工作改革方案的通知》（国发〔2015〕13 号）与国务院办公厅《关于印发贯彻实施＜深化标准化工作改革方案＞行动计划（2015—2016）的通知》（国办发〔2015〕67 号）的具体要求，进一步牢固树立标准支撑产业整体"强管理，提质量，惠民生"的理念，以发展现代花卉业为主题，以加快转变花卉产业发展方式、通过标准支撑提升花卉产业质量效益为主线，以实现兴花富民为目标，以市场需求为导向，加强政府宏观引导，通过国家标准、行业标准、地方标准、联盟及企业标准等体系的构建与实施，坚持依靠科技进步，优化产业结构，做强花卉种植业，发展花卉加工业，培育花卉服务业，为全面建成小康社会，推进生态文明，建设美丽中国作出新贡献。

标准体系建设的基本原则：

1. 坚持完整性原则　技术标准体系的组成应相对完整、配套，基本覆盖花卉产业的主要技术领域。在建设中，注重以市场为导向，充分发挥市场在资源配置中的基础性作用，加强政府宏观引导和调控，加大标准研究及制修订的扶持力度，引导与发挥好联盟、企业等团体标准的作用，通过标准支撑促进花卉产业进一步优化区域布局，调整产业结构，规范市场秩序。

2. 坚持统一性原则　技术标准体系内的各项标准之间，应尽量做到协调、统一，减少重复、交叉。在标准体系的构建中，要注重以提质增效为目标，通过标准体系的支撑和引导，努力转变产业发展方式，体现区域性、特色性与专业性，促进整个产业由数量扩张型向质量效益型转变。

3. 坚持科学性原则　推进自主创新和技术进步，体系构成应充分科学、层次清晰、结构合理，具有先进性、兼容性、超前性。在建设过程中，将依靠科技进步，重视标准化人才培养，推进技术成果以标准的形式体现，通过标准规范市场，提高产品品质及产业核心竞争力。在标准技术体系构建中进一步发挥花卉产业优势，增加经济效益的同时强化生态效益，实现兴花富民；发挥花文化优势，促进社会和谐。

4. 坚持开放性原则 分体系、子体系应具有一定的可分解性和可扩展空间。进一步深入研究国际先进标准、国情及产业发展需求，发挥比较优势，发展特色花卉，针对新兴特色无标准的种类构建标准技术体系，积极引导消费，不断扩大内需及开拓新兴市场，提高国际市场份额。

5. 坚持实用性原则 体系应实事求是，务求实效，对标准化工作具有指导性作用，便于使用和管理。坚持合理布局、优化结构。因地制宜，优化区域布局，加快产业集聚，结合城市群发展和新农村建设，形成和巩固高效花卉产业带、产业园和产业集群，形成一批配套齐全的技术与管理标准，延长产业链，实现一二三产业联动，提高产品附加值。

根据花卉行业和产业生产的特点及发展需求，初步设计出花卉技术标准体系框架图（见图 11-1 花卉技术标准体系框架图），该框架图涵盖了花卉产业及生产的产前、产中与产后的整个产业链。在花卉技术标准体系结构图内，花卉技术标准体系下设基础、产前、产中与产后四大分体系，在分体系下再分为若干子体系。

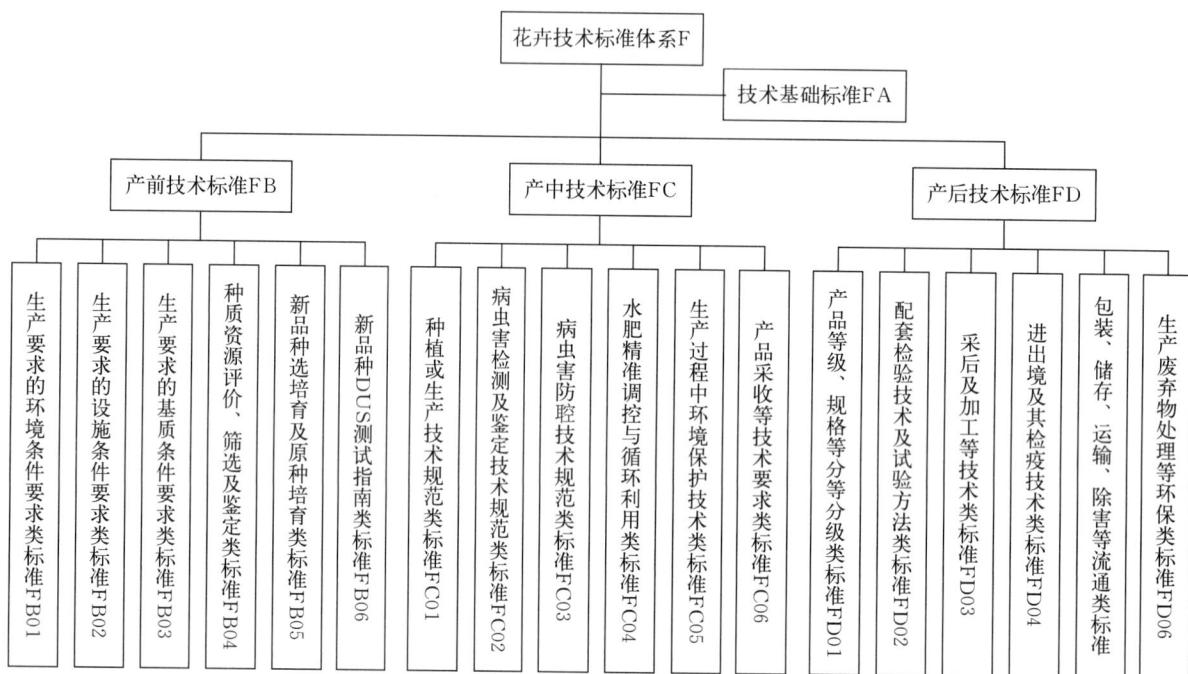

图 11-1　花卉技术标准体系框架图

花卉技术标准体系（F）目前下设基础、产前、产中与产后四大分体系，其中技术基础类（FA）的分体系暂不设子体系，产前（FB）下设 6 个子体系，产中（FC）下设 6 个子体系，产后（FD）下设 6 个子体系，合计 18 个子体系。花卉技术标准体系及其各分体系、子体系均是开放型的体系，后续可随着花卉产业的发展和标准化工作的推进，各分子体系均能增加和优化调整，同时按照子体系的分类和设计，后续可进一步细化与补充，整个体系能做到不断完善和持续改进，最终通过整个标准框架体系的不断完善与各级标准的研制，将可形成支撑花卉产业健康与可持续发展的标准链，以进一步适应花卉产业及科技进步等的实际需求。

在收集整理国内外的相关技术标准（含国际标准、国外先进标准、国家标准、行业标准和地方标准）和信息资料以及初步分析研究的基础上，根据花卉产业的现状、发展趋势，及花卉技术标准体系框架设计，按照表 11-1 至表 11-5 的格式，汇总形成整个标准体系以及基础、产前、产中与产后四大分体系的体系标准统计数，并进一步分三个层次细化形成花卉技术标准体系内的标准明细表，第一层次列出现行有效的国家、行业和地方标准目录；第二层次提出待制定标准目录；第三层次是列出相关的国际及国外标准。

表 11-1　技术标准体系标准汇总表

类别	现行标准			待制定标准			合计
	国家标准	行业标准	地方标准	国家标准	行业标准	地方标准	
技术基础标准							
产前技术标准							
产中技术标准							
产后技术标准							
合计							

表 11-2　花卉产业技术基础标准统计表

类别	现行标准			待制定标准			合计
	国家标准	行业标准	地方标准	国家标准	行业标准	地方标准	
术语标准							
代码标准							
名称标准							
方法标准							
有害生物类标准							
合计							

表 11-3　花卉产业产前技术标准统计表

类别	现行标准			待制定标准			合计
	国家标准	行业标准	地方标准	国家标准	行业标准	地方标准	
生产环境条件标准							
生产设施条件标准							
生产基质条件标准							
种质资源评价筛选及鉴定标准							
新品种选培育及原种培育标准							
新品种测试指南标准							
合计							

表 11-4　花卉产业产中技术标准统计表

类别	现行标准			待制定标准			合计
	国家标准	行业标准	地方标准	国家标准	行业标准	地方标准	
生产技术类标准							
病虫害检测及鉴定标准							
病虫害防控技术标准							
水肥精准调控与循环利用标准							
生产环境保护技术标准							
产品采收技术标准							
合计							

表 11 - 5　花卉产业产后技术标准统计表

类别	现行标准			待制定标准			合计
	国家标准	行业标准	地方标准	国家标准	行业标准	地方标准	
产品等级类标准							
配套检验技术方法类标准							
采后及加工技术类标准							
进出境及检疫技术类标准							
流通类标准							
环保类标准							
合计							

（二）存在的主要问题

1. 标准管理问题　标准管理在体制机制方面存在多头管理及重制定轻实施的问题，多头管理就会发生标准与标准之间打架和不协调一致的问题。花卉具有种类繁多、技术链长的特点，致使标准涉及的重要技术环节多，加之没有设立专门的项目或资金支持开展相关标准体系的研究及构建，造成标准小而散、标龄过长、统一协调性及系统性差的问题。标准的示范及应用推广也非常弱，花卉标准制定颁布后，在宣传贯彻、实施办法、监管措施等方面没有有效保障措施，加上花卉标准是推荐性而非强制性实施标准，无专门的机构或项目进行宣贯推广等原因，致使大部分标准出台后没能广泛实施应用，未很好地督促生产者按标准要求进行规范化管理和标准化生产。贯彻花卉标准缺乏总体的花卉标准化推广实施规划，缺乏统一协调和全面推进的机制。

2. 标准体系问题　标准在自身系统性方面，存在协调性、配套性差的问题，少数标准间存在相互矛盾的问题。标准配套性及系统性不足、标龄过长且修订不及时等问题还比较突出。事实上，只有最终产品质量标准是不够的，还要规范种子、种苗、种球等花卉生产投入品的质量，以及标准化生产技术规程、采后处理技术（储存、包装、运输）标准等。同时，在标准前期的基础研究很难获得项目及经费的持续支持，导致研究基础比较薄弱且积累少，标准化人才也比较缺乏。

二、发展方向（包括国家、行业、地方标准等）

花卉具有自然属性、商业属性和文化属性三重属性，成为美化城乡、建设美丽中国的重要产业。随着城市化进程的加快及环境污染的日趋严重，花卉及其观赏植物在城市人居环境和生态环境建设中扮演着重要角色，它不仅能够营造优美的城市景观，为广大居民提供良好的生活空间，而且具有降温、增湿、滞尘、减菌等功能，能有效改善城市生态环境。2011 年我国城镇人口达 6.91 亿人，在数量上首次超过农村人口，至 2015 年，城镇率达 56.1%，城镇人口达 7.71 亿人，城市生态环境将面临更为严峻的挑战与压力。按我国园林城市建成区绿化覆盖率不低于 36% 的要求，今后我国对花卉及其观赏园艺产品需求将更加旺盛，市场前景广阔，标准化及其标准体系也将发挥出更为重要的作用。

花卉标准化作为标准化体系的重要组成部分，相对于我国发展迅速的花卉产业，其标准化水平从整体上看还处于起始阶段，不仅标准数量少、不成体系，同时还缺乏病虫害检测技术、基础术语、质量安全、贸易壁垒、市场准入以及试验方法等基础性、通用型的标准或技术规程、技术要求，且花卉检测体系的建设滞后等现状也与我国花卉产业快速发展的需求极不相符，同国外相比存在着一定的差距。尤其是我国加入 WTO 后，一方面，要遵循统一的国际贸易规则，要求标准制订修改的工作程序更加公开透明，标准通报制度更加快捷，要求标准充分反映相关利益方的需求，这对标准化工作提出了全新的要求。另一方面，随着关税和配额的逐步取消，标准作为经济建设的技术基础，在经济贸易中的作用越来越重要，各国都在利用标准构筑一些技术壁垒保护本国的企业和产品。另外，"技术专利化、专利标准化、标准全球化"以及发达国家利用标准中涉及的知识产权进行技术垄断也是一个新趋势，使我国花卉标准化面临着花卉投入品（种球、种苗、种子等）主要依赖进口，遭遇国外技术强权；产中缺乏质量监控技术与标准化生产技术，监管不力；花卉产出品（鲜切花、盆花、盆栽等）由于标准壁垒，产业效益低。因此，如何打破国外技术壁垒扩大出口，已成为我国质量标准化工作面临的新问题和新任务。花卉标准化体系构建的不断完善及实施，可进一步通过产品质量等级、基础、生产技术规程、病虫害检测技术等标准的完善与健全，逐渐了解、掌握我国花卉的优势和质量水平，最终通过国际双边或多边合作，使花卉检测结果能得到国际互认，这不仅有利于减少我国花卉进入国际市场的环节，避免国外强权与技术壁垒，而且还可通过质量监管和增强产业质量意识提升产品整体质量和国际竞争力，加速出口进程。

但是，花卉标准化与质量控制不仅仅涉及花卉产业链的某几个环节，标准化体系的构建是一个持续改进与不断提升的系统工程，只有通过在各环节中建立起适宜的质量标准与配套的检测及生产等技术规程，并在实际生产过程中进行应用推广与持续改进，通过用标准化的技术指导花卉生产与流通，才能提高整体质量水平，这些政策和措施的实施不仅是我国改善产品质量、提高国际竞争力的关键措施，也是使花卉产业走向精细化、规程化、工业化和现代化的必走之路。依托花卉标准化体系与专业监控机构的建设，可以达到以下六方面的目的。一是针对花卉生产与流通的产前，产中，产后全过程，通过标准的制定、实施与监控，能有效促进先进科技和经验的迅速推广，提升产品质量，促进流通，规范市场秩序，进而达到从源头上提高国际竞争力的目的。二是通过加快质量标准的制修订和不断完善，建立健全生产技术规程和质量标准化体系的建设，确保质量升级，可进一步促进花卉产品的进出口贸易，提升产业效益，促进农民增收。三是通过在新农村建设中引导实施成套标准生产技术，按照统一的、规范的技术规程，组织专业化的技术培训与服务，能够使标准技术更好地为我国"三农"服务，生产出优质的花卉产品。四是有利于推行花卉产品评优，引导企业开展标准化生产，提升产品质量，创建知名品牌。五是通过质量标准化体系的建设，可逐步实现花卉生产与流通的全程质量监控，建立健全病虫害检测、防治体系和产品质量监督检测体系，进一步推进产品质量追溯与市场准入制度，通过加强对生产环境、生产过程、生产投入品的监测，从而提高产品在国际市场上的认可度。六是通过标准技术与检测方法的推广应用，加强对农民的技术培训，特别是标准化生产和管理技术培训，做到标准技术入户，为进一步培养科技型新农民以及新农村的建设奠定基础。

综上所述，要建立适合我国国情、符合产业发展需求的标准体系，从根本上提高我国花卉产品的整体质量，需要多方努力，是一个系统工程。首先，政府需通过立法的形式加强对花卉产品，尤其是繁殖材料的上市和销售管理，应进一步明确各行政主管部门的权限，加强相关法律法规的可操作性，通过建立及健全市场准入制度，开展产品质量认证，推行全程监控，以从根本上提升产品质量的同时，防止重要病虫害的流行和规模性爆发；其次，行业管理部门需要进行宏观调控，制定和实施一系列行之有效的措施来强化质量及标准的管理，如设立专项资金开展相关标准技术体系的研究与建设，在研究的基础上，系统开展新的花卉标准的制定和已有标准的修订，以及生产技术规程制定等，充分利用已有质检机构的功能发挥、资源整合与分工协调；最后，花卉生产和经营者需要强化花卉产品质量意识，进行科学管理，严格执行相应的质量等级标准。有关媒体要大力宣传花卉产品质量和质量标准的力度，提高全民的花卉质量意识，让优质良种的内涵普及到千家万户，使消费者懂得消费权益的保护，并进而督促市场实现优质优价。总之，强化花卉质量意识、加强花卉标准化体系的建设是全面提升我国花卉业整体竞争力的重要内容之一，同时也是生产优质切花、盆花及盆栽植物等花卉产品的重要保障和必备条件。

三、标准体系建设主要措施

（一）完善花卉标准化统筹工作机制

加强顶层设计，建立统一推进全国花卉标准化工作的统筹机制，强化对标准化工作的组织领导、统筹协调。形成条块结合、各方配合、整体联动的工作格局。

（二）构建标准化激励机制

建立并完善标准化激励机制，推动利益相关方积极参与标准制定、修订以及推广实施等各方面活动。特别注重鼓励和引导联盟与企事业推行标准化发展战略提升，持续推进我国花卉产业自主创新能力和产品市场竞争力的提升。

（三）加强标准化人才队伍建设

从标准化领军人才、专家人才、标准制修订及推广实施人才三个层次加强标准化人才队伍建设。充分发挥科研单位、高等院校的引领作用，引导企业实施标准化专家人才培养计划，重点培养一批既掌握标准化专业知识、又熟悉专业技术、精通外语、了解国际规则、懂得国家政策和产业发展规划的标准化专家人才，建立标准化专家智库。对技术人员进行标准化基础知识和概念培训，增强其标准化意识，培育一批覆盖首都经济社会各行各业的标准化业务骨干。开展标准化专业技能考评，提高标准化基层工作队伍的水平。

（四）健全经费保障机制

加大国家财政对花卉标准化经费的投入。加强对花卉重大标准化项目经费支持力度，集中优势资源，重点保障产业需求大或影响产业未来发展方向的重要标准研究、制定和推广实施。进一步拓展标准化经费来源渠道，逐步建立标准化工作社会多元化投入机制，积极探索建立标准化社会资金保障体系；支持企业和科研院所、高等院校开展标准化研究，引导和鼓励企业、联盟、社会加大标准化活动投入，逐步形成政府资助、行业企业多方投入、共同支持标准化建设的经费保障机制。

（五）加强标准化基础建设

扎实推动标准化专业技术委员会建设，进一步完善标准化专业技术委员会建设总体架构。探索建立花卉标准化中介服务市场运行机制，研究新形势下的标准化服务方式、手段、对象和机制，探讨新的可持续发展模式；研究标准技术咨询业态的产生、存续和发展模式，推动标准咨询服务业发展。

（六）强化标准化宣传培训

实施标准化知识普及工程，推进花卉标准化宣贯实施与各类教育培训。针对企业标准制定、修订工作和标准体系建设等实际需求，以技术标准编写要点及范例、企业标准体系表、企业的标准化良好行为等为内容，邀请有关标准化技术委员会秘书长、标准主要起草人和专家为企业的技术人员和管理人员开展标准化培训，通过论坛、展览、讲座等多种形式，传授标准化技术内容，传递标准信息动态，传播标准化理念，培育社会公众的标准化意识，在全社会形成一种学标准、讲标准、用标准的良好氛围。

四、标准体系汇总表

（一）标准体系表汇总（包括国家标准、行业标准和地方标准）

1. 现行有效的国家、行业和地方标准目录　见表 11-6～表 11-11。

表 11-6　花卉国家标准体系表（33 项）

序号	标准编号	标准分类	标准名称
1	GB/T 18247.1—2000	产品类（等级规格、品质/安全、原产地保护）	主要花卉产品等级　第 1 部分：鲜切花
2	GB/T 18247.2—2000	产品类（等级规格、品质/安全、原产地保护）	主要花卉产品等级　第 2 部分：盆花
3	GB/T 18247.3—2000	产品类（等级规格、品质/安全、原产地保护）	主要花卉产品等级　第 3 部分：盆栽观叶植物
4	GB/T 18247.4—2000	产品类（等级规格、品质/安全、原产地保护）	主要花卉产品等级　第 4 部分：花卉种子
5	GB/T 18247.5—2000	产品类（等级规格、品质/安全、原产地保护）	主要花卉产品等级　第 5 部分：花卉种苗
6	GB/T 18247.6—2000	产品类（等级规格、品质/安全、原产地保护）	主要花卉产品等级　第 6 部分：花卉种球
7	GB/T 18247.7—2000	产品类（等级规格、品质/安全、原产地保护）	主要花卉产品等级　第 7 部分：草坪
8	GB/T 19535.1—2004	生产管理类（种植、植保、加工）	城市绿地草坪建植与管理技术规程　第 1 部分：城市绿地草坪建植技术规程
9	GB/T 19535.2—2004	生产管理类（种植、植保、加工）	城市绿地草坪建植与管理技术规程　第 2 部分：城市绿地草坪管理技术规程
10	GB/T 20014.25—2010	质量追溯类	良好农业规范　第 25 部分：花卉和观赏植物控制点与符合性规范
11	GB/T 20498—2006	方法类（检验/检测）	进口花卉种苗疫情监测规程
12	GB/T 20879—2007	质量追溯类	进出境植物和植物产品有害生物风险分析技术要求
13	GBT 21658—2008	质量追溯类	进出境植物和植物产品有害生物风险分析工作指南
14	GB/T 22936—2008	物流类（包装、标识、储运）	花卉用酚醛泡沫塑料
15	GB/T 23625—2009	方法类（检验/检测）	郁金香种球疫情监测规程
16	GB/T 23897—2009	物流类（包装、标识、储运）	主要切花产品包装、运输、储藏
17	GB/T 24884—2010	基础/通用类（术语、分类）	植物新品种特异性、一致性、稳定性测试指南　梅
18	GB/T 24885—2010	基础/通用类（术语、分类）	植物新品种特异性、一致性、稳定性测试指南　桂花
19	GB/T 24887—2010	基础/通用类（术语、分类）	植物新品种特异性、一致性、稳定性测试指南　鹅掌楸属
20	GB/T 26898—2011	产品类（等级规格、品质/安全、原产地保护）	大花蕙兰盆花质量等级
21	GB/T 26911—2011	基础/通用类（术语、分类）	植物新品种特异性、一致性、稳定性测试指南　山茶属
22	GB/T 27646—2011	产品类（等级规格、品质/安全、原产地保护）	牡丹盆花
23	GB/T 28061—2011	方法类（检验/检测）	鳞球茎花卉检疫规程
24	GB/T 28071—2011	方法类（检验/检测）	黄瓜绿斑驳花叶病毒检疫鉴定方法
25	GB/T 28073—2011	方法类（检验/检测）	南芥菜花叶病毒检疫鉴定方法
26	GB/T 28680—2012	产品类（等级规格、品质/安全、原产地保护）	八仙花切花产品等级

（续）

序号	标准编号	标准分类	标准名称
27	GB/T 28681—2012	物流类（包装、标识、储运）	百合、马蹄莲、唐菖蒲种球采后处理技术规程
28	GB/T 28682—2012	产品类（等级规格、品质/安全、原产地保护）	杜鹃盆花产品质量等级
29	GB/T 28683—2012	生产管理类（种植、植保、加工）	蝴蝶兰栽培技术规程
30	GB/T 28684—2012	种质资源类（种子、种苗）	蝴蝶兰种苗质量等级
31	GB/T 28685—2012	产品类（等级规格、品质/安全、原产地保护）	洋桔梗切花产品等级
32	GB/T 28977—2012	方法类（检验/检测）	菊花滑刃线虫检疫鉴定方法
33	GB/T 28988—2012	方法类（检验/检测）	花卉主要刺吸式害虫检测规程

表 11-7　花卉行业标准体系表——农业（66 项）

序号	标准编号	标准分类	标准名称
1	NY/T 321—1997	产品类（等级规格、品质/安全、原产地保护）	月季切花
2	NY/T 322—1997	产品类（等级规格、品质/安全、原产地保护）	唐菖蒲切花
3	NY/T 323—1997	产品类（等级规格、品质/安全、原产地保护）	菊花切花
4	NY/T 324—1997	产品类（等级规格、品质/安全、原产地保护）	满天星切花
5	NY/T 325—1997	产品类（等级规格、品质/安全、原产地保护）	香石竹切花
6	NY/T 591—2002	产品类（等级规格、品质/安全、原产地保护）	切花　石斛兰
7	NY/T 592—2002	产品类（等级规格、品质/安全、原产地保护）	切花　小苍兰
8	NY/T 876—2004	产品类（等级规格、品质/安全、原产地保护）	红掌切花
9	NY/T 877—2004	种质资源类（种子、种苗）	非洲菊　种苗
10	NY/T 878—2004	生产管理类（种植、植保、加工）	兰花（春剑兰）生产技术规程
11	NY/T 947—2006	产品类（等级规格、品质/安全、原产地保护）	牡丹苗木
12	NY/T 953—2006	产品类（等级规格、品质/安全、原产地保护）	芍药切花
13	NY/T 1217—2006	方法类（检验/检测）	境外引进植物隔离检疫规程
14	NY/T 1280—2007	方法类（检验/检测）	花卉植物寄生线虫检测规程
15	NY/T 1281—2007	方法类（检验/检测）	花卉植物真菌病害检测规程
16	NY/T 1491—2007	方法类（检验/检测）	花卉植物病毒检测规程
17	NY/T 1506—2015	产品类（等级规格、品质/安全、原产地保护）	绿色食品　食用花卉

（续）

序号	标准编号	标准分类	标准名称
18	NY/T 1589—2008	种质资源类（种子、种苗）	香石竹切花种苗等级规格
19	NY/T 1590—2008	种质资源类（种子、种苗）	满天星切花种苗等级规格
20	NY/T 1591—2008	种质资源类（种子、种苗）	菊花切花种苗等级规格
21	NY/T 1592—2008	种质资源类（种子、种苗）	非洲菊切花种苗等级规格
22	NY/T 1593—2008	种质资源类（种子、种苗）	月季切花种苗等级规格
23	NY/T 1656.1—2008	方法类（检验/检测）	花卉检验技术规范　第 1 部分：基本规则
24	NY/T 1656.2—2008	方法类（检验/检测）	花卉检验技术规范　第 2 部分：切花检验
25	NY/T 1656.3—2008	方法类（检验/检测）	花卉检验技术规范　第 3 部分：盆花检验
26	NY/T 1656.4—2008	方法类（检验/检测）	花卉检验技术规范　第 4 部分：盆栽观叶植物检验
27	NY/T 1656.5—2008	方法类（检验/检测）	花卉检验技术规范　第 5 部分：花卉种子检验
28	NY/T 1656.6—2008	方法类（检验/检测）	花卉检验技术规范　第 6 部分：种苗检验
29	NY/T 1656.7—2008	方法类（检验/检测）	花卉检验技术规范　第 7 部分：种球检验
30	NY/T 1657—2008	种质资源类（种子、种苗）	花卉脱毒种苗生产技术规程香石竹、菊花、兰花、补血草、满天星
31	NY/T 1744—2009	种质资源类（种子、种苗）	切花百合脱毒种球
32	NY/T 1745—2009	种质资源类（种子、种苗）	切花月季脱毒种苗
33	NY/T 1683—2009	种质资源类（种子、种苗）	主要热带草坪草种子　种苗
34	NY/T 1988—2011	产品类（等级规格、品质/安全、原产地保护）	叶脉干花
35	NY/T 2033—2011	种质资源类（种子、种苗）	热带观赏植物种质资源描述规范　红掌
36	NY/T 2034—2011	种质资源类（种子、种苗）	热带观赏植物种质资源描述规范　非洲菊
37	NY/T 2035—2011	种质资源类（种子、种苗）	热带花卉种质资源描述规范　鹤蕉
38	NY/T 2228—2012	基础/通用类（术语、分类）	植物新品种特异性、一致性和稳定性测试指南　菊花
39	NY/T 2288—2012	方法类（检验/检测）	黄瓜绿斑驳花叶病毒检疫检测与鉴定方法
40	NY/T 2306—2013	种质资源类（种子、种苗）	花卉种苗组培快繁技术规程
41	NY/T 2477—2013	基础/通用类（术语、分类）	百合品种鉴定技术规程　SSR 分子标记法
42	NY/T 2508—2013	基础/通用类（术语、分类）	植物新品种特异性、一致性和稳定性测试指南　矮牵牛
43	NY/T 2509—2013	基础/通用类（术语、分类）	植物新品种特异性、一致性和稳定性测试指南　三色堇
44	NY/T 2510—2013	基础/通用类（术语、分类）	植物新品种特异性、一致性和稳定性测试指南　石蒜属
45	NY/T 2511—2013	基础/通用类（术语、分类）	植物新品种特异性、一致性和稳定性测试指南　雁来红
46	NY/T 2512—2013	基础/通用类（术语、分类）	植物新品种特异性、一致性和稳定性测试指南　翠菊
47	NY/T 2513—2013	基础/通用类（术语、分类）	植物新品种特异性、一致性和稳定性测试指南　一串红
48	NY/T 2551—2014	种质资源类（种子、种苗）	红掌种苗
49	NY/T 2555—2014	基础/通用类（术语、分类）	植物新品种特异性、一致性和稳定性测试指南　秋海棠属
50	NY/T 2556—2014	基础/通用类（术语、分类）	植物新品种特异性、一致性和稳定性测试指南　果子蔓属
51	NY/T 2557—2014	基础/通用类（术语、分类）	植物新品种特异性、一致性和稳定性测试指南　花烛属
52	NY/T 2558—2014	基础/通用类（术语、分类）	植物新品种特异性、一致性和稳定性测试指南　唐菖蒲属
53	NY/T 2557—2014	基础/通用类（术语、分类）	植物新品种特异性、一致性和稳定性测试指南　花烛属
54	NY/T 2576—2014	基础/通用类（术语、分类）	植物新品种特异性、一致性和稳定性测试指南　报春花属欧报春

（续）

序号	标准编号	标准分类	标准名称
55	NY/T 2577—2014	基础/通用类（术语、分类）	植物新品种特异性、一致性和稳定性测试指南　灯盏花
56	NY/T 2578—2014	基础/通用类（术语、分类）	植物新品种特异性、一致性和稳定性测试指南　凤仙花
57	NY/T 2579—2014	基础/通用类（术语、分类）	植物新品种特异性、一致性和稳定性测试指南　花毛茛
58	NY/T 2580—2014	基础/通用类（术语、分类）	植物新品种特异性、一致性和稳定性测试指南　马蹄莲属
59	NY/T 2581—2014	基础/通用类（术语、分类）	植物新品种特异性、一致性和稳定性测试指南　水仙属
60	NY/T 2582—2014	基础/通用类（术语、分类）	植物新品种特异性、一致性和稳定性测试指南　丝石竹
61	NY/T 2583—2014	基础/通用类（术语、分类）	植物新品种特异性、一致性和稳定性测试指南　铁线莲属
62	NY/T 2584—2014	基础/通用类（术语、分类）	植物新品种特异性、一致性和稳定性测试指南　萱草属
63	NY/T 2585—2014	基础/通用类（术语、分类）	植物新品种特异性、一致性和稳定性测试指南　薰衣草属
64	NY/T 2586—2014	基础/通用类（术语、分类）	植物新品种特异性、一致性和稳定性测试指南　洋桔梗
65	NY/T 2729—2015	方法类（检验/检测）	李属坏死环斑病毒监测规范
66	NY/T 2867—2015	方法类（检验/检测）	西花蓟马鉴定技术规程

表 11-8　花卉行业标准体系表——林业（64 项）

序号	标准编号	标准分类	标准名称
1	LY/T 1576—2000	基础/通用类（术语、分类）	花卉名称
2	LY/T 1589—2000	基础/通用类（术语、分类）	花卉术语
3	LY/T 1632—2005	生产管理类（种植、植保、加工）	人参榕生产技术规程和质量等级
4	LY/T 1633—2005	种质资源类（种子、种苗）	中国水仙种球生产技术规程和质量等级
5	LY/T 1664—2006	基础/通用类（术语、分类）	古树名木代码与条码
6	LY/T 1665—2006	种质资源类（种子、种苗）	牡丹苗木质量
7	LY/T 1666—2006	种质资源类（种子、种苗）	月季苗木质量
8	LY/T 1709—2007	种质资源类（种子、种苗）	万寿菊种子生产技术规程
9	LY/T 1710—2007	种质资源类（种子、种苗）	一串红种子生产技术规程
10	LY/T 1711—2007	种质资源类（种子、种苗）	仙客来种子生产技术规程
11	LY/T 1712—2007	种质资源类（种子、种苗）	三色堇种子生产技术规程
12	LY/T 1713—2007	种质资源类（种子、种苗）	矮牵牛种子生产技术规程
13	LY/T 1729—2008	种质资源类（种子、种苗）	香樟绿化苗木培育技术规程和质量分级
14	LY/T 1732—2008	产品类（等级规格、品质/安全、原产地保护）	八仙花盆花产品质量等级
15	LY/T 1733—2008	产品类（等级规格、品质/安全、原产地保护）	芍药鲜切花质量等级
16	LY/T 1734.1—2008	生产管理类（种植、植保、加工）	观赏棕榈生产技术规程与质量等级　第 1 部分：地栽
17	LY/T 1734.2—2008	生产管理类（种植、植保、加工）	观赏棕榈生产技术规程与质量等级　第 2 部分：容器栽培
18	LY/T 1735—2008	生产管理类（种植、植保、加工）	建兰生产技术规程与质量等级
19	LY/T 1736—2008	产品类（等级规格、品质/安全、原产地保护）	盆栽春石斛产品质量等级
20	LY/T 1737—2008	产品类（等级规格、品质/安全、原产地保护）	仙客来盆花产品质量等级

（续）

序号	标准编号	标准分类	标准名称
21	LY/T 1790—2008	产品类（等级规格、品质/安全、原产地保护）	盆栽观赏竹质量分级
22	LY/T 1847—2009	基础/通用类（术语、分类）	植物新品种特异性、一致性、稳定性测试指南　紫薇
23	LY/T 1848—2009	基础/通用类（术语、分类）	植物新品种特异性、一致性、稳定性测试指南　榆叶梅
24	LY/T 1849—2009	基础/通用类（术语、分类）	植物新品种特异性、一致性、稳定性测试指南　丁香属
25	LY/T 1850—2009	基础/通用类（术语、分类）	植物新品种特异性、一致性、稳定性测试指南　一品红
26	LY/T 1852—2009	基础/通用类（术语、分类）	植物新品种特异性、一致性、稳定性测试指南　杜鹃花属映山红亚属和羊踯躅亚属
27	LY/T 1853—2009	基础/通用类（术语、分类）	植物新品种特异性、一致性、稳定性测试指南　杜鹃花属常绿杜鹃亚属和杜鹃花亚属
28	LY/T 1868—2010	基础/通用类（术语、分类）	植物新品种特异性、一致性、稳定性测试指南　蔷薇属
29	LY/T 1890—2010	种质资源类（种子、种苗）	雪松绿化苗木质量分级
30	LY/T 1906—2010	生产管理类（种植、植保、加工）	金佛山方竹栽培技术规程
31	LY/T 1911—2010	生产管理类（种植、植保、加工）	仙客来盆花生产技术规程
32	LY/T 1912—2010	生产管理类（种植、植保、加工）	切花月季生产技术规程
33	LY/T 1913—2010	生产管理类（种植、植保、加工）	切花百合生产技术规程
34	LY/T 1916—2010	基础/通用类（术语、分类）	主要观赏植物商品名称规范
35	LY/T 1917—2010	基础/通用类（术语、分类）	观赏植物颜色表示方法
36	LY/T 1965—2011	方法类（检验/检测）	鲜切花常见刺吸式害虫检测规程
37	LY/T 1966—2011	生产管理类（种植、植保、加工）	杜鹃盆花生产技术规程
38	LY/T 1967—2011	生产管理类（种植、植保、加工）	菊花切花生产技术规程
39	LY/T 1968—2011	产品类（等级规格、品质/安全、原产地保护）	凤梨盆花产品质量等级
40	LY/T 1969—2011	生产管理类（种植、植保、加工）	百合盆花生产技术规程
41	LY/T 2063—2012	种质资源类（种子、种苗）	萱草种苗生产技术规程
42	LY/T 2064—2012	生产管理类（种植、植保、加工）	安祖花盆花生产技术规程
43	LY/T 2065—2012	种质资源类（种子、种苗）	百合种球生产技术规程
44	LY/T 2066—2012	生产管理类（种植、植保、加工）	香石竹鲜切花设施栽培技术规程
45	LY/T 2097—2013	基础/通用类（术语、分类）	植物新品种特异性、一致性、稳定性测试指南　木兰属
46	LY/T 2098—2013	基础/通用类（术语、分类）	植物新品种特异性、一致性、稳定性测试指南　腊梅
47	LY/T 2136—2013	生产管理类（种植、植保、加工）	梅花切花生产技术规程
48	LY/T 2137—2013	生产管理类（种植、植保、加工）	切花芍药分株繁殖技术规程和种苗质量分级
49	LY/T 2208—2013	生产管理类（种植、植保、加工）	乐昌含笑栽培技术规程
50	LY/T 2209—2013	生产管理类（种植、植保、加工）	榕树栽培技术规程
51	LY/T 2303—2014	种质资源类（种子、种苗）	桂花苗木质量分级
52	LY/T 2319—2014	生产管理类（种植、植保、加工）	竹芋盆栽生产技术规程
53	LY/T 2321—2014	生产管理类（种植、植保、加工）	腊梅切花生产技术规程
54	LY/T 2322—2014	生产管理类（种植、植保、加工）	八仙花切花生产技术规程
55	LY/T 2323—2014	生产管理类（种植、植保、加工）	花果兼用梅栽培技术规程
56	LY/T 2324—2014	生产管理类（种植、植保、加工）	梅花切花设施生产技术规程

(续)

序号	标准编号	标准分类	标准名称
57	LY/T 2325—2014	生产管理类（种植、植保、加工）	芍药切花露地生产技术规程
58	LY/T 2354—2014	方法类（检验/检测）	花木展览会检疫规范
59	LY/T 2432—2015	种质资源类（种子、种苗）	卡特兰种苗生产技术规程
60	LY/T 2438—2015	种质资源类（种子、种苗）	观赏银杏苗木繁殖技术规程
61	LY/T 2444—2015	种质资源类（种子、种苗）	石蒜类植物种球生产技术规程
62	LY/T 2446—2015	生产管理类（种植、植保、加工）	山茶花盆栽技术规程
63	LY/T 2525—2015	种质资源类（种子、种苗）	蜡梅种苗质量等级
64	LY/T 2700—2016	生产管理类（种植、植保、加工）	花木栽培基质

表 11-9　花卉行业标准体系表——出入境检验检疫行业（54 项）

序号	标准编号	标准分类	标准名称
1	SN/T 1141—2002	方法类（检验/检测）	鳞球茎茎线虫检疫鉴定方法
2	SN/T 1157—2002	种质资源类（种子、种苗）	进出境植物苗木检疫规程
3	SN/T 1158—2002	方法类（检验/检测）	进出境植物盆景检疫规程
4	SN/T 1386—2004	方法类（检验/检测）	进出境切花检疫规程
5	SN/T 1578—2005	方法类（检验/检测）	进境洋兰鲜切花检疫操作规程
6	SN/T 1601.2—2005	方法类（检验/检测）	进出境植物和植物产品有害生物风险分析程序
7	SN/T 1611—2013	方法类（检验/检测）	南方菜豆花叶病毒血清学检测方法
8	SN/T 1611—2013	方法类（检验/检测）	香石竹环斑病毒检疫鉴定方法
9	SN/T 1813—2006	方法类（检验/检测）	蝴蝶兰细菌性软腐病菌检疫鉴定方法
10	SN/T 1809—2006	种质资源类（种子、种苗）	进出境植物种子检疫规程
11	SN/T 1848—2006	方法类（检验/检测）	植物有害生物鉴定规范
12	SN/T 2020—2007	方法类（检验/检测）	进出境栽培介质检疫和除害处理规程
13	SN/T 2015—2007	种质资源类（种子、种苗）	出境林木种子有害生物检疫除害处理方法
14	SN/T 2084—2008	方法类（检验/检测）	西花蓟马检疫鉴定方法
15	SN/T 2155—2008	方法类（检验/检测）	建兰花叶病毒检测方法
16	SN/T 2119—2008	种质资源类（种子、种苗）	进境观赏鳞球茎检疫操作规程
17	SN/T 2122—2008	方法类（检验/检测）	进出境植物及植物产品检疫抽样
18	SN/T 2340—2009	方法类（检验/检测）	有害生物图像摄取操作规范
19	SN/T 2475—2010	方法类（检验/检测）	植物类病毒脱除处理规程
20	SN/T 2476—2010	种质资源类（种子、种苗）	进境植物繁殖材料检疫规程
21	SN/T 2506—2010	方法类（检验/检测）	菊花滑刀线虫检疫鉴定方法
22	SN/T 2526—2010	方法类（检验/检测）	鲜切花溴甲烷库房熏蒸除害处理规程
23	SN/T 2542—2010	种质资源类（种子、种苗）	进境植物繁殖材料隔离检疫操作规程
24	SN/T 2682—2010	方法类（检验/检测）	植物有害生物信息采集要求
25	SN/T 2757—2011	方法类（检验/检测）	植物线虫检测规范
26	SN/T 3167—2012	方法类（检验/检测）	花卉真空熏蒸处理规范
27	SN/T 3278—2012	方法类（检验/检测）	风信子黄腐病菌检疫鉴定方法
28	SN/T 3293—2012	方法类（检验/检测）	水仙花叶病毒、水仙潜隐病毒、水仙黄条病毒的检疫鉴定方法

（续）

序号	标准编号	标准分类	标准名称
29	SN/T 3295—2012	方法类（检验/检测）	栽培介质检疫处理要求
30	SN/T 3296—2012	方法类（检验/检测）	植物病原细菌分子生物学检测规范
31	SN/T 3411—2012	方法类（检验/检测）	玫瑰短喙象检疫鉴定方法
32	SN/T 3425—2012	方法类（检验/检测）	菊花花枯病菌检疫鉴定方法
33	SN/T 3427—2012	方法类（检验/检测）	山茶花腐病菌检疫鉴定方法
34	SN/T 3436—2012	方法类（检验/检测）	黎草花叶病毒检疫鉴定方法
35	SN/T 3438—2012	方法类（检验/检测）	南方菜豆花叶病毒检疫鉴定方法
36	SN/T 3444—2012	方法类（检验/检测）	提琴叶牵牛花检疫鉴定方法
37	SN/T 3445—2012	方法类（检验/检测）	小花假苍耳检疫鉴定方法
38	SN/T 3453—2012	种质资源类（种子、种苗）	温室和苗圃植物种苗一般出口检疫监管程序
39	SN/T 3454—2012	质量追溯类	引进生物防治物风险分析规则
40	SN/T 3455—2012	方法类（检验/检测）	植检标准样品评价通用要求
41	SN/T 3456—2012	方法类（检验/检测）	植物检疫　螨类检测方法
42	SN/T 3457—2012	方法类（检验/检测）	植物病毒分子生物学检测规范
43	SN/T 3458—2012	方法类（检验/检测）	输欧盆栽植物检验检疫监管规程
44	SN/T 3459—2012	方法类（检验/检测）	进境参展植物检疫规程
45	SN/T 3460—2012	方法类（检验/检测）	植物病毒鉴别寄主种子生产规程
46	SN/T 3461—2012	方法类（检验/检测）	植物病原菌标准样品制备要求
47	SN/T 3462—2012	方法类（检验/检测）	植物检疫抽样技术规则
48	SN/T 3463—2012	种质资源类（种子、种苗）	植物种苗风险分级标准
49	SN/T 3568—2013	方法类（检验/检测）	危险性有害生物检疫处理原则
50	SN/T3674—2013	方法类（检验/检测）	凤仙花坏死斑病毒检疫鉴定方法
51	SN/T 3746—2013	方法类（检验/检测）	百合枯萎病菌检疫鉴定方法
52	SN/T 3747—2013	方法类（检验/检测）	杜鹃花枯萎病菌检疫鉴定方法
53	SN/T 3758—2013	方法类（检验/检测）	百合西圆尾蚜检疫鉴定方法
54	SN/T 3759—2013	方法类（检验/检测）	刺足根螨检疫鉴定方法

表 11-10　花卉行业标准体系表——其他行业（6 项）

序号	标准编号	标准分类	标准名称
1	CJ/T 135—2001	种质资源类（种子、种苗）	城市绿化和园林绿地用植物材料　球根花卉种球
2	SB/T 11062—2013	物流类（包装、标识、储运）	花卉交易市场建设和经营管理规范
3	SB/T 11098.1—2014	产品类（等级规格、品质/安全、原产地保护）	鲜切花拍卖产品质量等级　第 1 部分：通用要求
4	SB/T 11098.2—2014	产品类（等级规格、品质/安全、原产地保护）	鲜切花拍卖产品质量等级　第 2 部分：单头月季
5	SB/T 11098.3—2014	产品类（等级规格、品质/安全、原产地保护）	鲜切花拍卖产品质量等级　第 3 部分：非洲菊
6	SB/T 11098.4—2014	产品类（等级规格、品质/安全、原产地保护）	鲜切花拍卖产品质量等级　第 4 部分：单头香石竹

表 11-11　花卉地方标准体系表（22 个省区共 215 项）

序号	标准编号	标准分类	标准名称
一、北京市地方标准			
1	DB11/T 508—2015	基础/通用类（术语、分类）	林木及观赏植物品种审定技术规范
2	DB11/T 559—2008	生产管理类（种植、植保、加工）	木本观赏植物栽植与管理
3	DB11/T 680—2009	种质资源类（种子、种苗）	彩色马蹄莲种球繁育技术规程
4	DB11/T 681—2009	种质资源类（种子、种苗）	切花芍药种苗储藏技术规程
5	DB11/T 682—2009	生产管理类（种植、植保、加工）	切花百合设施生产技术规程
6	DB11/T 726—2010	物流类（包装、标识、储运）	露地花卉布置技术规程
7	DB11/T 727—2010	产品类（等级规格、品质/安全、原产地保护）	主要花坛花卉产品等级
8	DB11/T 822—2015	生产管理类（种植、植保、加工）	盆栽红掌栽培技术规程
9	DB11/T 845—2011	生产管理类（种植、植保、加工）	切花菊设施生产技术规程
10	DB11/T 866—2012	生产管理类（种植、植保、加工）	盆栽凤梨生产技术规程
11	DB11/T 898—2012	生产管理类（种植、植保、加工）	盆栽小菊栽培技术规程
12	DB11/T 899—2012	生产管理类（种植、植保、加工）	盆栽蝴蝶兰栽培技术规程
13	DB11/T 955—2013	产品类（等级规格、品质/安全、原产地保护）	花卉产品等级　切花菊
14	DB11/T 966—2013	生产管理类（种植、植保、加工）	切花红掌设施栽培技术规程
15	DB11/T 1046—2013	种质资源类（种子、种苗）	百合种球繁育技术规程
16	DB11/T 1048—2013	产品类（等级规格、品质/安全、原产地保护）	花卉产品等级　盆栽凤梨
17	DB11/T 1049—2013	产品类（等级规格、品质/安全、原产地保护）	花卉产品等级　切花百合
18	DB11/T 1052—2013	种质资源类（种子、种苗）	主要花坛花卉种苗产品等级
19	DB11/T 1144—2014	生产管理类（种植、植保、加工）	盆栽春石斛兰栽培技术规程
20	DB11/T 1145—2014	产品类（等级规格、品质/安全、原产地保护）	花卉产品等级　红掌
21	DB11/T 1146—2014	产品类（等级规格、品质/安全、原产地保护）	花卉产品等级　盆栽菊花
22	DB11/T 1176—2015	产品类（等级规格、品质/安全、原产地保护）	花卉产品等级　　月季
23	DB11/T 1177—2015	生产管理类（种植、植保、加工）	盆栽观赏蕨栽培技术规程
24	DB11/T 1243—2015	生产管理类（种植、植保、加工）	观赏海棠繁育与栽培技术规范
25	DB11/T 1303—2015	产品类（等级规格、品质/安全、原产地保护）	花卉产品等级　马蹄莲
二、天津市地方标准			
26	DBl2/T 353—2007	生产管理类（种植、植保、加工）	花卉生产中农药使用规范
27	DBl2/T 370—2008	种质资源类（种子、种苗）	晚香玉种球质量等级划分标准
28	DB12/T 463—2012	生产管理类（种植、植保、加工）	盆栽苹果栽培技术规程

序号	标准编号	标准分类	标准名称
三、河北省地方标准			
29	DB13/T 939—2008	生产管理类（种植、植保、加工）	切花月季生产技术规程
30	DB13/T 1033—2009	生产管理类（种植、植保、加工）	朱顶红盆花生产技术规程
31	DB13/T 1034—2009	生产管理类（种植、植保、加工）	唐菖蒲切花生产技术规程
32	DB13/T 1071—2009	生产管理类（种植、植保、加工）	天竺葵盆花生产技术规程
33	DB13/T 1158—2009	生产管理类（种植、植保、加工）	东方百合切花生产技术规程
34	DB13/T 1267—2010	生产管理类（种植、植保、加工）	丽格海棠盆花生产技术规程
35	DB13/T 2099—2014	生产管理类（种植、植保、加工）	竹芋盆花生产技术规程
36	DB13/T 2149—2014	基础/通用类（术语、分类）	花卉示范园区建设管理规范
四、辽宁省地方标准			
37	DB21/T 1633—2008	生产管理类（种植、植保、加工）	出圃盆花生产管理规范
38	DB21/T 1781—2010	生产管理类（种植、植保、加工）	仙客来盆花生产技术规程
39	DB21/T 1838—2010	生产管理类（种植、植保、加工）	切花玫瑰（月季）生产技术规程
40	DB21/T 1839—2010	生产管理类（种植、植保、加工）	切花郁金香生产技术规程
41	DB21/T 1926—2011	生产管理类（种植、植保、加工）	切花非洲菊生产技术规程
42	DB21/T 2084—2013	生产管理类（种植、植保、加工）	东方百合切花生产技术规程
43	DB21/T 2133—2013	生产管理类（种植、植保、加工）	切花菊设施生产技术规程
44	DB21/T 2505—2015	种质资源类（种子、种苗）	东方百合种球繁育技术规程
五、吉林省地方标准			
45	DB22/T 2271—2015	生产管理类（种植、植保、加工）	切花香雪兰设施生产技术规程
六、黑龙江省地方标准			
46	DB23/T 1572—2014	种质资源类（种子、种苗）	兴安杜鹃、迎红杜鹃、照白杜鹃种子繁育技术规程
七、上海市地方标准			
47	DB31/T 770—2013	种质资源类（种子、种苗）	菊花种苗生产技术规程
48	DB31/T 771—2013	种质资源类（种子、种苗）	康乃馨种苗生产技术规程
49	DB31/T 816—2014	种质资源类（种子、种苗）	主要观赏灌木容器苗质量分级
50	DB31/T 952—2015	生产管理类（种植、植保、加工）	蜡梅切花生产技术及质量要求
八、江苏省地方标准			
51	DB3201/T 102—2007	生产管理类（种植、植保、加工）	观赏凤梨盆栽生产技术规程
52	DB32/T 501.1—2007	生产管理类（种植、植保、加工）	商品盆景 第1部分：生产技术规程
53	DB32/T 501.2—2007	产品类（等级规格、品质/安全、原产地保护）	商品盆景 第2部分：单干式商品盆景
54	DB32/T 501.3—2007	产品类（等级规格、品质/安全、原产地保护）	商品盆景 第3部分：丛林式商品盆景
55	DB32/T 1162—2007	生产管理类（种植、植保、加工）	出口切花菊生产技术规程
56	DB32/T 1296—2008	生产管理类（种植、植保、加工）	盆栽一品红生产技术规程
57	DB32/T 1478—2009	生产管理类（种植、植保、加工）	盆栽竹芋生产技术规程
58	DB32/T 1480—2009	生产管理类（种植、植保、加工）	盆栽茉莉生产技术规程
59	DB32/T 1530—2009	种质资源类（种子、种苗）	切花菊种苗生产技术规程
60	DB32/T 1531—2009	物流类（包装、标识、储运）	出口切花菊采后技术规程

（续）

序号	标准编号	标准分类	标准名称
61	DB32/T 1586—2010	基础/通用类（术语、分类）	花卉与观赏苗木示范园区建设规范
62	DB32/T 1654—2010	产品类（等级规格、品质/安全、原产地保护）	凤梨盆花
63	DB32/T 1655—2010	生产管理类（种植、植保、加工）	凤梨盆花生产技术规程
64	DB32/T 1656—2010	产品类（等级规格、品质/安全、原产地保护）	百合切花
65	DB32/T 1658—2010	产品类（等级规格、品质/安全、原产地保护）	红掌盆花
66	DB32/T 1785—2011	产品类（等级规格、品质/安全、原产地保护）	盆栽茉莉质量分级
67	DB32/T 1786—2011	生产管理类（种植、植保、加工）	盆栽棕榈植物生产技术规程
68	DB32/T 1799—2011	生产管理类（种植、植保、加工）	微型月季盆花生产技术规程
69	DB32/T 1811—2011	生产管理类（种植、植保、加工）	红掌盆花生产技术规程
70	DB32/T 1852—2011	种质资源类（种子、种苗）	非洲菊种苗组培快繁技术规程
71	DB32/T 1854—2011	生产管理类（种植、植保、加工）	高山杜鹃盆花生产技术规程
72	DB32/T 2095—2012	生产管理类（种植、植保、加工）	盆栽菊花生产技术规程
73	DB32/T 2110—2012	基础/通用类（术语、分类）	花卉与观赏苗木品种鉴定规范
74	DB32/T 2120—2012	种质资源类（种子、种苗）	芍药种苗生产技术规程
75	DB32/T 2229—2012	生产管理类（种植、植保、加工）	观赏芍药栽培技术规程
76	DB32/T 2230—2012	生产管理类（种植、植保、加工）	江南牡丹盆花设施栽培技术规程
77	DB32/T 2375—2013	生产管理类（种植、植保、加工）	南方红豆杉盆栽技术规程
78	DB32/T 2381—2013	产品类（等级规格、品质/安全、原产地保护）	非洲菊盆花质量分级
79	DB32/T 2383—2013	产品类（等级规格、品质/安全、原产地保护）	微型月季"粉姬"盆花质量分级
80	DB32/T 2384—2013	生产管理类（种植、植保、加工）	非洲菊盆花生产技术规程
81	DB32/T 2401—2013	生产管理类（种植、植保、加工）	百合盆栽技术规程
82	DB32/T 2416—2013	生产管理类（种植、植保、加工）	切花郁金香日光温室栽培技术规程
83	DB32/T 2572—2013	种质资源类（种子、种苗）	鸡爪槭种子育苗技术规程
84	DB32/T 2605—2013	种质资源类（种子、种苗）	一品红种苗组培快繁技术规程
85	DB32/T 2741—2015	种质资源类（种子、种苗）	花卉与观赏苗木品种鉴定试验规范
86	DB32/T 2742—2015	生产管理类（种植、植保、加工）	切花百合日光温室栽培技术规程
87	DB32/T 2822—2015	产品类（等级规格、品质/安全、原产地保护）	蝴蝶兰盆花质量分级
88	DB32/T 2838—2015	生产管理类（种植、植保、加工）	银杏盆栽技术规程
89	DB32/T 2907—2016	生产管理类（种植、植保、加工）	彩色马蹄莲盆花生产技术规程

九、浙江省地方标准

序号	标准编号	标准分类	标准名称
90	DB33/T 814—2010	生产管理类（种植、植保、加工）	鹤望兰鲜切花生产技术规程
91	DB33/T 876—2012	生产管理类（种植、植保、加工）	蝴蝶兰盆花栽培技术规范
92	DB33/T 877—2012	生产管理类（种植、植保、加工）	观赏凤梨（擎天凤梨属和丽穗凤梨属）盆花生产技术规范

（续）

序号	标准编号	标准分类	标准名称
93	DB33/T 930—2014	生产管理类（种植、植保、加工）	蟹爪兰盆花生产技术规程
十、安徽省地方标准			
94	DB34/T 833—2008	种质资源类（种子、种苗）	桤子种子质量要求
95	DB34/T 1671—2012	生产管理类（种植、植保、加工）	盆栽蝴蝶栽培设施技术规程
96	DB34/T 1672—2012	生产管理类（种植、植保、加工）	矮牵牛盆花生产技术规程
97	DB34/T 1674—2012	生产管理类（种植、植保、加工）	盆栽长春花生产技术规程
98	DB34/T 1675—2012	生产管理类（种植、植保、加工）	切花百合设施栽培技术规程
99	DB34/T 1676—2012	生产管理类（种植、植保、加工）	切花月季设施栽培技术规程
100	DB34/T 1677—2012	种质资源类（种子、种苗）	三色堇工厂化种苗生产技术规程
101	DB34/T 2094—2014	生产管理类（种植、植保、加工）	盆栽菊花生产技术规程
102	DB34/T 2095—2014	生产管理类（种植、植保、加工）	一串红盆花生产技术规程
103	DB34/T 2096—2014	生产管理类（种植、植保、加工）	盆栽万寿菊生产技术规程
104	DB34/T 2097—2014	种质资源类（种子、种苗）	报春花工厂化种苗生产技术规程
105	DB34/T 2098—2014	种质资源类（种子、种苗）	一串红工厂化种苗生产技术规程
106	DB34/T 2522—2015	种质资源类（种子、种苗）	观赏桂花育苗技术规程
107	DB34/T 2523—2015	种质资源类（种子、种苗）	观赏梅花育苗技术规程
十一、福建省地方标准			
108	DB35/T 1541—2015	生产管理类（种植、植保、加工）	南方红豆杉盆栽技术规范
109	DB35/T 1548—2015	产品类（等级规格、品质/安全、原产地保护）	地理标志产品　清流鲜切花
110	DB35/T 1549—2015	生产管理类（种植、植保、加工）	切花非洲菊设施栽培技术规范
十二、山东省地方标准			
111	DB37/T 1620—2010	生产管理类（种植、植保、加工）	牡丹盆花冬季栽培技术规程
十三、河南省地方标准			
112	DB41/T 299—2011	产品类（等级规格、品质/安全、原产地保护）	洛阳牡丹盆花质量标准
113	DB41/T 300—2011	种质资源类（种子、种苗）	洛阳牡丹种苗质量标准
114	DB41/T 503—2007	生产管理类（种植、植保、加工）	盆栽菊花生产技术规程
115	DB41/T 601—2009	生产管理类（种植、植保、加工）	保护地切花菊栽培管理技术规程
116	DB41/T 659—2010	生产管理类（种植、植保、加工）	盆栽红掌生产技术规程
117	DB41/T 660—2010	生产管理类（种植、植保、加工）	切花非洲菊栽培技术规程
118	DB41/T 701—2011	种质资源类（种子、种苗）	洛阳牡丹种苗生产技术规程
119	DB41/T 703—2011	物流类（包装、标识、储运）	洛阳牡丹盆花催花技术规程
120	DB41/T 733—2012	生产管理类（种植、植保、加工）	切花唐菖蒲日光温室栽培技术规程
121	DB41/T 827—2013	物流类（包装、标识、储运）	牡丹观赏园区质量等级划分与评定
122	DB41/T 888—2013	生产管理类（种植、植保、加工）	石竹鲜切花日光温室栽培技术规程
123	DB41/T 1034—2015	生产管理类（种植、植保、加工）	观赏桃培育技术规程
十四、湖北省地方标准			
124	DB42/T 1116—2015	生产管理类（种植、植保、加工）	观赏花卉　蝴蝶兰盆花设施栽培生产技术规程
125	DB42/T 1117—2015	生产管理类（种植、植保、加工）	观赏花卉　红掌盆花设施栽培生产技术规程

（续）

序号	标准编号	标准分类	标准名称
126	DB42/T 1118—2015	生产管理类（种植、植保、加工）	观赏花卉　仙客来盆花设施栽培生产技术规程
127	DB42/T 1119—2015	生产管理类（种植、植保、加工）	观赏花卉　观赏凤梨盆花设施栽培生产技术规程
十五、广东省地方标准			
128	DB44/T 464—2008	生产管理类（种植、植保、加工）	观赏盆栽金橘生产技术规程
129	DB44/T 548—2008	生产管理类（种植、植保、加工）	红掌盆花生产技术规程
130	DB44/T 549—2008	生产管理类（种植、植保、加工）	观赏盆橘质量等级
131	DB44/T 637—2009	种质资源类（种子、种苗）	蝴蝶兰种苗质量
132	DB44/T 903—2011	生产管理类（种植、植保、加工）	簕杜鹃盆栽技术规程
133	DB44/T 1007—2012	种质资源类（种子、种苗）	观赏凤梨组培苗生产技术规范
134	DB44/T 1065—2012	生产管理类（种植、植保、加工）	绿萝柱式盆栽生产技术规程
135	DB44/T 1322—2014	生产管理类（种植、植保、加工）	果子蔓属观赏凤梨盆花生产技术规程
136	DB44/T 1404—2014	生产管理类（种植、植保、加工）	杂交兰盆花生产技术规程
137	DB44/T 1409—2014	生产管理类（种植、植保、加工）	盆栽马拉巴栗生产技术规程
138	DB44/T 1670—2015	生产管理类（种植、植保、加工）	薄叶型迷你文心兰盆花栽培技术规程
139	DB44/T 1789—2015	生产管理类（种植、植保、加工）	羊蹄甲属木本花卉栽培技术规程
140	DB44/T 1810—2016	生产管理类（种植、植保、加工）	野牡丹属木本花卉栽培技术规程
十六、海南省地方标准			
141	DB46/T 147—2009	产品类（等级规格、品质/安全、原产地保护）	文心兰切花产品质量等级标准
142	DB46/T 148—2009	产品类（等级规格、品质/安全、原产地保护）	石斛兰、文心兰盆花产品质量等级标准
143	DB46/T 156—2009	产品类（等级规格、品质/安全、原产地保护）	散尾葵切叶产品质量等级标准
144	DB46/T 318—2015	生产管理类（种植、植保、加工）	棕榈植物幼苗及鲜切叶椰心叶甲除害技术规程
145	DB46/T 345—2015	生产管理类（种植、植保、加工）	文心兰切花生产技术规程
146	DB46/T 346—2015	物流类（包装、标识、储运）	文心兰切花采后保鲜技术规程
147	DB46/T 347—2015	生产管理类（种植、植保、加工）	红掌切花生产技术规程
148	DB46/T 348—2015	生产管理类（种植、植保、加工）	红掌盆花生产技术规程
149	DB46/T 364—2016	生产管理类（种植、植保、加工）	莲花竹（切枝）栽培技术规程
150	DB46/T 366—2016	生产管理类（种植、植保、加工）	鸟巢蕨（切叶）栽培技术规程
151	DB46/T 367—2016	生产管理类（种植、植保、加工）	青叶葛（小盆栽）栽培技术规范
152	DB46/T 368—2016	生产管理类（种植、植保、加工）	睡莲（切花）栽培技术规程
十七、四川省地方标准			
153	DB510100/T 172—2015	种质资源类（种子、种苗）	白玉兰观赏苗木嫁接培育技术规程及质量分级
154	DB510100/T 153—2015	种质资源类（种子、种苗）	垂柳观赏苗木扦插培育技术规程及质量分级
155	DB510100/T 154—2015	种质资源类（种子、种苗）	垂丝海棠观赏苗木嫁接培育技术规程及质量分级
156	DB510100/T 155—2015	种质资源类（种子、种苗）	黄葛树观赏苗木扦插培育技术规程及质量分级
157	DB510100/T 156—2015	种质资源类（种子、种苗）	蓝花楹观赏苗木播种培育技术规程及质量分级
158	DB510100/T 157—2015	种质资源类（种子、种苗）	乐昌含笑观赏苗木播种培育技术规程及质量分级
159	DB510100/T 158—2015	种质资源类（种子、种苗）	罗汉松观赏苗木播种培育技术规程及质量分级

（续）

序号	标准编号	标准分类	标准名称
160	DB510100/T 159—2015	种质资源类（种子、种苗）	红梅观赏苗木嫁接培育技术规程及质量分级
161	DB510100/T 160—2015	种质资源类（种子、种苗）	独干木芙蓉观赏苗木扦插培育技术规程及质量分级
162	DB510100/T 161—2015	种质资源类（种子、种苗）	法国冬青观赏苗木扦插培育技术规程及质量分级
163	DB510100/T 162—2015	种质资源类（种子、种苗）	红花檵木观赏苗木扦插培育技术规程及质量分级
164	DB510100/T 163—2015	种质资源类（种子、种苗）	黄花决明观赏苗木播种培育技术规程及质量分级
165	DB510100/T 164—2015	种质资源类（种子、种苗）	九龙桂观赏苗木扦插培育技术规程及质量分级
166	DB510100/T 165—2015	种质资源类（种子、种苗）	蜡梅观赏苗木嫁接培育技术规程及质量分级
167	DB510100/T 166—2015	种质资源类（种子、种苗）	南天竹观赏苗木播种培育技术规程及质量分级
168	DB510100/T 167—2015	种质资源类（种子、种苗）	桫椤观赏苗木质量分级
169	DB510100/T 168—2015	种质资源类（种子、种苗）	小叶黄杨观赏苗木扦插培育技术规程及质量分级
170	DB510100/T 169—2015	种质资源类（种子、种苗）	小叶女贞观赏苗木扦插培育技术规程及质量分级
171	DB510100/T 170—2015	种质资源类（种子、种苗）	绣球荚蒾观赏苗木扦插培育技术规程及质量分级
172	DB510100/T 171—2015	种质资源类（种子、种苗）	海栀子观赏苗木扦插培育技术规程及质量分级
173	DB51/T 1353—2011	种质资源类（种子、种苗）	贴梗海棠盆景制作培育技术规程和商品标准
174	DB51/T 1600—2013	种质资源类（种子、种苗）	紫薇观赏苗木培育技术规程及质量分级
175	DB51/T 1601—2013	种质资源类（种子、种苗）	樱花观赏苗木培育技术规程及质量分级
176	DB51/T 1602—2013	种质资源类（种子、种苗）	银杏观赏苗木培育技术规程及质量分级
177	DB51/T 1603—2013	种质资源类（种子、种苗）	香樟观赏苗木培育技术规程及质量分级
178	DB51/T 1604—2013	种质资源类（种子、种苗）	红叶李观赏苗木培育技术规程及质量分级
179	DB51/T 1605—2013	种质资源类（种子、种苗）	千层金观赏苗木培育技术规程及质量分级
180	DB51/T 1606—2013	种质资源类（种子、种苗）	天竺桂观赏苗木培育技术规程及质量分级
181	DB51/T 1607—2013	种质资源类（种子、种苗）	杜鹃观赏苗木培育技术规程及质量分级
182	DB51/T 1608—2013	种质资源类（种子、种苗）	高干桂花观赏苗木培育技术规程及质量分级
183	DB51/T 1609—2013	种质资源类（种子、种苗）	广玉兰观赏苗木培育技术规程及质量分级

十八、云南省地方标准

序号	标准编号	标准分类	标准名称
184	DB53/T 63—2014	产品类（等级规格、品质/安全、原产地保护）	主要鲜切花产品等级
185	DB53/T 105—2014	种质资源类（种子、种苗）	主要鲜切花种苗和种球产品等级
186	DB53/T 106—2003	物流（包装、标识、储运）	花卉包装运输用箱
187	DB53/T 244—2008	物流类（包装、标识、储运）	鲜切花流通技术规范
188	DB53/T 363—2011	种质资源类（种子、种苗）	切花菊插穗种苗
189	DB53/T 376—2012	产品类（等级规格、品质/安全、原产地保护）	莲瓣兰质量等级
190	DB53/T405—2012	方法类（检验/检测）	花卉病害 菜豆黄花叶病毒的检测
191	DB53/T 406—2012	方法类（检验/检测）	花卉病害 菊花茎坏死病毒的检测
192	DB53/T 407—2012	方法类（检验/检测）	花卉病害 百合无症病毒的检测
193	DB53/T 408—2012	方法类（检验/检测）	花卉鳞球茎根螨的检验及鉴定方法
194	DB53/T 504—2013	产品类（等级规格、品质/安全、原产地保护）	东方百合鲜切花产品等级
195	DB53/T 505—2013	生产管理类（种植、植保、加工）	高山杜鹃盆花生产技术规程

（续）

序号	标准编号	标准分类	标准名称
196	DB53/T 548—2013	种质资源类（种子、种苗）	东方百合种球采后处理技术规程
197	DB53/T 621—2014	生产管理类（种植、植保、加工）	东方百合鲜切花设施生产技术规程
198	DB53/T 622—2014	种质资源类（种子、种苗）	东方百合种球生产技术规程
199	DB53/T 623—2014	生产管理类（种植、植保、加工）	"魔帝"系及"肉饼"系兜兰盆花生产技术规程
200	DB53/T 671—2015	生产管理类（种植、植保、加工）	食用玫瑰生产技术规程
201	DB53/T 702—2015	种质资源类（种子、种苗）	北美红杉组培苗生产技术规程
202	DB53/T 703—2015	产品类（等级规格、品质/安全、原产地保护）	高山杜鹃盆花质量分级
203	DB53/T 757—2016	种质资源类（种子、种苗）	云南山茶苗木产品等级
204	DB53/T 758—2016	产品类（等级规格、品质/安全、原产地保护）	云南山茶盆花产品等级
205	DB53/T 759—2016	种质资源类（种子、种苗）	切花唐菖蒲种球生产技术规程

十九、甘肃省地方标准

序号	标准编号	标准分类	标准名称
206	DB62/T 1943—2010	产品类（等级规格、品质/安全、原产地保护）	蝴蝶兰盆花质量
207	DB62/T 2421.1—2015	种质资源类（种子、种苗）	主要草种子质量 第1部分：观赏草种子

二十、青海省地方标准

序号	标准编号	标准分类	标准名称
208	DB63/T 857—2009	种质资源类（种子、种苗）	郁金香种球繁育田间技术规程

二十一、宁夏回族自治区地方标准

序号	标准编号	标准分类	标准名称
209	DB64/T 568—2009	种质资源类（种子、种苗）	切花月季嫁接苗繁育技术规程
210	DB64/T 569—2009	生产管理类（种植、植保、加工）	日光温室切花月季生产技术规程
211	DB64/T 745—2011	种质资源类（种子、种苗）	切花月季全光喷雾嫩枝扦插
212	DB64/T 921—2013	生产管理类（种植、植保、加工）	盆景菊设施栽培及造型技术规程

二十二、新疆维吾尔自治区地方标准

序号	标准编号	标准分类	标准名称
213	DB65/T 3410—2012	种质资源类（种子、种苗）	郁金香种球培育技术规程
214	DB65/T 3411—2012	种质资源类（种子、种苗）	郁金香种球
215	DB65/T 3639—2014	种质资源类（种子、种苗）	百合种球繁育技术规程

2. 待制定标准目录　见表 11-12。

表 11-12　待制修的标准目录（37 项）

序号	标准项目名称	标准类别	制定或修订	计划完成时间
1	月季切花	行业标准	修订	2017 年
2	唐菖蒲切花	行业标准	修订	2017 年
3	菊花切花	行业标准	修订	2017 年
4	满天星切花	行业标准	修订	2017 年
5	香石竹切花	行业标准	修订	2017 年
6	切花等级规格　第一部分　百合	行业标准	制定	2017 年
7	切花等级规格　第一部分　非洲菊	行业标准	制定	2017 年

（续）

序号	标准项目名称	标准类别	制定或修订	计划完成时间
8	切花百合脱毒种球质量等级	行业标准	制定	2017 年
9	百合枯萎病抗性鉴定技术规程	行业标准	制定	2018 年
10	香石竹枯萎病抗性鉴定技术规程	行业标准	制定	2018 年
11	月季霜霉病抗性鉴定技术规程	行业标准	制定	2018 年
12	非洲菊疫病抗性鉴定技术规程	行业标准	制定	2018 年
13	鲜切花月季种苗产品质量等级	地方标准	制定	2018 年
14	鲜切花非洲菊种苗产品质量等级	地方标准	制定	2018 年
15	欧金丝桃切枝产品质量等级	地方标准	制定	2018 年
16	鲜切花组培苗环保清洁生产技术规程	地方标准	制定	2018 年
17	鲜切花种球环保清洁生产技术规程	地方标准	制定	2018 年
18	鲜切花扦插苗环保清洁生产技术规程	地方标准	制定	2019 年
19	澳蜡花切花产品质量等级	地方标准	制定	2019 年
20	大花蕙兰鲜切花产品质量等级	地方标准	制定	2019 年
21	红掌鲜切花产品质量等级	地方标准	制定	2019 年
22	鹤望兰鲜切花产品质量等级	地方标准	制定	2019 年
23	鲜切花环保清洁生产技术规程	地方标准	制定	2019 年
24	鲜切花香石竹种苗产品质量等级	地方标准	制定	2019 年
25	切花菊种苗产品质量等级	地方标准	制定	2020 年
26	切花菊产品质量等级	地方标准	制定	2020 年
27	嘉兰鲜切花产品质量等级	地方标准	制定	2020 年
28	北美红杉组培种苗生产技术规程	地方标准	制定	2020 年
29	兜兰盆花生产技术规程	地方标准	制定	2020 年
30	山茶花种苗产品质量等级	地方标准	制定	2020 年
31	富贵竹切枝产品质量等级	地方标准	制定	2020 年
32	姜荷花鲜切花产品质量等级	地方标准	制定	2020 年
33	郁金香鲜切花产品质量等级	地方标准	制定	2020 年
34	鸢尾鲜切花产品质量等级	地方标准	制定	2020 年
35	大花红景天种苗产品质量等级	地方标准	制定	2020 年
36	百子莲鲜切花产品质量等级	地方标准	制定	2020 年
37	高山羊齿切叶产品质量等级	地方标准	制定	2020 年

3. 相关的国际及国外标准　见表 11 - 13。

表 11 - 13　花卉相关国际及国外标准目录（63 项）

序号	基本分类	标准名称	标准编号	工作状态	发布组织	发布时间
1	产品标准	Specifications cut flowers general 切花产品通用要求	Cutflowers 28 - 01—2010	现行有效	Vereniging van Bloemenveilingen in Nederland 荷兰花卉拍卖协会（VBN）	2010 - 1 - 28
2	产品标准	Product specification lilum 百合产品规格	Lilium 22 - 03—2010	现行有效	Vereniging van Bloemenveilingen in Nederland 荷兰花卉拍卖协会（VBN）	2010 - 3 - 22

（续）

序号	基本分类	标准名称	标准编号	工作状态	发布组织	发布时间
3	产品标准	Stages of opening Lilium 百合切花开放级别图解	Stages of opening Lilium 2008	现行有效	Vereniging van Bloemenveilingen in Nederland 荷兰花卉拍卖协会（VBN）	2008
4	产品标准	Stages of opening Lilium（Aziatische Grp）百合开放级别图解（亚洲系盆花）	stages of opening Lilium（Aziatische Grp）23 - 12—2009	现行有效	Vereniging van Bloemenveilingen in Nederland 荷兰花卉拍卖协会（VBN）	2010 - 12 - 23
5	产品标准	Stages of opening Lilium（Oriental Grp）百合开放级别图解（东方系盆花）	Stages of opening Lilium（Oriental Grp）23 - 12—2009	现行有效	Vereniging van Bloemenveilingen in Nederland 荷兰花卉拍卖协会（VBN）	2010 - 12 - 23
6	检验方法	Lilium evaluation card 百合切花产品评价卡	Lilium 05/03/HvR	现行有效	Vereniging van Bloemenveilingen in Nederland 荷兰花卉拍卖协会（VBN）	2005 - 3 - 1
7	产品标准	Product specification rose 月季产品规格	Rosa 01 - 06—2009	现行有效	Vereniging van Bloemenveilingen in Nederland 荷兰花卉拍卖协会（VBN）	2009 - 6 - 1
8	产品标准	Stages of opening Rosa kleinbloemig 月季切花开放级别图解（单头）	Stages of opening Rosa kleinbloemig 2008	现行有效	Vereniging van Bloemenveilingen in Nederland 荷兰花卉拍卖协会（VBN）	2008
9	产品标准	Stages of opening Rosa tros 月季切花开放级别图解（多头）	Stages of opening Rosa tros 2008	现行有效	Vereniging van Bloemenveilingen in Nederland 荷兰花卉拍卖协会（VBN）	2008
10	产品标准	Stages of opening Rosa 月季盆花开放级别图解	Stages of opening Rosa 24 - 12 -2009	现行有效	Vereniging van Bloemenveilingen in Nederland 荷兰花卉拍卖协会（VBN）	2009 - 12 - 24
11	产品标准	Product specification Dianthus（Carnation）香石竹（康乃馨）产品规格	Dianthus 04/11/GB	现行有效	Vereniging van Bloemenveilingen in Nederland 荷兰花卉拍卖协会（VBN）	2004 - 11 - 1
12	产品标准	Stages of opening Dianthus 香石竹切花开放级别图解	Stages of opening Dianthus 2008	现行有效	Vereniging van Bloemenveilingen in Nederland 荷兰花卉拍卖协会（VBN）	2008
13	产品标准	Stages of opening Dianthus 香石竹盆花开放级别图解	Stages of opening Dianthu 21 - 12—2009	现行有效	Vereniging van Bloemenveilingen in Nederland 荷兰花卉拍卖协会（VBN）	2009 - 12 - 21
14	检验方法	Dianthus evaluation card 香石竹切花产品评价卡	Dianthus 05/03/HvR	现行有效	Vereniging van Bloemenveilingen in Nederland 荷兰花卉拍卖协会（VBN）	2005 - 3 - 1
15	产品标准	Product specification Gerbera 非洲菊产品规格	Gerbera 09 - 09—2009	现行有效	Vereniging van Bloemenveilingen in Nederland 荷兰花卉拍卖协会（VBN）	2009 - 9 - 9

（续）

序号	基本分类	标准名称	标准编号	工作状态	发布组织	发布时间
16	产品标准	Stages of opening Gerbera 非洲菊切花开放级别图解	Stages of opening Gerbera 2008	现行有效	Vereniging van Bloemenveilingen in Nederland 荷兰花卉拍卖协会（VBN）	2008
17	产品标准	Stages of opening Gerbera 非洲菊盆花开放级别图解	Stages of opening Gerbera 22 - 12—2009	现行有效	Vereniging van Bloemenveilingen in Nederland 荷兰花卉拍卖协会（VBN）	2009 - 12 - 22
18	检验方法	Gerbera evaluation card 非洲菊切花产品评价卡	Gerbera 07/06/HvR	现行有效	Vereniging van Bloemenveilingen in Nederland 荷兰花卉拍卖协会（VBN）	2007 - 6 - 1
19	产品标准	Specification Chrysanthemum indicum group in pot（large potted chrysanthemum）大型盆栽菊产品规格	Chrysanthemum 04/12/GB	现行有效	Vereniging van Bloemenveilingen in Nederland 荷兰花卉拍卖协会（VBN）	2004 - 12 - 1
20	产品标准	Stages of opening product Chrysanthemum（ind Grp）盆栽菊开放级别图解	Stages of opening product Chrysanthemum（ind Grp）21 - 12—2009	现行有效	Vereniging van Bloemenveilingen in Nederland 荷兰花卉拍卖协会（VBN）	2009 - 12 - 21
21	产品标准	Stages of opening product Chrysanthemum（ind Grp）groot 大型盆栽菊开放级别图解	Stages of opening product Chrysanthemum（ind Grp）groot 21 - 12—2009	现行有效	Vereniging van Bloemenveilingen in Nederland 荷兰花卉拍卖协会（VBN）	2009 - 12 - 21
22	检验方法	Chrysanthemum Indicum Group 切花菊产品评价卡	Chrysanthemum 01/04/HvR	现行有效	Vereniging van Bloemenveilingen in Nederland 荷兰花卉拍卖协会（VBN）	2001 - 4 - 1
23	检验方法	Evaluation card：Chrysanthemum Indicum Group in pot 盆栽菊产品评价卡	Chrysanthemum 06/04/HvR	现行有效	Vereniging van Bloemenveilingen in Nederland 荷兰花卉拍卖协会（VBN）	2006 - 4 - 1
24	产品标准	Product specification Anthurium 红掌切花产品规格	Anthurium 09 - 09—2009	现行有效	Vereniging van Bloemenveilingen in Nederland 荷兰花卉拍卖协会（VBN）	2009 - 9 - 9
25	产品标准	Dikte/Thickness Anthurium（Andreanum Grp）大型盆栽红掌丰度级别图解	Dikte/Thickness Anthurium（Andreanum Grp）05 - 01—2010	现行有效	Vereniging van Bloemenveilingen in Nederland 荷兰花卉拍卖协会（VBN）	2010 - 1 - 5
26	产品标准	Dikte/Thickness Anthurium 盆栽红掌丰度级别图解	Dikte/Thickness Anthurium 05 - 01—2010	现行有效	Vereniging van Bloemenveilingen in Nederland 荷兰花卉拍卖协会（VBN）	2010 - 1 - 5
27	产品标准	Stages of opening Anthurium 红掌切花开放级别图解	Stages of opening Anthurium 2008	现行有效	Vereniging van Bloemenveilingen in Nederland 荷兰花卉拍卖协会（VBN）	2008
28	检验方法	Assessment chart：Anthurium/Spathiphyllum 盆栽红掌产品评价卡	Anthurium/Spathiphyllum 06/04/HvR	现行有效	Vereniging van Bloemenveilingen in Nederland 荷兰花卉拍卖协会（VBN）	2006 - 4 - 1

（续）

序号	基本分类	标准名称	标准编号	工作状态	发布组织	发布时间
29	检验方法	Anthurium Indicum Group 红掌切花产品评价卡	Anthurium 05/03/HvR	现行有效	Vereniging van Bloemenveilingen in Nederland 荷兰花卉拍卖协会（VBN）	2005 - 3 - 1
30	产品标准	Product specification Gypsophila 满天星切花产品规格	Gypsophila 04 - 01 - 10	现行有效	Vereniging van Bloemenveilingen in Nederland 荷兰花卉拍卖协会（VBN）	2010 - 1 - 4
31	产品标准	Stages of opening Gypsophila paniculata 满天星切花开放级别图解	Stages of opening Gypsophila paniculata 2008	现行有效	Vereniging van Bloemenveilingen in Nederland 荷兰花卉拍卖协会（VBN）	2008
32	检验方法	Gypsophila Indicum Group 满天星切花产品评价卡	Gypsophila 01/04/HvR	现行有效	Vereniging van Bloemenveilingen in Nederland 荷兰花卉拍卖协会（VBN）	2001 - 4 - 1
33	产品标准	Stages of opening Eustoma 洋桔梗切花开放级别图解	Stages of opening Eustoma 2008	现行有效	Vereniging van Bloemenveilingen in Nederland 荷兰花卉拍卖协会（VBN）	2008
34	产品标准	Stages of opening Eustoma 洋桔梗盆花开放级别图解	Stages of opening Eustoma 21 - 12—2009	现行有效	Vereniging van Bloemenveilingen in Nederland 荷兰花卉拍卖协会（VBN）	2009 - 12 - 21
35	检验方法	Eustoma Indicum Group 洋桔梗切花产品评价卡	Eustoma 01/02/HvR	现行有效	Vereniging van Bloemenveilingen in Nederland 荷兰花卉拍卖协会（VBN）	2001 - 2 - 1
36	产品标准	Stages of opening Rhododendron (Simsii Grp) 杜鹃盆花开放级别图解	Stages of opening Rhododendron (Simsii Grp) 24 - 12—2009	现行有效	Vereniging van Bloemenveilingen in Nederland 荷兰花卉拍卖协会（VBN）	2009 - 12 - 24
37	产品标准	Product specification other Orchids cambria group 惠兰切花产品规格	Cambria 05 - 10 - 09	现行有效	Vereniging van Bloemenveilingen in Nederland 荷兰花卉拍卖协会（VBN）	2009 - 10 - 5
38	产品标准	Stages of opening Cymbidium 惠兰切花开放级别图解	Stages of opening Cymbidium 2008	现行有效	Vereniging van Bloemenveilingen in Nederland 荷兰花卉拍卖协会（VBN）	2009 - 10 - 5
39	产品标准	Stages of opening Cymbidium meertak 多箭惠兰盆花开放级别图解	Stages of opening Cymbidium meertak 21 - 12—2009	现行有效	Vereniging van Bloemenveilingen in Nederland 荷兰花卉拍卖协会（VBN）	2009 - 12 - 21
40	产品标准	Stages of opening Cymbidium 单箭惠兰盆花开放级别图解	Stages of opening Cymbidium 21 - 12—2009	现行有效	Vereniging van Bloemenveilingen in Nederland 荷兰花卉拍卖协会（VBN）	2009 - 12 - 21
41	检验方法	Cymbidium Indicum Group 惠兰切花产品评价卡	Cymbidium 01/04/HvR	现行有效	Vereniging van Bloemenveilingen in Nederland 荷兰花卉拍卖协会（VBN）	2001 - 4 - 1

（续）

序号	基本分类	标准名称	标准编号	工作状态	发布组织	发布时间
42	产品标准	Product specification Phalaenopsis in pots 蝴蝶兰盆花产品规格	Phalaenopsis in pot 05 - 10 - 09	现行有效	Vereniging van Bloemenveilingen in Nederland 荷兰花卉拍卖协会（VBN）	2009 - 10 - 5
43	产品标准	Stages of opening Phalaenopsis 蝴蝶兰盆花开放级别图解	Stages of opening Phalaenopsis 23 - 12—2009	现行有效	Vereniging van Bloemenveilingen in Nederland 荷兰花卉拍卖协会（VBN）	2009 - 12 - 23
44	检验方法	Evaluation card：Phalaenopsis in pot 蝴蝶兰盆花产品评价卡	Phalaenopsis 06/04/HvR	现行有效	Vereniging van Bloemenveilingen in Nederland 荷兰花卉拍卖协会（VBN）	2006 - 4 - 1
45	产品标准	Product specification Dendrobium 石斛兰盆花产品规格	Dendrobium 23 - 08 - 10	现行有效	Vereniging van Bloemenveilingen in Nederland 荷兰花卉拍卖协会（VBN）	2010 - 8 - 23
46	检验方法	Stages of opening Dendrobium nobile 金钗石斛盆花产品评价卡	Stages of opening Dendrobium nobile 21 - 12—2009	现行有效	Vereniging van Bloemenveilingen in Nederland 荷兰花卉拍卖协会（VBN）	2009 - 12 - 21
47	产品标准	Product specification Paphiopelilum 兜兰盆花产品规格	Paphiopedilum 10 - 11 - 09	现行有效	Vereniging van Bloemenveilingen in Nederland 荷兰花卉拍卖协会（VBN）	2009 - 11 - 10
48	产品标准	Stages of opening product Paphiopedilum Amerikaanse hybride 兜兰盆花开放级别图解	Stages of opening product Paphiopedilum Amerikaanse hybride 23 - 12—2009	现行有效	Vereniging van Bloemenveilingen in Nederland 荷兰花卉拍卖协会（VBN）	2009 - 12 - 23
49	检验方法	VBN standard sales simulation for cut flowers 切花模拟销售的 VBN 测试标准	VBN standard sales simulation for cut flowers 2008	现行有效	Vereniging van Bloemenveilingen in Nederland 荷兰花卉拍卖协会（VBN）	2008
50	产品标准	Concerning the marketing and commercial quality control of cut Foliage 切叶市场贸易的质量等级标准	UN/ECE STANDARD H - 2	现行有效	United Nations Economic Commission for Europe 联合国欧洲经济委员会（ECE）	1994
51	产品标准	Concerning the marketing and commercial quality control of fresh cut unifloral Roses 单头月季切花市场贸易的质量等级标准	UN/ECE STANDARD H - 3	现行有效	United Nations Economic Commission for Europe 联合国欧洲经济委员会（ECE）	1994
52	产品标准	Concerning the marketing and commercial quality control of cut unifloral Carnations 单头康乃馨切花市场贸易的质量等级标准	UN/ECE STANDARD H - 4	现行有效	United Nations Economic Commission for Europe 联合国欧洲经济委员会（ECE）	1994
53	产品标准	Concerning the marketing and commercial quality control of multi - floral Carnations 多头康乃馨切花市场贸易的质量等级标准	UN/ECE STANDARD H - 5	现行有效	United Nations Economic Commission for Europe 联合国欧洲经济委员会（ECE）	1994

（续）

序号	基本分类	标准名称	标准编号	工作状态	发布组织	发布时间
54	产品标准	Concerning the marketing and commercial quality control of Strelitzias 鹤望兰切花市场贸易的质量等级标准	UN/ECE STANDARD H - 8	现行有效	United Nations Economic Commission for Europe 联合国欧洲经济委员会（ECE）	1994
55	技术与认证规程	Production of healthy plants for planting——Certification scheme for pelargonium 健康种苗的生产——天竺葵的认证草案	EPPO Standards PM 4/3(3)	现行有效	European and Mediterranean Plant Protection Organization 欧洲及地中海植物保护组织（EPPO）	2002
56	技术与认证规程	Production of healthy plants for planting——Certification scheme for lily 健康种苗的生产——百合的认证草案	EPPO Standards PM 4/4(2)	现行有效	European and Mediterranean Plant Protection Organization 欧洲及地中海植物保护组织（EPPO）	2002
57	技术与认证规程	Production of healthy plants for planting——Certification scheme for bulbous iris 健康种苗的生产——鸢尾的认证草案	EPPO Standards PM 4/15(2)	现行有效	European and Mediterranean Plant Protection Organization 欧洲及地中海植物保护组织（EPPO）	2002
58	技术与认证规程	Production of healthy plants for planting——Certification scheme for New Guinea hybrids of impatiens 健康种苗的生产——新几内亚凤仙的认证草案	EPPO Standards PM 4/20(2)	现行有效	European and Mediterranean Plant Protection Organization 欧洲及地中海植物保护组织（EPPO）	2002
59	技术与认证规程	Production of healthy plants for planting——Certification scheme for rose 健康种苗的生产——月季的认证草案	EPPO Standards PM 4/21(2)	现行有效	European and Mediterranean Plant Protection Organization 欧洲及地中海植物保护组织（EPPO）	2002
60	技术与认证规程	Production of healthy plants for planting——Certification scheme for hyacinth 健康种苗的生产——风信子的认证草案	EPPO Standards PM 4/23(2)	现行有效	European and Mediterranean Plant Protection Organization 欧洲及地中海植物保护组织（EPPO）	2002
61	技术与认证规程	Production of healthy plants for planting——Certification scheme for kalanchoe 健康种苗的生产——景天的认证草案	EPPO Standards PM 4/25(2)	现行有效	European and Mediterranean Plant Protection Organization 欧洲及地中海植物保护组织（EPPO）	2002
62	技术与认证规程	Production of healthy plants for planting——Certification scheme for petunia 健康种苗的生产——矮牵牛的认证草案	EPPO Standards PM 4/26(2)	现行有效	European and Mediterranean Plant Protection Organization 欧洲及地中海植物保护组织（EPPO）	2002
63	技术与认证规程	Production of healthy plants for planting——Soil test for virus - vector nematodes in the framework of EPPO Standard PM 4 ——传毒线虫的土壤检测	EPPO Standards PM 4/35(1)	现行有效	European and Mediterranean Plant Protection Organization 欧洲及地中海植物保护组织（EPPO）	2009